H. M. KUITERT
Kein zweiter Gott

H. M. KUITERT

Kein zweiter Gott

Jesus und das Ende des kirchlichen Dogmas

Aus dem Niederländischen übersetzt
von Klaus Blömer

Patmos

Titel der Originalausgabe:
H.M. Kuitert
Jezus. Nalatenschap van het christendom. Scheets voor een christologie

© Uitgeversmij J.H. Kok B.V., Kampen / 1998 Uitgeverij Ten Have b.v., Baarn

Wir danken dem Nederlands Literair Produktie- en Vertalingenfonds für den
freundlich gewährten Übersetzungskostenzuschuss.

Bibliografische Information Der Deutschen Bibliothek
Die Deutsche Bibliothek verzeichnet diese Publikation in der Deutschen
Nationalbibliografie; detaillierte bibliografische Daten sind im Internet über
http://dnb.ddb.de abrufbar.

Umschlagmotiv: Vera Ikon (Das wahre Bild), Köln, um 1400
Printed in Germany
ISBN 3-491-77052-1
www.patmos.de

INHALT

VORWORT

Sich gemeinsam unsicher fühlen ist eine Form der Sicherheit.

Hermann de Coninck

Dieses Buch ist keine ausführliche Deutung Jesu Christi für geistig Unbewegliche oder besonders sensible Leser. Ebenso wenig handelt es sich um ein weiteres Angebot, das neben die vielen Jesusbilder zu stellen wäre, die heutzutage den religiösen Markt überschwemmen, wenn ich auch hoffe, dass die Leser sich nach der Lektüre besser dagegen gewappnet sehen. Doch das wünsche ich ihnen genauso, wenn es um die Verlockungen des kirchlichen Christus geht, auch er ist nicht der wahre.

Bevor der Leser dies falsch versteht: Ich befasse mich keinesfalls mit einem neuen Versuch, den wahren, aber jetzt den wahren ›wahren Jesus‹ aus dem Staub der Tradition auszugraben. Den wahren kennen wir nicht, wir kennen nur das, was man aus ihm gemacht hat.

Davon handelt dieses Buch: Was man aus Jesus gemacht hat, angefangen von seinen ersten Anhängern bis heute – das ist das Thema. Man muss es als eine Art Rezeptionsgeschichte der Evangelien lesen, und viele der Probleme, denen sowohl die Kirchen als auch die außerkirchliche Anhängerschaft von Jesus sich gegenübersehen, werden zur Sprache kommen. Somit ist Aufklärung das Erste, was der Leser erwarten darf (und er darf es mir vorhalten, wenn er sie nicht erhält).

Ich lasse den Leser nicht im Stich; ein Standpunkt wird vertreten, ein Zugang an einem bestimmten Punkt geschaffen, von dem ich hoffe, dass er zum Chaos von Auffassungen Distanz gewinnen lässt, einen reinigenden Effekt auf religiöse Ambitionen hat, denen Jesus unterworfen wird, und sogar auf praktikable Art und Weise dem Umgang mit der christlichen Glaubenstradition dienen kann – auch das darf der Leser also erwarten.

Ob alles nach seinem Sinn ist, das ist nicht an mir. Wer weder etwas darüber wissen will noch erfahren möchte, wie die Glaubensentwicklung Gestalt gewonnen hat, noch, warum das Christentum sich in dem, was es auf Erfolgskurs brachte, seiner Christologie nämlich, festgefahren hat, der sollte dieses Buch nicht lesen. Es wird ihm nur Unruhe eintragen, und Unruhe ist störend. Viele Menschen schätzen solche Unruhe nicht, vor allem nicht, wenn es um Glaubensdinge geht, denn sind sie nicht dazu da, Ruhe zu geben? Ich denke anders darüber. Nichts gegen eine beruhigende Religion, aber dann doch mit offenen Augen für alles, was darin wankend und schwankend ist. Das gehört zum Glauben.

Dieses Buch handelt von Jesus, von Jesus als dem Gottmenschen der klassischen kirchlichen Lehre wie auch von dem Jesus freier Deutungen heute. Beide lehne ich ab, aus verschiedenen Gründen zwar, aber von ein und demselben Gesichtspunkt aus: Keine Deutung Jesu darf von Jesus von Nazaret absehen. Was ist eine Christologie ohne ihn? Christusgestalten, die sich im Blick auf Jesus als Fantasieerzeugnisse entpuppen, sind nicht akzeptabel. Ihn als einen zweiten Gott anzupreisen, das ist ebenso wenig hinzunehmen, denn als solchen hat er sich selbst nie ausgegeben. Jesus kann nicht die Leerstelle Gottes in unserer Kultur ausfüllen. Als Werkzeug Gottes steht und fällt er mit Gott.

Es ist somit ein Buch, das sich mehr mit der Glaubenslehre befasst. Manche betrachten ein solches Unterfangen wie eine Auseinandersetzung über Fragen, wie ein Luftschloss auszusehen hat. Selbst Menschen der Kirche lockt man damit nicht mehr hinter dem Ofen hervor. Wer oder was Gott ist, was man von Jesus denken soll – die Kirchen möchten Erfolge erzielen, und das gelingt nicht mit der Lehre. Das finde ich auch. Aber Jesus existiert nun einmal, die christliche Kirche ist nach ihm benannt, und das Forschen nach dem, was aus ihm gemacht wurde und warum, scheint mir eine sinnvolle Weise zu sein, sich mit der christlichen Tradition zu befassen.

Darüber hinaus begreife ich die Beschäftigung mit der Lehre als eine Form der Pastoral: Erhellung, Aufklärung ist das Ziel. Das ist die Funktion von Theologie: sie *verordnet* nicht, sondern *klärt auf*. Ich versuche, Gläubigen und Nichtgläubigen zu einer Erweiterung des Horizonts zu verhelfen. Bekanntlich geht dies auf Kosten von Nestwärme, es ist einer der Gründe, warum Menschen sich davor fürchten. Die Belohnung aber besteht in einem größeren Zugriff auf die Entwicklung, in mehr Einsicht in das, was uns und andere bewegt, in der Möglichkeit von Selbstkritik.

Warum wurde dieses Buch geschrieben? Die überflüssige, überströmende Verehrung Jesu in der christlichen Kirche beschäftigte mich schon seit langem. Jede christliche Rede zu einer Jesusrede zu machen, erschien mir als zu viel des Guten, wirkte zu sehr als eine Pflichtaufgabe. Könnte es auch sein, dass wir etwas anderes meinen als wir sagen? Fügt man die sich zunehmend ausdehnenden Verwendungsmöglichkeiten hinzu, die Jesus, der Gottmensch der kirchlichen Christologie, religiös ausgehungerten Menschen scheint bieten zu können, und der Dschungel von Auffassungen, die kursieren, ist komplett.

Warum schreibt jemand ein Buch? Was formuliert ist, ist nicht länger ein Chaos, so las ich bei Jeroen Brouwers. Das bedeutet zuallererst, dass man schreibt, um zu klären, was man denkt, und nicht, um anderen vorzuschreiben, was sie denken müssen. Wer schreibt, will aber auch gelesen werden, ansonsten hätte er das Manuskript wohl in der Schublade liegen lassen. Ich hoffe – es wird sich zeigen –, dass ich anderen helfen kann, ihr Chaos zu ordnen.

H.M. Kuitert

Das Ende des kirchlichen Christus

Siehst du diese großen Bauten? Kein Stein wird auf dem andern bleiben,
alles wird niedergerissen.
Jesus nach Markus 13,2

1. Eine Kultur verschwindet

Es dürfte im Jahre 1962 gewesen sein, und der Ort, an dem es passierte, war der Parnassusweg in Amsterdam – um genau zu sein: die Brücke über den Südlichen Amstelkanal. Dort bekamen meine Kinder von mir zum ersten Mal an einem Sonntag ein Eis. Wir waren als Familie auf einem Nachmittagsspaziergang, ich selbst im schwarzen Anzug (am Morgen hatte ich gepredigt und musste das am Abend noch einmal), niemanden wunderte das, und ich selbst fand das auch ganz normal. Der Eisverkäufer wird uns als Kunden unter Kunden angesehen haben, aber für mich war der Kauf wirklich eine Tat! Später erst begriff ich, dass dieses unscheinbare Geschehen in einem größeren Zusammenhang steht: dem Verschwinden einer Kultur als einer Lebensweise, die Menschen miteinander teilen und an der sie einander erkennen.

In meinem Fall war es die Kultur einer Kirche, die offiziell ›de Gereformeerde Kerken in Nederland‹ heißt. Sie hatte (hat?) eine äußerst treue Anhängerschaft, erkennbar an der Einheitlichkeit des Verhaltens; das Leben war bis in die Einzelheiten hinein geregelt. Leben war Leben aus der Mitte der kirchlichen Gemeinschaft heraus, sie bot Energie und Richtlinien – beides – für den Alltag. Römisch-katholische Gläubige (und Ex-Gläubige) könnten hier einiges ergänzen. Die reformierte kirchliche Kultur hielt keinem Vergleich zum reichen katholischen Leben stand. So blieb der reformierte Pastor aus dem Schlafzimmer heraus, der katholische Pfarrer nicht.

Diese Kultur, das durch die Kirche geregelte Leben, ist nahezu vergangen. Kinder wissen nicht mehr, was der sonntägliche Kirchenbesuch ist. Sie lesen nicht mehr in der Bibel, wenn die Predigt zu lange dauert, wundern sich nicht mehr über die Kirchentonarten (dorisch, phrygisch, äolisch), denen sie oberhalb der Melodien begegnen, sie wissen nicht einmal mehr, worum es geht, wenn man über Kirchentonarten spricht. Sie sind frei von der Nostalgie der mittleren Generation, denn sie beschäftigen sich mit ganz anderen Dingen als ihre Eltern.

Diese stellen inzwischen fest, dass nicht mehr feststeht, was noch als christlich gilt. Nicht nur die Einheitlichkeit des Verhaltens ist verloren gegangen (man denke an das Eis am Sonntag), auch die Lehre begann auf unsicheren Füßen zu stehen. Ich bin selbst in einer Zeit aufgewachsen, in der bei uns noch über Abraham Kuyper gesprochen wurde, in der Professoren und Pfarrer allseits respektierte Persönlichkeiten waren, die nicht auf Radio oder Fernsehen angewiesen waren, um bekannt zu sein. Sie kamen ohne die Medien aus, waren Gegenstand im alltäglichen Gespräch, in dem gewöhnliche Menschen – sich mehr oder weniger an der Problematik verhebend – die Denkvorstellungen ihrer Führungspersönlichkeiten bei der Arbeit wie zu Hause diskutierten. Heute sind die Namen dieser Leitfiguren vergessen, Studenten der Theologie begeistern sich nicht mehr für sie (*wenn* sie noch etwas von ihnen wissen) oder beschäftigen sich nur noch im Rahmen einer Dissertation mit ihnen. Der Welt des Sozialismus ist es nicht viel besser ergangen. Karl Marx lebt nicht mehr. Vor hundert Jahren lagen Namen wie Bebel, Bernstein, Engels, Kautsky oder Trotzki den Arbeitern noch auf der Zunge, ihre Werke wurden gelesen und diskutiert. Heutzutage weiß kaum jemand mehr, von wem wir sprechen.

Von den Veränderungen der Kultur ist auch die Glaubenslehre – als richtige Lehre – betroffen und damit die Christologie als deren Kernstück. Von der Christologie, der kirchlichen Lehre von Jesus Christus, handelt dieses Buch. Selbst wenn sie noch wie ein Betonblock erscheinen mag, ihre Fundamente sind bereits ins Wanken geraten. Die Prophezeiung Jesu über den Tempel scheint fast auf die verbindliche Lehre über Jesus zuzutreffen. Es bleibt kein Stein auf dem anderen.

2. Jesus Christus im Zerfallsprozess

Das Christentum leitet seinen Namen von Jesus Christus ab, als eigenständige Religion unter den Religionen steht oder fällt es mit ihm. Mit der Christologie berühren wir den Nerv seiner Existenz. Es ist daher kein Wunder, dass manche Christen die Entwicklungen in ihr, sei es innerhalb, sei es außerhalb der Kirchen, mit Erschütterung verfolgen. Jahrhunderte lang wurde die Lehre über Jesus nicht verändert, Gott von Gott, Licht vom Licht, zwei Naturen, in einer Person vereinigt – es kam niemandem in den Sinn, daran zu rütteln. Woran immer man auch die Axt legte, so doch nicht an die Christologie. Eine unantastbare Überlieferung, das war sie; und plötzlich gilt die Unantastbarkeit nicht mehr! Nicht plötzlich, da mache ich einen zu großen Sprung. Die Aufklärung setzte ein Fragezeichen hinter die historische Verlässlichkeit der Evangelien. Es schien ausreichend zu sein, das Rad in Drehung zu versetzen, und es drehte sich langsam. Nur wenige Christen beteiligten sich an der historischen Kritik und allem, was damit verbunden ist. Erst in der zweiten Hälfte des zwanzigsten Jahrhunderts gewinnt die kritische Methode auch außerhalb von Fachkreisen an Boden, um sich in den letzten Jahrzehnten sowohl innerhalb wie auch außerhalb der Kirche wie eine Flutwelle über den kirchlichen Christus zu ergießen.

Das Leben Jesu (oder was als solches gilt) wird zum Thema von Filmen, Musicals werden über ihn komponiert, manchmal mit Ehrfurcht, als aufrichtiger Versuch, sich ein Bild von ihm zu machen. Genauso gut aber machen Entertainer Späße über sein Leben (bei Mohammed muss man aufpassen, bei Jesus darf man das), und mit der überkommenen Ehrfurcht ist es vorbei. Ich suche dahinter nicht nach schlechten Absichten, bemerke nur eine Verschiebung und weiß aus Erfahrung, wie gläubige Menschen dadurch betroffen sein können. Ist denn nichts mehr heilig?

Das geschieht außerhalb der Kirchen. Innerhalb der Kirchen ist inzwischen die Einheit des Jesusbildes verloren gegangen. Der konservative Teil der Christenheit hört sonntags die Predigten an, so wie sie immer gehalten wurden: Jesus lebte und er wurde gekreuzigt. Der Teil, der sich als progressiv bezeichnet, experimentiert mit der Bedeutung Jesu, dass es eine wahre Lust ist. Überlebt das Christentum diese Neubewertung der Christusgestalt? Dekompensiert Jesus Christus? Diesen Ausdruck entleihe ich der Medizin: Dekompensieren meint das Zerfallen eines Organismus; das Gleichgewicht, durch das er bleibt, was er ist, geht verloren. Stirbt der kirchliche Christus vor unseren Augen unter den Händen seiner Ärzte?

Ich skizziere hier eine Situation, in Stichworten und somit unvollständig, jedoch, wie ich hoffe, überzeugend genug, um deutlich zu machen, dass gutwillige, gläubige Menschen sich in einem Irrgarten von

Auffassungen befinden, aus dem sie keinen Ausweg finden können. In diesem Buch kann ich daran etwas ändern, und wäre es nur dadurch, dass ich erkläre, wie der Irrgarten beschaffen ist.

3. Ist die christliche Lehre am Ende?

Den Zerfall des Jesusbildes beschreibe ich in den nachfolgenden Kapiteln als einen Auflösungsprozess des kirchlichen Christus, einen Prozess, dessen Wurzeln im kirchlichen Christus selber liegen. Die Vergoldung, mit der Jesus von Nazaret von der christlichen Kirche überzogen wurde, kommt nicht von oben, sie entstammt nicht der Ewigkeit und ist nicht für die Ewigkeit bestimmt. Menschen einer bestimmten Zeit und einer bestimmten Kultur haben Jesus mit zwei Naturen ›versehen‹, ihn als Gott-auf-Erden gesehen. Das aber, was menschlich ist, schleift sich ab, der Zahn der Zeit greift es an. Ist das Christentum somit erschöpft, hat die kirchliche Christologie sich selbst überlebt und fächert sie sich daher in eine Fülle von Richtungen auf?

Die Frage lässt sich nicht mit einem einfachen ›Ja‹ oder ›Nein‹ beantworten. Die kirchliche Christologie, die klassische Zweinaturenlehre mit allem, was damit verbunden ist, hat ihre Zeit gehabt – das jedenfalls wage ich zu sagen. Im Laufe dieses Buches hoffe ich deutlich zu machen, warum das der Fall ist, mehr noch, warum es unumgänglich ist, dass wir einmal Abschied von ihr nehmen mussten. Das ist die eine Seite der Sache.

Jesus wird zugleich, und das mit nicht geringerer Begeisterung, mit neuem Zierrat und neuen Aufklebern behaftet; das ist die andere Seite. Beide Entwicklungen halten miteinander Schritt, sie bilden die zwei Seiten einer Medaille. Je mehr der kirchliche Christus in Auflösung begriffen ist, desto reichlicher sind die Vergoldungen, mit denen eine neue Zeit in einer fast endlosen Reihe partikulärer Christologien ihn wieder bekleidet. Jesus von Nazaret verschwindet nicht von der religiösen Bühne. Menschen verlassen die Kirche, sie nehmen aber ein bisschen Jesus mit, so scheint es. Man kann ihn offenbar brauchen, um nicht zu sagen: Er ist eine gefragte Person und begegnet allenthalben. Die Vielzahl von Büchern, die über ihn erschienen sind, lässt aufmerken. Eine wahre Hausse an neuen Jesusbildern wirbt darum, anerkannt zu werden, mehr oder weniger unter dem Titel ›Wer war Jesus wirklich?‹.

Jedoch: was für die einen das Einbringen von Kreativität in die Religion ist für die anderen Anarchie, ungezügelte Fantasie über Jesus, ein Sakrileg. So sind wir doch wieder auf die Lehre verwiesen. Es muss Kritik möglich sein, es muss einen Maßstab geben, soll nicht alles, aber dann auch wirklich alles, als christlich gelten können.

4. Ein Eingriff in die Lehre. Ist das nötig?

Welche Christologie ist eher gerechtfertigt und welche weniger, und welcher Instanz gegenüber muss man sich rechtfertigen? Dieser Frage und einer Antwort darauf ist dieses Buch in der Hauptsache gewidmet. Um keine falschen Vorstellungen zu provozieren, sage ich gleich zu Anfang, dass ich zu einem Ergebnis komme, das aber nicht in der Restaurierung des kirchlichen Christus besteht, geschweige denn, dass ich diesen zum Maßstab der Christologie erhebe.

Ebenso wenig stehe ich den wilden Christologien (so heißen sie in diesem Buch), denen wir außerhalb der christlichen Kirchen begegnen, unkritisch gegenüber. Nicht weil es freie Gebilde sind (die kirchliche Lehre ist das einst auch gewesen), im Gegenteil, sie verdienen wegen ihrer schöpferischen Leidenschaft, der Fantasie, die manchmal aus ihnen spricht, Respekt. Das ist aber noch kein Grund, ihnen Beifall zu bezeugen. Gegen zwei Seiten also wende ich mich: Ich nehme eine kritische Beurteilung der wilden Christologien vor, übe aber eine ebenso deutliche Kritik am kirchlichen Christus.

Das erfolgt anhand ein- und desselben Konzeptes einer Christologie. Ich setze an einem anderen Punkt an als die kirchliche Christologie, nämlich bei Jesus als Anhänger der jüdischen Religion. Mit Hilfe dieses Ansatzes möchte ich die kirchliche Verehrung Jesu auf angemessene Proportionen zurückschrauben. Das Buch beinhaltet einen Vorschlag dazu, zwar in Form einer Skizze, nichtsdestoweniger handelt es sich um einen sorgfältig abgewogenen Vorschlag.

Das bedeutet folglich einen Eingriff in die kirchliche Lehre, wenn auch in Form ihrer Vereinfachung, was einen solchen Eingriff verlockend wirken lässt. Dennoch handelt es sich um einen Eingriff, und so stellt sich die Frage, ob das wirklich sein muss. Eine Alternative wäre, die Christologie so zu belassen, wie sie ist, mit dem Argument, dass es schließlich nicht um die dogmatische Begründung gehe, sondern um das Glaubensgeheimnis der Gegenwart Gottes in unserer Welt, das menschlichem Scharfsinn unzugänglich ist. Ich betrachte dies als eine Alternative, für die sich sehr viel vorbringen lässt. Menschen, die so darüber denken, brauchen mein Buch nicht zu lesen; sie werden kein Vergnügen daran finden. Warum ich selbst diesen Weg nicht beschreite, hat mit der Unmöglichkeit zu tun, eine solche Version der Christologie mit dem in Übereinstimmung zu bringen, was wir den historischen Jesus nennen. Für mich liegt hier eine Bedingung für die Zustimmung zu jedweder Christologie vor. Dies möchte ich nicht als Widerspruch gegen Glaubensgeheimnisse verstanden wissen, vielmehr: Glaubensgeheimnisse belasten uns nicht mit Ungereimtheiten, oder besser noch: Ungereimtheiten zu Glaubensgeheimnissen zu erheben läuft darauf hinaus, dass man der intellektuellen Ehrlichkeit aus dem Weg geht.

5. Jesus als Vermächtnis des Christentums

Die christliche Kirche hat der europäischen Kultur vieles vermacht – auch im Sinne von ›hinterlassen‹ zu verstehen –, Glaubenskriege, seelisch beeinträchtigte Menschen, von Macht besessene Hierarchen und so weiter, aber eben auch Jesus.

Eine erste Anmerkung dazu: Jesus wird hier gesehen als Schöpfung der christlichen Kirche, Jesus also als der kirchliche Christus. Kirchen stehen selbst in den kleinsten Dörfern Europas, würde man sie alle in die Landkarten einzeichnen, so würden diese einen Wald von Türmen wiedergeben. Jahrhunderte lang haben die Kirchen Jesus Christus in Wort und Bild gepredigt, die Moralvorstellungen geprägt, die Kultur gefördert, das Leben »geordnet«. Die Sexualität wurde geregelt (das war nicht zu vermeiden) und unterdrückt (das war nicht nötig), die Gewalt eingedämmt (Gott sei Dank) und zugleich legitimiert (leider), das Leiden zu akzeptieren gelehrt, aber auch verherrlicht, Sünden wurden eingeredet, wo keine waren, und es wurde weggesehen, wo sie unverzeihlich waren, und so könnte ich fortfahren. Der kirchliche Christus ist zu Kultur geworden, zu Europa als christlichem Kontinent. So begegnen wir dem kirchlichen Christus zunächst als Schöpfung der Kirche und zum Schluss – kulturell betrachtet – als Vermächtnis.

Die zweite Anmerkung bezieht sich auf dieses Vermächtnis. Wenn die christlichen Kirchen aus Europa verschwinden würden (was ich weder annehme noch befürworte), so verbleibt immer noch das Erbe, das Vermächtnis. Wie man weiß, ist den Erben freigestellt, mit dem Erbe zu tun, was sie wollen. Es ist sogar die Pointe dessen, was wir einen Nachlass nennen, dass nämlich der Erblasser nicht mehr darüber zu walten hat, der Nachlass ist in die Hände der Erben übergegangen.

In diesem Buch gehe ich von der so beschriebenen Situation aus. Die kirchliche Christologie hat nicht ausgedient, sie ist in andere Hände übergegangen. Früher begegnete nur ein Jesus, nämlich Jesus Christus. Jahrhunderte lang wurde er von der Kirche mit Blut, Schweiß und Tränen verteidigt, nun wurde dieser eine Jesus aufgegeben. Die Kirchen müssen zusehen, wie sich andere seiner bemächtigen. Der kirchliche Christus ist parzelliert, eine Vielzahl von Auffassungen über Jesus macht die Runde, es gibt einen regelrechten Jesus-Markt.

Dieser Prozess ist nicht zu bremsen, er ist zunächst zu begrüßen. Der kirchliche Christus als Stoff für die religiöse Suche der Menschen – die Kirchen können es sich eigentlich nicht besser wünschen! Erst wenn solche Offenheit Wertschätzung erfährt, kann die Auswertung beginnen. Sie werde ich in diesem Buch vornehmen und unterziehe ihr sowohl den kirchlichen Christus als auch die freien Gebilde.

6. Eine Lesehilfe. Über die Absicht

Mir geht es in diesem Buch nicht um eine neue Version des historischen Jesus, des soundsovielten ›wahren‹. Wer das erwartet, wird enttäuscht. Ich schlage einen ganz anderen Weg ein: Was hat man im Laufe der Jahrhunderte aus Jesus gemacht, warum hat man das getan, und was steht hinter diesem noch weiterlaufenden Prozess? Dieses Buch fasst meine Überlegungen zur Christologie zusammen.

Teil I legt dar, wie die Infragestellung des überlieferten Jesusbildes begann. Er kann als ein Stück Geschichte der Theologie gelesen werden, wobei das Problem, was ›wirklich geschehen‹ ist, im Zentrum steht. Wer fing an, Fragezeichen zu setzen (Reimarus), wer durchschaute die Folgen (Lessing), wer zog die Bilanz aus der Suche nach dem historischen Jesus (Schweitzer), wer sagte, dass es überhaupt nicht um Historie ging (Strauss), und wer pflichtete ihm bei (Bultmann)? Um diese Art von Information geht es. Sie hat hinreichend erklärende Kraft, den nächsten Teil des Buches einschätzen zu können.

Teil II erzählt vom Wendepunkt in der Annäherung an die Evangelien; sie sind nämlich Text. Text verdankt sich der Sprache, und Sprache verlangt nach Auslegung, Deutung. Die Hermeneutik orientiert die Theologie, sie entfaltet (versucht dies wenigstens), wie Jesus ›von Bedeutung‹ wird. Ist es noch notwendig, sich auf den historischen Jesus zu beziehen, auf das ›wirklich geschehen‹, oder nicht? Dieser Teil endet mit dem, was ich ›Christologie als Rezeptionsgeschichte‹ genannt habe, d. h. mit der Frage: Was haben die nachfolgenden Generationen aus den Evangelien gemacht? In diese Rezeptionsgeschichte ordne ich – selbstverständlich – auch die Zweinaturenlehre ein.

Teil III ist eine Standortbestimmung, untermauert durch eine solide Argumentation. Eine Christologie, die als christlich gelten will, wird sich an Jesus als historischer Gestalt legitimieren müssen. Vieles von dem, was über ihn erzählt wird, ist historisch betrachtet unsicher. Dies mag man bedauern, aber davon ist der Glaube nicht abhängig. Eines steht allerdings fest: Jesus war Anhänger der jüdischen Religion. Die christliche Religion wird daher zumindest mit der ›Religion Christi‹ vereinbar sein müssen, was beinhaltet – um das Wichtigste zu nennen –, dass Christen ihn nicht als Gott-auf-Erden verehren können; er hat sich selbst nicht so gesehen. Die christliche Kirche kann nicht besser über Gott informiert sein als Jesus selber! Das weist auch der Kontroverse mit den Juden den angemessenen Platz an. Das Gotteskonzept, das die christliche Kirche vertritt, ändert sich durch Jesus nicht (daher kommt es, dass das Ritual der Versöhnung im Christentum einen ebenso wichtigen Platz einnimmt wie im Judentum), was sich ändert ist die Reichweite des Gottes Jesu. Er ist auch Gott-für-Nichtjuden, d. h. der christliche Glaube kennt keine ethnischen Einschränkungen.

In Teil IV kommt die heikle Frage zur Sprache, wie wir mit der Überlieferung verfahren müssen, nämlich mit der Zweinaturenlehre, dem Credo, den christlichen Jesusfesten, aber auch der Jesusfrömmigkeit, die sich eine besondere Beziehung zu Jesus schafft, neben der Beziehung zu Gott. Dies ist nicht akzeptabel. Zu Jesus kann man nicht beten, Jesus wird auf diese Weise ein zweiter Gott, was selbst in den Begriffen der klassischen Christologie einer schweren Ketzerei gleichkommt.

Der letzte Teil V fasst das im Buch Gesagte unter dem Titel ›Vermächtnis‹ zusammen. Jesus hinterließ die Kirche (das jedenfalls meinen die Kirchen; ob es zutrifft, steht auf einem anderen Blatt), und die Kirchen haben ihrerseits Europa den kirchlichen Christus vermacht. Mit diesem Vermächtnis verfährt man, wie es scheint, nach Gutdünken. Aber ohne Perspektive ist die Entwicklung nicht. Europa selbst sehe ich wieder als Vermächtnis des kirchlichen Christus an – Christus transformiert zum kulturellen Christentum.

7. Keine Theologie. Die Leser

Es ist auch in diesem Buch meine Absicht, in klarer Form zu schreiben, selbst in den Augen von Menschen, die finden, dass Religion durch Verschwommenheit charakterisiert sein sollte. Ich gehe daher der Sprache der Fachleute aus dem Weg, sie ist nicht nötig. Als Leser suche ich Menschen, die mein Thema für so bemerkenswert halten, dass sie dafür einige Anstrengung aufbringen. Auch wenn ich somit nicht mit Theologen über Theologie spreche, nicht für Menschen aus dem Fach schreibe, behandele ich meine Leser nicht unter ihrem Niveau. Das eine wäre eine Überschätzung des Schwierigkeitsgrades der Theologie (jeder kann das mit einiger Geduld verstehen), das andere eine Unterschätzung der Intelligenz des Lesers.

Theologie schafft Klarheit, das ist der Grund, warum sie als Disziplin geübt wird. Sie bestimmt nicht das Maß, sie schreibt nicht vor. Das mache ich in diesem Buch auch nicht; es hilft, sich zu orientieren. Wie verlaufen die Wege, wie überblicke ich den scheinbaren Irrgarten? Nichts vorschreiben heißt nicht, dass alles gleich gut sei. Das wäre eine Form des Liberalismus, die sich selbst aufhebt. Über die Lehre kann man streiten, mit Argumenten, auch über die Christologie.

Christologie ist nicht die ganze christliche Lehre, sie ist nur ein Teil davon, nicht der geringste, aber doch nicht mehr als ein Teil. Bezüglich einer Überschau über die christliche Lehre als Ganzes, zu anderen Themen als der Christologie, zum Entstehen der Religion in der Geschichte der Menschheit, zur Frage, warum der Glaube an Gott sinnvoll ist (ich erwähne nur einzelne Themen) verweise ich den Leser auf andere Werke, die ich verfasst habe.

Die Lehre ist nicht alles, auch die gesamte Lehre nicht. Das Leben geht weiter, auch wenn die Wahrheit nicht festgestellt werden kann. Kinder werden gezeugt, geboren, gründen selbst wieder Familien und

sterben. Die Jahreszeiten kommen und gehen, als ob es keine Christo-
logie gäbe. Dieser Gedanke kann uns sowohl vor zu hoch gespannten
Erwartungen wie auch vor allzu überhitzten Gefechten um die religiöse
Wahrheit bewahren.

I
Einen Stein ins Wasser werfen

The present tense

Your holy hearsay
is not evidence:
give me the good news
in the present tense.

What happened
nineteen centuries ago
may not have happened:
how am I to know.

The living truth
is what I long to see.
I cannot live upon
what used to be.

So shut the Bible up
and show me how
the Christ you talk about
is living now.

Sydney Carter

1. Nicht geschehen, wie beschrieben

1. Die Evangelisten begingen einen Betrug. Reimarus

Früher hätte es niemand fertig gebracht, die Evangelisten als Betrüger zu bezeichnen. Natürlich gab es, solange die Kirche existierte, eine Vielfalt von Meinungen über die Person Jesu, aber die ließen sich meistens in den Rahmen des kirchlichen Dogmas einpassen oder erweckten jedenfalls diesen Anschein. Solange die Göttlichkeit Jesu unstrittig war, sorgte selbst das, was gemäß den Regeln eine Ketzerei genannt werden musste, für keine oder nur wenig Aufregung. Auch der große Streit zwischen Rom und der Reformation (Luther und Calvin) betraf nicht die Person Jesu Christi, da alle Lager das altkirchliche Dogma von den zwei Naturen in einer Person voll und ganz akzeptierten. Die Göttlichkeit Jesu mit einem Fragezeichen zu versehen, das überstieg, wenn es überhaupt ein Bedürfnis dafür gab, den Horizont der Zeit.

Dennoch war es gerade das, was zur Bestürzung von Kirche und Theologie im achtzehnten Jahrhundert geschah. Den Anfangspunkt dessen und der damit entfesselten Suche nach dem so genannten historischen Jesus bildete eine Reihe von Streitschriften von Reimarus (gest. 1768), im Übrigen kein Theologe, die nach seinem Tod (ohne Nennung des Verfassers) unter dem Titel *Wolfenbütteler Fragmente* von Lessing (gest. 1781) herausgegeben wurden. Reimarus nimmt kein Blatt vor den Mund (die gesamte damalige kirchliche Welt fiel daher auch über ihn her). Reimarus bezeichnet im fünften Fragment die Kirchenlehre über Jesus als eine Fiktion und die Evangelisten kurzerhand als Betrüger. Ihm zufolge müssen wir das, was Jesus beabsichtigte (›die Absicht Jesu‹), und das Ziel seiner Jünger (ihre ›Absicht‹) auseinander halten. Das, was Jesus wollte (weil Reimarus Jesus als Zeloten betrachtete, dachte er an eine Art Revolution), misslang – daher sein Schrei am Kreuz: ›Mein Gott, mein Gott, warum hast du mich verlassen‹. Albert Schweitzer wird später auf Grund desselben Ausspruchs dieselbe Schlussfolgerung ziehen: Jesus ist ein gescheiterter Messias. Die Anhänger, so Reimarus weiter, wollten und konnten jedoch ihr Ideal nicht fallen lassen; von ihnen stammt das Christusbild, die Rede von Auferstehung usw. Die kirchliche Lehre ist, mit anderen Worten, ein Beispiel für Betrug und verdient es nicht, geglaubt zu werden.

Genau daran war es Reimarus mit seinem historischen Ansatz gelegen; er wollte ganz bewusst einen Sturm gegen die kirchliche Lehre über Jesus entfesseln. Der bleiche Christus des kirchlichen Dogmas ist seines Erachtens für den vernünftig denkenden Menschen ein Affront; ein ins Übernatürliche erhobenes Wesen, dem alles Menschliche fremd ist, kann unmöglich ein Gegenstand der Verehrung sein.

Das Bild, das Reimarus an die Stelle dessen setzen will, wird uns hier nicht weiter beschäftigen. Er irrte sich, auch nach Ansicht der kritischsten Historiker der Gegenwart. Es sind die Folgen seiner Streitschrift, die ihre Bedeutung bestimmen. Sie ließen den kirchlichen Christus nicht mehr zur Ruhe kommen. Die *Fragmente* des Reimarus bestimmen bis auf den heutigen Tag den Ansatzpunkt der Diskussion: Der kirchliche Christus und Jesus von Nazaret fallen – zum ersten Mal – nicht mehr zusammen. Der Weg für die Erforschung des so genannten historischen Jesus ist frei.

Für Reimarus stand die historische Forschung noch im Dienst der Kritik, des Zerpflückens des kirchlichen Christus, war die historische Forschung Demaskierung. Erst Jahrzehnte später – etwa im Zeitalter der Romantik – wurde der historischen Forschung eine positive Funktion zugewiesen. Sie sollte den wahren Jesus ans Licht bringen, den Jesus, der übrig bleibt, wenn die Übermalungen durch den kirchlichen Christus entfernt werden. In einem der folgenden Kapitel werde ich ausführlich darauf eingehen.

Zunächst will ich aufzeigen, dass der Einspruch von Reimarus ein Versuch war, Jesus aus der Einschnürung durch das kirchliche Dogma zu befreien. Dies hatte aber das Umgekehrte zur Folge: Jesus wurde umso mehr darin eingebunden.

2. Der Streit um das ›wirklich geschehen‹ entbrennt

Die christliche Glaubenstradition – kurz zusammengefasst – verkündigt als Frohe Botschaft, dass um den Beginn unserer Zeitrechnung herum ein Knabe aus der Jungfrau Maria geboren wurde, empfangen vom Heiligen Geist, dass dieser kleine Junge Gottes Sohn gewesen sei und Gott durch ihn, durch sein Kreuz und seine Auferstehung, die Menschheit aus ihrer Verlorenheit gerettet habe, wonach der Sohn wieder zu seinem Vater im Himmel zurückgekehrt sei. Gottes letztendliche Selbstoffenbarung, das bedeutet dies, trägt historischen Charakter, findet in der Geschichte statt, besteht aus historischen Ereignissen.

Diese kurze Charakteristik macht verständlich, warum man in hellen Scharen gegen Reimarus zusammenlief, denn er rüttelte an einem wesentlichen Element der Evangelien, dem Ereignischarakter. Wenn Jesus nicht wirklich auf dem Wasser gewandelt war, seinen Freund Lazarus nicht wirklich aus dem Grab gerufen hatte und auch selber nicht von den Toten erstanden und in den Himmel aufgefahren war – wenn das alles keine historische Wahrheit mehr ist, sondern sich der Fantasie seiner Jünger verdankt, wenn die wirkliche Wahrheit anders ist, fällt die christliche Heilsbotschaft wie ein Kartenhaus in sich zusammen. Glauben heißt glauben, dass die Erzählung der Evangelien wirklich geschehen ist, heißt Wahrheit als historische Wahrheit sehen.

›Wirklich geschehen‹, worüber bis zum heutigen Tage gestritten wird, ist also ein Gesichtspunkt, den Reimarus in das kirchliche Bewusstsein hineingetragen hat. Die traditionelle kirchliche Lehre, die Orthodoxie (ich benutze diesen Ausdruck als Beschreibung der traditionellen Standpunkte) sah keine andere Möglichkeit, gegen Reimarus eine Verteidigungslinie zu errichten, als dass man sich auf das ›wirklich geschehen‹ festlegte. Die Auseinandersetzung verlief manchmal scharfsinnig, manchmal plump, wie in einem Spiel, bei dem jeder an seinem Standpunkt festhält. Tatsächlich war es aber alles andere als ein Spiel, ging es doch für die Orthodoxie um die Wahrheit des christlichen Glaubens. Christen glauben an ›Heilstatsachen‹, wie es später genannt wurde, daran, dass das Kreuz und die Auferstehung Jesu ›wirklich geschehen‹ sind. *Heil*statsachen, gewiss, es waren Tatsachen mit einer weit reichenden Bedeutung, aber Heilstatsachen bleiben *Tatsachen*, sagten die konservativen Christen, sie müssen doch wirklich geschehen sein. Wäre das nicht der Fall, wäre der Glaube seines Inhalts beraubt. Wer ›Heilstatsachen‹ sagt, will somit auf zwei Dinge aufmerksam machen. Zum einen ist es der Glaube, dass Gott in der historischen Person Jesu, seinen Taten und seinem Schicksal, seinem Leiden, seinem Kreuz und seiner Auferstehung, sein erlösendes Heilswerk an Mensch und Welt vollbracht hat. Aber dann muss das alles auch ›wirklich geschehen‹ sein! Glaube ist, mit anderen Worten, auch der Glaube an das ›wirklich geschehen‹, sonst hat der christliche Glaube seine Grundlage verloren. Wer nicht glaubt, dass Heilstatsachen *Tatsachen* sind, glaubt eigentlich nichts, er kann – um mit dem Glaubensbekenntnis des Athanasius zu sprechen – nicht gerettet werden.

Der Gedanke, dass in dem Streit um ›wirklich geschehen‹ die wahre Auseinandersetzung um den christlichen Glauben geführt wird, ist in konservativen Kreisen bis zum heutigen Tage lebendig. Das ist schade, denn es wird nicht nur ein tragischer, sondern, wie ich später zeigen werde, auch ein unnötiger Kampf geführt, der große Verwirrung stiftet und – so denke ich – Menschen eher vom Glauben abbringt, als ihnen hilft zu glauben.

Nicht, dass die leidenschaftliche Frage nach dem, was nun wirklich geschehen ist und was nicht, nicht in Ordnung wäre. Im Gegenteil! Vielmehr ist die Art und Weise, wie man in der orthodoxen Tradition versuchte (und noch immer versucht), mit dem damit gegebenen Problem, ins Reine zu kommen, der Stolperstein. Zunächst wird im nächsten Abschnitt das Problem behandelt und danach die Umgehung dieses Problems.

3. Geschehnisse verlangen nach historischer Forschung

Historische Geschehnisse sind der historischen Forschung zugänglich: Was ist geschehen und was nicht? In jeder Überlieferung, der christlichen wie der außerchristlichen, versuchen wir, entsprechend zu sortieren. Lange vor Reimarus war beispielsweise mit Hilfe der Forschung deutlich geworden, dass die zwölf Glaubensartikel (das so genannte Apostolische Glaubensbekenntnis) nicht von den zwölf Aposteln stammen, sondern von einer christlichen Gemeinde in Rom. So gab es bereits vor Reimarus eine Reihe von Beispielen für Kritik an der Überlieferung durch historische Forschung.

Nun wird das Problem für den christlichen Glauben deutlich. Bilden historische Geschehnisse den Inhalt des Glaubens, dann ist der Glaube, ob wir wollen oder nicht, der historischen, der wissenschaftlichen Forschung ausgesetzt. Sie ist nun einmal dazu berufen, über seine Wahrheit, so weit diese auf einem ›wirklichen Geschehen‹ beruht, zu urteilen. Das bringt gläubige Menschen in Schwierigkeiten! Angenommen, es würde sich morgen plötzlich herausstellen, dass Jesus nicht über Wasser ging! Dies wäre womöglich noch nicht so schlimm, der Glaube würde dadurch nicht erschüttert werden. Wenn sich aber morgen zeigen sollte, dass Jesus ein »normaler« Mensch war, der ein normales menschliches Leben führte, verheiratet war, Kinder hatte (wie viele Rabbis zu seiner Zeit), was dann?

Eine schöne Illustration dieses Problems haben wir vor ein paar Jahren in den Niederlanden erleben können. Ich beziehe mich auf die Maria von Brunssum, die Figur der Heiligen Jungfrau, die Mitte 1995 Tränen der Trauer über die Welt vergoss. Waren es echte Tränen? Eine wissenschaftliche Untersuchung sollte das klären. Als sich herausstellte, dass es sich um schmelzendes Wachs handelte (oder ein anderes Fixiermittel, das die Augen in der Figur fest hielt), war es um das Wunder geschehen, waren die Gläubigen um eine Illusion ärmer, war Gutgläubigkeit auf tragische Weise bestraft worden.

Die Parallele ist nicht vollkommen, aber sie gibt zu denken. Konzentrieren wir uns auf einen Punkt (auf den wir später noch zurückgreifen können): Wofür wäre es gut gewesen, wenn Brunssum ›wirklich geschehen‹ wäre? Für ein Wunder, ja, ein Lebenszeichen der übernatürlichen Ordnung, eine Bekundung der himmlischen Maria, oder etwas banaler, eine Attraktion für Wallfahrer. Sollte der Menschheit damit aber wirklich und wahrhaftig gedient sein? Ich komme darauf zurück, denn die Fixierung darauf, ob es ›wirklich geschehen‹ ist, hat natürlich ihre Hintergründe.

Vorerst geht es mir hier noch um etwas anderes. Die Orthodoxie will den Ereignischarakter der christlichen Wahrheit nicht fallen lassen, denn dann stürzt ihrer Meinung nach der Glaube in sich zusammen, d. h. er verliert mit einem Schlag seinen Inhalt und sein Fundament. Je mehr sie aber darauf besteht, desto mehr liefert sie den Glauben Wissenschaftlern aus, Exegeten, Fachleuten, deren Aufgabe es nun einmal ist, historische Geschehnisse zu beurteilen. So steht schließlich die Sicherheit des Glaubens auf dem Spiel. Sicherheit im Hinblick auf das, was ›wirklich geschehen‹ ist, ist in der Regel Sicherheit, die von wissenschaftlicher Forschung abhängt. In der traditionellen Sicht jedoch steht oder fällt der Glaube mit dieser Sicherheit. Kann man die Entscheidung darüber, was ›wirklich geschehen‹ ist, in diesem Fall aber wissenschaftlicher Forschung überlassen?

4. Heilsgeschichte und gewöhnliche Geschichte

Ich werde den Leser nicht zu sehr mit den komplizierten Begründungen ermüden, die in den Jahrhunderten nach Reimarus versucht wurden, um Heilstatsachen Tatsachen und doch auch wieder nicht normale Tatsachen sein zu lassen. Die Heilstatsachen sind das Werk Gottes in der Geschichte, und Gottes Werk lässt sich nun einmal nicht mit normalen Mitteln feststellen, so die orthodoxen Theologen. So wurde aus der Not eine Tugend gemacht, d. h. gewöhnliche Tatsachen sind jedem zugänglich, Heilstatsachen aber sind es ihres besonderen Charakters wegen nicht. Es wird also eine Art doppelter Buchhaltung geführt: Gewöhnliche Geschichte und Heilsgeschichte, historische Geschehnisse und über-historische (als Parallele zu natürlich und übernatürlich). ›Überhistorisch‹ bedeutet dann so viel wie: Außerhalb des Bereichs historischer Forschung, aber doch ›wirklich geschehen‹.

Ich werte das nicht ab, halte es nur nicht für eine akzeptable Lösung. Die Fixierung auf das ›wirklich geschehen‹ erhält dadurch sogar einen tragischen Zug. Wovon sich der konservative Flügel der Christenheit – zu Recht – absetzen möchte, ist der so genannte positivistische Geschichtsbegriff, für den die eigentlichen Tatsachen nur nackte Tatsachen sind, denen die Bedeutung gleichsam im Nachhinein angeheftet wird. Dieser Gedanke beruht auf einem Missverständnis. Tatsachen sind immer und ausschließlich weiter erzählte Tatsachen; ich gebrauche lieber das Wort Geschehnisse. Geschehnisse sind Tatsachen mit und in ihrer Bedeutung, und dieser Bedeutung wegen werden sie weitererzählt, sonst hätte man nie etwas von ihnen gehört. Die Unterscheidung zwischen ›historisch‹ (gewöhnliche Tatsachen) und ›überhistorisch‹ (Tatsachen mit heilsgeschichtlicher Bedeutung), zu der die Orthodoxie griff, um aufrechtzuerhalten, dass es ›wirklich geschehen‹ sei, verliert das aus dem Auge und fällt gegen ihren Willen genau dem Übel, das sie bekämpfen wollte, zum Opfer: Sie überlässt nämlich den positivistischen Glauben an nackte Tatsachen (zu denen die historische Wissenschaft Zugang hat) der Wissenschaft, und die Heilstatsachen, Tatsachen mit heilsgeschichtlicher Bedeutung, rettet sie aus diesem Kahlschlag, indem sie für sie einen Schonraum in Anspruch nimmt, der für die wissenschaftliche Forschung unzugänglich ist.

Das bedeutet nicht nur, dass sie in die Falle geht, die sie gerade vermeiden wollte, nein, der gläubige Respekt vor nackten Tatsachen bringt ebenso wenig eine Lösung. Denn worauf gründet die Orthodoxie ihre Sicherheit, dass es sich um Tatsachen handelt, wenn auch um Heilstatsachen? Auf ihre Lehre von der Heiligen Schrift als vertrauenswürdigem Wort Gottes, auch im Sinn einer vertrauenswürdigen historischen Quelle. So wie es beschrieben ist, ist es geschehen. Historische Forschung, die nun einmal mit dem Zweifel daran beginnt, ob etwas ›wirklich geschehen‹ ist, ist auf Grund der traditionellen Bibelauslegung überflüssig, und nicht nur das, sie hat seit Reimarus auch etwas Verdächtiges an sich.

Die konservative Seite der Kirche (die Mehrheit) löste das Problem der historischen Gewissheit also mit einer dogmatischen Antwort auf eine historische Frage; oder vielmehr: Eine gute Frage (›was ist geschehen?‹) erhielt eine falsche Antwort (›das steht bereits fest‹). Das ist gewiss eine aus der Not geborene Lösung, von den Prämissen jener Zeit her sicherlich verständlich, aber dennoch ist das keine tragfähige Antwort auf die Herausforderung. Die Angst, alles zu verlieren, spielte (und spielt) die Hauptrolle. Diese Angst ist dafür verantwortlich, dass die Orthodoxie weniger das Problem übersah als vielmehr eine voreilige Antwort darauf gab. Sie verankerte die Gewissheit über die Vergangenheit, über die Heilstatsachen als Tatsachen, in einer Theorie, einer Bibeltheorie, um sie aus den Händen der Wissenschaftler zu retten. Zu der Frage, ob der Glaube auf historischen Tatsachen beruhen kann, drang die Orthodoxie nicht vor.

5. Der Treibsand der Geschichte. Lessing

Lessing hatte das bereits gesehen. Seiner Ansicht nach hatte Reimarus mit seinen *Fragmenten* einen heilsamen Tropfen Gift in die Meinungsbildung der Kirche fallen lassen. Heilsam? Ja gewiss, der christliche Glaube hat Geschehnisse zum Inhalt, gut, so ist das nun einmal, Gott hat nach Lessing seine Gründe dafür gehabt. Das Christentum fährt sich aber fest, wenn es zur eigenen Sicherheit auf Geschehnisse angewiesen bleibt, wie das Werk von Reimarus aufzeigt. So sagte Lessing: Derjenige, der seinen Glauben auf historischen Ereignissen aufruhen lässt, baut auf Treibsand. Womöglich kommt jemand, der mit solider wissenschaftlicher Forschung plausibel machen kann, dass etwas ganz anders oder vielleicht auch überhaupt nichts geschehen ist.

Die Fixierung auf ›wirklich geschehen‹, auf historische Ereignisse als Grundlage des Glaubens, bringt Lessing zufolge mit sich, dass man die Sicherheit des christlichen Glaubens historisch geschulten Wissenschaftlern überlässt. Das kann nur eines beweisen, dass nämlich das Prinzip falsch ist: Historische Wahrheiten können niemals das Fundament des Glaubens sein. Sein Rat lautet: Suche das Fundament irgendwo anders, in etwas, das sicher ist und nicht durch wissenschaftliche Forschung untergraben werden kann. Die unsicheren historischen Wahrheiten (die Wahrheit dessen, worüber die Evangelisten erzählen) muss man durch ewige Wahrheiten ersetzen, durch die ewige Wahrheit der Liebe Gottes zum Menschen. Gott ist die Liebe. Das ist der Kern des christlichen Glaubens, und Jesus ist seine Illustration.

Ob Lessing darin Recht hat, ob die Liebe Gottes zum Menschen eine ewige Wahrheit ist, das muss noch näher betrachtet werden. Ich komme darauf zurück, wenn ich die Einwände Kierkegaards gegen ewige Wahrheiten anschneide. Zunächst lasse ich Lessing noch einen zweiten Punkt verbuchen. Was würde es einem nutzen, wenn man glaubte, dass alles wirklich geschehen sei, wie uns die Evangelisten glauben machen wollen? Ist es nur das, was wir als Christen mit ›glauben‹ meinen? Lessing weist damit auf den Mangel des historischen Glaubens hin, wie eben die Orthodoxie ihn pflegte und pflegt. Es ist mehr dazu nötig, ein Christ zu sein, als zu glauben, dass alles wirklich so geschehen sei, wie es uns in den Evangelien erzählt wird.

6. Vom historischen zum selig machenden Glauben. Die Orthodoxie

Wer nicht glaubt, dass Gott sich in den Geschehnissen des Lebens Jesu offenbart hat, ist kein Christ. Ist man das aber wohl, wenn man alles als ›wirklich geschehen‹ akzeptiert? Nein, das ging den Vätern der reformierten Orthodoxie wieder zu weit, und das mit Recht. Angenommen, es wäre alles wirklich so geschehen, wie die Evangelisten es erzählen, und die Deutung, die die christliche Kirche dem gibt, würde zutreffen. Also: Jesus ist der Sohn Gottes, er kam vom Himmel herab, er opferte Gott sein Leben, wurde das Sühnemittel für die menschliche Schuld, ist am dritten Tage auferstanden und überwand den Tod, um danach zum Himmel und zu Gott aufzufahren. Über die genaue Bedeutung kann man noch unterschiedlicher Auffassung sein, aber angenommen, dass die Frage, ob das ›wirklich geschehen‹ sei, in großen Zügen gelöst wäre. Welchen Nutzen würde es einem Menschen bringen, wenn er das alles glaubte, d. h. glaubte, dass alles wirklich geschehen sei? Keinen.

Das muss der Orthodoxie nachgerühmt werden, dass nämlich ihr zufolge der Glaube, dass die Evangelien uns die historische Wahrheit erzählen, wenigstens erforderlich war, um Christ zu sein, dass er aber nicht als ausreichend angesehen wurde. So kam der Begriff ›historischer Glaube‹ auf. Er soll besagen, dass man noch nicht am Ziel ist, wenn man glaubt, alles sei genau so geschehen, wie die Kirche es verkündigt. Das muss auch sein! Ohne diesen Glauben hat man nichts zu bestellen, aber ein historischer Glaube ist noch kein selig machender Glaube. Erst wenn dieser letztere in einem gebildet ist, darf man sagen, man sei ein Kind Gottes.

Was ist ein selig machender Glaube, und wie gelangt ein Mensch von dem einen zum anderen, vom historischen Glauben zum selig machenden Glauben? Die etwas altertümlich anmutende Terminologie ist die der Orthodoxie; ich benutze sie, folge hier auch ihrer Begründung, weil ich so die großen Veränderungen aufzeigen kann, die das Glaubensleben in den letzten Jahrhunderten durchgemacht hat.

Die klassische Glaubenstradition sah keine Schwierigkeit darin, Jesus als historische Person einfach in der Vergangenheit zu belassen. Das führte gleichwohl zu Problemen. Jeder Pfarrer spürte das, wenn er über die Evangelien predigen musste. Wenn Jesus einen Gelähmten heilte – heilt er dann heute ebenso? Er lässt selbst Tote auferstehen – tut er es heute noch? Als Student sah ich einen Film von Kaj Munk, in dem dieses Problem ergreifend geschildert wurde. Ein Pfarrer glaubte, dass Jesus auch heutzutage Menschen zum Leben erwecken könnte; er ging aber an dem Glauben zugrunde – der Tote blieb tot –, und der Pfarrer verlor seinen Glauben. Aber, wie gesagt, diese Frage stellt für die Orthodoxie kein Problem dar. Jesus brauchte nicht aus der Vergangenheit ins Heute überführt zu werden, da er nach seiner Himmelfahrt gleichsam in eine andere Daseinsform übergegangen war; um es etwas unangemessen, aber deutlich auszudrücken: Jesus war in einen weniger jesusartigen Zustand übergegangen; er begegnete in der Gestalt von Wort und Sakrament, woran man sich in der Kirche so viel und so oft, wie man nur wollte, laben konnte. Der historische Glaube (mit dem alles nun einmal anfangen musste) wuchs zum selig machenden Glauben unter dem Atem des Geistes aus, durch den der Sünder zum Leben erweckt wurde. Das Kirchenverständnis – das merke ich nebenbei noch an – war entsprechend, d. h. die Kirche war die autorisierte Spenderin des zu Wort und Geist transformierten oder des zum Sakrament transsubstantiierten Jesus.

7. Historischer Glaube und die Person Jesu

Historischer Glaube ist kein selig machender Glaube. Auch Lessing neigt zu dieser Ansicht, was wiederum mit Reimarus zusammenhängt. Der hatte nämlich noch einen anderen Stein aus dem Gebäude der Orthodoxie gebrochen. Die historische Forschung der Evangelien rückt die Person Jesu in den Vordergrund, sie macht ihn zum Brennpunkt des christlichen Glaubens. War er das denn nicht auch? Gewiss, aber anders, eben als der kirchliche Christus, der ein für allemal durch das Konzil von Chalkedon (451) in eine Formel gefasst war. Die Lehre über ihn stand endgültig fest, und dementsprechend war der Umgang mit ihm, wie gesagt, durch Wort und Sakrament geregelt.

Die historische Forschung nach dem, ob es ›wirklich geschehen‹ sei, stellte diesen rituellen, einigermaßen unpersönlichen Umgang mit Jesus fast zwangsläufig mit in Frage. Dies hat für den christlichen Glauben eine entscheidende Neuorientierung mit sich gebracht. Der Brennpunkt des Glaubens verschiebt sich vom Christus des Dogmas zu Christus als Jesus, als Person, in der Terminologie des neunzehnten Jahrhunderts gesprochen: ›die Person Jesu‹ oder ebenso oft ›die Person Christi‹. Bei Schleiermacher (gest. 1834) ist das schon recht deutlich, aber auch für bekannte Theologen wie Albrecht Ritschl und seinen Schüler Wilhelm Herrmann dreht sich alles um die ›Person Christi‹. Auch Karl Barth, der seinerseits Schüler von Wilhelm Herrmann war, ist davon beeinflusst.

Wenn die Person Jesu das Zentrum des christlichen Glaubens wird, dann schließt die Charakteristik des ›Glaubens‹ daran natürlich an. Der Glaube muss in einer lebendigen Beziehung zur ›Person Christi‹ bestehen. Wie aber nimmt man eine lebendige Beziehung zu jemandem von früher auf? Erneut zeichnet sich ein Problem ab.

Die Vergangenheit ist Vergangenheit, man ist nicht selbst dabei gewesen. Jesus mag auf seine Jünger Eindruck gemacht haben, sie mögen in ihm sogar Gott-auf-Erden gesehen oder gefühlt haben, aber es waren

Menschen, die zu seiner Zeit lebten. Wir waren nicht dabei, wir leben jetzt und hören nur andere über ihn erzählen. Wie können ihre Berichte je die emotionale Reaktion wecken, die der direkte Umgang mit Jesus hervorrief? Das ist unmöglich, sagte Lessing. Ein tiefer Graben scheidet ihm zufolge denn auch die Gegenwart (wir jetzt) von der Vergangenheit (Jesus damals), und je mehr Gläubige mit Nachdruck Jesu historische Taten (›wirklich geschehen‹) als Grundlage des Glaubens ansehen, desto mehr werden sie mit dieser unüberbrückbaren Kluft konfrontiert. Ein historischer Jesus ist ohne gegenwärtige Wirkung.

Glaube als ein Glaube daran, dass es ›wirklich geschehen‹ sei, ist für Lessing daher vor allem zu wenig, weil ein solcher Glaube nicht wirklicher Religion entspricht, d. h. einer Bezeigung von Geist und Kraft, innerer Auferstehung, Wiedergeburt, Umkehr, Gott mit ganzem Herzen anhängen. Lessing und die Orthodoxie sind in diesem Punkt gänzlich einer Meinung. Selbst in dem Punkt, dass Jesus als historische Person eine Gestalt der Vergangenheit ist und das auch bleiben muss, selbst darin herrscht Übereinstimmung. Während nun die Orthodoxie die Gestaltveränderung Jesu (Jesus transformiert zu Wort und Sakrament) ins Spiel bringt, bleibt es für Lessing bei der Frage, wie die tiefe Kluft (der ›garstige Graben‹, wie er sie nennt) zwischen damals und heute, zwischen Jesus und uns zu überbrücken ist. Besser gesagt, ist das für Lessing keine Frage, es ist seiner Meinung nach gar nicht möglich. Wir sind keine Zeitgenossen Jesu, wir können das auch nicht werden, wir kommen nicht zu ihm und er gelangt nicht zu uns.

Ich halte kurz inne. Für die klassische Lehre lautete die Frage nicht, wie wir zu Jesus kommen, sondern wie Jesus zu uns kommt, gleichzeitig mit uns wird. Sie hatte auf diese Frage ihre Antwort. An der Umkehrung (seit Lessing), nämlich wie wir zu dem Jesus-von-damals gelangen können, wie wir mit ihm gleichzeitig werden, können wir ablesen, was sich verschoben hat.

8. Jesus als Illustration / Demonstration der Liebe Gottes

Gott ist Liebe und Jesus ist die Illustration oder Demonstration (beide Worte verwende ich im selben Sinn) dieser allgemeinen Wahrheit. Das war für Lessing die Art und Weise, Jesus in der Vergangenheit zu belassen, als jemanden von damals, nicht mit der Kluft zwischen damals und heute zu mogeln, und Jesus zugleich eine Schlüsselrolle für den Glauben zuzuweisen. Er sieht das ›Damals‹ als ein zeitliches Hilfsmittel an, eine Pädagogik von Gott her, für Menschen, die zu dieser Wahrheit erzogen werden müssen. Ist das so abwegig, Jesus als Demonstration Gottes, der Liebe ist, zu verstehen? Trotz des Hohns, den Lessing sich von Seiten der Orthodoxie zuzog, stimmen zahllose strenggläubige Christen bis heute im Grunde ihres Herzens dieser Feststellung zu, Jesus nämlich als Illustration (oder Demonstration) der Liebe Gottes zu sehen.

Lessings Lösung hat aber nur eine begrenzte Reichweite. Wenn man aus Jesu Leben und seinem Schicksal ein pädagogisches Instrument macht, in dem Sinne, dass wir durch ihn zur Erkenntnis kommen, wer Gott ist – Jesus ist der Offenbarer –, dann kommt der Augenblick, an dem wir das Wissen und das pädagogische Instrument nicht mehr nötig haben, um Gott als den liebenden Vater zu sehen. Dann ist die Rolle Jesu ausgespielt. Wenn wir nicht derartig zurückgebliebene Menschen gewesen wären, wäre Jesus gewissermaßen nicht einmal nötig gewesen. Die Wahrheit über Gott wird durch Jesus nicht konstituiert, sondern nur demonstriert. Wie erforderlich ist Jesus, wenn er nicht mehr ist als Illustration?

Ich betone den Kontrast. Die Orthodoxie bewegte sich auf der gegenüberliegenden Seite am Rande des Abgrundes, manchmal geriet sie darüber hinaus. Jesu historisches Leben und Wirken ist ihr unentbehrlich, denn Jesus *macht*, dass Gott Liebe ist – Gott war es zuerst nicht, sondern wurde es durch das Opfer Jesu. Darum ist die Geschichte Jesu, wie sie die Evangelien anbieten, eine Geschichte, die man nicht aufgeben kann, und auf diese Weise bildet sie den Inhalt der Verkündigung.

Diese Theorie legt den Finger auf etwas, was durch die Idee der Illustration übersehen wird, dass es nämlich eine Antwort auf die Frage geben muss, warum Jesus so notwendig ist, höchste Notwendigkeit. Leider setzte die Orthodoxie diese Notwendigkeit als eine Notwendigkeit für Gott selbst an, d. h. er beginnt erst durch das Opfer Jesu am Kreuz anders über die Sünder zu denken. Jemand wie Calvin empfand das als eine grobe Verzeichnung des christlichen Glaubens. Gott brauchte nicht auf andere Gedanken gebracht zu werden. Er war schon Liebe, auch als wir noch kein Bewusstsein davon hatten. Aber wozu ist Jesus dann nötig? Ich gehe auf diese Frage später ein.

Zurück zu dem Gedanken, dass Jesus Illustration oder Demonstration der Liebe Gottes zu den Menschen ist. Er entspricht der Idee, dass man die Evangelien als die Einkleidung einer allgemeinen Wahrheit zu lesen hat, als historische Einkleidung (Lessing) oder als mythische. Der Unterschied ist dabei nicht zu übersehen. Lessing kann vom Gesichtspunkt der Erziehung des Menschengeschlechts her nicht auf die Geschichte Jesu verzichten. Liest man die Evangelien als mythische Ausgestaltung einer Botschaft, ist die Vergangenheit ohne jede Bedeutung. Ich werde in einem der folgenden Kapitel aufweisen, wie auch dieser Gedanke Raum greift. Vom Problem, wie man Zeitgenosse einer Person aus der Vergangenheit werden kann, ist man dann zwar befreit, der Preis jedoch, den man dafür bezahlt, ist hoch, d. h. er (Jesus) braucht nicht einmal gelebt zu haben, um doch wichtig zu sein.

9. Gleichzeitig mit Jesus. Kierkegaard

Um eine Lösung für Lessings Problem zu finden, müssen wir uns an den dänischen Philosophen Kierkegaard wenden. Kierkegaard setzt sich mit der Orthodoxie seiner Zeit auseinander. Die Gestalt Christi, die über Wort und Sakrament als gegenwärtig vorgestellt wurde, sei von der Kirche entpersönlicht und gerade so um ihre Wirkung gebracht worden. Die Predigten in der Kirche seien Abhandlungen über die Firma Gott & Sohn, spottet er. Nicht minder aber hat er es auf die Liberalen abgesehen, auf die aufgeklärten Freidenker und die Philosophen seiner Zeit (vor allem Hegel). Sie wissen nicht, findet er, worüber sie sprechen, weil sie nicht wissen, was religiöse Wahrheit ist. Die Wahrheit über Gott sei keine allgemeine Wahrheit. Eine allgemeine Wahrheit über Gott gebe es nicht, Menschen gelangten nicht über das Begründen und Argumentieren zum Glauben. Falls doch, dann zu einem blutleeren Glauben, und das ist nach Kierkegaard kein echter. Religiöse Wahrheit sei persönlicher Natur, ich bin der einzige Mensch, der um sie weiß, denn wissen heißt beteiligt sein, indem Jesus als Erlöser erlebt wird. Es war, meine ich, Wittgenstein, der den Unterschied zwischen Kierkegaard und dem Rest (so darf man wohl sagen) mit Hilfe einer kleinen Diskussion zwischen einem Atheisten und einem Christen Kierkegaardscher Art in Worte fasste. Der Atheist sagt: ›Gott existiert nicht‹. Der eben erwähnte Christ schüttelt seinen Kopf: ›Wie kannst du das nur sagen, er hat mich gerettet‹.

Heute mit Jesus, der gestern lebte, konfrontiert zu werden, das ist nach Kierkegaard durchaus möglich. Die Gleichzeitigkeit mit Jesus, so sagt er, ist nicht an Zeit gebunden; es ist sogar ein falsches Verlangen, in eine frühere Zeit zurückkehren zu wollen, um an dem Großen und Erhabenen teilzunehmen. Es war nichts zu sehen! Das Wesen Jesu lag dem Evangelium nach jedenfalls darin, dass er über keine besondere Gestalt oder Herrlichkeit verfügte; und dieser unansehnliche Mensch nun ist den Aposteln zufolge gerade Gottes Sohn! Wer sich darüber wundert, hat nicht begriffen, was Offenbarung ist: Gott offenbart sich, indem er sich verhüllt. Es war nichts zu sehen, und doch war es Gott, gerade so ist es Gott, dem wir begegnen.

Kierkegaard bezeichnet das als Paradoxon, als Kennzeichen der Offenbarung Gottes. Und ebenso wie sie, die damals die Menschen überfiel und sie vor die entscheidende Wahl ihres Lebens stellte, macht das eine Verkündigung, die wirklich christliche Verkündigung ist, noch heute. Sie ist Verkündigung des Paradoxons, dass der unendliche Gott sich in der Gestalt des Endlichen gegenwärtig zeigt, der Erhabene sich in der Gestalt des Verachteten, der Weise sich in der Gestalt von etwas, das Menschen, die für vernünftig gehalten werden wollen, nur als absurd auffassen können. Glauben ist dann auch etwas völlig anderes als zu akzeptieren, dass es einen Gott gibt, sogar etwas völlig anderes, als zu akzeptieren, dass dieser Gott der Erlöser ist; glauben, das ist auf den Knien laufen, vor dem Unmöglichen, das doch Wirklichkeit ist, in die Knie gehen. Wahrheit (Gott existiert) und Wirklichkeit (er ist mein Erlöser) fallen im Glauben zusammen. Außerhalb des Glaubens gibt es keine religiöse Wahrheit, nur das Geschwätz von Pfarrern und Professoren der Theologie, die denken, dass sie über Sachverstand verfügen, sich aber, während sie reden, schon dem Glauben entziehen.

Also, wie wird nun die Kluft zwischen damals und jetzt überbrückt? Dadurch, dass Jesus als Paradoxon verkündigt wird, als Affront gegen unsere Vernunft, als unmögliche Möglichkeit. Auf diese Weise erleben wir die gleiche Konfrontation wie die ersten Jünger, die Menschen der ersten Stunde, die Menschen, die leibhaftig dabei waren. Bultmann, der sehr unter dem Eindruck von Kierkegaard stand (Barth im Übrigen auch in der Zeit, in der er zusammen mit Bultmann eine Front bildete), sollte später sagen, dass die Verkündigung von Jesus Christus einem Menschen den Bankrott mitteilt, und das zu glauben heißt, den Bankrott anzunehmen.

Es geht mir weiter nicht um die Wirkungen, die Kierkegaard seinerseits wieder hervorgerufen hat. Sein Einfluss reicht viel weiter, als ich es hier skizziert habe. Die Wahrheitsdefinition der (späteren) Existenzphilosophie wurde von Kierkegaard vorbereitet, welche wiederum viele Theologen in der Mitte des zwanzigsten Jahrhunderts orientiert hat.

Ebenso wenig gehe ich hier auf ein Glaubensverständnis ein, das einen Kniefall vor etwas vorsieht, das einem vernünftigen Menschen absurd erscheinen muss. Scheinbar bewegen wir uns hier in die Richtung des *Credo quia absurdum* (ich glaube es, weil es widersinnig ist). Es blieb eher bei einem als Sprung verstandenen Glauben, ein Sprung ins Dunkel (das sich dann nachträglich nicht als ein Dunkel herausstellen sollte).

Es ging um die Frage, wie wir mit dem Jesus von damals gleichzeitig werden können. Kierkegaards Lösung bedurfte dessen nicht, dass es ›wirklich geschehen‹ war; dies ist nicht das Fundament des Glaubens, und folglich kann die historische Forschung weder Gutes noch Schlechtes anrichten. Dennoch kann ihm zufolge der Jesus von damals in der Gegenwart Eindruck machen, nämlich in der Weise, dass er keinen Eindruck macht. Das als Gottes Weg zum Menschen einsehen zu lernen, ist das Kunststück des Glaubens.

Ist das aber eine Lösung? Zwei Bemerkungen, sozusagen als Kommentar, möchte ich hier anfügen. Glauben ist mehr als die Annahme dessen, dass es ›wirklich geschehen‹ sei. Das ist sicher. Es heißt aber nicht, dass es keine Wahrheiten gäbe, die weitererzählt werden können. Es würde keine christliche Verkündigung übrig bleiben, wenn es so darum bestellt wäre. Dem persönlichen Charakter des Glaubens geht der des ›vom Hörensagen‹ vorauf. Man muss zumindest das Evangelium der christlichen Kirche, die Erzählung über Jesus, in seinem Sinn und in seiner Absicht, gehört haben, um sich auf diese Erzählung einlassen zu können. *Traditio quaeret fidem*, die Überlieferung geht dem Glauben voran.

Zudem: Ein persönlicher Einsatz, ebenso ein persönlicher Glaube, macht nicht aus etwas eine Wahrheit, auch nicht eine religiöse Wahrheit. Jesus wurde nicht wirklich aus einer Jungfrau geboren, weil ich das glaube; Menschen können an offenkundige Unwahrheiten glauben. Der Glaube macht etwas zu einem Gegenstand des Einsatzes und der Überzeugung für mich selbst. Der Glaube bedarf der Überzeugung und des Einsatzes, der Bezeigung von Geist und Kraft, will er seiner Bezeichnung als Glaube würdig sein. Deshalb ist eine Bezeigung von Geist und Kraft jedoch noch nicht ein Beweis des Glaubens, geschweige denn ein Beweis seiner Wahrheit.

10. ›Die Religion Christi‹

Im weiteren Verlauf dieses Buches werde ich zu erklären versuchen, dass die Fixierung auf ›wirklich geschehen‹ mitsamt ihrer Folgeerscheinungen unnötig ist, dass der Glaube an Gott dadurch sogar schwieriger wird, als es nötig wäre. Glaube besitzt kein Fundament, dafür ist er Glaube. Dieses Fundament dann gerade auch noch darin zu suchen, dass es ›wirklich geschehen‹ sei, heißt völlig aus der Spur zu geraten.

Was mit Jesus geschehen ist oder nicht, das kann ich, wie es sich gehört, ruhig dem Historiker überlassen. Jesus nimmt im christlichen Glauben sicherlich einen zentralen Platz ein. Die Sicherheit des christlichen Glaubens haftet jedoch nicht am Ergebnis der historischen Forschung über Jesus, sondern an der Begegnung mit Gott, so wie sie im christlichen Konzept von Gott ausgemalt ist. Die Unsicherheit, der Treibsand, in den der christliche Glaube mit der Unaufgebbarkeit des ›wirklich geschehen‹ geraten ist, ist eine Art von Strafe für die Sünde. Er konnte sich daraus durch ein wenig tragfähiges Manöver retten, es stehe nämlich in der Bibel und sei folglich wirklich geschehen. Dieses Manöver ist nicht nur nicht erforderlich, es erhält vielmehr eine Verwirrung der Christologie aufrecht, auf die ich in einem der nächsten Kapitel zu sprechen kommen werde, die Verwirrung, die Jesus zu einem selbständigen, zweiten Konzept neben dem Konzept macht, das Jesus selbst verfolgte. So mussten Christen dann im Anschluss daran, zwei Sicherheiten suchen, nämlich eine über Gott und eine über Jesus als historische Person, die Sohn Gottes ist. Dies ist völlig verfehlt. Es gibt nur eine Sicherheit, denn es gibt nur ein Konzept, und dieses liegt nicht in der Einsichtigkeit einer allgemeinen religiösen Wahrheit, ebenso wenig in einem Sprung (als dem Gegenteil davon), sondern im Finden dessen, der uns vom Hörensagen her, über das überlieferte Konzept, bekannt war.

Dem Glauben eine zweite Sicherheit aufnötigen, nämlich die historische Sicherheit darüber, dass es ›wirklich geschehen‹ sei, läuft auf die unauflösbaren Probleme hinaus, läuft hinaus auf eine Quadratur des

Kreises, nämlich die historische (lies: wissenschaftliche) Forschung zu verwerfen und zugleich an der Forderung nach historischer Sicherheit über das Leben Jesu festzuhalten.

Wo wird der falsche Weg eingeschlagen? Nach Reimarus fiel die Religion Jesu, ›die Religion Christi‹, wie es im Deutschen so schön heißt, nicht mit ›der christlichen Religion‹ zusammen. Die christliche war besser, war die echte, fand er, und darum war zu der ›Religion Christi‹ auf Distanz zu gehen. Seit Reimarus kehrt diese Frage beständig wieder, und selbst wenn spätere Generationen weniger aufklärerisch über das Christentum und weniger negativ über das Judentum denken, so bleibt doch die Standardantwort, dass das Christentum nicht mit der ›Religion Christi‹ zusammenfällt.

Das aber ist ein höchst merkwürdiges Ergebnis. Es läuft darauf hinaus, dass die Christenheit ein anderes Konzept von Gott verfolgt als Jesus selbst. So wird es wohl auch gewesen sein, Jahrhunderte lang. Aus Unbedarftheit oder mit Absicht ist die ›Religion Christi‹ beim Aufbau der kirchlichen Christologie nicht zum Zuge gekommen. Auf dieses Konto kann die gesamte Entwicklung der Christologie gebucht werden, was zum Ergebnis hatte, dass aus einem Konzept zwei gemacht wurden, wie wir im Weiteren sehen werden.

2. Wer war Jesus wirklich?
Albert Schweitzer und die historisch-kritische Forschung

1. Lassen die Evangelien uns den wahren Jesus sehen?

Den Streit um das ›wirklich geschehen‹ habe ich bisher aufgegriffen, insofern dies (bis heute) ein Streit zwischen der Orthodoxie und denen geworden ist, die sie bedrängen. In diesem Kapitel löse ich einen anderen Faden aus dem Bündel von Problemen, die Reimarus in seinen *Fragmenten* der Christenheit bescherte, das ist die historische Forschung nach dem wirklichen Jesus. Wir werden später sehen, dass damit nur die Hälfte des Problems erfasst wird. Wenn die Erzählung der Evangelisten nicht stimmt, kann man zwei Richtungen einschlagen, um voranzukommen. Eine Richtung ist die der historischen Forschung, mit der Frage, was wirklich geschehen ist und was nicht; historisch-kritische Forschung kann man das nennen. Man kann sich aber auch den Evangelisten zuwenden, ihrem Text als solchem, denn am Text der Evangelien ist auch ein Haken, wenn alles nicht wirklich geschehen ist. Was ist das für eine Schrift, die sich als Bericht präsentiert und sich dennoch historisch betrachtet als nicht verlässlich erweist? Das führte zu dem, was später literarisch-kritische Forschung genannt wurde. Es sind zwei Ansätze hinsichtlich derselben Frage. Reimarus stellte folglich nicht nur die historische Frage nach dem, was wirklich geschehen ist, sondern nahm sich gleich die Evangelisten vor, oder besser gesagt: ihren Text: Die Evangelien zeichnen ein trügerisches Bild von Jesus, wir begegnen darin nicht dem wirklichen Jesus. Spätere Forscher übernahmen seine negative Haltung gegenüber den Evangelisten nicht. Sie fanden allerdings ebenso wie er, dass Jesus dringend unter der Schicht des kirchlichen Christus hervorgeholt werden musste, aber anders als Reimarus dachten sie, dass sie den wirklichen Jesus aus den Evangelien herausschälen konnten. Historische Forschung sollte diesem guten Ziel dienen und nicht der Demontage Jesu.

Wenn die Fragestellung uns auch unvermeidlich zum Charakter der Evangelienerzählungen führt, werde ich erst später darauf eingehen und mich in diesem Kapitel auf die historische Forschung beschränken. Sie arbeitet auch mit den Evangelienerzählungen, allerdings aus der Sicht des Historikers. Diese stellt gerade das Problem dar, wie wir sehen werden.

Diesen ersten Abschnitt verwende ich darauf, die hauptsächlichen Voraussetzungen der Forschung, die seit Reimarus weithin gleich geblieben sind, anzusprechen. Sie beziehen sich vor allem auf die Annahmen, von denen der Forscher ausgeht. Um mit der wichtigsten zu beginnen: Die Forschung wird aus Widerstand gegen den kirchlichen Christus heraus unternommen. Diese Ansicht teilen Forscher heute nicht mehr. Was ans Licht kommen muss, ist der wirkliche Jesus. Dies stellt die zweite Annahme dar: ›der wirkliche Jesus‹ ist für die Forscher der Jesus aus Fleisch und Blut, der Jesus, der damals lebte. Der dogmatische Christus der Kirche kann nie der wirkliche gewesen sein.

Der ›wirkliche‹ ist der so genannte historische Jesus. Dieser Begriff ist auch ein Teil des Problems. Ich werde ihn ab und zu verwenden, aber er kann zu Missverständnissen führen, wie sich zeigen wird. Er suggeriert, dass der so genannte historische Jesus die Frucht wissenschaftlicher, vorurteilsfreier Erforschung der Geschichte sei, dass man sich, um den wirklichen Jesus zu entdecken, an die Forscher halten müsse. Das ist, in dieser Allgemeinheit, ein Irrtum. Die Umkehrung, dass man sich für den wirklichen an die Kirche halten müsse, an die bekennenden Gläubigen, ist ein nicht minder großer Irrtum. Menschen können alles Mögliche bekennen. Eine Aussage wird nicht wahr durch ihren Bekenntnischarakter. Aber abgesehen von der Frage, wie vorurteilsfrei historische Forschung sein kann – die Forscher, die hier angesprochen werden, waren es jedenfalls nicht. Ihre Forschung stand im Dienst eines alles übergreifenden, öffentlich bekannten Interesses: Der wirkliche Jesus musste unter dem Glanz des kirchlichen Dogmas hervorgeholt werden.

2. Die historisch-kritische Forschung

Mit großem Eifer und nicht minder großer Fantasie setzten seit der Publikation der *Wolfenbütteler Fragmente* neue Forschungen nach dem wirklichen Jesus ein, im festen Glauben, dass die Erforscher der Vergangenheit ihn von der Übermalung durch Fantasie und Dogma befreien konnten. Die historische Forschung lässt sich nun einmal nicht durch das Kirchengesetz vorschreiben, was man sagen darf oder nicht!

Die Erforscher der Evangelien können nicht – darauf bezieht sich ›kritisch‹ – ohne Weiteres davon ausgehen, dass es ›wirklich geschehen‹ ist. Als Fachmann liest man sie nicht als Texte übernatürlichen Ursprungs, sondern liest sie wie andere Texte auch mit einem von der historischen Kritik geschärften Auge für das, was darin als ›wirklich geschehen‹ hingestellt wird, obwohl dem nicht so ist. Gegenwärtig erregt eine solche Forschung kein Aufsehen und ist ein jedes Herangehen an jedweden Text, gelte er als heilig oder nicht, historisch-kritischer Art. Der Begriff hat seinen Stachel verloren. In der Zeit jedoch, in der er geprägt wurde (und noch lange danach), war er ein Schlachtruf, der in den Ohren der konservativen Christenheit wie ein Aufruf klang, die Reihen zu schließen.

Das war schwerlich anders möglich. Denn die historisch-kritische Forschung sollte schließlich zu einem – wie positiv auch immer gemeinten – konkurrierenden Jesusbild führen. Die Attraktivität Jesu sollte für eine neue Generation aufleuchten: Der wirkliche Jesus ist attraktiver als der kirchliche. Die wahre Größe Jesu muss in ihrer Ursprünglichkeit wiederhergestellt werden. Das war der große Auftrag, den sich ganze Reihen von Theologen im neunzehnten Jahrhundert zueigen gemacht haben.

Ich werde den Leser hier nicht mit Beispielen dazu ermüden. In einem nachfolgenden Abschnitt werden wir einigen begegnen. Manchmal rühren sie uns mit ihrem Pathos, und ein anderes Mal rufen sie mit ihrer Aggressivität Unmut hervor. Aber was für ein Bild von Jesus die Forscher auch schaffen, es ist nur eine Schlussfolgerung möglich: Sie haben sich ihre Zähne an ihm ausgebissen. Nicht, dass sich zum Bild, das die christliche Kirche von Jesus von Nazaret entworfen hatte – dem kirchlichen Christus, wie ich das nenne –, nichts anmerken ließe (wir werden das Gegenteil noch sehen!), sondern weil die Forschung in der Form, wie sie durchgeführt worden war, zum Misserfolg verurteilt war. Der Mann, der das unwiderlegbar aufzeigte, war Albert Schweitzer.

3. Albert Schweitzer

Albert Schweitzer (gest. 1965) schrieb ein Buch, in dem er die historische Forschung nach dem Leben Jesu unter die Lupe genommen hat. Seine Studie ging die Forschung, so wie sie bis zu seiner Zeit unternommen worden war, nicht nur der Reihe nach durch, sondern setzte ihr ein (vorläufiges) Ende. Es ist ein ebenso dickes (mehr als sechshundert Seiten) wie fachkundiges Buch, mit einem Schatz an Informationen über Theologen und Forscher des achtzehnten und neunzehnten Jahrhunderts, darüber hinaus prachtvoll geschrieben und unübertroffen in seiner Durchleuchtung von Vorgängern und Zeitgenossen, eine Pflichtlektüre für (angehende) Theologen.

Was hat Schweitzer zu sagen? Die historische Forschung hat, kurz gesagt, nicht das erbracht, was man von ihr erwartete. Den Jesus von Nazaret, der uns lieb und teuer ist, den Messias, den Heiland der Welt, der das Königreich Gottes verkündete, ja, es auf Erden zu gründen beabsichtigte, und der im Glauben an seine göttliche Berufung sein Leben opferte – diesen Jesus hat es nie gegeben. Die Suche nach ihm hatte so heiter begonnen, man zog los in der Überzeugung, wieder Leben in die blutleere Gestalt des kirchlichen Christus bringen zu können und, tatsächlich, es begegnete den Forschern ein Mensch. Der Rest der Ausführungen ist zu schön, um ihn nicht zu zitieren: ›aber er (= Jesus) blieb nicht stehen, sondern ging an unserer Zeit vorbei und kehrte in die seinige zurück‹. Schweitzer will damit sagen, dass der Jesus, der schließlich als Ergebnis der historischen Forschung Gestalt gewinnt, so anders ist als wir, so sehr jemand aus einer vergangenen Zeit ist, dass wir nichts mehr mit ihm anfangen können. Er repräsentiert eine Gedankenwelt, die uns fremd geworden ist. Jesus betrachtete sich selbst nach Schweitzer als eschatologischen Heilsbringer, den Heilsbringer der Endzeit (›eschaton‹ bedeutet in der Sprache der Theologie ›das Ende‹). Er verkündete die Endzeit, erwartete das Weltende noch während seines Lebens und handelte entsprechend. Jesus ist, mit anderen Worten, ein Apokalyptiker, eine Art Prophet.

Apokalyptik ist ein Fachbegriff aus den Religionswissenschaften; er bezieht sich auf eine religiöse Strömung (mit einem großen Anhang zur Zeit des Beginns unserer Zeitrechnung), die glaubt, das Geheimnis der Geschichte enthüllen zu können (›apocalyps‹ = ›Enthüllung‹): Spektakuläre Ereignisse sind im Hereinbrechen begriffen, sie sind Vorzeichen des katastrophalen Endes, das bereits begonnen hat (daher kann ›Apocalyps‹ auch für ›Armageddon‹ stehen), und das auf den Untergang der alten und die Schaffung der neuen Welt hinausläuft, der Welt des Reiches Gottes. Das biblische Buch der Offenbarung ist ein typisch apokalyptisches Buch.

Jesus lebte, so Schweitzer, auch in dieser Gedankenwelt, glaubte, dass das Ende der Zeiten nahe sei, sandte seine Jünger dazu aus, die Welt auf das Ende vorzubereiten (siehe Matthäus 10), sah sich selbst als ›den Sohn des Menschen‹ aus dem Buch Daniel, die geheimnisvolle Gestalt, die auf den Wolken des Himmels kommen wird, die Welt zu richten, kurzum, er fühlte sich als der Mensch, der das messianische Reich nicht nur verkündete, sondern es auch auf Erden gründen sollte. Er wollte dessen Kommen sogar erzwingen, indem er sich als Opfer ankündigte, als das Ende nicht von selbst kam.

Leider musste Jesus einsehen, dass seine messianische Sendung scheiterte. Das Letzte, was wir von ihm hörten, war: ›Mein Gott, mein Gott, warum hast du mich verlassen?‹ Das ist es nach Schweitzer, wohin uns die historische Forschung bringt, nicht zum Christus der Schriften (den hat es nie gegeben), sondern zu einem Messias der Endzeit. Schweitzer pflichtet in diesem Punkt Reimarus bei: zu einem Messias, der gescheitert ist.

Mit dieser Stellungnahme unterschied Schweitzer sich von seinem Zeitgenossen William Wrede (*Von Reimarus bis Wrede* betitelte er die erste Ausgabe seines Buches), der kurz davor geschrieben hatte, dass nicht nur das Christusbild, sondern auch das Christus*bewusstsein* nicht von Jesus, sondern von seinen ersten Verehrern stammte. Die gesamte neutestamentliche Christologie ist ihm zufolge Jesus übergestülpt worden. In diesem Punkt war Schweitzer weniger radikal. Jesus fühlte sich selbst durchaus als der Messias. Schweitzer will das als eine historische Tatsache festhalten (erntete damit jedenfalls einige Zustimmung von Seiten der Orthodoxie): Kein Christentum ohne einen Jesus, von dem historisch feststeht, dass er sich als Messias berufen fühlte. Für den Rest aber gilt, was ich weiter oben angeführt habe: ›Er kehrte in seine Zeit zurück.‹ Wir haben von diesem eschatologischen Heilsbringer keinen Gewinn. Der apokalyptischen Gedankenwelt sind wir entwachsen.

Damit ist Jesus nicht unwichtig geworden. Ich komme später darauf zurück, wie Schweitzer denkt, weiterkommen zu können. Zunächst jedoch wird eine kurze Übersicht über eine der Folgen seiner (wie es hieß) konsequent eschatologischen Deutung von Jesus gegeben.

4. Apokalyptisch oder nicht? Der Menschensohn

Wie kommt man mit den unliebsamen Ergebnissen der historischen Forschung zurecht? Es entbrannte eine große Kontroverse über Schweitzers Ergebnisse. War Jesus nun ein Apokalyptiker oder nicht, hat er sich als Menschensohn gefühlt oder meinte er damit einen anderen? Die Frage ist für meine Begründung von untergeordneter Bedeutung, aber ich gehe doch – kurz – darauf ein, weil die Antwort klar sehen lässt, dass das Problem, mit dem die Christenheit – orthodox oder liberal – ringt, nicht so sehr die historisch-kritische Forschung ist, als vielmehr die Frage, wie wir unsere historischen Entdeckungen in das einpassen können, was wir bis jetzt geglaubt haben. Matthäus 10, Markus 13, die Ankunft des Menschensohnes auf den Wolken des Himmels, die Umstehenden, die diese Ankunft noch in ihrem Leben miterleben sollen, wie Jesus selbst sagt (Matthäus 10,22): Ist für diese apokalyptischen Seiten Jesu Platz? Ich streife einige Positionen.

I. Schweitzer gelangte zu der Schlussfolgerung, dass das Apokalyptische an Jesus von Jesus selbst herrührt, denn er fühlte sich als der Menschensohn, der kommen sollte, um das Reich Gottes zu errichten. Das ist das Einzige, was feststeht – inmitten alles dessen, was die Evangelien über Jesus zu sagen wissen.

II. William Wrede glaubte feststellen zu können, dass nicht Jesus, sondern der Evangelist, die predigende (jüdische) Gemeinde das apokalyptische Element in die Geschichte eingebracht hat. Jesus hielt sich selbst nicht für den Menschensohn, sondern wurde von der verkündigenden Gemeinde dazu gemacht. Diese zwei Positionen bilden eine grundlegende Alternative: Wozu entscheidet man sich und mit welchen Argumenten? So einfach es auch scheint, so kompliziert wird es.

III. Man kann mit Schweitzer beispielsweise einer Meinung sein, dass Jesus sich selbst als eschatologischen Heilsbringer gesehen hat, also in der apokalyptischen Welt verwurzelt war, aber in der weiteren Deutung dessen 1) das apokalyptische Element etwas abschwächen und 2) seine Reichweite zugleich etwas erweitern; zum Sohn des Menschen gehört auch, dass er leiden und sterben muss. Der Tod Jesu ist somit nicht als Scheitern zu deuten (wie Schweitzer dachte), sondern gehört gerade zum Auftrag des Menschensohnes.

IV. Man kann auch mit Wrede übereinstimmen, dass die apokalyptische Einfärbung von den ersten (jüdischen) Anhängern
herrührt und nicht Jesus selbst zuzurechnen ist. Er hat selbst nie
über den Menschensohn gesprochen, sondern wurde zu dieser
eschatologischen Gestalt *gemacht* nach dem, was dann seine Auferstehung von den Toten heißt, denn ist ›Auferstehung der Toten‹
nicht (so die ersten jüdischen Gemeinden) *das* Zeichen dafür, dass
das Ende angebrochen ist?

V. Zwischenpositionen sind möglich, beispielsweise die, dass Jesus sich
selbst zwar als den Sohn des Menschen bezeichnet hat, nicht aber
in dieser apokalyptischen Einfärbung. Diese rührt vielmehr von der
gläubigen (jüdischen) Gemeinde her.

VI. Oder noch eine andere Zwischenposition: Jesus hat zwar über den
Sohn des Menschen gesprochen, aber meinte damit einen anderen.
Erst die gläubige Gemeinde hat ihn (Jesus) damit gleich gesetzt.

Für alle diese Positionen lassen sich Argumente vorbringen. Ich werde
keine Wahl treffen, dafür bin ich nicht kompetent. Wenn man überhaupt eine Wahl treffen kann! Denn es liegt auf der Hand, dass die Wahl
zwischen den verschiedenen Möglichkeiten schließlich auf die Frage
zurückgeht, ob die Forscher und Deuter in ihrem Jesusbild etwas mit
der apokalyptischen Gedankenwelt anfangen können, in der Jesus verwurzelt gewesen sein soll.

5. Ein Wirrwarr. Manöver mit der Apokalyptik

Ein möglicher Standpunkt ist, Schweitzer zu folgen (die Apokalyptik
anerkennen), aber nicht seine Schlussfolgerung zu ziehen, dass wir *deshalb* nichts mit Jesus anfangen können. Er besteht tatsächlich in der
Aufwertung dessen, was Apokalyptik heißt, und er stellt sich wie folgt
dar. Zugegeben, es handelt sich um eine fantasievolle Gedankenwelt,
die wir nicht mehr nachvollziehen können, sie setzt ein Weltbild voraus, das von A bis Z überholt ist. Man darf Jesus als den eschatologischen Heilsbringer, als den Messias, der das Ende der Zeiten einläutet,
den Menschensohn, der beim Kommen des Reiches Gottes eine Schlüsselrolle spielt, gedanklich nicht aus diesem Kontext herauslösen. Er
passt recht gut dort hinein, der Kontext gibt sogar sein eigentliches
Gewicht an.

So lautet beispielsweise die Begründung von jemandem wie Bultmann. Jesus als eschatologische Gestalt muss man qualitativ auffassen, nicht als jemanden, der am Ende der Zeiten kommen wird, sondern als jemanden, der ›das Ende‹ ist. Alles, was die antike Welt von entscheidender Bedeutung fand, projizierte sie als ein kosmisches Ereignis auf die Leinwand der Geschichte. Es ist unsere Aufgabe, diese Bilder ihres mythischen Gehalts zu entledigen und sie in das zurückzuübersetzen, was sie für den Menschen von heute bedeuten. Das Auftreten Jesu war für die Evangelisten offensichtlich eine Begegnung, die über ihr Leben entschied, Gott kam, sie in Jesus zu erwecken. Die Apokalyptik war das Ausdrucksmittel, mit dem sie das wiedergegeben haben. Die Apokalyptik rührt also von der Gemeinde her, d. h., dass die Gemeinde die Bedeutung Jesu gut begriffen hat. Dass wir die Verkündung von ihrem mythischen Charakter befreien (›entmythologisieren‹), ist daher ein selbstverständlicher Auftrag.

Das ist eine attraktive Lösung des Problems! Die historische Forschung braucht nicht angetastet zu werden, die apokalyptische Vorstellungswelt um Jesus herum bleibt bestehen, denn wir brauchen damit nicht zu arbeiten. Was Jesus für die ersten Jünger zu einer apokalyptischen Gestalt machte, war das entscheidende Wort Gottes, das sie in seinem Auftreten erfahren haben. So müssen wir heute Jesus verkünden, nicht als historische Gestalt, von welcher Machart und welchem Zuschnitt auch immer, sondern als Wort Gottes, das sich an uns richtet.

Die konservativen Forscher hatten es mit Schweitzer viel schwerer. Sie wollten an den Evangelien als an historischen Berichten festhalten, sahen sich aber mit der Konsequenz konfrontiert etwa Matthäus 10,22 zu erklären Wenn alles historisch ist, dann ist es auch diese Aussage Jesu! – ein unlösbares Problem für konservative Theologen. Nichtsdestotrotz gibt es bis heute eine arglose Orthodoxie, die das Ende der Geschichte als ein historisches Ereignis auffasst, gemäß der überkommenen Vorstellung, dass auf das Kommen Jesu auf Erden seine Wiederkunft auf den Wolken des Himmels folgen wird.

Ist der Vorhang gefallen für das ›Ende‹ im historischen Sinn? Nein. Ein Theologe wie beispielsweise Pannenberg will die apokalyptischen Züge des Jesus von Schweitzer nicht beseitigen, sie auch nicht reduzieren auf ›sie wurden in ihm mit dem konfrontiert, worauf es für sie ankam‹, sondern sie gerade ausnutzen für das, was Christen mit der

Geschichte beginnen müssen. Beinhaltet Apokalyptik nicht die Auffassung, dass Gott die Geschichte zu einem Ende bringt, sie ihrer Vollendung zuführt? Für Christen ist es daher nicht so unsinnig, die Offenbarung Gottes als Geschichte aufzufassen, die Geschehnisse als Wege Gottes, die ihre Bedeutung erst am Ende ganz enthüllen werden. Nach Pannenberg muss man die Jesuserzählung in diesen Rahmen stellen. Seine Auferstehung (ein apokalyptisches Geschehen wie kein anderes: Es zeigt das Anbrechen der Endzeit an) müssen wir als einen Vorgriff auf das Ende der Geschichte ansehen, auf ihren Ablauf. Die christliche Verkündigung besteht im ›vorwegnehmenden‹ Wissen von diesem Ende: Christen wissen durch Jesus um die Bestimmung von Mensch und Welt.

Ich gehe weiter nicht auf Pannenberg ein, er hat seine Auffassungen später nuanciert, und obendrein werden wir dann in seine Dogmatik eintauchen müssen. Darum geht es nicht. Ich wollte in diesem Paragrafen sichtbar machen, wie bestimmte Theorien entstehen, um das zu retten, was man bewahren möchte, und andere, um das zu verwerfen, was man als für den christlichen Glauben nicht passend ansieht. Diese Methode, wie nahe liegend sie auch sein mag, läuft auf einen Wirrwarr hinaus, von dem ich einen Bruchteil skizziert habe. Denn all diese Auffassungen können nicht gleichzeitig wahr sein, in dem Sinn, dass sie einen Anspruch auf die historische Wahrheit in Bezug auf Jesus erheben könnten. Allein schon die Vielfalt löst Skepsis aus. Das ist jedoch nicht das Einzige.

Dieses ganze Netzwerk einander voraussetzender Theorien geht davon aus, dass Schweitzer mit seiner Behauptung recht hatte, dass Jesus ein apokalyptischer Prophet war, der das Ende der Zeiten ankündigte. Aber selbst dahinter wird gegenwärtig (etwa durch David Flusser oder Marcus Borg) wieder ein Fragezeichen gesetzt.

6. Die Lektion von Albert Schweitzer

Das Buch von Schweitzer ist, ebenso wie die *Fragmente* von Reimarus, zu einem Ausgangspunkt großer und kleiner Linien geworden, welche die Zukunft bestimmen. Wenn man die Bedeutung von Büchern an ihrer Wirkung messen kann, dann kommen Schweitzers *Geschichte der Leben-Jesu-Forschung* und die *Fragmente* von Reimarus einander gleich.

Lassen Sie uns die Zeile noch einmal betrachten, in der Schweitzer den Ertrag der historischen Forschung in Worte fasst. Gerade schien es so, dass wir dem historischen Jesus begegnen würden: ›aber er blieb nicht stehen, sondern ging an unserer Zeit vorbei, um in die seinige zurückzukehren‹. Was Schweitzer damit meint, wenn er sagt: ›Jesus kehrt in seine eigene Zeit zurück‹, habe ich im vorigen Abschnitt gezeigt: Jesus war ein Apokalyptiker und damit gehört er unwiderruflich der Vergangenheit an. Warum aber hat sich die Erwartung dass die Forschung uns endlich zum wirklichen Jesus bringen würde, dem lebenden Jesus von Fleisch und Blut, so wie er in Palästina lebte und starb, nicht erfüllt, was macht sie nachträglich zu einer Illusion?

Weil die Forscher das Bild von Jesus ihrer Zeit anpassen, weil sie aus den Evangelien das unterdrücken, was nicht in ihre Auffassung passt, und das in den Vordergrund rücken, was sie gebrauchen können. All diese Entwürfe ›des Lebens Jesu‹ sind Rekonstruktionen, sagt Schweitzer, Modernisierungen des Bildes von Jesus, die ihn für die jeweilige Zeit akzeptabel machen, in welcher der lebt, der das Bild entworfen hat, und der dieser selbst auch verpflichtet ist. Großmeister der Sitten, Erzieher des Menschengeschlechtes, *you named it, they cooked it*, alles, wie es sich im Zeitalter der Romantik geziemte, auf der Suche nach der religiösen Persönlichkeit, genannt Jesus, nach dem Genie sondergleichen, beschreibend und erklärend.

Das Wort ›Anpassung‹ darf kein Missverständnis erzeugen. In Kreisen der Orthodoxie verstand (und versteht) man darunter den Ausverkauf der christlichen Heilsbotschaft an den Zeitgeist. Anpassung ist in diesem Kontext negativ geladen, sie entspricht Leugnung und Verrat des Glaubens.

Schweitzer dachte anders darüber. Anpassung musste sein, sie war unausweichlich, war kein Verrat, sondern Notwendigkeit. Aber ist Anpassung *möglich*? Es ist wie mit einem Gummiband; wenn man es zu weit auseinander zieht, reißt es. Anpassung kommt einmal an ein Ende, denn derjenige, der angepasst werden muss, kann so weit Veränderungen erfahren, dass wir ehrlicherweise sagen müssen: Wir befassen uns nicht mehr mit dem Betreffenden.

Ein Historiker muss einem solchen Anpassen nicht nachgeben. Schweitzer selbst tat das nicht, er wollte eine strikte Ehrlichkeit gegenüber seinem Material wahren. Wenn Jesus ein Apokalyptiker ist, dann ist er das, und dann müssen wir aus ihm nicht etwas anderes machen, sondern erkennen, dass wir ihn verloren haben. All die verschiedenen Leben Jesu, so ernsthaft und sorgfältig sie auch von Forschern rekonstruiert wurden, sind nicht das Ergebnis historischer Forschung, sondern verdanken sich viel mehr dem Wunschtraum des jeweiligen Forschers, rückprojiziert in die Vergangenheit. Die Theologen der Aufklärung verfahren so, indem sie Streichungen vornehmen: Alles, was mit dem Wirken von Wundern zu tun hat (die Aufklärung lehnte sie ab), wird aus dem Bild Jesu entfernt. Gemäß der schönen Zusammenfassung von K.Th. Heim (selbst ein Theologe der Aufklärung) wirkte Jesus keine Wunder, er war selbst ein Wunder.

Die Romantik des neunzehnten Jahrhunderts fügte etwas zum Bild hinzu. Die Informationen, welche die Evangelien über Jesus vermitteln, sind zu mager, um daraus seine Persönlichkeit (das *aktuelle Thema* der Romantik) erheben zu können. Entsprechend füllt die Romantik die Lücken aus; mit erhabenen Zügen, wenn man Jesus als Gegenstand des Glaubens erhalten möchte, oder als Psychopath (Ernest Renan, Emil Ludwig), wenn man ihn für einen unheimlichen Mann hielt. Aber wie auch immer: als Ergebnis erhalten wir Jesus nach Keim, nach Strauss, nach Baur, nach Haeckel, nach Renan; ich nenne nur einige Namen, die seinerzeit viel Staub aufwirbelten.

Wie kann es sein, dass Forscher so viele Richtungen einschlagen können? Schweitzer zufolge geben uns die Evangelien zu wenige Daten an die Hand, um daraus überhaupt ein Leben Jesu ermitteln zu können. Sie provozieren die Forscher zur Grenzüberschreitung, anders gesagt, im Mangel an Informationen liegt die Wurzel der historischen Problematik.

Versetzt Schweitzers Buch der historischen Forschung nach Jesus von Nazaret den Todesstoß? Nicht im Geringsten. Auch ihm zufolge ist diese Forschung ganz bestimmt eine ebenso legitime wie notwendige Beschäftigung. Aber das, was er antraf, war keine historische Forschung, denn an Geschichte waren die Theologen der Aufklärung nicht interessiert, viele Theologen aus der Zeit der Romantik genauso wenig. Für die aber, die daran interessiert waren, war die Biographie nicht von Belang (auch wenn sie das Gegenteil behaupteten). Der wirkliche Jesus, den sie hervorzauberten, war der erwünschte. Es ist nicht verboten, damit einzusetzen, jeder Untersucher beginnt mit einem Vorurteil, andernfalls sieht er nur einzelne Gegebenheiten ohne Zusammenhang. Jedoch muss ein ›Vorwissen‹ einer fundamentalen Korrektur von den Untersuchungsdaten her zugänglich bleiben. Wusste man alles bereits (wenn es eben mehr als ›Vorwissen‹ war, mit dem man begann), brauchte man die Forschung nicht mehr. Solches lässt sich über die meisten Personen sagen, die Schweitzer bespricht; sie brauchten nichts zu untersuchen, sie wussten es schon.

Für die kirchliche Orthodoxie gilt leider dasselbe; sie wusste es, und aus diesem Grund bedurfte sie der Forschung nicht. Die Fehlschläge der Suche nach dem wirklichen Jesus betrachtete sie nicht ohne Schadenfreude, denn die Ungreifbarkeit Jesu war für sie nicht eine Folge des Mangels an Informationen (wie Schweitzer dachte), sondern Zeichen der göttlichen Herkunft Jesu. Gott lässt sich von Wissenschaftlern nicht dingfest machen! Gewiss nicht, aber ihrer eigenen Lehre zufolge war Jesus auch wahrhaft Mensch und demnach müsste er auch historisch erforschbar sein. Zu sagen, dass dies wegen seiner göttlichen Natur nicht möglich sei, heißt meiner Meinung nach, aus der Not eine Tugend zu machen.

7. Schweitzer selbst

Wie ging es weiter? Dies ist nicht einfach nur eine historische Frage. Die heutige Christenheit wird mit einer Lawine von Jesusbildern überschüttet, das eine noch merkwürdiger als das andere. Man kommt allemal wieder bei Schweitzer an, will man den Mechanismus hinter dieser Erscheinung verstehen.

Wie ging es bei Schweitzer selbst weiter? Zuerst schien es so, dass auch er ein Konzept für den historischen Jesus anbieten wollte. Dem haftet etwas Paradoxes an, insofern der Mann, der aufzeigt, wie all diese Konstruktionen fehlgehen, selbst auch eine bietet. Er handelt aber ganz bewusst so. Schweitzer meinte, wie wir feststellen konnten, dass Jesus von Nazaret sich selbst als den Heilsbringer der Endzeit betrachtete, als einen Apokalyptiker, mit dem wir nichts mehr anfangen können. Trotzdem aber müssen wir ihm zufolge sehen, dass die historischen Wurzeln des Christentums in der Person Jesu liegen. Wer Christentum sagt, sagt Jesus, und wer Jesus sagt, sagt Christentum.

Dann sprechen wir jedoch nicht mehr über Jesus, so wie er lebte, sondern über die Wirkungen Jesu, über das, was von ihm ausgegangen ist. Der historische Jesus ist historisch betrachtet von Interesse, spielt weiter aber keine Rolle. Was man aus ihm gemacht hat und (noch) macht, das ist ›Christentum‹, und darüber (beispielsweise im Sinne von richtig und falsch) kann die historische Forschung keine Aussagen machen. Die Frage, wie es weitergehen muss, beantwortet Schweitzer darum damit, dass er an das anknüpft, was für ihn (Schweitzer) ›die Wirkungen des Auftretens Jesu‹ ausmacht, nämlich das Christentum als ethische Größe, eindrucksvoll ausgestaltet in der Ethik Jesu, in seiner bedingungslosen Hingabe an das Gebot des Schöpfers und in der Radikalität dessen, was den Namen Bergpredigt bekommen hat (siehe Matthäus 5–7). Es mag sein, dass wir die Ethik nicht nachleben können; sie war eine ›Interimsethik‹, welche die Radikalität ihrer Regeln aus dem nahenden Untergang dieser Welt bezog, so wie Jesus ihn erwartete. Eine Interimsethik ist eine Ethik ohne Kompromisse, denn was soll man mit Regelungen, die davon ausgehen, dass die Jahrhunderte noch endlos weiter fließen, wenn die Zeit abläuft? Wenn dich deine rechte Hand zur Sünde verleitet, hacke sie ab; es ist besser, mit einer Hand in das Königreich des Himmels als mit zwei Händen auf ewig verloren zu gehen! Das ist – wenn man derartige Aussagen als wörtlich gemeint auffasst – Interimsethik.

Der Untergang der Welt ist ausgeblieben, der Glaube daran hat sich als Illusion erwiesen. Die so genannte Wiederkunft bleibt nicht nur aus (was die ersten Generationen von Christen belastete), sie wird nie kommen, beruht auf einem Missverständnis, einer buchstäblichen Auffassung der apokalyptischen Bildwelt. Die Geschichte des Christentums kann man daher als eine von Gläubigen erzählen, die mit einer eschatologischen Erwartung, die sich nie erfüllt hat, zurechtkommen mussten (vgl. 2 Petrus 3,1–16). So erklärt Schweitzer zum Beispiel auch Taufe und Abendmahl: Vom Ursprung her eine Besiegelung der Zugehörigkeit zu der kleinen Herde der Endzeit, erfahren sie eine Umgestaltung zu Sakramenten, die die Kirche den Gläubigen spendet. Die Ethik Jesu, so wie sie aus seinen Geboten spricht, ist ebenfalls in der ursprünglichen Weise nicht mehr übernehmbar. Die den ethischen Imperativ kennzeichnende Bedingungslosigkeit bleibt weiter maßgebend.

8. Neue Forschung/›New Quest‹

Nach Schweitzer kommt die Forschung zum Stillstand. Der Zweifel an der Möglichkeit, die historische Wahrheit zu finden, zeigte Wirkung. Die historische Forschung erscheint als eine Sackgasse. Bultmann konnte daran nichts Schlimmes finden: Glaube und historische Forschung gehen nicht zusammen und sie brauchen es auch nicht. Die historische Forschung ist unausweichlich, sie gehört zum Wissenschaftsbetrieb und der erforscht auch das Leben Jesu. Aber ob wir nun weit damit kommen oder nicht, der Glaube eines Christen resultiert nicht aus der Kenntnisnahme historischer oder irgendwelcher anderer Gegebenheiten. Durch die Konfrontation mit dem *Wort*, welches das Wort ergreift, so wie es früher in Jesus das Wort ergriffen hat, gelangt man zum Glauben. Das ist es, was das Christentum zum Christentum macht. Es ist das geschehende Wort, dem der Pfarrer, der Professor und jeder Gläubige dienen darf, nicht das Wissen um die Geschichte.

Von Bultmanns Standpunkt aus kann die Suche nach dem historischen Jesus ruhig eingestellt werden. Jesus muss gelebt haben, gestorben und gekreuzigt worden sein, aber damit ist dann auch alles gesagt, was wir historisch gesehen brauchen. So dachte bereits Kierkegaard darüber und Bultmann schließt sich dem an.

Wozu dienen dann aber die Evangelienerzählungen? Haben sie keine Bedeutung für das christliche Evangelium? Den Schülern Bultmanns ging das zu weit. Ich werde auf ihren Widerstand nicht tiefer eingehen, aber sie verbuchten für sich einen Punkt. Wie erklärt man Jesu Tod, warum wurde er verachtet und verworfen, und von wem? Warum ist er nicht eines natürlichen Todes gestorben, sondern starb an einem Kreuz? Das alles als für den Glauben unwichtig anzusehen, geht viel zu weit, unterschlägt wesentliche Seiten des Lebens Jesu, dessen, was er zu sagen hatte und was er getan hat, und das alles aus dogmatischer Voreingenommenheit! Gegen den alten Meister revoltierten seine Schüler. Unter der Bezeichnung ›New Quest‹, neue Suche, begann ein neuer Start der Forschung über Jesus als historische Gestalt.

Die christliche Botschaft trägt einen konfrontativen Charakter, sie lässt einen Menschen aus seiner Ruhe aufschrecken, gewiss. Aber zu was aufschrecken? Auf diese Frage gab es eine Vielzahl von Antworten: Zum authentischen Menschsein, zur Freiheit gegenüber dem Establishment, zu unkonventionellem Verhalten und anderen ähnlichen Eigenschaften, die in den sechziger und siebziger Jahren hoch im Kurs waren. Jesus war (um M. de Jonge zu zitieren) nicht nur Spielverderber, sondern auch Inspirator; zu glauben bedeutete nicht nur, den Bankrott angekündigt zu bekommen, sondern auch eine Veränderung des Lebens, Umkehr. In ihrer am meisten artikulierten Form lief die *New Quest* auf Jesus als Beispiel für das Menschsein hinaus, gläubig sein heißt Mitmensch sein oder – umgekehrt – Mitmensch zu sein, das heißt in einer verborgenen Weise gläubig sein.

Der neuen Suche war in dieser Form kein langes Leben beschert. Dafür war sie zu sehr ein innerer Brand in der Schule Bultmanns, ein Protest gegen seine weitgehende historische Skepsis. Die eigentliche Frage war nicht exegetischer Art, sondern lag im Bereich der systematischen Theologie: Was bedeutet die historische Forschung nach dem Leben Jesu für den Glauben, ist Jesus als historische Person unentbehrlich für den christlichen Glauben, und, wenn ja, warum dann? In dem imposanten Werk von Schillebeeckx aus dem Jahr 1974, *Jesus, die Geschichte eines Lebenden*, erhält die Frage jedenfalls eine Antwort, die ihr zusteht.

9. Qumran und Nag Hammadi. Eine Sturzflut von Daten

Die Zeiten haben sich wieder geändert. Die unglaubliche Menge an Jesusbildern, denen wir uns heutzutage gegenübersehen, bringt den Betrachter erneut aus der Fassung. Es gibt viel zu tun für einen neuen Albert Schweitzer, um all diese Jesusbilder zu ordnen und sie auf ihre historische Wahrheit hin zu beurteilen. Eine Vorlage dafür wurde bereits mit dem umfangreichen Band von Theisen/Merz gegeben (ein Lehrbuch, wie sie selbst es nennen). Ich selbst werde mich nicht daran begeben, da ich kein Exeget und kein Historiker bin. Ich lese nur die Werke solcher Fachleute und ziehe meine Schlussfolgerungen.

Die neue Flutwelle historischer Rekonstruktionen ist durch die überraschenden Funde von Qumran in Gang gekommen. Ein Hirte aus der Gegend um das Tote Meer machte den Fund seines Lebens, eine große Zahl von Krügen, die, wie sich herausstellte, komplette Buchrollen enthielten, herrührend von einer religiösen Gemeinschaft, die dort um den Beginn unserer Zeitrechnung herum eine Art Kloster besaß. Danach kam es zu den Funden von Nag Hammadi, einem Hügel in

Südägypten, der, wie sich bei seiner Abgrabung zeigte, eine komplette Papyrusbibliothek aus dem vierten Jahrhundert enthielt, offensichtlich aus Sicherheitserwägungen dort von einer Gruppe Christen verborgen, die sich dorthin abgesetzt hatte. Da in allerlei Büchern und Zeitschriften ausführlich über Qumran und Nag Hammadi geschrieben worden ist (ich erwähne das leicht zugängliche Buch von Den Heyer), beschränke ich mich darauf, das zu streifen, was ich für meine Darlegung brauche.

Qumran wirft ein neues Licht auf die Vorgeschichte der Evangelien, auf den religiösen Kontext, innerhalb dessen Jesus aufgetreten ist, und hilft uns daher, die Evangelien besser zu verstehen. Die Bibliothek von Nag Hammadi erweitert unser Wissen über den Fortgang, über das, was nach dem Auftreten Jesu geschah. Beide vermitteln auf ihrem Gebiet neue Einsichten, wenn auch nicht so radikal, wie einige Sensationsjournalisten uns das mit ihren verallgemeinernden Behauptungen, ihren *sweeping statements*, gelegentlich haben weismachen wollen. So sollten die Funde von Qumran zum Konkurs des Christentums führen, in jedem Fall ausweisen, dass ihm keine Ursprünglichkeit zukommt, und weitere solcher Geschichten. Reiner Unsinn, antworteten die Forscher, die die Texte studiert hatten, und da nun die Rollen für die Öffentlichkeit zugänglich geworden sind, kann das jeder überprüfen. Ob Jesus mit den Menschen der Qumran-Gemeinschaft Kontakt hatte und ob Johannes der Täufer vielleicht zu ihren Mitgliedern zählte, das sind interessante Fragen. Viel bedeutsamer sind die Einsichten, die Qumran uns verschafft hat, beispielsweise in die religiöse Sprache, die in der Welt Jesu Anklang fand, und darin, welchen religiösen Gruppen er sich mehr verwandt fühlte (zum Erstaunen des Bibellesers waren das die Pharisäer!) und welchen weniger.

Die gnostischen Schriften von Nag Hammadi wurden seit 1970 der großen Öffentlichkeit bekannt. Das Szenario wiederholte sich. Sensationslüsterne Journalisten verbreiteten, dass die christliche Kirche die Wahrheit über ihre Vergangenheit (der Gnostizismus als ihr Konkurrent) wissentlich verschwiegen hatte. Fügt man nun die Erschließung der Religiosität anderer Kulturen und zusätzlich die Unsicherheit über die eigene Religion und Kultur in Westeuropa hinzu, so steht die Tür für neue Konstruktionen des historischen Jesus wieder weit offen. Nun verdeutlichen die Schriften von Nag Hammadi tatsächlich, dass der Gnostizismus der frühen Christenheit größere Bedeutung hatte, als es

aus vielen offiziellen kirchlichen Bekenntnissen zu entnehmen ist.
Jedoch muss man auch hier wieder die Grenzen sehen: der Gnostizis-
mus von Nag Hammadi entstammt der Zeit nach Jesus, es gibt keiner-
lei Beweis oder selbst Hinweis, dass Jesus mit dem Gnostizismus in
Berührung stand. Ich komme später noch einmal auf den gnostischen
Jesus zurück.

Zunächst gehe ich auf eine Reihe von Autoren ein, die der neuesten
Generation von Forschern zugerechnet werden können. Die meisten
von ihnen schreiben sehr lesbar, machen daraus eine spannende Lektüre (vor allem den Amerikanern gelingt dies), aber am Ende der Reise
beschleicht den Leser das Gefühl, das Goethe Faust in den Mund legt:
›Da steh' ich nun, ich armer Tor, und bin so klug als wie zuvor.‹ Wir
müssen aus einer sehr bunten christlichen Palette wählen, aber auf welcher Grundlage?

Graham Stanton streitet in seinem Buch mit Carsten P. Thiede über
ein Papyrusschnipsel aus den Höhlen von Qumran, das nach Thiede ein
Q-Fragment von zehn Buchstaben enthalten und ungefähr aus dem
Jahr 40 oder 50 nach Christus stammen soll (Q ist die Abkürzung für
Quelle = eine Sammlung von Sprüchen Jesu, von der Matthäus und
Lukas bei der Zusammenstellung ihrer Evangelien Gebrauch machen).
Aber in dem Fragment steckt ein widerspenstiger Buchstabe, der, sieht
man von allen anderen Einwänden ab, die Auffassung von Thiede so gut
wie unmöglich erscheinen lässt. Crossan akzeptiert ein Kreuzesevange-
lium, aus dem er ableitet, dass es bereits vor Ostern einen Glauben an
Jesus gab und dass die Auseinandersetzung über einen erhöhten Herrn
überhaupt nicht nötig ist. Die Auferstehungserzählungen muss man
ihm zufolge als Geschichten lesen, welche die Autoritätsverhältnisse in
der Christusgemeinde zu legitimieren beabsichtigten; wer ihn gesehen
hat, darf Leiter sein. Marcus J. Borg, Vertreter des so genannten kali-
fornischen *Jesus Seminars*, bestreitet die Auffassung, dass Jesus ein Apokalyptiker war, der auf das Weltende wartete, und erledigt damit fast die
gesamte deutsche neutestamentliche Wissenschaft – wenn er denn
Recht hat. Ein wenig triumphierend meldet er als Folgerung aus seiner
Forschung, dass Jesus nicht *göttlich* sei. Man gewinnt den Eindruck, dass
er denkt, er sei der Erste, der dies behauptet. Robert Funk überführt
Jesus ins New Age, Klaus Berger verteidigt die Tradition, aber nicht allzu massiv, was Luke T. Johnson doch wiederum tut in seinem Werk: *The
misguided Quest for the historical Jesus and the truth of the traditional*

Gospels (der Titel spricht für sich). Dies ist nur ein Bruchteil der Gesamtheit an Jesusbüchern, die bis jetzt auf den Markt gekommen sind, und der Strom fließt weiter. Es bedeutet, dass wir tatsächlich beschäftigt sind mit der Frage: *Wiederum: Wer ist Jesus?* (Den Heyer).

Einige historische Funde, die der Leser in den Ergebnissen vorfinden wird, werden stimmen, ebenso wie einige der Interpretationen, andere werden nicht zutreffen. Das kann im Voraus gesagt werden, denn erneut ist die letzte Zeile das Programm des Verfassers. Nicht in der Weise, wie die Suche einst begann, als ein Programm zur ›Entlarvung‹ des kirchlichen Christus; diese Phase ist lange vorbei. Es geht jetzt mehr um das Herausfinden eines neuen Jesus, eines, mit dem wir als Menschen des einundzwanzigsten Jahrhundert auskommen können, wie Marcus J. Borg es formuliert.

10. Der gnostische Jesus. Robert Funk und ›New Age‹

Ein perfektes Beispiel für die neue historische Suche als theologisches Programm ist der gnostische Jesus. Alle ihre Linien treffen in diesem Jesusbild zusammen, die Funde von Nag Hammadi, das Bedürfnis, mit dem apokalyptischen Jesus abzurechnen, und der religiöse Trend zur Innerlichkeit als Ort der Gottesbegegnung.

Zuerst das Gnostische. Was wir heutzutage als Gnostizismus bezeichnen, ist der Eigenname einer spirituellen Strömung, die zu einem Teil die aufkommende Kirche als eine Art Konkurrentin flankierte, zu einem anderen Teil innerhalb der Kirche selbst Wurzeln schlug, aber auch dort allmählich eine Art von Konkurrenzposition im Hinblick auf die kirchliche Orthodoxie einnahm, was zur Folge hatte, dass die Kirche zum Gnostizismus in Konkurrenz ging, die Strömung als Ketzerei erster Ordnung betrachtete und sie unsanft aus der Kirche trieb. Daraus ergibt sich die Hypothese über Nag Hammadi: Gnostische Christen, die sich abgesetzt hatten, sollen dort mit ihren Schriften eine Zufluchtsstätte gefunden haben.

Gnostizismus und Gnosis sind aus dem griechischen Wort ›gnosis‹ abgeleitet, das wortwörtlich ›Wissen‹ bedeutet, aber im gnostischen Bereich für ›höheres Wissen‹ steht, zu vergleichen mit der Weise, in welcher der Apostel Paulus darüber in 1 Korinther 2,6–16 spricht. Das Verlangen nach diesem höheren Wissen, nach Gnosis, durchzog die ganze

Kultur der antiken Welt, christlich oder nicht christlich, und es trägt alle Merkmale von Religion: Gnosis ist rettendes Wissen, ist tiefere Einsicht in die Wirklichkeit. Das wahre Leben müssen wir nicht in der äußeren, körperlichen Welt suchen, in der Materie, denn dort ist es nicht; die äußere Welt enttäuscht das Vertrauen, das Menschen in sie setzen. Der Mensch wird dort immer ein Fremder bleiben. Das Leben finden wir in der inneren Welt, im Inneren, in der Seele, im Geist, im göttlichen Funken als dem Ursprung des Menschen. Nach außen zu gehen, um Gott zu erreichen, ist ein Irrtum; suche ihn innen, im eigenen Selbst. Auf die Fantasiewelt, mit deren Hilfe die gnostischen Koryphäen diese Gedanken auskleideten, die Varianten in ihren eindrucksvollen Systemen gehe ich weiter nicht ein.

Wenden wir uns dem theologischen Programm zu, der Konstruktion eines Jesus, der zum *New Age* passt, eines Jesus im Stil des Denkens der Neuen Zeit. Unter dieser Neuen Zeit müssen wir die nachchristliche Zeit verstehen. Es geht nicht um eine Gegenbewegung zum christlichen Glauben (das ist *New Age* nicht), sondern um eine Bewegung, die den christlichen Glauben überholt und eventuell aus ihm das aufnimmt, was sie gebrauchen kann.

Wir suchen also, sagt beispielsweise Robert W. Funk, den nachchristlichen Jesus, einen Jesus, mit dem wir heute etwas anfangen können. Er wird nicht nur unter dem Staub der kirchlichen Christologie hervorgeholt, so wie das früher schon versucht worden war, sondern er wird jetzt auch vom Staub des Christentums befreit. Folgen wir seiner Skizzierung kommen wir beim gnostischen Jesus aus. Ganz bestimmt hat Jesus – ich folge Funk weiter – einen Abglanz dessen aufgefangen, was die Welt wirklich ist, wenn man sie nur mit dem Auge Gottes betrachtete. Er legte Zeugnis davon ab in dem, was, fachlich ausgedrückt, Gleichnisse und Aphorismen heißt, mit Hilfe derer wir versuchen können, seine Ideenwelt zu entfalten. Jesus ist somit – nebenbei gesagt – ein Weisheitslehrer (das passt zur Gnosis) und kein Apokalyptiker mehr. Um hinter die Ideen Jesu zu kommen, müssen wir nicht nur über den kirchlichen Christus hinausgehen, sondern auch über die Evangelien, denn diese vermitteln vom wirklichen Jesus ebenso ein falsches Bild. Das Modell des *externen* Erlösers, der von außen her in die Welt hineinkommt (die Evangelisten und die alte Kirche haben uns dieses Bild eingeprägt) müssen wir durch das Modell ersetzen, das dem Mythos des *inneren* Erlösers folgt: Der Helfer hilft uns von innen her, lehrt uns, uns innerlich der Zeit und Kultur zu widersetzen, die unsere Menschlichkeit zu zerstören im Begriff ist. Dann folgt die Philippika Funks gegen die *McDonald-Religion*, gegen die Religion als *Fastfood*, mit der Glanznummer am Schluss: Der Ikonoklast (der Bilderstürmer) ist der wirkliche Jesus, nicht die Ikone (das heilige Bild), welche die Kirche von ihm gemacht hat.

Für das Letztere werden wir Funk dankbar sein; freilich auch für mehr, was er als Forscher ans Licht bringt. Aber wir bleiben mit einem etwas unbehaglichen Gefühl zurück. Funk will einen anderen Jesus, ein neues Jesusbild, Jesus als den inneren Erlöser, und er präsentiert das als Frucht historischer Forschung. In Wirklichkeit aber geht es um eine Rekonstruktion von Jesus, dieses Mal als dem inneren Erlöser, ganz auf einer Linie mit den glänzenden Aussichten, die die Gnosis heute hat, im Denken der Neuen Zeit. Ein umfangreicheres Wissen über den Gnostizismus, als wir bisher hatten, ist ganz bestimmt eine Frucht historischer Forschung. Damit ist aber nichts über Jesus als Gnostiker gesagt. Wir haben hier eine Theorie, die an einem ganz dünnen Faden hängt, dem Faden der Datierung zum Beispiel des (gnostischen) Thomasevangeliums. Es gibt keinen Beweis für die These, dass dieses Evangelium ebenso alt, wenn nicht älter sei als die Evangelien, die wir kennen. Der gnostische Jesus als der wirkliche erscheint mir als eine Behauptung. Sie kann durch das Argument erhärtet werden, dass die Verfasser des Neuen Testamentes alles, was auf Gnosis verwies, aus ihrer Erzählung verbannt haben, ein Muster von Betrug also. Für eine solche Komplotttheorie findet sich jedoch keinerlei Beweis. Andere berufen sich auf die Tatsache, dass Jesus die Gnosis nie verurteilt hat, nie etwas gegen die Reinkarnation eingewendet hat und so weiter. Aber mit derartigen Beweisen kann alles zurechtgebogen werden. Wir haben es also mit einer Konstruktion zu tun, aber das ist nicht das Schlimmste, es ist eine Konstruktion, für die kein Text und keine Datierung spricht, nur das starke Bedürfnis, einen nachchristlichen Jesus zu konstruieren.

3. Der mythische Christus.
Von Strauss bis Bultmann

1. David Friedrich Strauss und der mythische Christus

Reimarus (siehe das erste Kapitel) las die Evangelien als historischen Bericht über das Leben Jesu, dann jedoch als einen Bericht, der die Tatsachen verdreht, die Evangelien als frommen Betrug, als Geschichtsfälschung. Die historische Forschung nach dem wirklichen Jesus war die Folge, aber sie lieferte kein befriedigendes Ergebnis – die historische Forschung brachte den wirklichen Jesus nicht ans Licht.

Aber die Evangelien bieten auch keine Geschichte an, hatte – recht früh bereits – David Friedrich Strauss (gest. 1874) festgestellt. Man solle diese historische Forschung einstellen, man lasse damit nur erkennen, dass man die Evangelien falsch liest. Es sind keine Berichte über das Leben Jesu, wie die kirchliche Orthodoxie und auch die Freunde von Reimarus dachten, sondern der Niederschlag dessen, was Menschen in ihm sahen. Wirklich geschehen oder nicht, darum geht es Strauss zufolge daher auch nicht. Der Jesus der Evangelien ist der mythische Christus, das Ergebnis der frommen Einbildungskraft des gewöhnlichen Volkes, einfacher jüdischer Menschen aus dem ersten Jahrhundert, die ihre Messiashoffnungen an Jesus von Nazaret knüpften. Nicht, was er historisch erlebte, sondern die messianische Idee (ich übersetze frei) macht Jesus bedeutend.

Strauss begann also auf der anderen Seite, wollte von der Seite des Textes her das Problem von Reimarus lösen. Zur Erklärung dieser merkwürdigen Schriften, die wir als Evangelien bezeichnen, muss man sich mit der religiösen Fantasie und nicht mit trockener Geschichtsschreibung befassen, die aus den Texten einen historischen Jesus rekonstruieren will. ›Wirklich geschehen‹, das kann niemals die Grundlage für einen Glauben bilden, hatte Lessing gesagt, und siehe da: Nach Strauss kann man das ›wirklich geschehen‹ ruhig fahren lassen! Der Christus der Kirche ist eine mythische Größe. Der Reihe nach:

I. Strauss zufolge können wir die Suche nach einem historischen Jesus aufgeben. Er entwirft daher im Gegensatz zu vielen seiner Zeitgenossen kein echtes ›Leben Jesu‹, wenn er auch einer späteren Ausgabe seiner Aufsehen erregenden Untersuchung diesen Titel gibt. Seine Devise lautet: Halte dich an die Geschichten des Neuen Testamentes, aber entmythologisiere (ein Begriff, der erst später aufkommt) sie nicht über den historischen Ansatz, denn dann verlieren sie ihre Kraft.

II. Was sind Mythen? Keine historischen Berichte, sondern Erzählungen, wie auch immer entstanden, in denen eine religiöse Gemeinschaft sich gegründet weiß; sie gehören zur Welt der Sinngebung. Was man in den Mythen suchen muss, ist das, was ihren Anhängern zufolge für das menschliche Dasein grundlegend ist. Rationalisten verkennen den mythischen Charakter der Evangelienerzählungen, machen sie zu Geschichte, und meinen, sie anschließend wieder daraufhin kontrollieren zu müssen, ob sie ›wirklich geschehen‹ sind. Das aber beruht auf einem Missverständnis. Die Evangelienerzählungen teilen uns mit, wie die ersten Jünger Jesu über Gott dachten, und daher sprechen sie die Sprache des Mythos.

III. Was hat der Mythos *uns* zu erzählen? Nichts über Jesus von Nazaret, sondern über Gott, Mensch und Welt. Der Mythos der Christusgestalt versinnbildlicht eine Wahrheit, an der wir auch heutzutage teilhaben, eine Wahrheit für alle Zeiten, die deswegen weitererzählt werden muss. Die Christusgestalt als Gottmensch ist die Enthüllung der Einheit des Alls (Ausdruck von Strauss), an der wir als Menschen teilhaben. Nicht nur in dem einen Menschen ist Gott gegenwärtig (›es behagt der Gottheit nicht, sich in einem Exemplar zu ergießen‹), sondern in der ganzen Menschheit.

IV. Mythische Erzählungen, die eine Gemeinschaft als grundlegend für ihre Existenz ansah, diese Sicht half Strauss, von dem Vorurteil loszukommen, dass bei den Evangelisten Böswilligkeit im Spiel war. Die Rationalisten hätten erkannt, dass die Evangelien keine übernatürlichen Wahrheiten enthalten. Aber er (Strauss) habe gesehen, dass sie ebenso wenig Historie bieten.

V. Mit der jüdischen Volksfantasie meint Strauss das, was wir heute als die messianische Zukunftserwartung bezeichnen, ›frommes Bewusstsein‹. Die Bekennenden, die Gläubigen, haben in den Erzählungen das Wort. Jesus ist Christus, da und so weit er in das Kleid dieser Erwartung eingewoben wird. Historisch betrachtet ist er uninteressant. Er hat zwar gelebt, aber man braucht dem nicht weiter nachzugehen, wie er gelebt hat. Es geht letztendlich nicht um Jesus, sondern um die Erwartung, die einen brauchte, der sie trug.

2. Der mythische Christus bedarf keines historischen Jesu

Der Standpunkt von Strauss fand in seiner eigenen Generation wenig Beifall (er gab ihn später auch mehr oder weniger auf). Für seine Zeitgenossen blieb die Suche nach dem historischen Jesus vorrangig. Diese nahm erst ein Ende, als Schweitzer (siehe das vorige Kapitel) unumstößlich feststellte, dass Jesus auf jeden Fall nicht der brave Mensch des neunzehnten Jahrhunderts war, für den die Forschung ihn hielt, sondern vielmehr ein Seher, der die brave Welt gerade ineinander stürzen sah, der Prophet der Endzeit.

Erst gegen Beginn des zwanzigsten Jahrhunderts kam es zu einer ernsthaften Fortsetzung von Strauss. Folgende Konsequenz war mit seinem Werk verbunden: Wenn es nicht um den so genannten historischen Jesus geht, sondern um den mythischen Christus, braucht es ihn nicht einmal gegeben zu haben. Der Mythos ist die Idee, um die sich alles dreht. Man nehme beispielsweise die Idee, dass Gott bei den Menschen Wohnung nimmt. Nun, dies kann man auch ohne Illustration in Jesus Christus in Worte fassen. Radikale Theologen, sogar einige Historiker vertraten nicht nur die Ansicht, dass Jesus nicht gelebt zu haben brauchte, um das Christentum erklärbar zu machen (Strauss ging nicht darüber hinaus), sondern dass er nicht einmal gelebt hatte. In Deutschland scheute Bruno Baur nicht vor dieser Position zurück, und in den Niederlanden probierte ein Theologe wie Van den Bergh van Eysinga sie aus.

Ein anderer war etwas weniger radikal, folgte aber derselben Spur. Natürlich habe Jesus gelebt, das Christentum sei undenkbar ohne seine Person. Das Christentum sei faktisch nun einmal so beschaffen, es beginne bei Jesus. Es müsse auch an Jesus festhalten, aber nicht sosehr deswegen, weil er der Christus ist, sondern weil die christliche Kirche aus Gründen der sozialen Psychologie nicht ohne die Christusgestalt auskomme, sie würde sonst auseinander fallen. Als Christus ist Jesus die notwendige Voraussetzung für sowohl das Bestehen als auch das Fortbestehen des Christentums, darum müsse er bleiben.

So Ernst Troeltsch (gest. 1923). In seiner Sicht (im Übrigen nicht immer dieselbe) ist Jesus nicht sosehr der Träger eines Mythos, sondern vielmehr der einer sozial-religiösen Notwendigkeit. Wenn wir wollen, dass die christliche Kirche bestehen bleibt, müssen wir auch Jesus als den Christus wollen.

Troeltsch bleibt damit in der Nähe von Strauss: Die anonyme Frömmigkeit der Christenheit ist die Basis der Christusgestalt und damit des Christentums. In der christlichen Lehre wird im Nachhinein die Bedeutung Jesu thematisiert, aber das ist nachträglich und nicht fundamental.

Das ist nicht alles, was sich über Troeltsch sagen lässt. Er zögerte, war auf der Suche, suchte nach einem Punkt außerhalb des Stromes der Geschichte, von dem aus die Geschichte beurteilt werden könnte, ohne dass er sich auf offenbarte Wahrheiten rückbeziehen wollte, wie es die Theologie vor der Zeit der Aufklärung tat. Die Frage, wer Jesus war, mündete bei ihm dann auch in einen anderen, breiteren Kontext, den Kontext einer wissenschaftlichen Erklärung für die Entstehung des Christentums. Dazu muss man bei der Gestalt Jesu einsetzen, aber auf welchem Wege ist dieser Prozess verlaufen?

3. ›Gott auf Erden‹. Jesus als Gott-in-unserer-Mitte

Eine historische Erklärung des Christentums wird immer auf die Gestalt Jesu zurückkommen müssen. Das hatte die historisch-kritische Forschung des neunzehnten Jahrhunderts, wie ihre unermüdliche Arbeit beweist, gut begriffen. Wie aber ist Jesus zum kirchlichen Christus geworden? Das war die Frage, die Strauss in seinem Werk aufgegriffen hatte. Fantasie der Gemeinde, gut, aber lässt sich der Prozess nachvollziehen?

Eine ganze Generation von Theologen versuchte, diese Frage zu beantworten, als die Historiker (vorläufig) ihre Bemühungen einstellten. William Wrede (dem wir bereits begegnet sind) sah als Methode vor: man behandle das Christentum als ein Stück Religionsgeschichte, also ganz so, wie man andere Religionen behandeln würde. Nur ein solches Verfahren erbringe saubere Ergebnisse. Troeltsch (auch ihn hatten wir schon im Blick) rang aber mit dem Preis, der dafür zu zahlen war; man muss zwangsläufig die Ausnahmestellung des Christentums (den so genannten Absolutheitsanspruch des Christentums) aufgeben. Die am weitesten gehende Forderung in dieser Richtung stammt von dem Religionswissenschaftler Bousset (gest. 1920).

Die Zeit des Neuen Testamentes ist keine außergewöhnliche Zeit, die eine besondere Behandlung erfordern würde, man muss mit ihr umgehen, sagt Bousset, wie man mit der Alten Kirche umgeht, also keine Trennung zwischen diesen zwei Bereichen vornehmen; ferner ist die Trennung zwischen der Geschichte des Christentums und der Religionsgeschichte aufzuheben. Wir sehen, dass die Prozesse, die wir bei anderen Religionen wahrnehmen, bei der Entstehung des Christentums ebenfalls wirksam sind. Bousset will seine Arbeit unter das Prinzip ›Gleichbehandlung‹ stellen. Wohin er damit gelangt, ist für uns nur zum Teil interessant. Er war übrigens nicht der Einzige, der auf diese Weise die Entstehung des Christentums als Jesusbewegung erklären wollte, es gab andere Forscher, die zu anderen Ergebnissen gelangten. Nach Bousset erlitt Jesus, nachdem er einmal in die nicht-jüdische Welt ›exportiert‹ worden war, in Übereinstimmung mit dem religiösen Verlangen der Zeit das Schicksal der Vergöttlichung. Er weist auf den enormen Einfluss der antiken Mysterienreligionen hin, die so genannt werden, weil sie bei ihren Zusammenkünften das Mysterium der Gegenwart Gottes feierten. Nachdem sie auf hellenistischem Boden Fuß gefasst hatten, übernahmen die Christen dieses Modell; bei den wöchentlichen Zusammenkünften wurde Jesus als Gott-in-ihrer-Mitte angebetet. Er war der eigentliche, wenn auch geheime Kyrios (Herr), der Einzige, der wirklich der Anbetung würdig war.

So passte Jesus nicht nur in diese Zeit, er erfüllte nach Bousset auch die religiösen Bedürfnisse des Menschen. Menschen müssen sich verlieren, aus sich selbst heraus treten, sich uneingeschränkt hingeben können; Religion bietet ihnen den Raum dafür; so auch das aufkommende Christentum, das darin den Gesetzen der religiösen Bedürfnisse folgt. Diese Bedürfnisse, so Bousset, gehen also der Person Jesus von Nazaret voraus, Jesus wird ihr auserwählter Träger. Die eine, feste, unbewegliche, seit Christengedenken unveränderte Auffassung über Jesus von Nazaret als Gottes Sohn, unser Herr, ist Bousset und seinen Mitstreitern zufolge daher auch eine Wirkung der ›religiösen Behandlung‹, die Jesus bereits in der frühestens Zeit erfuhr. Der Christus ist das Produkt allgemeiner menschlicher Religiosität. Jesus wurde zum Idol gemacht, und Idole werden übermenschlich in den Himmel erhoben. Sie müssen verehrt werden können, und verehren kann man nur Gott. So musste es auf einen herumwandernden Sohn Gottes hinauslaufen. Die Zweinaturenlehre erscheint als Folge eines religiösen Bedürfnisses; so findet es sich zwar nicht buchstäblich, wohl dem Geist nach und im Wesentlichen, bei Bousset und seiner Schule.

Bousset erinnert mich an den deutschen *Kirchentag* in München (1992), zu dem auch der Dalai Lama eingeladen war. In welchem Saal und auf welchem Podium er auch erschien, überall zog er fast alle Teilnehmer zu sich hin, auch wenn seine Rede jedes Mal aus denselben *incontestable truths* (unwiderleglichen Wahrheiten) bestand, wie etwa Gerechtigkeit, kein Krieg, in Frieden zusammenleben usw. Es erstaunte mich. Eine deutsche Hausfrau, die neben mir saß, erklärte es mir. ›Da sieht man, was die Jugend sich wünscht: Einen Gott auf Erden.‹ So ist es Bousset zufolge mit Jesus gegangen. Wir müssen uns in seine Verehrer hineinversetzen, in ihre Welt, um zu begreifen, wie Jesus zum Christus, dem Sohn Gottes, emporsteigen konnte.

Bousset dachte, dass es sich bei dieser Welt um die hellenistische handelte. Man sollte aufhören, die Jesusbewegung vom Judentum aus zu erklären (wie sein Vorgänger Albert Ritschl es noch meinte tun zu müssen). In diesem Kontext hätte Jesus niemals Gott werden können. Den Hintergrund der klassischen Christologie, der Zweinaturenlehre, bildet nicht die jüdische, sondern die hellenistische Religiosität, insbesondere die Mysterienreligionen. Wir werden sehen, dass diese Schlussfolgerung bei allem, was man zu Bousset anmerken kann, so abwegig nicht war.

4. Das Evangelium des verkündigenden Jesus

›Das Evangelium von Jesus‹ ist ein doppeldeutiger Ausdruck. Man kann ihn in zwei Richtungen verstehen, einmal ist das von Jesus verkündete Evangelium gemeint oder zum anderen das Evangelium mit Jesus als Thema der Verkündigung (das Thema ist hier merkwürdigerweise zugleich das Objekt). Jesus als Verkünder oder Jesus als Objekt der Verkündigung, wofür soll man sich entscheiden?

Von Adolf von Harnack (gest. 1930) stammt die Aussage, dass Jesus im Evangelium nicht vorkäme. Er meint damit, dass Jesus sich selbst nicht verkündigte, und wir sollten das daher auch nicht tun. Die Orthodoxie denkt darüber anders. Harnack ist sich dessen bewusst, und seine Argumentation ist auch gegen die orthodoxe, konservative Christenheit mit ihrer Christologie von den zwei Naturen (der göttlichen und der menschlichen) in der einen Person Jesu gerichtet. Ebenso wie Bousset hält Harnack die Zweinaturenlehre für etwas, das auf hellenistischem Boden gewachsen ist. Die Kritik des christlichen Dogmas ist seine eigene Geschichte, hatte Strauss einmal gesagt, und Harnack folgt ihm darin. Der Dogmengeschichte ist eigen, dass man sich langsam, aber sicher, vom ursprünglichen Jesus von Nazaret entfernt.

Es ist deutlich, dass Harnack somit zum historischen Jesus zurück will. Nicht einfach so, sondern um sich – wie seine Vorgänger – vom dogmatischen, kirchlichen Christus zu lösen. Es geschieht aber etwas Merkwürdiges. Harnack wünscht sich eine historische Grundlage für das Christentum; damit können wir leben. Er möchte diese Grundlage als nicht-hellenistisch rekonstruieren. Auch damit können wir leben. Es wäre also das Nächstliegende, dass er zum jüdischen Ursprung Jesu zurückkehrte. Ein Bibelgelehrter wie Wellhausen (gest. 1918) hatte im Jahr 1905 bereits zutreffend angegeben, dass Jesus nicht der erste Christ war, sondern ein Jude (Bultmann wird ihm darin später folgen). Es zeigt sich aber, dass Harnack dem nicht beipflichten konnte oder wollte, denn das würde Jesus in einen Zusammenhang mit der Religion des Alten Testamentes und des Judentums bringen, und wie für die meisten seiner Zeitgenossen (und für manch einen Christen bis heute) bedeutete das für Harnack einen Rückfall in eine überholte Religion. Was christlich ist, kann man ihm zufolge nicht aus dem Alten Testament lernen. Harnack äußert sich noch krasser. In seiner Studie über Marcion (der den Gott des Alten Testamentes als eine Art Gott aus zweiter Hand sah, nicht als den wirklichen) spricht er sogar eine Art christlichen Bannfluch über das Alte Testament aus: Daran bis auf den Tag als Maßstab für die Lehre und die Verkündigung noch festzuhalten, stellt seiner Meinung nach eine religiöse und kirchliche Lähmungserscheinung dar.

Zu seiner Zeit war das eine traditionelle Ansicht: Das Neue Testament ist die eigentliche Bibel, Gott ist der Gott der Liebe, und von diesem weiß das Alte Testament nichts. Das Christentum ist dem Judentum nicht nur entwachsen, es ist dem Judentum überlegen. Aber so verfehlt Harnack – in einer für einen Historiker höchst merkwürdigen Weise – sein Ziel: Das Bedürfnis nach der Enthellenisierung brachte ihn zurück zur Frage nach dem historischen Jesus, aber als er diesem einen Platz in der Geschichte einräumen musste, löste er ihn aus seinem jüdischen Kontext heraus. Ist das Judentum überholt? Dann ist auch die ›Religion Christi‹ überholt. Wie kann diese Schlussfolgerung wahr sein, wenn man zugleich zu Jesus als dem Verkünder (an Stelle des Verkündigten) zurückkehren möchte? Da geht Harnack völlig in die Irre. Wenn es um den historischen Jesus geht, skizziert er ihn – wie die anderen –

nach seiner eigenen Wunschvorstellung und verliert damit die offen-
kundigsten Tatsachen (Jesus als Jude) aus dem Auge.

5. Der verkündigte Christus.
Die Evangelien als Gemeindetheologie

Dem Evangelium als dem von Jesus verkündigten stand und steht bis
heute der Standpunkt der Orthodoxie diametral gegenüber: Jesus *wird*
verkündigt, er ist der Inhalt der Verkündigung. Ich verweise auf jemanden wie Karl Barth, in dessen Theologie Jesus selbst exklusiv zum
Gegenstand der christlichen Predigt gemacht wird. Es gibt nur ein Wort
Gottes, Jesus Christus, und es gibt daher nur eine Verkündigung. Natürlich hat Jesus auch selbst gepredigt, niemand wird das leugnen, die
eigentliche Verkündigung der christlichen Kirche ist jedoch die Chris-
tus-Verkündigung. Damit verteidigte die Orthodoxie seit jeher ihren
Verzicht auf die historische Forschung. Auch Karl Barth scheint daran
kein Interesse gehabt zu haben, er hat sie als für die Sache unwesentlich
zur Seite geschoben und hielt damit den Standpunkt der konservativen
Theologie fest: In der Kirche geht es nicht um den historischen Jesus,
sondern um den verkündigten Christus.

Bereits zu Beginn des zwanzigsten Jahrhunderts wurde dieser Standpunkt – nicht der historische Jesus ist wichtig, sondern der verkündigte
Christus, der Christus des Glaubens – glutvoll verteidigt. Nichts Neues,
so scheint es, in Sachen der Zweinaturenlehre tat die christliche Kirche
doch nichts anderes. Aber die Sache hatte einen Haken, denn der Christus des Glaubens wurde gegen den historischen Jesus ausgespielt, und
das hat seinen Preis. Abgesehen von verschiedenen anderen Fragen, die
dadurch hervorgerufen werden, ähnelt die Position wie ein Tropfen
Wasser dem anderen derjenigen, die David Friedrich Strauss vorge-
zeichnet hatte, dass nämlich die Historie keine Bedeutung hat; es geht
in den Evangelien nur um den mythischen Christus. Wenn wir bei dem
Wort ›mythisch‹ nicht an Märchen denken, sondern an das, was Strauss
darunter verstand, dass nämlich die gläubige (jüdische) Gemeinde Jesus
als ihren Christus betrachtet, die Evangelienerzählung das Zeugnis eines
gläubigen Bewusstseins ist, dann ist der Christus des Glaubens, der
Christus der Gemeinde, nichts anderes als der mythische Christus von
Strauss; Christologie ist Gemeindetheologie.

Diese Parallele zwischen dem mythischen Christus und dem verkündigten Christus erscheint mir unbestreitbar; für keinen der beiden ist die Historie von Bedeutung. Mit Absicht sage ich ›parallel‹, da weder die Orthodoxie von früher noch die von heute (beispielsweise Karl Barth) das bezweckte oder bezweckt; man darf so etwas dann auch nicht unterschieben. Allein schon hinsichtlich dessen, was den Inhalt der Verkündigung betrifft, gibt es einen himmelweiten Unterschied zwischen Strauss und der konservativen Orthodoxie. Eine Parallele aber ist zweifellos gegeben. Wer die Historie nicht ehrt, endet beim unhistorischen Mythos, in einem seiner vielen Aufzüge. Kein Interesse an der Frage zu haben, wer der wirkliche Jesus war, das läuft auf einen Christus hinaus, der sozusagen in der Luft hängt.

Es stellt sich die Frage, ob dies für den christlichen Glauben unannehmbar ist. Ich halte es tatsächlich dafür und werde das später erläutern. Aus der Christologie kann man alles machen, wenn es keine direkte Linie von Jesus von Nazaret zum verkündigten Christus gibt. Bevor ich aber darauf zu sprechen komme, werde ich zunächst der Linie folgen, mit der ich befasst bin: Die Strömung (mit ihrer Fortsetzung) zu beschreiben, die anders darüber denkt.

6. Kontinuität oder Diskontinuität zwischen dem historischen Jesus und dem verkündigten Christus

Gemeinde*theologie* an Stelle von Gemeinde*fantasie*, damit konnten die eher konservativen, kirchlich orientierten Theologen schon leben, wie ich aufgezeigt habe. Eigentlich war doch nichts dagegen einzuwenden, den Jesus der Evangelien (also den Christus) als die Glaubensvision der ersten christlichen Gemeinde zu bezeichnen. Die Evangelien werden dadurch verständlicher; wir können sie nämlich als die Verkündigung der christlichen Kirche ansehen, oder, wenn man so will, als ihre Theologie bezüglich Jesu und somit als ihre Christologie.

So ordnet sich alles: Wie konnten die Evangelien Jesus von Anfang an so deutlich als Sohn Gottes hinstellen? Weil ihre Geschichte eine Glaubenserzählung ist, die sie erst nach dem Ende des Lebens Jesu aufschreiben konnten. Sie schrieben sozusagen rückwirkend über Jesus; die Geschichte beginnt zwar mit dem Anfang, aber der Erzähler kannte bereits das Ende, die Auferstehung des Gekreuzigten.

In diesem Sinne spricht in den Evangelien die bekennende Gemeinde.

Es wird kein Einwand gegen diese Darstellung der Dinge erhoben. Eine eingehende Analyse der Evangelienerzählungen ließ übrigens kaum eine andere Schlussfolgerung zu: Es sind Glaubenserzählungen. Aber dann musste eine Bedingung erfüllt sein: Der verkündigte Christus und der Jesus, der in Palästina predigte und herumzog, der Jesus aus Fleisch und Blut, Jesus von Nazaret, sie mussten dann doch dieselben sein, wenn jedenfalls die Kirchenlehre nicht in Rauch (lies: in den Mythos) aufgehen sollte. So bildete sich ein merkwürdiges Problem heraus, das die Diskussionen nach dem Zweiten Weltkrieg jahrelang beherrschte, das Problem der Kontinuität zwischen Jesus von Nazaret und dem verkündigten Christus. Für konservative Theologen war die Kontinuität von wesentlicher Bedeutung, denn der Erhöhte musste derselbe sein wie der Erniedrigte, und umgekehrt, sonst gab es kein Evangelium mehr; oder anders ausgedrückt: Der verkündigte Christus, der Christus des Glaubens, d. i. der Auferstandene, musste derselbe sein wie Jesus, der in Palästina umherwanderte.

Gut und schön, aber wenn die Rechnung aufgehen soll, müssen wir die Auferstehung Jesu als ein historisches Geschehen akzeptieren. Die Kontinuität zwischen Jesus von Nazaret und dem verkündigten Christus ruht darauf wie eine Brücke auf ihren Pfeilern. Ohne die Auferstehung als historische Tatsache gibt es keine Kontinuität! In diesem Punkt beginnen die Komplikationen.

Ist der verkündigte Christus der auferstandene Jesus aus Fleisch und Blut? Abgesehen von der Möglichkeit, das außer Frage zu stellen (siehe unten), war nicht jeder bereit, so massiv über die Auferstehung Jesu (als ein Geschehnis unter Geschehnissen) zu sprechen. So entstand eine Zweiteilung; auf der einen Seite die eher konservativen Theologen, die keinen Einwand gegen den Glauben als Gemeindetheologie hegten, vorausgesetzt (und nur unter der Voraussetzung), dass an der Kontinuität zwischen dem verkündigten Christus und Jesus von Nazaret festgehalten wurde; und auf der anderen Seite Theologen (vor allem Forscher), die fanden, dass es mehr Diskontinuität als Kontinuität gebe, dass nämlich der verkündigte Christus zwar Jesus von Nazaret zum Inhalt haben dürfte, dass es dann aber ein ganz anderer Jesus wäre, als dieser sich selbst gesehen hatte.

Ein fatales Dilemma! Diskontinuität zwischen Jesus von Nazaret und dem verkündigten Christus würde bedeuten, dass der verkündigte Christus in der Luft hängt. Wer es mit der Kontinuität hält, kommt mit knapper Not davon, er ist dann aber wohl verpflichtet, diese Kontinuität historisch aufzuzeigen. Damit aber beginnt die ganze Geschichte wieder von vorn, die Grundlage des Glaubens wird wieder abhängig von der fachwissenschaftlichen, in diesem Fall historischen Forschung nach der Auferstehung Jesu. Damit sind wir wieder beim Ausgangspunkt angelangt, bei Lessing, der – zu Recht – fand, dass ein Glaube für seine Sicherheit unmöglich auf Wissenschaft angewiesen sein könnte.

7. Bultmann. Gemeindetheologie und Kerygma

Bultmann, dem wir bereits begegnet sind, hat in der Christologie eine Spur hinterlassen, auch bei Menschen, die von seiner Lösung für das Problem Kontinuität/Diskontinuität nichts wissen wollten. Seine Auffassung verdient einen eigenen Abschnitt.

Von Jesus von Nazaret als historischer Person wissen wir Bultmann zufolge nicht viel. Er zog herum als Prediger, verkündete das Königreich Gottes und starb an einem Kreuz. Dass er sich für den Heilsbringer der Endzeit gehalten hat, ist nicht wahrscheinlich. Bultmann entscheidet sich also gegen Schweitzer und für William Wrede: Jesus von Nazaret trat nicht auf als Messias. Aber selbst wenn wir mehr von ihm wüssten, wäre dies für uns unwichtig. Jesus von Nazaret gehört mit seiner Verkündigung zu den Voraussetzungen der neutestamentlichen Verkündigung, nicht zu der Verkündigung selbst. Hinsichtlich der Letzteren müssen wir uns der Bedeutung zuwenden, welche die erste Gemeinde Jesus beigemessen hat. Sie ist es, die ihn als den Heilsbringer der Endzeit gesehen hat, als Messias. In den Evangelien begegnen wir also nicht Jesus von Nazaret, sondern Jesus in der Bedeutung, die ihm von der gläubigen Gemeinde verliehen wurde, Jesus somit als dem Verkündigten, und nur mit dem Verkündigten hat der Glaube – bis heute – zu tun.

Die historische Person des Jesus von Nazaret ist bei Bultmann, abgesehen davon, dass er gelebt haben muss, für die Verkündigung ohne Bedeutung (a); das gläubige Bewusstsein der ersten Gemeinde ist für Bultmann die Quelle der Christusverkündigung (b). Das gleicht der Auffassung von David Friedrich Strauss. Wie steht es damit?

1. Warum ist Bultmann an den Ergebnissen der historischen For-

schung so wenig gelegen? Weil die christliche Verkündigung nicht historische Tatsachen zum Inhalt hat. Das würde aus ›glauben‹ das Akzeptieren von Wahrheiten machen, ob diese nun allgemeiner Art sind (wie die liberale Theologie meinte) oder historisch (der Standpunkt der Orthodoxie). ›Glauben‹ ist etwas anderes. Glauben entsteht durch das Hören des Wortes Gottes, das von der Kirche verkündet wird. Verkündigung ist der Schlüsselbegriff für Bultmanns theologisches Konzept.

2. Bultmann leitet diese Auffassung aus dem ab, was er als die Gemeindetheologie der Evangelien betrachtet. Die Gläubigen wussten sich in Jesus mit dem Wort Gottes konfrontiert, darum malten sie ihn als den von Gott gesandten eschatologischen Heilsbringer aus, den Heilsbringer der Endzeit. ›Endzeit‹ muss man nicht wörtlich nehmen, sondern wieder zurückführen auf das, was man damit ausdrücken wollte (›entmythologisieren‹ heißt das bei Bultmann und seiner Schule): In Jesus begegneten sie dem Wort Gottes. (Nebenbei merke ich hier an, dass dort, wo Bultmann entmythologisieren wollte, jemand wie Heinrich Ott gerade die mythische Welt der Evangelien unangetastet bewahren wollte. Religion, so fand er, kann sich nur in der Sprache des Mythos ausdrücken. Ott erntete keinen Beifall, er kam zu früh.)

3. Das, was die Gemeinde beabsichtigte, als sie den historischen Jesus zur eschatologischen Gestalt erhob, müssen wir zurückgewinnen. Jesus zu verkünden, das kann nichts anderes sein als Menschen mit Gottes Wort, mit dem sprechenden Gott selbst, zu konfrontieren. Das meinen wir in der Kirche auch mit ›Christusverkündigung‹. Darin geht es nicht nur *über* den letzten Ernst, sie richtet den letzten Ernst in einem Menschenleben auf, denselben letzten Ernst, den die erste Gemeinde in ihrer Konfrontation mit Jesus erfuhr. Die Verkündigung berichtet nicht *über* das eschatologische Geschehen, sie *ist* das eschatologische Geschehen, das einen Menschen mit ›dem Ende‹, *seinem eigenen* Ende konfrontiert. Oder noch präziser ausgedrückt: Dort, wo das Wort einen Menschen berührt, *geschieht* ›das Ende‹, das Eschaton. Diese fast unrealisierbare Aufwertung der christlichen Verkündigung, die Einführung Gottes als Sprechenden, erhält von Bultmann die Bezeichnung *Kerygma*. Es steht im Griechischen für Verkündigung und dient als ›Merkzeichen‹ für die besondere Position, welche die Verkündigung ihm zufolge einnimmt.

4. Kann man als Mensch Gott als Sprechenden einführen? Nein, aber darin liegt gerade das Geheimnis der Verkündigung, so wie in den Evangelien in diesem Punkt gerade das Geheimnis des Messias lag. Ein

Mensch, ein gewöhnlicher Mensch, der obendrein sein Leben als Gekreuzigter beendet, soll der uns mit Gottes letztem, Gottes entscheidendem Wort konfrontieren? Daran nahm die Zuhörerschaft Jesu Anstoß, sagt die erste Gemeinde. Das heißt, sie mussten sich zwischen dem Mitgehen oder dem Weglaufen entscheiden. So ergeht es auch der christlichen Verkündigung. Da das Wort Gottes unter der Gestalt seines Gegenteils (es sind Menschen, die sprechen) die Bühne betritt, wird der Hörer vor die unausweichliche Entscheidung gestellt; er kann Anstoß nehmen an dieser paradoxen Gestalt des Handelns Gottes an uns, darüber zu Fall kommen (was nahe liegt) oder daran zu einem neuen Leben auferstehen.

5. So behält Bultmann doch eine Art von Kontinuität zwischen damals und heute bei – nicht zwischen Jesus von Nazaret und dem verkündigten Christus, sondern zwischen dem sprechenden Gott damals (in Jesus) und heute (in der Verkündigung). Gott ist nicht die Summe einer Reihe von Wahrheiten über Gott, sondern er ereignet sich stets, geschieht; von Gott können wir nur sagen, was er an uns tut. Nur als Erfahrung unseres Menschseins/in unserem Menschsein kann Gott zur Sprache kommen.

6. Vom Wort berührt zu werden, das führt zum ›Glauben‹, aber ›Glauben‹ müssen wir dann als eine neue Seinsweise lesen. ›Entweltlichung‹ nennt Bultmann es, von der Welt gelöst werden, in der Weise, wie Paulus das in 1 Korinther 7 beschreibt: Besitzen als Nicht-Besitzen, eine Art eschatologische Existenz nennt er es auch. In der Welt, aber nicht von der Welt, heißt es in der Terminologie des Evangeliums nach Johannes. Das ist auch eine Seite des Glaubens, aber die Frage ist, ob das alles ist, was die Christusverkündigung zu bieten hat.

7. Es stellt sich noch eine Frage. Wenn der Jesus, so wie sie ihn seinerzeit gesehen haben, nicht irgendwo auch noch ein bisschen (ich formuliere absichtlich so) Quelle ist, sondern nur das Ergebnis von Gemeindetheologie, dann hängt der kerygmatische Christus bei Bultmann buchstäblich in der Luft. Das ist auch Absicht, würde Bultmann sagen, das Wort spricht, und damit basta! Man hört es oder man hört es nicht. Nur das Kreuz kann als historisches Geschehen für Bultmann nicht aufgegeben werden, aber wir sehen nun, warum das so ist, nämlich als Demonstration seines Ausgangspunktes, dass Offenbarung nur in der Form ihres Gegenteils geschieht; ansonsten hätte es kein Ärgernis und keinen Anstoß gegeben, und der Mensch würde nicht begrei-

fen, dass er vor der Entscheidung seines Lebens steht. Das Kreuz erscheint also als Modell von Offenbarung.

8. Karl Barth sah die Begrenztheit der Bultmannschen Konzeption, da man die ganze Christologie verliert, wenn das Kreuz nicht mehr bedeutet als Modell von Offenbarung.

8. Barth und Bultmann. Gefährten und Antipoden

Karl Barth war Gefährte des Anfangs. Beide wollten von allem Abstand nehmen, was die Gläubigen zu Besitzern der Wahrheit machte. Wahrheit, die im Besitz ist, ist keine Wahrheit, jedenfalls nicht die Wahrheit des Glaubens. Sie ist Theorie und aus Theorie erwächst kein Glauben. Dafür ist Gottes Wort nötig. Bezeichnet man die Bibel als Wort Gottes, steht man wieder vor demselben Problem; wir würden dann Gottes Wort besitzen. Das ist nicht möglich, Gottes Wort ist der sprechende Gott selbst, der in Jesus Christus das Wort ergriff. Darüber berichtet die Bibel zwar (wir besitzen keine anderen Informationen), aber die Bibel kann nicht den Platz des sprechenden Gottes einnehmen, den des Wortes, das das Wort ergreift. Barth wird die Bibel später eine Gestalt des Wortes Gottes nennen und so die Bibel doch wieder zu einer ebenso gegebenen wie unantastbaren Offenbarungsautorität machen.

Aber gut, sie begannen als Gefährten; keine Wahrheiten über Gott, aber Gott, der das Wort ergreift. Was aber ist ›das Wort‹? Das verlangt nach einer näheren Bestimmung. Man muss an irgendetwas messen können, dass man mit dem Wort in Berührung gekommen ist, ansonsten kann alles als das Wort bezeichnet werden! In diesem Punkt trennen sich die Wege von Barth und Bultmann. Bei Bultmann wird das Wort als Wort dadurch erkannt, dass es etwas an mir tut, Anlass wird zu einer neuen Weise des Lebens. Karl Barth fand, dass man das Wort Gottes an seinem Inhalt erkennen müsse, an Jesus Christus, und er schrieb eine vielbändige *Kirchliche Dogmatik*, um diesen Maßstab (Jesus Christus) zu entfalten. Beide endeten schließlich sogar als ›feindliche Brüder‹. Bultmann blieb dem Ausgangspunkt treu, Barth korrigierte den Kurs; er fand, dass über Gott und über Jesus doch Wahrheiten verkündigt werden müssten, die Christen zu glauben haben, um Christen sein zu können.

Der Berg von Wahrheiten der *Kirchlichen Dogmatik* lässt sich nur schwer kombinieren mit ›das Wort ergreift das Wort‹; ganz abgesehen von der Tatsache, dass Barth nicht nur viel zu wissen scheint, sondern sich auch keine Rechenschaft über die Evangelien als Gemeindetheologie geben wollte, sie – doch wieder – als historische Erzählungen behandelte, die Jesus als Gottes Sohn offenbaren. Aber das lasse ich hier auf sich beruhen.

Die Kontroverse zwischen Barth und Bultmann lässt sich aus ihrer Position im Blick auf Kierkegaard ableiten. Wie wird ein Mensch gleichzeitig mit Jesus von Nazaret? Barth war anfangs noch einigermaßen von Kierkegaard angetan, sicherlich, wenn es um dessen Kritik am offiziellen Christentum ging, aber er ließ Kierkegaard fallen, als er bei Bultmann sah, wohin er gelangen würde. Barth überbrückt die Kluft zwischen Vergangenheit und Gegenwart über die Verkündigung Jesu als des gekreuzigten und erhöhten Herrn, des Christus des Glaubens; das ist die traditionelle Art. Bultmann bleibt Kierkegaard treu, auch er lässt die Kluft zwischen dem Früher und dem Jetzt sich durch die Verkündigung schließen, aber die Verkündigung ist das Kerygma geworden, das Wort, das den Menschen in der Gestalt seines Gegenteils mit Gott konfrontiert. Das Kreuz wird nicht geglaubt, sondern wird als die Modellgestalt von Offenbarung ›Anlass zum Glauben‹ (so heißt es bei Kierkegaard), Anlass zu einer eschatologischen Daseinsweise. Das empfand Karl Barth als zu wenig.

4. Die Evangelien.
Jesus in der Glaubensbotschaft

1. *Keine Texte von, wohl aber über Jesus*

Wenn der historische Jesus und der mythische Christus auch einander gegenüberstehen, sogar so weit, dass sie nicht aufeinander zurückzuführen sind, hat die Auseinandersetzung über beide Ansätze doch ein Ergebnis: Wir haben dadurch einen besseren Einblick in den eigenartigen Charakter der Evangelien erhalten. Unterdessen ist ja deutlich geworden, dass die Evangelisten keine Historiker gewesen sind, aber ebenso wenig Urkundenfälschung betrieben haben, dessen Reimarus sie bezichtigte. Aber was waren sie dann? Worauf wollten sie hinaus? Was kennzeichnet die Evangelien?

Die Frage ist von grundlegender Bedeutung für das, was wir von den Evangelien erwarten können und dürfen. Wir sind nämlich hinsichtlich unseres Wissens über Jesus, wer er war, was er tat und was er selbst gesagt hat, fast ausschließlich auf die Texte der Evangelien angewiesen.

1. Mit den ›Evangelien‹ bezeichne ich in diesem Kapitel, wenn nichts anderes angegeben ist, die drei so genannten synoptischen Evangelien, die von Matthäus, Markus und Lukas. Sie tragen diese Bezeichnung, weil das Leben Jesu bei diesen dreien nach demselben Muster verläuft, und das rührt wiederum daher, dass alle drei von gemeinsamen Quellen ausgehen, abgesehen davon, dass Matthäus und Lukas von Markus als ihrer Quelle Gebrauch machen. Und was ist mit dem Johannes-Evangelium? Das gestaltet Jesus nicht nur nach einem anderen Muster, sondern stellt Kennern zufolge auch mehr Theologie dar als die anderen Evangelien, auf jeden Fall ist es historisch betrachtet insgesamt weniger zuverlässig. Das bedeutet nicht, dass Johannes keine historisch wertvollen Ergänzungen enthalten kann, die ihm durch nur ihm bekannte Überlieferung zugänglich waren.

2. ›Fast ausschließlich angewiesen‹ steht hier nicht ohne Grund. Das Neue Testament ist, wie übrigens das Alte auch, eine Sammlung vielfältiger, selbstständiger Schriften, die unabhängig voneinander entstanden sind. Es findet sich in ihm mehr als nur der Text der Evangelien. Insbesondere bei Paulus begegnen Über-

lieferungen, die auf Zeugen des Lebens Jesu zurückgehen. Daneben gibt es auch außerbiblische Nachrichten über das Auftreten Jesu. Viele sind es nicht, manche sind undeutlich, manche umstritten, aber einige stehen als zuverlässiger Bericht außer Zweifel. Wer sich nicht auf die Evangelien verlassen möchte, da sie eine parteiische ›Berichterstattung‹ enthalten, kann sich zum Beispiel an Tacitus halten, der in seinen Annalen (XV,44) eine Darstellung der Grausamkeiten liefert, die Kaiser Nero den Christen zufügte, und der in diesem Zusammenhang auf Christus zu sprechen kommt, dem die Christen ihren Namen verdanken. Der Gedanke, dass Jesus nicht gelebt hat, erscheint mir, historisch betrachtet, erst recht als ein parteiischer Standpunkt. Ob das wahr ist, was die Kirche über ihn gesagt hat, ist eine ganz andere Frage.

In groben Zügen stehen uns also nur die Texte der Evangelien zur Verfügung, es sind Texte *über* Jesus. Das Eigenartige dieser Sachlage fällt ins Auge, wenn wir bedenken, dass wir keinen einzigen Text *von* Jesus haben, keine Schrift aus seiner Hand, so wie wir Schriften von Plato oder Aristoteles haben, keine autorisierte Überlieferung dessen, was er sagte. Wir haben nur Texte von anderen, die über ihn erzählen und über das, was er sagte. Es ist Gemeindefantasie, sagte David Friedrich Strauss, man darf darin keine Historie suchen; Gemeindetheologie aus der Sicht sowohl Bultmanns als auch der eher konservativen Forscher. Es sind die Anhänger Jesu, die das Wort ergreifen, um Bekenntnissprache handelt es sich, die Glaubenssicht der ersten christlichen Gemeinde, um Jesus, wie der Glaube ihn sah und verehrte. Das alles ist bei allen Evangelisten eingekleidet in die Form der Geschichtserzählung, aber ›Geschichtserzählung‹ besagt noch nicht, dass es um Historisches geht, es handelt sich (vorläufig) um eine Erzählform. Über das, was wirklich geschehen ist, einschließlich dessen, was Jesus wirklich gesagt hat, muss die historische Forschung Aufschluss geben.

Was wollten die Evangelisten mit ihren Schriften erreichen? Die Evangelien entstammen einer späteren Zeit als beispielsweise die Briefe des Apostels Paulus. Es gab bereits eine Art Jesusgemeinde sowohl in Palästina als auch außerhalb Palästinas, die Jesusverkündigung wurde von Aposteln und Gemeindeangehörigen schon betrieben, kurzum, Jesus war zum Mittelpunkt einer religiösen Bewegung geworden. Wir können uns am besten vorstellen, dass die Evangelisten Menschen waren, die ausführlicher darüber erzählen wollten, wer dieser Jesus, von dem die Rede ging, eigentlich war. Die Evangelien sind weder reine Verkündigung noch reine Historie, sie füllen eher aus, was wir als eine Wissenslücke bezeichnen: Ein Buch über den vorzulegen, der überall verkündet wurde, das ist es eigentlich, was die Evangelisten wollen.

Nun gleicht das einer einfachen Feststellung; je genauer aber der Textaspekt der Evangelien auf diese Absicht (Funktion) hin erforscht wurde, desto größer erwiesen sich die Komplikationen, denn es kam nicht ein verkündeter Jesus zum Vorschein, sondern mehrere Jesusbilder. Und es waren nicht nur vier, für jedes Evangelium ein Jesusbild, denn es zeigte sich, dass auch diese Bilder sich wieder unterschiedlich zusammensetzen. Den so genannten Christus der Schriften gibt es nicht, außer als Mosaik, als Gefüge vielfarbiger Steinchen, die immer wieder eine neue Kombination gestatten.

2. Vier theologische Traktate

Mein Vater las zu jeder Mahlzeit (also drei Mal am Tag) aus der Bibel, so wie das in einer reformierten Familie früher üblich war. Wenn die Evangelien an der Reihe waren, trug er nicht, wie ich mich erinnere, aus der normalen ›Statenbijbel‹ vor (der ersten vollständigen Bibelübersetzung ins Niederländische aus den Grundsprachen), sondern aus einer so genannten Evangelienharmonie. In der zweiten Hälfte des zweiten Jahrhunderts gab es bereits eine solche Schrift aus der Feder eines gewissen Tatian. Fragmente davon sind in verschiedenen Sprachen (syrisch, koptisch, arabisch) überliefert, und sie sind heute bei der Rekonstruktion der ältesten Textversionen der Evangelien von Nutzen. Tatianus, ein kritischer Geist, verfiel auf dieses Unterfangen, da er sich an dem weitgehenden Widerspruch zwischen den vier Evangelien stieß. Der ist wirklich nicht unerheblich; der Kirchenvater Origines fürchtete sogar, dass man den Glauben darüber verlieren könnte. Tatian fand einen Ausweg. Er legte die vier Evangelien nebeneinander und gestaltete daraus eine Harmonie, welche die historischen Unebenheiten ausglich, eine Art des ›Lebens Jesu‹ (Baarda) aus dem zweiten Jahrhundert.

In einer solchen Evangelienharmonie werden die übereinstimmenden Textpassagen der Evangelien nebeneinander gelegt, so weit wie möglich in derselben historischen Reihenfolge, so dass man auf einen

Blick erkennen kann, wo die Evangelien parallel zueinander laufen und wo nicht (a), ob sie dieselbe Erzählung oder dieselbe Rede wiedergeben oder gerade nicht (b) und wo der eine Evangelist etwas anführt und bei dem anderen etwas fehlt (c). Mit Hilfe einer solchen Harmonie kann man beispielsweise deutlich sehen, wie sehr Johannes von den synoptischen Evangelien abweicht.

Mein Vater machte Ernst mit der Zuverlässigkeit der Schrift, die Unterschiede zwischen den Evangelien konnten doch nicht wesentlich sein, und so kam er zu seiner Harmonie. Sie musste ihm die Einheit der Evangelien bewahren helfen. Dennoch beschäftigte ihn ein Missverständnis, das sich seit Tatian bis zum Beginn des zwanzigsten Jahrhunderts hatte halten können, das Missverständnis, dass die Evangelien als historische Beschreibungen gelesen werden müssten. Das stimmt aber nicht. Hinter den Unterschieden, über die Tatian stolperte (und mein Vater), steckt etwas anderes. Es geht um Unterschiede im Blick auf Jesus. Sie brauchen nicht sogleich zu riesigen Proportionen aufgebauscht werden, aber es sind und bleiben deutliche Unterschiede, die nur als Unterschiede in der Auffassung verstanden werden können, die es bei dem jeweiligen Evangelisten gibt.

Das ist unschwer einzusehen. Die Evangelisten folgen zwar demselben Erzählmuster, sie gehen aber trotz des vermittelten Eindrucks, dass es sich um eine geschichtliche Darstellung handelt, recht frei mit der Reihenfolge der Worte und Taten Jesu um. Matthäus beispielsweise stellt verschiedene Aussagen Jesu zur so genannten Bergpredigt zusammen (Matthäus 5–7), der er eine Reihe von Wundererzählungen folgen lässt (Matthäus 8–9). Diese Wundererzählungen aber sind bei Markus über eine große Zahl von Kapiteln verstreut (1, 4, 5, 2, 5, 10, 3, 6). Matthäus komponiert und schreckt nicht davor zurück, Markus zu verändern. Das sieht man auch bei den anderen. Die Perikopen (Textabschnitte, die in sich eine Einheit bilden) stehen nicht immer an derselben Stelle, sie können offensichtlich zu Gunsten der Geschichte, wie gerade *dieser* Evangelist sie erzählen möchte, verschoben werden. Das große ›Wehe euch …‹, das Jesus gegen die Pharisäer und Schriftgelehrten in Matthäus 23 richtet, führt Lukas in Kapitel 11 an (die Schriftgelehrten sind hier Rechtsgelehrte); aber der Disput über die Frage, wie der Christus zugleich als Sohn Davids und Herr Davids bezeichnet werden kann, geht bei Matthäus dieser Rede voran (22, 41–46), während Lukas ihm erst in Kapitel 20 einen Platz einräumt (41–44). Der historische Ablauf kann für den Evangelisten also nicht die Hauptsache der Erzählung gewesen sein, sondern mehr der Rahmen, den er verwendete. Innerhalb dieses Rahmens entfaltete er seine Sicht Jesu.

3. Evangelisten als Redakteure

Wenn man einmal entdeckt hat, dass die Evangelisten große und kleine Blöcke der Überlieferung verschieben, wird es interessant, diese Blöcke zu bestimmen, sie sozusagen mit einem festen Etikett zu versehen. Sendungsreden, Streitgespräche, Heilungsberichte, wir können viele, die immer wiederkehren, leicht entdecken. Sie stellen offenbar Stereotypen dar, die einen festen Platz erhielten, als Jesus weit und breit bekannt gemacht wurde. Jedes dient einem eigenen Ziel, über das dann wieder neu geforscht werden kann: Welches Ziel ist angestrebt? Die Streitgespräche zwischen Jesus und den Pharisäern zum Beispiel – wurden sie wirklich so geführt, oder haben wir es hier mit einer Polemik zu tun, einem ersten Zeichen einer Kontroverse zwischen Juden und Christen? Liegt uns da ein Stück Gemeindetheologie vor? Und wie ergeht es den Perikopen im Prozess der Überlieferung, wie entstanden in diesem Prozess die Evangelien? Warum gibt es dann vier Evangelien an Stelle eines einzigen? Selbst wenn man all diese Fragen nicht übereinstimmend beantworten kann, wird doch deutlich, dass den Evangelien, wie wir sie kennen, eine ganze Geschichte, eine Entstehungsgeschichte vorangegangen ist. Reduziert man diese auf das einfachste Schema, beginnen die Evangelien als mündliche Überlieferung, geht die Erzählung von Jesus in Spruchtraditionen weiter, Zusammenfassungen stereotyper Verkündigung, die in einer folgenden Phase als Perikopen schriftlich festgehalten werden; diese werden wiederum von Redakteuren zu unseren Evangelien zusammengefügt, den Texten, in denen die vielen kleinen und großen Ströme der Überlieferung ihre Form gefunden haben.

Die Evangelisten sind also Redakteure, und eine der Hauptfragen der professionellen Exegeten lautet daher: Welches Evangelium übernahm was von wem bei der Ausgestaltung der Verkündigung in seine eigene Erzählung? Lukas ist dafür ein gutes Beispiel. ›Ich habe alles geprüft‹, sagt er am Anfang seines Evangeliums (Lukas 1,1), und dann wartet er mit einer eigenen Version auf, die erheblich von dem abweicht, was ihm vorgelegen hatte. Jeder der Verfasser arbeitet offensichtlich mit einer eigenen Zielsetzung. Sonst hätten sie, etwas schematisch ausgedrückt, alles so belassen, wie sie es angetroffen hatten.

Man kann die Erforschung der Evangelien mit der Erforschung eines Hausanstrichs vergleichen. Man beginnt an der Oberfläche, auf der sich die Lackschicht mit den Verzierungen befindet. Kratzt man die ab, gelangt man zu einer früheren Farbschicht, dann zu einem ersten Deckanstrich und schließlich zur Grundierung. Die Entstehungsgeschichte der Evangelien muss man in umgekehrter Reihenfolge beschreiben.

Das Markusevangelium – eigentlich schon ein Vor-Markus, wie Fachleute festgestellt haben – und die Quelle Q, der wir bereits begegnet sind (eine Sammlung von Worten Jesu), bilden die Grundschicht. Davon ausgehend haben Erzähler mit Bearbeitungen, Ausarbeitungen und Hinzufügungen begonnen und Redakteure haben die Endfassungen gestaltet, und das unter den Namen Matthäus, Markus, Lukas und Johannes.

Jeder hatte seine eigene Zielsetzung! Man arbeitet genau anders herum, wenn man eine Harmonie anstrebt. Diese Unterschiede darf man gerade nicht verwischen, sie bilden das Wesentliche des Evangelisten; von ihnen her lässt sich erkennen, warum er sein Evangelium verfasste, obgleich sich Standarderzählungen im Umlauf befanden. Johannes geht mit einer eigenen Theologie von allen Evangelisten am weitesten. Jesus nimmt bei ihm beispielsweise nur einmal den Ausdruck ›Königreich Gottes‹ in den Mund, während dieser Terminus bei den synoptischen Evangelien einen Schlüsselbegriff darstellt. Es ist aber auch nicht unrichtig, von einer Theologie von Matthäus, Markus und Lukas zu sprechen. Lukas schreibt für die Reichen und beschäftigt sich daher mit dem Einsatz für die Armen; Matthäus, der sich an Judenchristen wendet, hält es beispielsweise für unpassend zu sagen, dass Jesus in Nazaret ›keine Wunder tun konnte‹ (Markus 6, 5) und verändert ›nicht können‹ in: ›Er tat dort nur wenige Wunder‹ (Matthäus 13, 58). Die Evangelien sind, abgesehen von dem, was sie ferner noch sein mögen, in dieser Hinsicht jedes für sich eine eigene theologische Abhandlung.

4. *Lies erst mal, was da steht*

Alles fängt damit an, dass man sorgfältig liest, was geschrieben steht, alles Gute, aber auch alles, was treue Gläubige als einen Anschlag auf ihren Glauben erfahren. Den Interpreten/Exegeten wird vorgeworfen, sie würden alles unnötig verkomplizieren, sich in keiner Weise um das scheren, was da steht, und so weiter. Nun, das kann natürlich vorkommen, aber im Allgemeinen ist es gerade umgekehrt. Die Exegeten lesen die Texte sorgfältig und erkennen dann, dass dort etwas ganz anderes steht als das, was der durchschnittliche Kirchenbesucher zumeist denkt. ›Lies nur, dort steht nicht, was da steht‹, ein Zitat des Dichters Martinus Nijhoff, ist in vielerlei theologischen Entwürfen zum geflügelten Wort geworden. Damit ist gemeint, dass es um die Bedeutung geht, die ein Text zu bieten hat, und die hat man nicht voll erfasst, wenn man die Grammatik und die Wörter ordentlich zergliedert hat. Bevor man aber bei dem ›dort steht nicht, was da steht‹ angelangt ist, muss man zuerst Buchstabe für Buchstabe und Wort für Wort gelesen haben, was da steht und was nicht. Sonst ist ein jedes Greifen nach der Bedeutung vergebens.

Lassen Sie mich ein Beispiel für unsorgfältiges Lesen anführen, das auf mich Eindruck gemacht hat. Ich habe Jahre lang nach dem Vorbild der ersten niederländischen Bibelübersetzung vom ›Mörder am Kreuz‹ gesprochen, bis ich, angeleitet durch einen Exegeten (Baarda), den Text wirklich zu lesen begann, und es zeigte sich, das da nicht ›Mörder‹ stand, sondern ›Räuber‹. Das findet sich zwar auch in der Neuübersetzung der Niederländischen Bibelgenossenschaft, aber viele Menschen sagen weiterhin ›Mörder‹. Wie kommt das? Mir erscheint das als Beweis für die Behauptung, dass der durchschnittliche Kirchenbesucher die Bibelsprache im Allgemeinen und die Evangelien im Besonderen als liturgische Sprache erfährt. Er hört bekannte Töne, eine Sprache, die vertraut ist und Vertrauen einflößt. So wünschen viele Menschen auch die sonntägliche Predigt, keine Abweichung von dem, was sie immer schon gehört haben, denn das würde den Kreis des Wiedererkennens zerbrechen, die Beruhigung, derentwillen sie zur Kirche gehen, verhindern. Dagegen gibt es nichts einzuwenden. Aber die Evangelien als liturgische Sprache zu erfahren, heißt Gewöhnung an eine bestimmte Interpretation, die sich nicht mehr vom Evangelientext selbst her zur Verantwortung rufen lassen will. Unter diesem Gesichtspunkt ist sorgfältiges Lesen hinderlich. Es verlangt nicht nur Anstrengung, Geduld, und das ist nicht jedermanns Sache, sondern es bringt einen auch aus der Fassung. Solch ein liturgischer Umgang mit den Evangelien ist sehr verständlich, aber er rechtfertigt nicht, sich über Exegeten zu erregen, die die Texte sorgfältig lesen und dabei auf Probleme stoßen, welche die Kirchenbesucher übersehen haben.

Ich werde ein Beispiel für derartige Probleme anführen, auf das ich im nächsten Abschnitt zurückkomme. Bei Markus 10,17–18 lesen wir von einem Mann, der Jesus fragt: ›Guter Meister, was muss ich tun, um das ewige Leben zu gewinnen? Jesus antwortete: Warum nennst du mich gut? Niemand ist gut außer Gott, dem Einen.‹ Lukas gibt in 18,18 denselben Text wieder. Schlagen wir aber bei Matthäus nach, lesen wir in Kapitel 19,16–17: ›Es kam ein Mann zu Jesus und fragte: Meister, was muss ich Gutes tun, um das ewige Leben zu gewinnen? Er antwortete: Was fragst du mich nach dem Guten? Nur einer ist der Gute.‹ Sorgfältiges Lesen – jeder ernsthafte Bibelleser wird das entdeckt haben – führt zu der Erkenntnis, dass die Texte nicht übereinstimmen. Was steckt dahinter, warum übernimmt Matthäus nicht einfach – wie Lukas – den Text von Markus?

Jedenfalls ist es nicht so, wie einige christliche Exegeten vermuten, dass Jesus sich hier, obwohl er es besser wusste, an das jüdische Denken anpasste, in dem die Erlangung der Seligkeit vom Verrichten guter Werke abhängig gemacht wurde. Das ist eine Deutung, welche die christliche Lehre von der Gnade sichern will, die aber mit dem Text nichts zu tun hat. Schwierig wird es erst beim Gebrauch des Wortes ›gut‹. Matthäus stellt es so hin, als ob Jesus nicht wollte, dass über ›das Gute‹ als Merkmal unseres Handelns geredet wird. Bei Markus und Lukas jedoch hält Jesus es nicht für richtig, dass *er* als gut bezeichnet wird. Das hielt Matthäus offensichtlich für zu weitgehend; er beharrt zwar auf der Kritik Jesu an ›gut‹, gibt dieser aber eine solche Wendung, dass sie sich nicht auf Jesus selbst bezieht. Ein Stück Sicht von Jesus, wenn man so will: Theologie von Matthäus? Gewiss; wenn man Kommentare daraufhin liest, fühlen sie alle mit Matthäus mit, dass die Texte von Markus und Lukas der Göttlichkeit Jesu (oder Sündlosigkeit, wie andere ›gut‹ wiedergeben wollen) nicht gerecht werden.

Aber hat Jesus nun gesagt: ›Warum nennst du mich gut?‹ oder ›Warum fragst du mich nach dem Guten?‹ Wem sollen wir glauben? Besitzen Markus und Lukas den ursprünglichen Text, in dem über Jesus

– leider – theologisch nicht korrekt gesprochen wird, während Matthäus dem ursprünglichen Text untreu wird, indem er Markus und Lukas verbessert? Wir brauchen den Unterschied nicht zu übertreiben, um den eigentlichen Punkt zu entdecken. Der besteht nicht darin, ob Jesus ›gut‹ genannt werden darf oder nicht, sondern ob Jesus wirklich das gesagt hat, was ihm die Evangelisten in den Mund legen.

5. Echte Jesusworte

›Vergleich das nun mal mit dem, was Jesus selbst gesagt hat!‹, las ich vor einiger Zeit in einer kirchlichen Zeitschrift. Es ging um Jesus als den Sohn Gottes, um die Frage, ob Jesus sich selbst als Gottes Sohn betrachtete, und es war sicher beabsichtigt, in den Evangelien danach zu spüren. Der Kirchenbote dachte, was die meisten Menschen denken: Die Evangelien sind der Quelle, Jesus als historischer Figur, noch am nächsten. Wenn der Evangelist berichtet, dass Jesus sagt: ›Ich bin der Sohn Gottes‹, dann hat der das auch gesagt. Diese Annahme hat sich inzwischen als Missverständnis erwiesen. Betrachten wir dennoch einmal die Evangelien im Hinblick auf das, was Jesus den Evangelisten zufolge über sich selbst gesagt hat. Als Ausgangspunkt wähle ich die Geschichte, die sich in Cäsarea Philippi abspielt. Jesus fragt dort seine Jünger: ›Für wen halten die Leute mich (nach Matthäus: den Menschensohn)?‹ Ihre Antworten haben den Zweck, sie selbst antworten zu lassen: Wer, sagst du, bin ich? ›Du bist der Messias!‹, sagt Petrus in Markus 8,29. Nach Lukas 9,20 sagt Petrus: ›Für den Messias Gottes‹ und bei Matthäus (16,16) steht: ›Du bist der Messias, der Sohn des lebendigen Gottes!‹ Matthäus bietet den längsten Text, die Worte, die die Kirche bevorzugt aufgegriffen hat. Was hat nun Petrus genau gesagt? Das scheint eine sonderbare Frage zu sein. Sind wir denn nicht auf der Suche nach dem, was Jesus selbst gesagt hat? In der Tat und das ist das Sonderbare: Jesus hat sich in den synoptischen Evangelien an keiner Stelle selbst als Sohn Gottes bezeichnet. Wir müssen uns mit indirekten Zeugnissen begnügen, und die liegen uns nicht einmal im selben Wortlaut vor.

Sehen wir uns das Verhör vor dem Hohen Rat an. Das Gespräch mit dem Hohenpriester verläuft in Markus 14,61–62 wie folgt: ›Bist du der Messias, der Sohn des Hochgelobten?‹ Jesus sagte: ›Ich bin es. Und ihr werdet den Menschensohn zur Rechten der Macht sitzen und mit den Wolken des Himmels kommen sehen.‹ Bei Lukas lesen wir, dass der Rat Jesus fragt: ›Du bist also der Sohn Gottes?‹ Die Antwort Jesu ist: ›Ihr sagt es – ich bin es‹ (Lukas 22,70). Die Version von Matthäus gleicht dem. ›Darauf sagte der Hohepriester zu ihm: Ich beschwöre dich bei dem lebendigen Gott, sag uns: Bist du der Messias, der Sohn Gottes? Jesus antwortete: Du hast es gesagt.‹ (Matthäus 26,63–64). Erneut ist es so, dass ›Sohn Gottes‹ nicht aus Jesu eigenem Mund kommt, sondern aus dem anderer. Das Einzige, was von Jesus aus als eine Bestätigung aufgefasst werden könnte (›Ich bin es‹ in Markus 14) vereitelt Jesus wieder durch seinen Wechsel von ›Sohn‹ zu ›Menschensohn‹. Ist der Menschensohn ein anderer? Bereitet uns der Evangelist hier Schwierigkeiten, indem er verschiedene Überlieferungen miteinander verknüpft? Auch wenn wir die Zeugnisse, die hier herangezogen wurden, als Echo auf das eigene Zeugnis Jesu ansehen müssen, bleibt doch die Frage bestehen: Bezeichnete er sich als Sohn Gottes oder als den Messias, den Sohn des Hochgelobten, oder als den Messias, den Sohn des lebendigen Gottes? Das ist kein Problem für jemanden, der zwischen den Begriffen nicht unterscheidet oder nur liturgisch von ihnen Gebrauch macht, aber *gibt es* keinen Unterschied?

Was hat Jesus wirklich gesagt? Ich führe ein Beispiel an, das dies zu einem akuten Problem macht. In Matthäus 28,10 lesen wir, dass Jesus nach seiner Auferstehung zu den Frauen sagt, denen er erscheint: ›Geht und sagt meinen Brüdern, sie sollen nach Galiläa gehen, und dort werden sie mich sehen.‹ Hat er das wirklich gesagt? Denn in Lukas 24,36 findet Jesu erste Erscheinung vor seinen Jüngern in Jerusalem statt, am Abend des Auferstehungstages. Wären sie nach Galiläa gegangen, hätten sie ihn sozusagen verpasst.

Die Liste mit Unterschieden in der Überlieferung könnte leicht verlängert werden. Bisher waren es ausschließlich die Redakteure, deren Handschrift wir deutlich wieder erkennen können, so deutlich sogar, dass wir ihr theologisches Interesse rekonstruieren können. Die Redakteure stehen aber, wie wir sahen, am Ende einer Überlieferungsgeschichte, die ich in einem früheren Abschnitt als ein schichtweises Ererben dessen beschrieben habe, was die ersten Erzähler zu vermelden hatten.

Den Wissenschaftlern ist es im Laufe der Zeit immer mehr gelungen, solche Schichten zu identifizieren, um anschließend bei der Frage zu landen, welche Worte von Jesus aus welcher Schicht stammen. Das ist verzwickt, denn der Zirkelschluss liegt nahe, da man die Merkmale einer Überlieferungsschicht zugleich als Beweis für deren Vorhandensein benutzt. Das ist natürlich nicht möglich, es sind und bleiben Hypothesen.

Aber damit ist ein neues Problem geschaffen, denn nicht jeder Forscher gelangt zu derselben Hypothese. Manche Annahmen werden von nahezu allen geteilt, beispielsweise die von der Existenz einer Quelle Q, einer Art Vor-Markus, der wir früher bereits begegnet sind. Selbst dann aber schreibt nicht jeder dieselben Textstücke Q zu, oder etwas allgemeiner ausgedrückt: Nicht jeder siedelt dieselbe Aussage Jesu in derselben Schicht an. Je nachdem, was ein Exeget für die älteste Schicht hält, entscheidet er, was von Jesus selbst stammt und was nicht. Es geht um echte Jesusworte. Die Diskussion folgte lange Zeit dem Muster: Das, was nicht jüdisch ist, ist von Jesus. Später wurde das ergänzt zu: Was nicht jüdisch *und* nicht altchristlich ist, ist von Jesus. Damit wird aufs Geratewohl darauf gesetzt, dass echte Jesusworte nicht ableitbar seien. Jesus war jedoch ein Jude, und so wird es zu einer recht gesuchten Konstruktion anzunehmen, dass wir erst dann bei echten Jesusworten angelangt sind, wenn diese Worte sich nicht in den jüdischen Glauben einpassen lassen.

Es gibt keine wirkliche Lösung. Wir können sicher sein, dass eine Reihe von Worten von Jesus selbst ausgesprochen wurde. Schillebeeckx rechnet Matthäus 11,25–27 dazu und gründet darauf sogar seine Christologie. Daneben gibt es mehrere Aussagen, die sicherlich nicht von Jesus stammen, sondern ihm von einer der überliefernden Gruppen in den Mund gelegt wurden. Siehe beispielsweise die Worte, in denen Petrus zum Leiter der Kirche gemacht wird, Matthäus 16,18; oder das, was Jesus im Johannesevangelium über sich selbst sagt: ›Ich bin das Brot des Lebens‹ (Johannes 6,48), ›Ich bin das Licht der Welt‹ (Johannes 8,12). Es sind Aussagen, die man so lesen muss, dass Jesus nach Johannes das Brot des Lebens und das Licht der Welt ist. Dass Jesus das selbst gesagt hat, ist höchst unwahrscheinlich. Zwischen diesen zwei Extremen gibt es eine Gruppe von Aussagen, von denen nicht sicher ist, ob sie von ihm selbst sind oder sie ihm vom Erzähler oder Redakteur zugeschrieben wurden. Man betrachte die Aussage Jesu in Markus 10,45: ›Denn auch der Menschensohn ist nicht gekommen, um sich dienen zu lassen, sondern um zu dienen und sein Leben hinzugeben als Lösegeld für viele.‹ Sie spielt eine Schlüsselrolle in der Diskussion darüber, was dann ›die Versöhnung‹ genannt wird; aber hat Jesus das wirklich gesagt? Darüber herrscht unter den Forschern große Uneinigkeit.

Das bedeutet nicht, dass Worte wie Markus 10,45 ihren Wert verloren hätten. Sie gehen jedenfalls auf eine sehr alte Deutung des Lebens und Sterbens Jesu zurück, es sei denn, dass wir – natürlich – lesen dürfen, dass mit dem Menschensohn Jesus gemeint ist. Insgesamt ändert sich nichts an dem Ergebnis, dass es keine Einigkeit darüber gibt, was in den Evangelien von Jesus stammt und was nicht. Das sorgfältige Lesen endet in einer Sackgasse.

6. Der Zerschneidung des Textes ausweichen?

Die Schichten entdecken, sie mit einem Filetiermesser (das bei längerer Benutzung schärfer wird) aus der Gesamtheit der Evangelientexte lösen und offen legen, um anschließend festzustellen, was von Jesus stammt und was nicht, diese Kunst beherrschen in gehöriger Weise die exegetischen Fachleute, man kann an ihrer Methode nichts aussetzen. Aber inzwischen rückt eine Art Vivisektion des theologischen Traktates, das ›Evangelium‹ heißt, näher. Der Patient selbst (der Text) stirbt daran. Ist das übertrieben? Nein. Die Vielfalt der Meinungen über das, was als echt jesuanisch gelten kann und was nicht, lässt sich kaum anders darstellen denn als Katastrophe. Ein zerschnittener Text ergibt einen zerschnittenen Jesus. Dem entgeht man nur, indem man rigoros an der Echtheit der Worte Jesu festhält, die man (Forscher oder Laie) nun gerade für wichtig hält oder zu seiner Person passend, und diese dadurch legitimiert, dass man glaubhaft macht, sie entstammten der untersten Schicht der Berichterstattung. Es ist schwerlich anders zu verfahren, das ist mir bewusst, aber das Bild Jesu wird dadurch, milde ausgedrückt, nicht klarer. Geht es überhaupt, und wenn ja, wie, ›weiter‹?

Gewiss gibt es eine Weise, die Schnipsel wieder zusammenzulegen, indem man nämlich zu dem Text zurückkehrt, wie er vorliegt. Lass die Evangelien so, wie sie sind, schneide sie nicht länger in Stücke, nimm es hin, dass wir keine andere sichere Basis haben als die Texte, so wie sie vorliegen. Verzichte auf den Unterschied zwischen echt jesuanisch oder nicht echt jesuanisch, zwischen dem, was historisch verifiziert (jedenfalls verifizierbar) ist, oder nicht, und dem Glauben zeigt sich wieder freier Himmel.

Zum Text zurückzukehren, so wie er ist, das wurde früher schon einmal befürwortet und in die Praxis umgesetzt. Dazu müssen wir auf das Alte Testament zurückgreifen und darin insbesondere auf die fünf Bücher Moses, den so genannten Pentateuch (penta bedeutet im Griechischen ›fünf‹). Mehr als zwei Jahrhunderte lang hat man bereits mit wechselndem Erfolg und mehr oder weniger überzeugend versucht, die verschiedenen großen und kleinen Stränge in der Überlieferung voneinander zu unterscheiden, sie herauszupräparieren, um zu einer Reihe von Erzählern mit eigenen Merkmalen zu gelangen, die immer und immer wieder verfeinert werden, so dass am Ende die Bäume, aus denen der Wald zusammengesetzt war, die Sicht auf den Wald nahmen. Dadurch wurde der Ruf laut, zum überlieferten Text zurückzukehren. Redakteure? Gern, aber – gemäß dem bekannten Spruch von Franz Rosenzweig – R = R, der Redakteur ist unser Rabbi. Das Alte Testament lesen heißt den Text lesen und keine Textfragmente.

Nun lässt sich ein Vergleich zwischen dem Pentateuch und den Evangelien nicht einfach so ziehen. Die methodischen Probleme, mit denen die Pentateuch-Forschung rang, sind zum Teil dieselben wie diejenigen bei der Erforschung der Entstehungsgeschichte der Evangelien. Das gilt etwa für die Frage, ob man das, was man als die Merkmale einer Erzähltradition bezeichnet, zugleich als Beweis für deren Vorhandensein akzeptieren kann. Aber allein schon im Blick auf die zeitliche Dauer der Traditionsbildung kommt man zu Unterschieden, die eine Gleichbehandlung verbieten. Das meine ich daher auch nicht. Der Punkt, in dem Übereinstimmung herrscht, ist der Ruf, zum Text zurückzukehren, so wie er vorliegt, und nicht die Schnipsel maßgebend sein zu lassen. Mag es der Redakteur sein, der uns die Evangelien in ihrer heutigen Gestalt besorgt hat, so ist dieser Redakteur doch in all den Jahrhunderten der Lehrer und Informant der christlichen Kirche gewesen. Er hat sein Werk nicht umsonst getan. Wir sollten die Einheit, die er geschaffen hat, nicht in Stücke schneiden und damit das Zeugnis vereiteln, auf das der christliche Glaube sich gegründet hat.

Die Worte, mit denen ich diesen Standpunkt wiedergebe, lassen schon erkennen, dass wir dieser Rückkehr zum Text der Evangelisten selbst vor allem in konservativen christlichen Kreisen begegnen. Ihr Argument, dass der Evangelist nichts ohne Grund tat, dass er seine Absicht hatte, ist stichhaltig. Es spricht nichts dagegen, so mit den Evangelien umzugehen. Mehr noch, wir werden es wohl müssen, denn wir haben nichts anderes als diese Texte. Ich werde in einem folgenden Kapitel aufzeigen, dass der Text als Text, also in seiner überlieferten Form, auch außerhalb konservativer Kreise an Popularität gewonnen hat. Man kann die Evangelien auch als Literatur behandeln. Es stellt sich jedoch die Frage, ob wir so weiterkommen.

Auf jeden Fall bleibt nicht alles beim Alten, auch wenn man das hoffen mochte. ›Das Alte‹, so weit es sich um die Evangelien handelt, ist jedenfalls die Frucht nicht sorgfältigen Lesens, Frucht dessen, dass man dort eine Harmonie anbringt, wo die Evangelisten gerade Unterschiede einführten. Wir können sagen, dass der Evangelist unser Lehrer und Informant sei, aber wer von den Vieren ist es dann? Wenn wir aus den Evangelien Literatur machen, stoßen wir auf genau dieselben Probleme. Man kann nur schwerlich von Literaturwissenschaftlern verlangen, dass sie zu Gunsten gläubiger Christen weniger sorgfältig lesen.

Das Wichtigste ist noch etwas anderes. Die Frage, welche Teile des Buches Genesis von der Quelle J herrühren und welche von E oder P (ich halte mich an den Jargon der Exegeten) spielt für den Text keine Rolle, ebenso wenig wie die Frage, ob Abraham wirklich das gesagt hat, was ihm zugeschrieben wird. Hingegen besitzt die Frage, ob Jesus das gesagt hat, was die Evangelisten mitteilen, einen anderen Stellenwert. Auch konservative Kreise werden das für eine äußerst wichtige Frage halten. Sie beantworten sie jedoch so, dass sie alle Worte aus dem Munde Jesu als seine Worte erklären. Sie gehen dem Problem dadurch aus dem Weg, dass sie einer dogmatischen Theorie über die Unfehlbarkeit der biblischen Verfasser folgen. Damit drehen wir uns aber im Kreis. Denn so hatte das Problem jedenfalls begonnen, dass die historische Forschung die dogmatische Theorie herausforderte, indem sie Fragezeichen setzte hinter ›wirklich geschehen‹ und ›wirklich gesagt‹.

Bleibt man beim Text, so wie es vorliegt, entgeht man tatsächlich seinem Zerschneiden, aber zum Preis – wohlgemerkt – der historischen Forschung. Will man umgekehrt an der historischen Forschung festhalten, an Jesus, der gelebt hat, der gesprochen hat (und der Frage, was er sagte), muss man die Zerschneidung des Textes in Kauf nehmen und in jedem Fall alles in Beziehung setzen zu der Weise, in der man mit den Evangelien umgeht. Letzteres erscheint mir als die Lösung, aber ich schiebe die Umstellung darauf noch kurz auf und bewege mich zuerst weiter auf der Spur, die ich hier verfolge.

II
Von Bedeutung zu ›von Bedeutung‹

We belong to language and history before they belong to us.

David Tracy

5. Verstehst du auch, was du liest?

1. ›Verstehen‹ als Rückfahrkarte in die Vergangenheit

Die Taufe des Äthiopiers, so heißt die Geschichte, die in Apostelgeschichte 8 erzählt wird. Ein Mann, ein Schwarzer, reiste von Jerusalem zurück in sein Land, und unterwegs las er in seiner Kutsche die Lektüre, die er mitgenommen hatte, so, wie wir es heute tun, im Zug zwischen Hamburg und Köln. Er bekommt die Gesellschaft des Philippus, der ihn fragt: ›Verstehst du auch, was du liest?‹ Nun las der Kämmerer gerade laut aus einem alten Buch, dem Propheten Jesaja, und zwar die Passage, in der von einer geheimnisvollen Figur die Rede ist, die ›der Knecht Gottes‹ genannt wird. Die Antwort des Kämmerers lässt an Deutlichkeit nichts zu wünschen übrig. ›Wie könnte ich es, wenn mich niemand anleitet?‹ Das Weitere ist bekannt, Philippus bringt ihm, ausgehend von Jesaja, die Frohe Botschaft Jesu Christi. Die Verkündigung spricht den Mann so an, dass er den Wagen, als er Wasser sieht, anhalten und sich von Philippus taufen lässt.

Ich komme auf diese Geschichte zu sprechen, weil sie illustriert, was man Jahrhunderte lang unter Auslegung (Exegese) verstand. Der Kämmerer wusste, was ein Knecht war, und was oder wer mit dem Herrn gemeint war, wird er auch gewusst haben, aber den Ausdruck ›Knecht Gottes‹ konnte er nicht einordnen, geschweige denn, dass er wusste, wen Jesaja damit im Blick hatte. Das musste erst eine Auslegung erfahren. ›Auslegen‹ bedeutet, jemanden in eine Schrift einführen, und ›verstehen‹ ist das Ergebnis dieser Auslegung, nämlich die Bedeutung von Worten, Ausdrücken, Passagen aus einem Buch (aus welchem Buch auch immer) verstehen können (a) und wissen, auf welche Person oder welches Ereignis (b) die verwendeten Worte und Ausdrücke verweisen.

Nun ist die Auslegung der Bibel eine besonders komplizierte Angelegenheit, denn die Bibel ist eine Schrift oder, besser noch, eine Sammlung von Schriften aus der Vergangenheit. Die Auslegung solcher Schriften verlangt, dass der Auslegende so etwas wie eine Reise in die Vergangenheit unternimmt, um die Bedeutung der Worte zu begreifen und dahinter zu kommen, auf wen oder was sie verweisen, die Sprache erlernt, sich in das Vergangene, in den Geist der Zeit und des jeweiligen Verfassers einlebt. Seit jeher ist daher die ›Auslegung‹ (in dem Sinn, in dem ich das Wort jetzt verwende) eine sehr wichtige Fachrichtung der christlichen Theologie gewesen. Wie sollen wir die Urkunden des christlichen Glaubens, die aus Zeiten stammen, die weit hinter uns liegen, verstehen, wenn uns niemand anleitet? Die erste niederländische Bibelübersetzung versah daher den übersetzten Bibeltext unten auf der Seite mit Anmerkungen. Generationen von Christen haben den Bibeltext so besser verstanden.

Mehr Informationen über die Vergangenheit bedeuten natürlich nicht alles. Mit dem, was man verstanden hatte, musste man in die Gegenwart zurückkehren. Dabei zeigt sich ein großes Problem, das jeder kennt, der sich mit dem Bibelstudium (so hieß das, als ich Studentenpfarrer war) befasst hat. Die Auslegung als eine Fahrt ins Einst muss mit einer Rückfahrt verbunden sein, sonst ist sie nicht sinnvoll, und alles bleibt Vergangenheit. Was man entdeckt hat, muss eine Bedeutung für die Gegenwart haben, es muss einen berühren! Wie aber gelingt das? Vor allem der Pfarrer sah sich vor diese Frage gestellt, denn er war die angewiesene Person, die mit der Anwendung des Entdeckten beauftragt war. Als Exeget musste er die Vergangenheit offen legen, und als Pfarrer musste er sagen, was sie fürs Heute bedeutete.

Die Predigten der Pfarrer waren daher so zusammengesetzt: Erst hatte man zwei Punkte zur historischen oder dogmatischen Auslegung des Textes, und in Punkt drei folgte die Anwendung. Das Eine war ohne das Andere nicht möglich. Woran man denken musste, wenn man ›Menschensohn‹ las, war das Eine, die notwendige Vorarbeit, was der Menschensohn für einen selbst bedeutete, in der Gegenwart, das war etwas anderes. Auslegung und Anwendung in der Form der Predigt waren zwei unterschiedliche Dinge.

2. ›Heute, wenn du seine Stimme hörst‹. Bultmann und das ›Verstehen‹

Das bezeichne ich noch nicht als verstehen, sagte Bultmann, das Verstehen als Expedition in die Vergangenheit und Rückkehr mit der Beute, die in der so genannten Anwendung aktualisiert werden muss. Dem Namen Bultmanns sind wir bereits mehrfach begegnet; wir können daran sehen, wie gründlich er mit den Selbstverständlichkeiten Text und Auslegung betreffend aufgeräumt hat.

Verstehen gibt es Bultmann zufolge nur dort, wo das Evangelium einen anspricht oder etwas bei einem bewirkt. Natürlich ist dafür auch das Verständnis des Textes erforderlich, Auslegung also in dem Sinn, in dem ich das Wort im letzten Abschnitt benutzte, nämlich eingeführt zu sein in die Vergangenheit, zu wissen, was die Worte bedeuten und worauf sie verweisen. Aber das Evangelium ist dadurch noch nicht bedeutsam geworden, wenn ich weiß, was ›Menschensohn‹ oder ›Knecht Gottes‹ bedeutet und darüber hinaus auch, dass damit auf Jesus verwiesen wird. Von ›verstehen‹ kann man erst sprechen, wenn das Evangelium einen anspricht.

Das ist eine Aussage, mit der Bultmann gleichsam eine neue Seite aufschlägt: Verstehen des Evangeliums heißt, dass es von Bedeutung wird. Das alte Modell, dass man sich erst in die Vergangenheit zurückbegibt und was man vorfindet in die Gegenwart mitnimmt und es dort anzuwenden versucht, wird aufgegeben. Bultmann verbindet Auslegung und Anwendung miteinander, es gibt keine getrennte Anwendung mehr. ›Verstehen‹ bedeutet, *gegenwärtig* vom Evangelium angesprochen zu werden.

Bultmann kann so sprechen, weil das Evangelium selbst für ihn schon Predigt ist, er liest es von vornherein nicht als Information über die Vergangenheit, mehr noch: So weit es über die Vergangenheit berichtet, ist es uninteressant, nur Voraussetzung fürs ›Verstehen‹, gut für Historiker und nicht mehr. Die christliche Kirche muss das Evangelium so gebrauchen, dass die Gemeinde es als Verkündigung hört oder, um seine eigene Terminologie aufzugreifen, als Kerygma, Aufruf (›heute, wenn du seine Stimme hörst …‹). Einen Aufruf hat man erst dann verstanden, wenn er bei einem etwas bewirkt.

Was wird bewirkt? In diesem Punkt zeigt sich, dass Bultmann doppelgleisig verfährt. *Was* nämlich der Text bei einem bewirkt, gibt er selbst schon für den Leser (oder den Zuhörer) an; er zwingt den Sünder aufs Knie, um es möglichst lutherisch auszudrücken (Bultmann war Lutheraner). Das bedeutet, dass ein Stück Dogmatik das Verstehen der Evangelien lenkt. Bultmann beginnt zwar auf der Seite der Gegenwart, bei der Bedeutung des Evangeliums für mein Leben, heute, aber er hat zugleich die Bedeutung schon festgelegt. So kann er aber eigentlich nicht verfahren! Wenn es wirklich so ist, dass ›verstehen‹ sich daran erweist, dass eine Schrift, ein Text, auch der Evangelientext, einem etwas sagt oder etwas bei einem bewirkt, so muss man konsequent sein und frei zulassen, *ob* und, wenn ja, *was* er dann bei einem bewirkt, und nicht von vornherein schon festlegen, dass man erst wirklich verstanden hat, wenn man auf die Knie fällt.

Bultmann ist zu voreingenommen, er vermischt seine Vision vom ›Verstehen‹ (es muss mehr sein als ein ›Zurück in die Vergangenheit‹) mit seiner Vision vom Kerygma als Überbrückung der Kluft zwischen Vergangenheit und Gegenwart. Darum wiederholt er ständig, dass glauben ›verstehen‹ ist, eine Gleichsetzung, die man erst richtig versteht, wenn man sieht, was er mit ›verstehen‹ meint, nämlich dass man vom Wort berührt wird. Dennoch stand Bultmann auf einem Kreuzungspunkt, und mit seiner Forderung, dass ›Bedeutung‹ etwas für heute sein müsste, für die Gegenwart, hat er einen Pfad gewählt, der erst später zu einem breiten Weg geworden ist, den viele begehen.

3. Ebeling. Das Wort und die Worte

Ein ganzes Stück weiter ist jemand wie Gerhard Ebeling. Auch für ihn beinhaltet das Verständnis der Schrift im Allgemeinen und das der Evangelien im Besonderen wesentlich mehr, als dass man die Vergangenheit ausgräbt und das anschließend in der Gegenwart anwendet. ›Verstehen‹ gibt es erst, wenn ein Mensch vom Wort Gottes angesprochen wird. Vom Aktualismus Bultmanns – das Wort Gottes ist der sprechende Gott selbst, und so, wie die erste Gemeinde sich damit in Christus konfrontiert wusste, erfahren wir es im Kerygma – will Ebeling nichts wissen. Er hält das (neben allerhand Einwänden, die hier keine Rolle spielen) für eine viel zu beschränkte Auffassung vom Wort Gottes. Eigentlich kann man auf diese Weise nur noch das über Gott sagen, was er unmittelbar an einem bewirkt; das Wort kann man nicht mehr in Worte fassen, und tatsächlich hat Bultmann das nahezu buchstäblich gesagt. Aber so bleibt Gott außerhalb des normalen Lebens, bleibt das Wort außerhalb unserer Worte; und ist es nicht gerade dort erschienen, in der Gestalt Jesu?

Das ›Verstehen‹ stellt daher bei Ebeling auch ein viel breiteres Geschehen dar als bei Bultmann, nicht so eine Art Donnerschlag (oder besser: Blitzschlag) bei klarem Himmel, sondern einen Verständnisprozess, der herausfordert, einen Prozess, während dessen das Evangelium für den Zuhörer bedeutsam wird. Dafür braucht man Worte, normale, menschliche Worte, etwa die Predigt. Ebeling schiebt die Predigt zwischen Gott, der spricht, und den Menschen, der hört, und diese Predigt muss es bewirken, kann es auch bewirken, denn Worte können für einen Menschen von Bedeutung werden. Was ist dann dies ›von Bedeutung‹ werden? Es heißt, dass uns das Evangelium unseren Platz vor Gott anweist. ›Verstehen‹ besteht also, kurz und bündig gesagt, nicht darin, dass wir einen Text deuten. Die Texte legen uns aus, machen uns deutlich, wer wir vor Gott sind.

Das ist eine auffallende Formulierung, die Umkehrung dessen, was wir gewöhnt sind, aber sie gibt umso deutlicher an, dass Ebeling sich vom ›Verstehen‹ als einer Expedition in die Vergangenheit verabschiedet hat. Das ›Verstehen‹ ereignet sich heute, als Wortgeschehen, wie Ebeling es nennt, und dabei meint er mit ›Wort‹, dass Gott uns über die gewöhnlichen Menschenworte der Verkündigung unseren Platz anweist. Durch die Worte wirkt das Wort.

Damit ist Ebeling viel weiter gegangen als Bultmann. Noch zurückhaltend und mit viel Theologie verbunden (Ebeling ist Systematiker und nicht, wie Bultmann, ein Bibelgelehrter), ist Ebeling doch ein Vorbote dessen, was die vorherrschende Theorie werden wird, dass man die Texte selbst wirken lässt, aber dann als Texte, als menschliche Worte. Man solle die Evangelien also nicht in der Weise der Historiker lesen, nicht als Dokumente, die über die Vergangenheit Auskunft geben wollen; auch nicht nach Art der Religionswissenschaftler, die daraus religiöse Fantasie oder Mythologie machten (die dann wieder entmythologisiert werden muss), nicht einmal als Verkündigung-in-Aktion, als Wort Gottes, das auf uns herabdonnert und uns aus der Fassung bringt. Man soll sie als Texte lesen, die in menschlichen Worten über Jesus, seine Worte und Erlebnisse erzählen, um dann zu hoffen und zu erwarten, dass die Worte, diese gewöhnlichen Worte, für uns von Bedeutung werden, anders gesagt, dass in den Worten das Wort zu Worte kommt.

Ebenso wie Bultmann ist Ebeling in keiner Weise von diesem Vorrang des Wortes, der Verkündigung, abzubringen. Seine ganze Theologie ist darauf errichtet, Theologie ist eigentlich ›Predigthilfe‹ (wie lehre ich Pfarrer das Predigen). Und da (wiederum, genauso wie bei Bultmann) das Wort immer mit Jesus gleich gesetzt wird, findet auch Jesus bei Ebeling alle Beachtung. Dabei geht es aber um Jesus als historische Gestalt, so wie die Evangelien seine Geschichte erzählen. Die Erzählungen, die Überlieferungen über Jesus, bilden gerade das Material für die Verkündigung.

Daher rührt der größere Raum, den Ebeling dem historischen Jesus gewährt. Damit ist nicht eine Rückkehr in die Zeit vor Albert Schweitzer beabsichtigt, sondern dies dient dazu, den Texten selbst Raum und die Möglichkeit zu geben, für uns, die jetzt leben, von Bedeutung zu werden. An diesem Punkt stoßen wir auf dasselbe Problem, dem wir bei Bultmann begegneten. Das ›Verstehen‹ ist ein freier Prozess, es wäre daher konsequent, die Menschen selbst die Bedeutung der Evangelien bestimmen zu lassen. Aber diese Konsequenz finden wir bei Ebeling nicht. So wie Bultmann kleidet er seine Auffassung vom ›Verstehen‹ in ein theologisches Gewand, denn es geht nicht um ein unvermitteltes ›Verstehen‹, sondern um das Hören des Wortes Gottes in den Worten (lies: in der Predigt); auch bei ihm läuft das – klassisch lutherisch – auf das Wortgeschehen hinaus, durch das ein Mensch sich als Sünder und Gerechtfertigter zu sehen lernt. Eigentlich steht schon fest, was wir verstehen müssen. Viel zu fest, können wir sagen. Zwar darf man eine Idee dazu haben, um was es in den Evangelien geht – wenn es jedoch um mehr als eine Idee geht, wenn ganz und gar feststeht, worum es geht, braucht man nicht mehr zu lesen, denn man weiß es ja schon. Am Schluss dieses Kapitels komme ich darauf zurück.

Woher das theologische Gewand kommt, habe ich nebenbei schon angedeutet. Es geht um einen – nachträglichen – Versuch der Antwort auf die seit Lessing ebenso alte wie quälende Frage, wie wir den Graben zwischen der Vergangenheit (Jesus damals) und heute (wir jetzt) überbrücken. Wir erreichen das durch ›verstehen‹, und ›verstehen‹ heißt, vom Evangelium selbst angesprochen zu werden. Bultmann denkt bei ›Evangelium‹ an den aktuell sprechenden Gott, das Wort, dem die ersten Jünger in Jesus begegneten und auf das wir – heute – im Kerygma stoßen. Ebeling denkt bei ›Evangelium‹ (viel konkreter) an die Erzählungen, die Gleichnisse, kurzum an die Worte, die das Wort (lies: Jesus) nötig hat, um zu uns zu kommen (lies: für uns von Bedeutung zu werden).

4. Bedeutung

Bevor ich fortfahre, ist es unvermeidlich, das zu verdeutlichen, was das Wort ›Bedeutung‹ bedeutet, ansonsten stiftet ›Bedeutung‹ Verwirrung. Der Kontext, in dem der Ausdruck vorkommt, bestimmt den Inhalt, den wir ihm geben. Wenn sich der Himmel bewölkt, sagt der Wetterprophet: ›Das bedeutet Regen.‹ Wer etwas um seine Geliebte gibt, fragt sie: ›Bedeute ich dir etwas?‹ Und so weiter. Ich werde hier nicht die möglichen Kontexte (und also die unterschiedlichen Bedeutungen von ›Bedeutung‹) ausführlich untersuchen, sondern mich auf die beiden beschränken, die ich bisher herausgestellt habe.

1. Zunächst einmal die ›Bedeutung‹ im Sinne der Wortbedeutung, wobei ›Wort‹ für Worte steht (Mehrzahl), Ausdrücke, Sätze und/oder Zeilen, die wir hören oder lesen. Mit ›Bedeutung‹ meinen wir dann zweierlei: Diese Worte, Sätze oder Zeilen verweisen auf etwas oder jemanden, und sie sagen zugleich etwas darüber. Die Beispiele, die ich erwähnte (der Knecht des Herrn, der Menschensohn, das Sitzen zur Rechten Gottes) habe ich den Evangelien entnommen; diese lassen uns sehen, wie die zwei Seiten von Wortbedeutung zueinander gehören. Wenn uns niemand erzählen kann, auf wen die Begriffe verweisen, beispielsweise auf Jesus, wissen wir nicht, um wen es geht, und wenn uns niemand Aufhellung darüber verschaffen kann, was mit den Begriffen über Jesus gesagt wird, sind wir noch nicht weiter und hilft der Verweis uns nicht. Beide Seiten der Wortbedeutung machen es erforderlich, dass wir einen Ausleger (Exeget heißt er oder sie zumeist in der Theologie) brauchen, um die Evangelien zu verstehen. Sie sind Schriften, die in einer fernen Vergangenheit entstanden sind, in einer fremden Sprache geschrieben, und die von Situationen und Geschehnissen erzählen, die wir selbst nicht erlebt haben. In eine solche Schrift eingeführt sein, das bezeichnet man meistens als Verstehen eines Textes.

2. ›Verstehen‹ kann sich jedoch auch auf die Frage beziehen, ob die Worte, Ausdrücke, kurzum, das Evangelium oder eine Passage daraus einen anspricht, einem etwas sagt. Natürlich ist eine unentbehrliche Voraussetzung dafür, dass man die Wörter versteht; daher gibt es auch ein theologisches Wörterbuch zum Neuen Testament, das von A bis Z auf das Problem des Verstehens eingeht. Man weiß dann wohl, woran man bei ›Schriftgelehrter‹ oder bei ›Diener Jesu Christi‹ zu denken hat, man kann begreifen, worüber das Streitgespräch zwischen Jesus und den Pharisäern ging, um nur einiges zu nennen. Das ist jedoch nicht dasselbe wie ›angesprochen zu werden‹ durch das, was geschrieben ist.

Ein gutes Beispiel dafür, den Unterschied zwischen beiden Bedeutungen von ›Bedeutung‹ deutlich zu machen, ist Jesus. Was bedeutet Jesus? Nach Matthäus heißt das Retter, Erlöser (›denn er wird sein Volk von seinen Sünden erlösen‹, 1,21). Wir sprechen dann über die Bedeutung des Namens Jesu, also ›Bedeutung‹ im ersten Zusammenhang, nämlich Wortbedeutung. Ich kann aber auch fragen, welcher Art die Bedeutung Jesu für mich ist. Dann handelt es sich um ›Bedeutung‹ im Sinne von: Jesus sagt mir etwas oder bewirkt etwas in mir, es spricht mich an, was die Evangelisten über ihn sagen, Jesus ist für mich von Bedeutung geworden.

›Auslegen‹ bezeichnet in diesem (zweiten) Kontext meistens ein Interpretieren, die Kunst, zum Verständnis des Textes zu gelangen, und ›Verstehen‹ heißt dann: Was zuerst ›in Worten‹ gegeben war, eine Schrift, ein Stück Text, eine Passage aus dem Evangelium, wird durch die Auslegung ›von Bedeutung‹. Ich wähle diese Formulierung, um aufzuzeigen, dass es beim ›Verstehen‹ um eine Veränderung der Beschaffenheit geht, Worte werden ›von Bedeutung‹. Die Frage, wie das geschieht, woher die Bedeutung kommt, führt zu einem Punkt, an dem ein neuer Ansatz beginnt, den man Hermeneutik nennt.

5. Hermeneutik als die Kunst des Interpretierens

Menschen wie Bultmann und Ebeling sind die theologischen Vertreter einer viel breiteren Bewegung, die unter dem Namen ›hermeneutische Wende‹ großen Anklang gefunden hat: die Hermeneutik als Wende in der Philosophie, ein neuer Ansatz, sogar eine Gegenbewegung gegen den Positivismus. In der Theologie erfüllt sie dieselbe Funktion. Was ist Hermeneutik?

1. Vor dieser Wende wurde der Begriff Hermeneutik auch verwendet. Der Professor, der mich in der Auslegung des Neuen Testamentes unterrichtete, verstand darunter die Begründung der Annahmen, die bei der Auslegung eine Rolle spielen (Sprachdeutung, Erkenntnistheorie) und die Regeln der Kunst des Interpretierens bestimmen. ›Biblische Hermeneutik‹ war eine direkte Folge dessen, denn die Bibel war eine besondere Schrift, Gottes Wort, und daher galten bei ihrer Auslegung noch wieder andere Annahmen (Unfehlbarkeit der Heiligen Schrift, kein Selbstwiderspruch und so weiter) als bei ›normalen‹ Schriften aus der Vergangenheit.

2. Neu ist eine viel weitergehende Auffassung von Hermeneutik, oder besser noch, der Annahmen, mit denen sich die Hermeneutik als Kunst der Interpretation befassen musste. Eines hatte man früher zu wenig im

Blick: Alles, was Menschen über die Welt sagen, dann aber auch wirklich alles, ist die Welt, wie sie sie sehen. Es handelt sich nicht um die objektive Welt, sondern um die Welt ›zufolge‹, den Indianern zufolge, den westeuropäischen Völkern zufolge, den Farbigen zufolge und so weiter. Mitunter unterscheiden die Welten sich deutlich, manchmal fallen sie mehr oder weniger zusammen, aber der Sprecher begegnet immer auch selbst in dem, was er uns als Wirklichkeit vorhält oder anweist. Die Welt ist, kurzum, die Welt in ihrer Bedeutung für den Sprecher. ›Bedeutung‹ ist nicht etwas, was man nachträglich einem Etwas hinzufügt, das zunächst noch ›ohne‹ wäre; oder, um an den vorhergehenden Abschnitt anzuschließen: Unsere Welt ist die Welt, die ›von Bedeutung‹ ist, eine andere Welt gibt es nicht. Was etwas oder jemand ist, kann man also ruhig lesen als das, was jemand oder etwas für die Menschen bedeutet, die darüber reden.

So gesehen gibt es keine Philosophie, die nicht wenigstens Hermeneutik ist. In all seinen Lebensäußerungen bringt der Mensch sich selbst ein. Seine Welt ist ›von Bedeutung‹ (als Beschaffenheit) und daher auf Interpretation angewiesen, will sie uns etwas sagen. Darauf gehe ich aber nicht weiter ein. Ich beschränke mich auf Texte der Vergangenheit und grenze diese wiederum auf unsere Evangelien ein.

3. Solch ein Text aus der Vergangenheit ist nach den bisherigen Ausführungen kein objektiver Bericht, sondern eine Erzählung, in welcher der Berichterstatter sich selbst einbringt, mit allem, was er – als Kind seiner Zeit – denkt, findet, fühlt und weiß. Was das für unsere Sichtweise vom Text der Evangelien bedeutet, werde ich im nächsten Kapitel ausführlich zur Sprache bringen. Gehen wir zunächst darauf ein, was es für die Position des Auslegenden bedeutet. Diese Position ist anders als unsere Vorfahren sie einschätzten. So wie der Berichterstatter sich in seinem Bericht einbringt, bringt auch der Auslegende sich in seiner Auslegung ein, mit allem, was er wiederum – als Kind seiner Zeit – denkt, weiß, fühlt und findet. Bultmann hatte also Recht. ›Verstehen‹ *kann* nicht über eine Hin- und Rückfahrt in die Vergangenheit zu Stande kommen, denn dann würde ich (1) so tun, als ob die Evangelien ein Bericht ohne Anteil des Berichterstatters daran wären, ein so genannter objektiver Bericht, und (2) als ob ich selbst mich bei meiner Expedition in die Vergangenheit kurz von der Gegenwart lösen könnte.

4. So haben die Theologen die Evangelien (und im Übrigen die ganze Bibel) allerdings oft behandelt. Die Bedeutung war da, sie war aus der

Vergangenheit herausgelöst und stand fest. Darum sprach man gern von Übersetzung. Dieses Wort gab gut wieder, fand man, dass es zwar Schwierigkeiten gab, den so genannten modernen Menschen zu erreichen, sie hatten aber nicht so sehr mit der Bedeutung des Evangeliums zu tun, sondern damit, diese Bedeutung zu vermitteln. Diese Vorstellung trifft nicht zu; weshalb ich lieber vom Interpretieren als vom Übersetzen spreche. Damit möchte ich zum Ausdruck bringen, dass der Berichterstatter sich in seinem Bericht und der Auslegende sich in seiner Auslegung einbringt.

5. Das ›Verstehen‹ von Schriften (von früher oder heute) verläuft also über Interpretation, und wenn meine Beschreibung dessen zutrifft, wird doch recht deutlich, dass das Interpretieren mit viel Relativität und Unsicherheit einhergeht. Die Interpretation durchläuft (1) einen äußerst komplizierten Prozess. Man kann zwar Regeln dafür aufstellen, wie die klassische Hermeneutik es tat, das muss auch sein – Regeln für die Auslegung gemäß dem, was ich Wortbedeutung nannte –, aber selbst wenn man alles weiß über ›Menschensohn‹, alles über ›kommend auf den Wolken des Himmels‹, alles über Nazaret und Betlehem, ist damit Jesus für den heutigen Tag noch nicht ›von Bedeutung‹ geworden. Und das meinen wir doch mit Interpretation, Jesus so auszulegen, dass Menschen von heute ihn ›von Bedeutung‹ finden werden. Lassen sich dafür auch Regeln aufstellen, oder müssen wir nur abwarten, ob Jesus den Menschen von heute etwas sagt oder etwas bei ihnen bewirkt? Interpretieren ist (2) auch ein heikles Unterfangen! Ich versuche herauszuarbeiten, was Jesus meiner Meinung nach zu jemandem macht, der für Mensch und Welt von Bedeutung ist. Ich interpretiere das Evangelium, wer aber interpretiert mich, den Interpretierenden? Ich bringe immer mich selbst als Auslegenden ein. Wird das bei meiner Auslegung berücksichtigt? Berücksichtige ich das selbst? Und wie weit stecke ich selbst darin? ›Von Bedeutung‹ werden scheint fast ein ungreifbarer Prozess zu sein. Ich gehe später wieder darauf ein.

6. Ich füge eine kurze Bemerkung über kritische Hermeneutik an. Bisher gehe ich davon aus, dass wir gern wollen, dass Jesus ›von Bedeutung‹ wird. Das ist Interpretation im Dienste der Weiterführung einer Glaubenstradition: Jesus war damals wichtig, Jesus ist heute wichtig. Man kann sich aber auch vorstellen, dass Menschen oder Sachlagen, die früher als wichtig empfunden wurden, unserer Meinung nach heute Wertschätzung nicht mehr verdienen. Man betrachte zum Beispiel den

aufgeklärten Despotismus als politisches System. Der König weiß es am besten. Darüber denken wir heute ganz anders als früher, wir möchten diese Tradition bestimmt nicht fortsetzen, denn wir betrachten den aufgeklärten Despotismus als Tyrannei und nicht als Segen. Interpretation also als Kritik, und ohne sie kommen wir tatsächlich nicht aus. Ob wir etwas fortsetzen wollen oder nicht, hängt von der Interpretation ab.

6. Wie wird Jesus ›von Bedeutung‹? ›Sache‹ und Text

›Von Bedeutung werden‹ beginnt mit einem kleinen Stück bewusster oder unbewusster Erkenntnis – man weiß, was die Absicht ist, jedenfalls denkt, man wüsste es. Ich muss schon etwas von einem Computer begriffen haben, anderenfalls würde ich keine Lust verspüren, einem PC-Kurs zu folgen. Das gilt für alle Arten von Wissen, auch für das Wissen über Gott, sagte Platon: Man würde nichts um Gott geben, wenn man nicht schon etwas von ihm wüsste. Für das Verständnis des Evangeliums von Jesus ist es ebenso. Es kommt kein ›Verstehen‹ zu Stande, Jesus wird nicht ›von Bedeutung‹, wenn man nicht bereits eine Idee davon hätte, worum es im Evangelium geht, eine geringe Vorstellung von dem, was Karl Barth ›die Sache‹ des Evangeliums nannte. Der Leser würde gar nicht zum Interpretieren kommen, wenn die ›Sache‹ bei ihm nicht vorstrukturiert wäre. Die Rolle, die die ›Sache‹ (um nun bei dem Wort zu bleiben) beim Verständnis des Evangeliums spielt, ist also eine Schlüsselrolle, sogar in mehr als einer Hinsicht.

Den Hauch einer Vermutung darüber, was die ›Sache‹ der Evangelien sein könnte, gibt es natürlich schon lange. Sie besteht in dem, was sie uns über die Bedeutung Jesu erzählt haben, also in der Kenntnis der christlichen Tradition, in die wir hineingeboren wurden; die handelt schließlich von fast nichts anderem als von Jesus. Also liegt alles andere als ein Hauch einer Vermutung vor – Jesus braucht nicht von Bedeutung zu werden, wir kennen seine Bedeutung bereits. Das wirkt wiederum in entgegengesetzter Richtung! Wenn man bereits alles weiß, bleibt nichts mehr, auf das man neugierig ist. Aber dazu kommen wir später.

Zuerst zur Sache, die in den Evangelien beabsichtigt sein solle. Jahrhunderte lang stellte die christliche Kirche den religiösen Rahmen dar, in dem die Evangelien gelesen wurden. Sie formulierte folglich auch die

Sache, um die es beim Lesen ging, das, was Jesus ›von Bedeutung‹ macht, und für das man also die Ohren schärft. Die christliche Kirche verschaffte dem Leser damit sozusagen das Lesezeichen, das einstweilen angab, was man im Evangelium vorfinden würde. Die ›Sache‹ stand jedenfalls fest. Mag sein, dass sie nicht immer vom selben Zuschnitt war.

In der Zeit der Kirchenväter, als die Vergänglichkeit des Lebens beunruhigte, wurde die Teilhabe des Menschen an der unsterblichen Natur Gottes als ›Sache‹ des Evangeliums betrachtet. Für das Mittelalter war das Leben Leiden, und der Reformation standen der Sünder und seine Schuld im Mittelpunkt; was das Evangelium jeweils Menschen zu diesen Problemen zu bieten hatte, war die ›Sache‹. Heute bedeutet das Leben für viele Menschen dasselbe wie Unrecht erleiden, ist Frau zu sein für Frauen oft dasselbe wie an den Rand gedrängt zu werden. Von daher begegnen wieder andere Fragen, die nach einer Antwort verlangen. Sind *sie* es, die heutzutage zur ›Sache‹ führen, aus der das Evangelium von Jesus seine Bedeutung für die Menschen unserer Zeit gewinnt? Oder sind es vielleicht Lockmittel, die bald wieder verschwunden sind?

Soviel ist allerdings deutlich: Ohne eine ›Sache‹ als Lesezeichen (in ihrer pauschalsten Formulierung: Man wird entdecken, wie der Mensch Mensch wird) gewinnt das Evangelium keine Sprache, wird Jesus nicht ›von Bedeutung‹. Man liest mit Vor-Wissen, mit einer Vor-Ahnung, einer Art Vor-Eingenommenheit über das, was zu erwarten ist, sonst würde man nicht einmal lesen.

Dem haftet jedoch eine Kehrseite an. Je stärker dieses Vorwissen ausgeprägt ist, je entschiedener die christliche Kirche formulierte, welcher Art die Bedeutung Jesu ist, desto weniger brauchten Menschen Matthäus, Markus, Lukas und Johannes noch zu lesen, denn sie wussten ja bereits alles. So spielt es sich bis heute auch vielfach in der Praxis ab. Manch ein treuer Kirchenbesucher liest die Evangelien nicht (um es dabei zu belassen), weil er denkt, dass er doch bereits wisse, was sich darin findet. Auch damit ist eine Kehrseite verbunden. Je mehr die Macht der Kirche schwindet, desto freier fühlt sich der Leser, von der vorgeschriebenen Blickrichtung abzuweichen; er liest wieder selbst und macht sich das Gelesene zu Eigen. Wir werden noch sehen, dass dabei Entwicklungen in jede Richtung möglich werden, denn im Prinzip kann auch der moderne Leser nicht anders beginnen als mit einer Annahme, worum es geht, worin die ›Sache‹ auszumachen ist, die Jesus von Bedeutung werden lässt. Und wie weiß man, dass man mit diesem Zugang richtig liegt? Das weiß man nicht im Voraus, es kann selbst beim Lesen alles Mögliche passieren, und man kann bei einer anderen ›Sache‹ ankommen. Die Bedeutung Jesu ist sozusagen ein Entwurf; er ist gekennzeichnet durch Vorläufigkeit, von Relativität, die wir nicht auflösen können und wir auch nicht sollten auflösen wollen! Jeder Entwurf, den wir von der Bedeutung Jesu anfertigen, muss sich am Text des Evangeliums legitimieren. Ich werde im nächsten Kapitel darauf eingehen. Der Text bestätigt unsere Entwürfe, oder er bestätigt diese nicht.

Die ›Sache‹, das Lesezeichen, oder welche Bezeichnung auch immer wir ihr verleihen wollen, besteht allemal aus einem größeren Ganzen, aus dem Jesus seine Bedeutung bezieht. Wie wir da ankommen, wo diese herkommt, ist daher eine ständig wiederkehrende, äußerst wichtige Frage. Wenn die Glaubenstradition der christlichen Kirche als Lesezeichen keine gute Wirkung mehr erzielt, können wir sie zu verbessern suchen, indem wir den Rahmen erweitern. Jemand wie Schillebeeckx zeichnet die Bedeutung Jesu in den Rahmen des Leidensweges der Menschheit ein. Grollenberg sah Jesus als Weg zu friedlichem Zusammenleben. Welchen Rahmen wählen wir? Ist es möglich zu wählen? Aber ich habe jetzt weit vorgegriffen, diese Fragen stehen später an.

7. ›Verstehst du, was du liest?‹ = wird Jesus ›von Bedeutung‹?

Aller Kompliziertheit zum Trotz ging es in diesem Kapitel um eine einfache Frage: Wie wird Jesus für uns ›von Bedeutung‹ und bleibt es nicht nur bei Worten?

1. Die Kompliziertheit hat mit dem Abschied von dem Missverständnis zu tun, dass die Bedeutung Jesu zu ermitteln sei, indem man das, was er gesagt und getan hat, sein Leben und Schicksal, aus der Vergangenheit hervorholt. Damit kommt man nicht weiter als zu der Feststellung ›das ist interessant‹, es sei denn, dass die Bedeutung durch das Dogma der christlichen Lehre schon festgelegt ist. Und tatsächlich, so wird es wohl sein, darum läuft Auslegung immer wieder nur darauf hinaus, die Vergangenheit ans Licht zu holen. Der Rest ist doch bekannt!? Das rächt sich: Jesu Bedeutung geht verloren. Er wird nur dann ›von Bedeutung‹, wenn das ›Verstehen‹ den Weg der Interpretation beschreitet.

2. ›Verstehen‹ ist ein freier Prozess. Man kann ihn nicht steuern. Es geschieht so, wie es geschieht, das heißt, dass nichts oder dass viel geschieht, man hat etwas davon oder man hat nichts davon, genau so, wie es einem bei ›einem schönen Buch‹ ergeht. Dazu haben die Menschen eine unterschiedliche Meinung, wie die Erfahrung lehrt. Warum? Weil nur der Leser (oder der Zuhörer) sagen kann, ob eine Schrift oder ein Passage aus ihr etwas bedeutet in dem Sinn, dass es für ihn oder sie ›von Bedeutung‹ ist. Die Bedeutung kommt vom Leser her. Man kann sie niemandem aufdrängen, auch nicht die Bedeutung des Jesus der Evangelien. Was Jesus mit uns macht, entspricht dem, was wir mit ihm machen. Oder um Gadamer, einen bedeutenden Philosophen des zwanzigsten Jahrhunderts, zu zitieren: ›Verstehen‹ ist nicht Reproduktion (der Vergangenheit), sondern Produktion von Bedeutung. Oder, noch anders (und kürzer) ausgedrückt: ›Was sagte Jesus?‹ ist nicht das Entscheidende, sondern was *sagt* er. Jeder kann nur selbst auf diese Frage antworten.

3. Merkwürdig? Nicht so merkwürdig, wie es scheint. Wollten wir nicht von den zerschnittenen Evangelien zurück zu den Evangelien als Schrift, als Text? Dann muss man sie auch als Text behandeln, so also, wie man Literatur behandelt, und für die Literatur gilt: ›Beauty is in the eye of the beholder‹ (Schönheit zeigt sich im Auge des Betrachters). Gleichwohl, auch das ist merkwürdig. Welche Rolle spielt die Auslegung einer Passage oder eines Textes aus dem Evangelium noch, wenn die Bedeutung Jesu nur von uns selbst als Leser herrühren kann? Bleibt noch etwas zum Auslegen, oder kann alles gleich gut sein und ist alles gleich gut? Im nächsten Kapitel werde ich deutlich machen, dass gerade diese etwas ängstliche Frage, gerade die Idee, dass wir in einer Sackgasse gelandet sind, die ›Nische‹ bildet, in der sich neue Formen der Auslegung haben einrichten können.

4. Noch ein kleiner Rest Theologie: Wir sehen, warum Bultmann und Ebeling (um es bei den beiden zu belassen) sich nicht restlos der Hermeneutik hingeben konnten. Der Graben, der Vergangenheit und Gegenwart voneinander scheidet, wird überbrückt, wenn Jesus beginnt, etwas für einen zu bedeuten. Wenn aber ›Bedeutung‹ vom Leser herrührt, von uns, die in der Gegenwart leben, sind wir es also selbst, die die Kluft überbrücken. Das ging beiden Theologen zu weit, und darum hielten sie auf halbem Wege an, oder, vielmehr, halten sie an einem normativen Inhalt der Evangelien fest.

6. Text und Auslegung. Der literarische Christus

1. Sprache als ›zur Sprache bringen‹

Die Evangelien sind Texte und Texte beruhen auf Sprache. Es lässt sich mehr darüber sagen, aber mindestens das, dass sie auf Sprache beruhen und daher denselben Eigenarten, Besonderheiten, überraschenden Momenten unterworfen sind wie alle anderen Sprachäußerungen. Also, was heißt Sprache?

Sprache ist im Deutschen ein Wort mit doppelter Bedeutung. Man kann damit das meinen, was ein Ausländer erlernen muss, wenn er in Deutschland wohnen möchte; es ist die Sprache, so wie sie im Lehrbuch beschrieben ist. Wie die Menschheit zur Sprache (in diesem Sinn) gekommen ist, warum es so viele verschiedene Sprachen gibt, das ist ein ebenso kompliziertes Problem wie die Frage, wo und wann unser Verstand eine Rolle zu spielen begann. Ich lasse das beiseite und beschränke mich auf die Feststellung, dass Sprache ein Gefüge von Wörtern ist, mit dessen Hilfe Menschen über eine endlose Reihe von möglichen Kombinationen ›in Worte‹ fassen können, was sie übermitteln wollen. Das gilt für alle Sprachen, und darum rede ich in der Einzahl von Sprache. Sprache ist das vollkommenste Mittel, mit dessen Hilfe Menschen miteinander kommunizieren können. Es ist schön, Hände und Füße zu gebrauchen, um einander etwas deutlich zu machen, noch schöner ist es, der Liebe Ausdruck zu verleihen, aber ohne Sprache ist der Umgang miteinander ein dürftiges Geschehen.

Sprache ist also ein Ausdrucksmittel. Zwei Seiten an ihr werden uns hier beschäftigen. Wir kennen unsere Welt und uns selbst nicht anders als ›zur Sprache‹ gebrachte Welt. In diesem Sinne ist die Wirklichkeit, in der wir uns befinden, immer in Sprache übersetzte Wirklichkeit. Manche Denker schlussfolgern daraus, dass es nur eine ›sprachliche‹ Wirklichkeit gäbe, im dem Sinne, dass außerhalb unserer Sprache nichts sei. Träfe dies zu, würde nie etwas Neues in unserer Welt aufbrechen können, und das leuchtet mir nicht ein.

Zur Sprache gebrachte Wirklichkeit ist die Wirklichkeit, wie Menschen sie sehen. Das ist der zweite Aspekt, der hier von Bedeutung ist. Wenn ich sage, dass unsere Welt ›von Sprache‹ sei, meine ich damit, dass Menschen mit ihrem Sprechen, ihrer Sprache, keine Mathematik betreiben, sondern die Welt so in Worte fassen, wie sie sie erleben. Die Sprache ist die Welt, die Welt ist die Sprache, in der Sprache begegnen wir also der interpretierten Welt. Das ganze Leben besteht aus Interpretieren; diese Behauptung aus dem vorigen Kapitel hat hier ihre Verankerung, und Interpretation von Texten ist das Interpretieren von Interpretationen.

Aus der Sprache, mit der Menschen sich untereinander verständigen, kann man somit immer rekonstruieren, wie Menschen über sich selbst und ihre Welt denken, aus diesem Gebrauch der Sprache, nicht aus Sprache, wie sie in Lehrbüchern begegnet. Letzteres wurde schon einmal behauptet: man könne beispielsweise aus dem hebräischen Wortschatz, der hebräischen Grammatik, den hebräischen Deklinationen und Konjugationen ableiten, wie die Israeliten über Mensch und Welt dachten. Da aber die Israeliten das Volk der Offenbarung seien – so der Gedankengang –, müsste unsere Aufmerksamkeit auf diese Sprache, das Hebräische, gerichtet werden: Die Sprache selbst sollte Offenbarungsqualität haben.

Ganz abgesehen von der Berufung auf Offenbarung handelt es sich um einen übertriebenen Standpunkt. Natürlich unterscheiden sich Wortschatz und Wortgebrauch von Kultur zu Kultur, sind abhängig von einer Vielzahl von Faktoren, die eine Kultur nun einmal bestimmen, vom Klima bis zur Höhe der Entwicklung. Aber weiter wird man nicht gehen können. Was Menschen denken, schlägt sich nicht in der Sprache als System nieder (der Grammatik, dem Idiom, der Flexion und so weiter). Man kann daher nicht sagen, dass Sprache (als System) das Denken der Menschen kanalisiert, die innerhalb dieser Sprache geboren werden. Wir wissen nicht einmal, was zuerst war, das Denken oder die Sprache. Das, was Menschen in einer bestimmten Sprachgemeinschaft über das Leben dachten, ihre Deutung des Daseins, können wir nur in der Weise erheben, wie sie ihr Leben *zur Sprache* gebracht haben.

Sprache als solche trägt selbstverständlich ein kollektives Element der Interpretation in sich. Menschen kommunizieren miteinander mit Hilfe der Sprache, das heißt (buchstäblich), dass sie etwas miteinander teilen, und wie sollte das etwas anderes bedeuten können als dass sie, in groben Zügen betrachtet, dieselben Werte anerkennen: Ein freier Mensch ist besser als ein Sklave, Leben ist besser als Sterben und so weiter. In traditionellen Gemeinwesen ist dieses kollektive Element in starkem Maße gegeben, aber je mehr eine Gesellschaft sich entwickelt, desto mehr kann die Sprache auch dazu benutzt werden, sich gegen den herrschenden Code abzusetzen. Aber auch dafür ist Sprache unverzichtbar. Sprache bleibt das verbindende Element zwischen Menschen, das Kommunikationsmittel schlechthin. Ob Kommunikation tatsächlich zu Stande kommt, ist natürlich eine andere Frage.

Mit Sprache als interpretierter Wirklichkeit sind zwei Dinge gegeben. Der Sprecher ist nicht der Zuschauer, sondern der *actor*, der Bewohner der Welt (1), und in seiner Sprache kehrt die Welt übersetzt zurück; man spricht immer *über* etwas (2), was ein Mensch auch sagt! Menschen wollen alles Mögliche, wenn sie das Wort ergreifen (›sprechen‹ heißt nicht umsonst das Verrichten einer Sprach-Tat!). Sie sprechen, um zu informieren, um zu nörgeln, zu jubeln, zu jammern oder Gott zu preisen. Aber das alles tut der Tatsache keinen Abbruch, dass der Sprecher immer *über* etwas redet, ein kleines Stück Welt anschaulich darstellt. Sprechen ist darstellen, und darstellen schließt interpretieren ein. ›Blonde Greet‹ (eine Romanfigur aus der Rotlichtszene Amsterdams) stellt eine Frau dar, das aber in Worten, bei denen ich das Meine denke (was der Sprecher auch bezweckte).

2. Text als Textil

Die Evangelien sind nicht nur Sprache, sie sind auch Text, aus dem Material ›Text‹ aufgebaut, wenn ich es so ausdrücken darf. Sprache ist, wie das Wort schon wiedergibt, zuerst und vor allem gesprochene Sprache. Texte sind auch Sprache, aber dann zu Schrift erstarrt, zu geschriebener Sprache, Sprache, in Schrift umgesetzt, in der spätere Generationen das lesen können, was frühere zur Sprache gebracht haben, geschriebene Sprache also, und als solche ein Speicher von Interpretationen. Das gilt auch für die Evangelien. Als Text betrachtet, vermitteln sie Interpretation, in diesem Fall eine Interpretation Jesu, seines Lebens, seines Wirkens und Sterbens. Daher lautet der offizielle Name auch (man schaue auf die Titel, wie die Bibelübersetzungen sie angeben): Evangelium *nach* Matthäus, Markus, Lukas und Johannes.

Wo Sprache zu Text geworden ist, zum geschriebenen Wort, ergeben sich Komplikationen, die ich in diesem Kapitel besprechen werde. Bei den Evangelien (als Text) häufen sich diese Komplikationen sogar, wenn wir bedenken, dass ihnen eine mündliche Überlieferung vorausging,

erzählt und tut das mit der ausgesprochenen Absicht ›damit ihr glaubt, dass Jesus der Messias ist, der Sohn Gottes, und damit ihr durch den Glauben das Leben habt in seinem Namen‹ (Johannes 20,31).

Aber Absicht und Absicht sind zweierlei. Wir wissen, was Johannes mit seinem Evangelium bezweckt. Aber wissen wir auch, was er bezweckt, wenn er sagt, dass die wahren Beter den Vater anbeten werden im Geist und in der Wahrheit (Johannes 4,23)? Wir können es ihn jedenfalls nicht mehr fragen, denn er ist für uns nicht mehr greifbar. Das ist der große Unterschied zwischen dem Lesen eines Textes und dem Anhören eines Erzählers. Den Erzähler können wir sehen und hören, wir nehmen seine Mimik wahr, hören das Sprechen mit erhobener Stimme, das er ab und zu einsetzt, merken, dass er Gebärden macht, um zu unterstreichen, was er meint, und wenn uns seine Geschichte selbst dann noch nicht klar ist, können wir ihn fragen: Was meinst du, sag es noch einmal, denn wir begreifen es noch nicht.

Bei einem Verfasser, der eine Erzählung aufgeschrieben hat, ist das nicht immer möglich (wo finden wir ihn?). Es ist sicher unmöglich, wenn es um einen Verfasser aus der Vergangenheit geht wie beispielsweise Johannes. Der Verfasser schreibt und gibt danach das Geschriebene frei. Es gehört zur Definition eines Textes: eine Erzählung oder Darlegung, vom Verfasser freigegeben. Ein Buch ist ein Waisenkind, sagte Platon, es hat keinen Vater mehr. Es geht einen eigenen Weg, spielt fortan eine eigene Rolle. Der Autor und seine Absichten bleiben zurück. Das Buch ist dem Leser in die Hand gegeben und er verfügt darüber. So ergeht es allen Büchern, auch den Evangelien des Neuen Testamentes. Die Verfasser haben über ihre Schrift keine Verfügungsgewalt mehr. Die besitzt der Leser, sie gewinnen für ihn Bedeutung oder – die Möglichkeit ist ebenso groß – nicht.

Zu ermitteln, was der Autor einer Schrift aus der fernen Vergangenheit beabsichtigt hat, ist nicht verboten, das natürlich am allerwenigsten; und das Unterfangen ist auch nicht immer hoffnungslos oder zum Misserfolg verdammt. Können wir uns in den Gedankengang von Paulus hineinversetzen, eines Geistes mit dem Apostel werden? Aber wie würde man wissen, dass man dieses Ziel erreicht hat? Der Einzige, der es sagen könnte, Paulus selbst, ist nicht mehr unter uns. Wir besitzen nur den Text, so wie er uns vorliegt, damit müssen wir auskommen.

Die traditionelle Theologie und Verkündigung denkt bis heute anders darüber, ihre Vertreter halten die Absicht der Bibelverfasser nicht für ein Problem, und wenn doch, dann für ein untergeordnetes. Die Fachleute sind dazu da, uns zu der Absicht von Paulus zurück zu geleiten, sollten wir diese aus dem Auge verloren haben. Trifft dies wirklich zu? Wenn die Absicht kein Problem darstellen würde, könnte man sich begnügen mit dem Lesen der Worte und Erzählungen des Evangeliums, ›so wie es da steht‹. Ja, man könnte ebenso gut alles auf Band aufnehmen und es in Zeiten der Not oder bei Bedarf abspielen. In Wirklichkeit tun wir das nicht, auch bibeltreue Christen nicht: Sie interpretieren ebenso wie jeder andere. Jede sonntägliche Predigt ist eine Interpretation, aber da die Predigt von heute genauso lautet wie die von gestern und vorgestern, scheint es so, als ob es keine Interpretation gäbe. Das ist ein Irrtum, die Interpretation fällt bloß nicht auf, weil sie im Korsett der traditionellen, orthodoxen Auslegung gefangen ist.

4. Der Leser nimmt Rache

Die traditionelle Orthodoxie ist langweilig. In besonderer Weise gilt das für ihre Predigten, denn sie sind immer gleich, der Hörer weiß im Voraus schon, was (dem Pfarrer zufolge) in der Bibel stehen wird. Es ist Absicht, den Leser nicht zum Zuge kommen zu lassen, denn eine andere Deutung als die, die vorgegeben ist, ist nicht möglich und darf nicht sein. Kreativität gilt der Orthodoxie nicht als Tugend.

Aber der Leser ist durchaus noch da! Inzwischen kündigt sich eine Flut neuer Auslegungen der Evangelien (und darüber hinaus der Bibel insgesamt) an, dies – oft – zur Bestürzung von Kirche und Theologie. Der Leser nimmt Rache, denke ich, er war zu lange schon ausgeschlossen und genießt jetzt. Zwei Bewegungen sind es, die ihm den Platz freigeräumt haben, den er als Leser benötigt. Bei der einen handelt es sich um das Neuverständnis von ›verstehen‹. Dem habe ich das vorige Kapitel gewidmet. Es geht beim ›Verstehen‹ um mehr als ein Eintauchen in die Vergangenheit, nicht nur um das, was Jesus *sagte*, sondern um das, was er *sagt*.

Die zweite Tendenz habe ich oben verdeutlicht. Ein Text, vor allem der der Evangelien, ist textiler Art, ein Gewebe von Worten, die in einem Wiederverwertungsprozess einbegriffen sind. Es gibt keinen Begriff, kein Wort, keine Vorstellung, mit denen Jesus beschrieben wird, die nicht schon vorher benutzt worden wären. Der gegenwärtige Leser setzt diesen Prozess fort, fügt sich in ihn ein, denkt das Seine bei dem, was ihm in den Blick gerät, und legt mit Worten und Vorstellungen seiner eigenen Welt für die Zukunft wieder aus, was er aus der Sprache der Vorfahren gemacht hat.

Es sind zwei Perspektiven, die die gängige Herangehensweise an einen Text aus der Vergangenheit (›Was bezweckt Matthäus?‹) grundlegend verändert haben: Die Bedeutung eines Textes verdankt sich dem Leser, besteht in dem, was der Leser aus dem Text macht. In seiner extremsten Form heißt dies, dass der Text Anlass zur Bildung eigener, weiterführender Gedanken über das im Text zur Sprache gebrachte Thema wird.

In der Tat ist es so, dass der Text ohne den Leser nichts ist. Nicht aus dem, was Matthäus mit seiner Erzählung über Jesus bezweckte (wenn wir überhaupt dahinter kommen können), sondern aus dem, was die Leser von heute darin erkennen, wird Jesus ›von Bedeutung‹. Ist damit jeder Halt verloren gegangen, ist alles möglich? In jedem Fall ist viel möglich. Nach und nach gewinnt der Leser ein Bild vom Jesus der Evangelien; oder er gibt allmählich das traditionelle Bild auf, das er besaß. Viele Variationen sind möglich, die von einer Unzahl Präferenzen gelenkt werden, wie wir noch sehen werden.

5. Das Gewicht des Textes

Nun sieht es so aus, als ob jeder aus dem Evangelientext macht, was er will. Es geschieht tatsächlich, die Praxis weist es aus. Vom gnostischen Jesus bis zu Jesus als dem femininen Mann, um nur Jesus-freundliche Interpretationen zu erwähnen, *it is all in the game.*

Das Lesen bleibt unbenommen, und zu lesen heißt dem Text von Matthäus eine Bedeutung beizumessen. Das halten wir bei ›normalem Lesen‹ für gut, wir begrüßen es sogar: Mach was draus! Warum sollte das für das Lesen von Matthäus unpassend sein? Dies zu verbieten, hieße das Lesen verbieten.

Von daher ist es aber auch verständlich, dass die römisch-katholische Kirche den Laien das Bibellesen Jahrhunderte lang verbot, denn die entnahmen der Lektüre was sie für gut hielten, und das war etwas anderes als das, was der Klerus für gut hielt. Diese Zeit liegt glücklicherweise hinter uns; keine Kirche verbietet einem Menschen mehr das Bibellesen.

Was aber noch geschieht, ist, was die Orthodoxie seit Jahr und Tag macht. Sie legt die Bedeutung entsprechend einer Standard-Auslegung fest, einer unveränderlichen Formulierung der ›Sache‹, um die es im Evangelium geht, und sie beraubt damit doch wieder die Bibel ihrer Freiheit. Eine solche Standard-Auslegung gibt es nicht, ebenso wenig wie für Gesetzestexte (obgleich es bei ihnen sehr auf Genauigkeit ankommt). Rechtsprechung bedeutet, dass Richter von Fall zu Fall prüfen müssen, wie das Gesetz auszulegen ist.

Die wirkliche Grenze liegt also irgendwo anders, wie dies Beispiel zeigt: Es gibt auch noch einen Text. Auslegen hat mit einer selbstständigen Größe zu tun, mit dem geschriebenen Wort. Zwar ist alles möglich, Menschen können aus Jesus, wie ihn beispielsweise Matthäus in Worte gefasst hat, machen, was sie wollen, aber nicht alles, was sie aus ihm machen, ist gleich gut, insofern kann sich nicht alles mit gleich viel Recht auf Matthäus berufen. Wie der Gesetzestext der Entscheidung des Richters voraufgeht, so geht das Evangelium von Matthäus jetzt und in Zukunft weiterhin dem Leser vorauf. Dazu ist es ein geeigneter Text.

Der Text hat also ein eigenes Gewicht, eine eigene Kraft, gegenüber dem Leser. Das ist sogar der einzige Grund, weshalb er gelesen wird, dass er nämlich ein eigenes Gewicht auf die Waagschale bringt. Warum sollte man ihn, wenn dem nicht so wäre, in die Hand nehmen?

Das Wort ›Kraft‹ führe ich absichtlich ein. Es suggeriert, dass vom Text etwas ausgeht, und das ist auch so. Man kann Matthäus (um bei ihm zu bleiben) nachlässig lesen, flüchtig, ihn zu sich herüberziehen, nicht lesen, was da steht, weil man denkt, dass man das schon wüsste, kurzum, beim Lesen kann einiges schief gehen. Dagegen widersetzt sich der Text als Text. Es zeigt sich, dass er während aller Zeiten wie ein Fels ist, und dem Widerstand entgegensetzt, der ihn nicht ernsthaft studiert. Darin besteht der Vorteil eines Textes im Vergleich zu den Vorteilen, die das Anhören einer Rede bietet. Der Text kehrt beständig zurück, wenn nicht bei dem einen, dann doch bei dem anderen Leser, und versieht das Verstehen immer wieder mit Fragezeichen, das soll heißen, er zwingt immer wieder zu neuem Lesen.

Der Text hat schließlich sowohl Vortritt vor dem Leser als auch ein größeres Gewicht als dieser. Ich habe einmal gelesen, dass man die Beziehung zwischen Text und Leser erhellen kann, indem man den Text als die Partitur eines Musikstückes betrachtet. Die Partitur ist das

Musikstück selbst, oder nicht? Ja und nein. Sie ist nichts, wenn die Musik nicht aufgeführt wird, aber das Umgekehrte gilt auch. Es kann vom Orchester/ dem Pianisten nichts ausgeführt werden, wenn es keine Partitur gibt. Jede Aufführung ist eine Übersetzung, eine Interpretation. Die eine ist nicht wie die andere, aber es handelt sich um Interpretationen ein- und derselben Partitur, und sie müssen sich, die eine sowohl wie die andere, gegenüber der Partitur ausweisen können; anders ausgedrückt: Die Bedeutung, die wir Jesus geben, ist frei, ganz und gar frei. Aber ohne Rechenschaft gegenüber dem Text sprechen wir nicht mehr über den Jesus der Evangelien, mehr noch, es brauchte dann den Text der Evangelien nicht einmal mehr zu geben.

6. Matthäus ist mehr als ein literarischer Text

Die Evangelien sind Texte und müssen daher als Texte behandelt werden. Es besteht kein Bedarf an einer ›biblische Hermeneutik‹ oder Ähnlichem, um die Auslegung profanen Regeln zu entziehen. Das haben die Evangelien nicht nötig. Aber was für eine Art Text sind sie? Das ist eine Frage, die wohl der Sache angemessen ist. Ist Matthäus, was die Gattung betrifft, nicht so etwas wie Homer oder Shakespeare? Ist Matthäus Literatur? Das auch, natürlich. Man kann die gesamte Bibel, einschließlich der Evangelien, als ein literarisches Produkt lesen, dagegen ist nichts einzuwenden. Im Gegenteil, sie eignet sich hervorragend dazu, manch einer hat beim Lesen der Bibel herrliche Stunden erlebt. Die Evangelien gehen gleichwohl in ihrem literarischen Aspekt nicht auf.

Erstens lesen Menschen Matthäus nicht einfach so, bloß zu ihrem Vergnügen, als wäre es ein Roman, oder lesen – was auch möglich wäre – Matthäus aus dem literarischen Interesse heraus, wie man ein Libretto für Passionsmusik daraus gewinnen kann. Das ist jedoch nicht der Grund, warum Menschen von der Entstehungszeit bis heute danach gegriffen haben und noch greifen. Literatur hat keine vergleichbare Bedeutsamkeit, man liest sie zu seinem Vergnügen, ihrer Schönheit wegen oder um sich schockieren zu lassen. Menschen lesen Matthäus, weil sie etwas davon erwarten, Erkenntnis Gottes oder ihrer selbst, Trost im Leiden, Ermutigung, Orientierung für ihr Leben und so weiter. Die Erwartung, mit der Menschen die Evangelien lesen (›Lesen‹ als schematischer Begriff für ›sich damit befassen‹) sind religiöser und nicht ästhetischer Art. Das ist ein erster Fingerzeig, die Evangelien nicht einfach als literarisches Produkt zu behandeln.

Obendrein gelingt es nicht, ohne ihnen Gewalt anzutun. In der Literatur zählt nur der Text, ein Verweis auf außerhalb des Textes gelegene Tatsachen ist im Prinzip nicht nötig, denn der Text ist kein Transparent, durch das hindurch man in eine Außenwelt sehen muss, um die es dann eigentlich geht, er genügt sich selbst. Ein Held, der ein Ungeheuer besiegt, ist der Form nach eine historische Erzählung, aber niemand wird herauszufinden suchen, wer dieser Held wohl gewesen sein mag, denn wir wissen, dass es sich um einen literarischen Ausdruck handelt. Es gibt keinen Freund von Asterix, der Obelix heißt, den gibt es nur in der Erzählung. Den Text selbst und nichts als den Text, weiter sehen wir nicht bei einem literarischen Produkt, denn wir bewegen uns nicht außerhalb der Erzählung, selbst dann nicht, wenn der Text von historischen Ereignissen ausgeht. Man denke beispielsweise an Shakespeares *Hamlet*. Erzählungen über eine Tragödie am dänischen Hof könnten Shakespeare sicherlich zu seiner eigenen Geschichte inspiriert haben, aber das, was er schreibt, wird dadurch nicht mehr oder anders, wenn wir versuchen, dessen historischen Hintergrund zu entdecken. Es ist der literarische Text, der *Hamlet* zu dem macht, was er ist. Bei Matthäus liegen die Verhältnisse anders. Ich erläutere das an Hand eines Beispiels, das ich in einem Buch von David Norton gelesen habe, es ist ein Vergleich zwischen Königin Gertrude, der Mutter Hamlets, und Maria, der Mutter Jesu. Für das Verständnis des Bühnenstückes von Shakespeare spielt es keine Rolle, ob Königin Gertrude neben Hamlet noch weitere Kinder hatte. Wir brauchen nicht danach zu suchen, denn Hamlet ist, jedenfalls im Stück von Shakespeare, ein Fantasieprodukt, ausgeschmückt durch die Worte, in denen Shakespeare über ihn spricht. Der Text macht Hamlet und nicht umgekehrt Hamlet (als historische Gestalt) den Text. Die Frage, ob es jemals einen Hamlet gegeben hat, ist sogar unwichtig geworden.

Bei einem Text wie dem von Matthäus liegt das ganz anders. Fragen wie die, ob Maria noch einen Sohn hatte, Josef der natürliche Vater Jesu war, Jesus verheiratet war usw. sind von einiger Bedeutung. Die Leser sind durchaus daran interessiert, denn sie lesen den Text, obwohl sie in ihm auch einer Fiktion begegnen, eben doch als Information über eine gewisse Person, Jesus von Nazaret genannt. Andere als die konventionellen Antworten würden der Erzählung der Evangelisten eine Wendung geben, die zweifellos auf eine bedeutsame Änderung hinauslaufen würde. Maria könnte nicht mehr als ›immerwährende Jungfrau‹ bezeichnet werden (für die meisten katholischen Christen ein unüberwindbares Hindernis), und Josef als natürlicher Vater Jesu würde Jesus für viele Christen, welcher Konfession auch immer sie angehören mögen, seiner Göttlichkeit entkleiden. Matthäus verweist nicht nur auf andere (vorhergehende) Texte, sondern lädt auch dazu ein, durch den Text hindurch auf außertextliche, in diesem Fall historische Tatsachen zu schauen, wohl in Text verpackt, aber dennoch Tatsachen, die vor dem Text von Matthäus da waren und gerade über die Erzählung anderer mitgeteilt werden müssen. Der Text von Matthäus ist *wohl* ein Transparent, durch das hindurch man auf etwas hinter dem Text schauen kann (selbst muss). Warum sonst gibt es vier Evangelien, die in groben Zügen demselben Erzählmuster folgen? Das kann nichts anderes bedeuten, als dass es historische Tatsachen außerhalb des Textes gibt, die in mindestens vier verschiedenen Versionen weitererzählt werden konnten. Das erscheint mir als durchschlagendes Argument für die Behauptung, dass man den Evangelien erst dann gerecht wird, wenn man sie nicht als bloßes literarisches Produkt auffasst, das bloß literarisch behandelt zu werden braucht.

7. Der literarische Christus. Ist das Wort Text geworden?

Viele Christen *behandeln* die Evangelien als bloßes literarisches Produkt, auch wenn sie nicht im Traum daran dächten, sie so aufzufassen. Ich betrachte das als einen Rückzug, einen letzten Versuch, sich aus der Misere des ›wirklich geschehen‹ oder nicht zu befreien. Diesen Vorteil liefert eine bloße literarische Herangehensweise schon, denn man ist ein für allemal von der Auseinandersetzung darüber befreit. Aber kommen wir damit weiter? Welcher Preis ist dafür zu zahlen? Ich nenne Einiges, das zu denken gibt.

1. Sich den Evangelien bloß literarisch zu nähern (in der Weise also, in der man mit *Hamlet* umgeht), führt zu einer endlosen Suche nach der Verwendung und Wiederverwendung des Materials, dem Prozess der Wiederverwertung, wie ich ihn nannte. Darin ertrinkt die Auslegung, denn etwas anderes gibt es dann nicht. Schade. Denn der Weg zum litera-

rischen Ansatz wurde eingeschlagen, um der Zerschneidung der Evangelien, was ist echt jesuanisch und was nicht, zu entkommen. Aber er bringt uns vom Regen in die Traufe, in jedem Fall nicht weiter als dorthin, wo wir schon waren. Die Bedeutung Jesu ist nicht deutlicher geworden, mit Ausnahme dessen, dass jeder daraus das Seine machen kann und darf. Es gibt keine das Lesen orientierende ›Sache‹ mehr, besser noch, alles ist gleich gut als ›Sache‹. In ihrer gemäßigten Form führt diese Auffassung der Evangelien dazu, die Frage nach dem ›wirklich geschehen‹ für zweitrangig zu erklären. In ihrer konsequenten Form wird Jesus zu einer literarischen Gestalt, nach dem historischen Christus und dem mythischen Christus kommt jetzt der literarische Christus.

2. Die historische Person Jesu, um die es in dem religiösen Text geht, büßt ihre Historizität ein, sie verschwindet im Text, geht im Text unter. Um eine Zeile aus dem Evangelium nach Johannes abzuwandeln: Das Wort ist nicht Fleisch geworden, sondern Text, Jesus geht auf in dem, was er bedeutet. Ist das möglich, oder löst er sich so völlig auf? Beginnt der Text erst zu reden, wenn der historischen Frage Schweigen auferlegt wird?

3. Wenn ›Wirklichkeit‹ kurzerhand das ist, was für uns von Bedeutung ist, dann löst Jesus sich in der Tat in Beliebigkeit auf. Warum das zu weit geht, liegt auf der Hand; aus einer historischen Person, jemandem, der zu einer bestimmten Zeit gelebt hat, kann man nicht alles machen. Jesus ist Anlass für die Entstehung der Evangelien und nicht deren Produkt. Der Jesus aus Fleisch und Blut muss ›von Bedeutung‹ werden, aber ›Bedeutung‹ *als Ersatz* für ›aus Fleisch und Blut‹ aufzufassen, betrachte ich als Kurzschluss. Ohne Texte über Jesus gibt es für uns keinen Jesus zu entdecken, der für uns ›von Bedeutung‹ sein könnte, aber ohne einen historischen Jesus aus Fleisch und Blut wären wir genauso weit, denn es würde keine Texte geben, in denen er uns beschrieben wäre. Es muss ihn, kurzum, gegeben haben, um für uns ›von Bedeutung‹ werden zu können.

8. Abstrakte oder figurative Christologie

Wir sind beim kritischen Punkt angelangt: Soll Jesus nicht in der Bedeutung aufgehen, die Menschen ihm verleihen, ist der Verweis auf das, was außerhalb des Textes liegt, auf eine Person, die damals lebte und

Jesus hieß, wesentlich. Diese historische Person begründete die Bedeutungsverleihung und beherrscht deren Prozess. Ohne den Verweis auf diese Person, die Verankerung in ihr, stehen wir wieder am Anfang: Der literarische Christus ist derselbe wie der mythische Christus von D.F. Strauss.

Lassen Sie es mich dadurch verdeutlichen, dass ich den Unterschied zwischen figurativer und abstrakter, nicht-figurativer Kunst aufgreife (entschuldigen Sie bitte die generalisierende Terminologie!). Für ein abstraktes Gemälde gelten keine Regeln. Der Maler ist frei, hier eine Spur Gelb anzubringen, dort einen Streifen Dunkelgrün, und etwas weiter weg rote Dreiecke (ich nenne einfach etwas), gerade so, wie es ihm oder ihr passt, und so weit das Ganze dem entspricht, was er machen will, was er schön findet, mit Verlaub gesagt. Figurative Kunst spielt sich anders ab. Der Künstler hat eine konkrete Vorstellung, die er auf die Leinwand bringen will, in seiner eigenen Weise, andere figurative Künstler werden dieselbe Vorstellung malerisch anders gestalten, aber es geht doch um diese bestimmte Vorstellung. Sonst handelt es sich nicht um figurative Kunst. Ein Maler, der ›nach dem Leben‹ malt, ›nach der Natur‹ oder ›figurativ‹, wie ich das zusammenfasse, ist nicht frei. Es ist ein Thema, das er malen möchte, und dieses Thema übt einen Zwang aus, denn es muss, in welcher Version auch immer, auf die Leinwand kommen. Sonst ist es nicht mehr ein ›Malen nach dem Leben‹. Einer christlichen Christologie ergeht es entsprechend. Jesus von Nazaret ist darin als Gestalt der Vergangenheit im Ganzen zwingend gegenwärtig, sonst handelt es sich nicht um eine christliche Christologie.

7. »Komm heut Abend und erzähl«

1. Die Kraft der Erzählung

Viele Theologen, Pfarrer und Pastoren sind in den letzten Jahren dem Charme des erzählenden Charakters der Bibel erlegen. Es ist eine Art Wiederentdeckung. Warum sollte man sich durch diese Form nicht zum Denken anregen lassen und die Erzählung über Predigt oder Dogmatik stellen? Das kann einem manche Scherereien ersparen, und wäre es nur die Auseinandersetzung um dogmatische Spitzfindigkeiten. Erzählungen sagen mehr und sprechen schneller an als die beste Argumentation. Sie eignen sich darüber hinaus auch für Erwachsene und nicht nur, wie man früher dachte, für Kinder. Erzählungen reißen die Zuhörer mit und ziehen sie wie von selbst in die Gemeinschaft der Erzähler hinein, die Glaubensgemeinschaft.

Worin liegt die Kraft der Erzählung begründet? Sie bietet die Möglichkeit, sich in Personen der Erzählung einzuleben, ja sich mit ihnen zu identifizieren. Wo das geschieht, können Erzählungen für unser Leben große Bedeutung gewinnen, umso mehr, je tiefer sie das Leben berührt. Erzählungen appellieren nicht an unseren Verstand, nicht nur jedenfalls, sondern an eine andere Schicht der Existenz, die Emotion. Sie sind häufig vor-bildlich, laden zur Nachahmung ein und gehören damit zu den gestaltenden Elementen unseres Lebens. Der barmherzige Samariter, eines der Gleichnisse Jesu, ist eine solche Beispiel-Erzählung. Jesus hätte nicht einmal abschließend zu sagen brauchen: ›Dann geh und handle genauso‹, denn das hatten wir bereits verstanden (Lukas 10,25–37). Wie viele Gleichnisse Jesu spricht uns diese Erzählung hundertmal stärker an als beispielsweise eine Darlegung des Apostels Paulus in 1 Korinther 13 über die Liebe.

So verhält es sich auch mit den Erzählungen *über* Jesus, die uns die Evangelisten übermitteln. Sie treffen uns sehr viel mehr als die Unterrichtung durch den Katechismus, und gewiss viel mehr als die perfekt ausgearbeitete Lehre von den zwei in einer Person vereinten Naturen Jesu.

Über die Kraft der Erzählung dürfen wir also nicht gering denken. Es ist nicht im Geringsten meine Absicht, sie in diesem Kapitel irgendwie zu schmälern. Ich stimme mit den Forschern überein, die, der Spur

Ricoeurs folgend, der Erzählung etwas Geheimnisvolles zusprechen, eine Macht, die andere Sprachäußerungen nicht haben. Erzählungen zu vermitteln heißt so viel wie Tauben aufsteigen zu lassen; in der religiösen Sprache der Christenheit sind Tauben das Symbol für Gottes Geist. Dennoch benutze ich dieses Kapitel, um auch ein Fragezeichen hinter die Begeisterung zu setzen, die mit der Wiederentdeckung der Erzählung einhergeht. Ich hebe nicht darauf ab, dass gelegentlich vorschnell ein didaktischer Trick angewandt wird, um die christliche Heilsbotschaft immer noch unters Volk zu bringen. Mir geht es um die Erzählung als Gattung. Deren nicht zu unterschätzende Kraft ist eine Entdeckung, die an der Erzählung als Literatur gewonnen wurde, sie ist sozusagen eine literarische Entdeckung. Das verdeutlicht, warum ich ihr ein ganzes Kapitel widme. Man kann die Erzählung, um ein Wortspiel zu verwenden, das nur im Englischen möglich ist, als *story* behandeln, mit allem, was mit diesem Begriff verbunden ist. Ist aber deren Absicht dann das, was wir als *history* streichen?

2. Unterschiedliche Arten von Erzählungen

Um zu vermeiden, dass ein Wort, das einzelne Wort ›Erzählung‹, uns wegen seiner Attraktivität dorthin bringt, wohin wir nicht wollen, sei zunächst die Feststellung getroffen, dass Erzählung und Erzählung zweierlei sind, oder besser noch: Es gibt Arten von Erzählungen – sie sind nicht alle über einen Kamm zu scheren.

Erzählungen handeln immer von etwas und nicht immer vom selben. Wenn sie eine gestaltende Kraft haben, die so geheimnisvolle Potenz, die ich im letzten Abschnitt angesprochen habe – und es besteht kein Grund, daran zu zweifeln –, dann kommt es wohl darauf an, welche Erzählung wir vortragen. Es werden auch Erzählungen weitergegeben, die auf Menschen eine negative Kraft ausüben, sie betrügen. Man denke an die schändlichen Geschichten, die in Europa über die Juden erzählt wurden und die Millionen jüdischer Männer, Frauen und Kinder das Leben gekostet haben. Das waren auch Erzählungen mit Kraft! Oder – etwas ganz anderes – die Geschichten von großen Goldfunden in *the far West,* durch die Tausende braver Bürger einem Spleen verfielen, um schließlich an ihrem Goldfieber zugrundezugehen. Es ist, um eine passende Redensart zu gebrauchen, nicht alles

Gold, was glänzt, wenn wir tiefer auf die Gattung ›Erzählung‹ eingehen.

Man muss sogar ein prinzipielles Fragezeichen dahinter setzen. Erzählungen stammen immer von den Überlebenden, den Erfolgreichen, den Menschen, die das Glück hatten, etwas erzählen zu können. Man erzählt seine Geschichte, wenn man es geschafft hat. Auch Erzählungen *über* Menschen, über andere, sind immer Siegergeschichten. Über Misserfolge gibt es nichts zu vermelden. Genauso viele, wenn nicht noch mehr Menschen haben keine Geschichte, sie existieren zwar, stehen aber außerhalb der Geschichtsdarstellung, kommen darin nicht vor und wirken daran nicht mit. Wäre Jesus nicht als bekannter Lehrer gefangen genommen und getötet worden, sondern nur als irgendein Jude aus der Bethanienstraße, hätten wir nie von ihm gehört, gäbe es keine Darstellung über ihn. Nun lesen wir in den Evangelien fantastische Geschichten über ihn, nach seinem Tode verfasst, von Menschen, die sahen, dass sich der Misserfolg (wie sie zuerst dachten) in einen Segen verwandelte. Jesus war nicht mehr ein ›loser‹, sondern jemand mit einer Geschichte. Daran erkennt man auch gleich, dass allen Erzählungen über einen Starken auch immer etwas von einer fantastischen Geschichte anhaftet. Die Erzählung ist wiederum auch nicht alles, diesem Gedanken entgeht ein kritischer Mensch nicht. Das ist ein erster Grund, die Argumentation, kritisch oder konstruktiv, nicht einfach zu verdrängen, sie bleibt notwendig für den Umgang miteinander, selbst wenn es nur darum ginge, dass man seine Erzählung durch eine Argumentation empfehlen muss, im Blick darauf, welche Erzählung vorgetragen wird und welche nicht, und aus welchem Grunde jeweils. Dass eine rationale Begründung nicht alles ist, verdeutlicht man durch rationale Begründung. Was wir an einer Erzählung haben und was nicht, werden wir argumentativ feststellen müssen.

3. Wahr, aber nicht in Wahrheit geschehen. Beispiele

Eine Erzählung braucht einen Erzähler, und was er erzählt, die Erzählung, besitzt ein historisches Modell, sie bringt die Dinge als Geschehnisse vor. Ob das, was der Erzähler mitteilt, wirklich geschehen ist, ob wir es historisch auffassen müssen oder nicht, ist eine andere Frage. Dies mache ich zum ersten Punkt.

Wenn es nicht zur Definition einer Erzählung gehört, dass das Erzählte in Wahrheit geschehen sein muss, kann die Kraft der Erzählung darin nicht liegen, jedenfalls zunächst nicht. Es gibt die Erzählung, dass die Bataver hundert Jahre vor Christus über den Rhein flussabwärts trieben, sich in den Niederungsgebieten niederließen und die Niederländer deren Nachkommen seien. Leider sind die Bataver nie über den Rhein flussabwärts gekommen noch sind die Niederländer deren Nachkommen. Die Erzählung ist nicht historischer Art, hat aber dennoch mehr als hundert Jahre lang die Vaterlandsliebe der Niederländer beflügelt. Die Erzählung hat Kraft, sie lud dazu ein, als ›Nachkommen der mit Muskeln bepackten tapferen Helden‹ zu leben.

Beispielerzählung, lehrreiche Erzählung. werde ich diese Gattung von Erzählungen nennen. Zahllose Erzählungen aus dem Alten und Neuen Testament sind Erzählungen, die sich am besten noch als Beispiele lesen lassen, ihre gestaltende Kraft liegt in unserer Möglichkeit, uns darin wieder zu entdecken. Manchmal dient das zur Tröstung oder Ermutigung, manchmal auch als Tadel. Das gilt natürlich nicht durchweg. Man betrachte eine Geschichte wie die von Jiftach, der seiner Tochter die Zukunft raubt, wegen eines Gelübdes, das er in einem unbesonnenen Moment abgelegt hatte (Richter 11,30–40), oder die Erzählung, in der Jesus einen unfruchtbaren Feigenbaum verflucht (Matthäus 21,18–22). Das sind Erzählungen, deren Tragweite wir nicht annähernd begreifen, und daher können sie nicht lehrreich sein. Wir überschlagen sie deshalb einfach, denn es bleiben genügend gern gehörte Erzählungen übrig. Wenn wir sie gelesen haben, sagen wir: Ja, so ist es, so sieht das Leben aus, so ist der Mensch. Sie sind wahr, diese Erzählungen. Aber ist das auch in Wahrheit geschehen? Hat Abraham Sara wirklich als seine Schwester hingestellt (Genesis 12,10–20), weil er um sein Leben fürchtete? Vielleicht, vielleicht nicht, aber dafür interessieren wir uns nicht, wir lesen es, weil es uns so menschlich erscheint. Der große Abraham, der Glaubensheld, erweist sich auch nur als ängstlicher kleiner Mann. Im Alten Testament begegnen häufig Erzählungen dieser Art, von denen man sagen kann, dass sie wahr, aber nicht in Wahrheit geschehen sind. Wir schätzen sie als Exempel, und nicht, weil sie über eine Person informieren. Die Erzählung, die von Abraham handelt, könnte ebenso gut von einem anderen handeln. Das geschieht dann auch, denn in nahezu denselben Begriffen wird über Isaak erzählt (Genesis 26,1–35).

Natürlich liefern solche Erzählungen nicht nur Beispiele erkennbarer menschlicher Schwachheit, im Gegenteil, die meisten wirken so lang fort, weil sie uns Muster für den Glauben vor Augen führen. Abraham wird im Neuen Testament als *das* große Vorbild für den Glauben betrachtet (Galater 3,1–14); siehe ferner die Wolke der Zeugen, die Glaubenshelden aus dem Brief an die Hebräer (Kapitel 11). Damit greife ich nur besonders nahe liegende Beispiele auf. Manch ein Pfarrer ist recht einfallsreich darin geworden, aus dem Alten Testament Musterbeispiele für einen treuen, felsenfesten Gottesglauben oder aufrechte Reue zu entnehmen. Exemplarisches Predigen, so nannte man das früher. Ob jemand um seines Glaubens willen wirklich in Stücke gesägt worden ist (Vers 37) und wer das dann gewesen sein mag – danach wird in der exemplarischen Predigt nicht gefragt.

4. Wahr, aber nicht in Wahrheit geschehen. Die Urerzählungen

In viel stärkerem Maße gilt das ›wahr, aber nicht in Wahrheit geschehen‹ für die Urerzählungen der großen Religionen, einschließlich derer, die am Anfang des Buches Genesis aufgeführt werden, der Schöpfungserzählungen. Sie finden ihre Parallele in den Erzählungen der Babylonier, der Ägypter und vieler anderer Völker. In Wahrheit ist das nicht geschehen, jedenfalls nicht in unseren Augen, die wir heute leben, aber sind sie darum nicht wahr? Und dann die Erzählungen, die darauf folgen, Kain erschlägt seinen Bruder Abel, Noach geht mit seiner ganzen Familie in die Arche und nimmt von allen Tieren je zwei (oder sieben) mit. Ist das wirklich geschehen? Nein, das glaubt kein Mensch (außer alle paar Jahre wieder eine Reihe so genannter bibeltreuer Christen, die sich auf eine Expedition begeben, um die Arche auf dem Berg Ararat zu suchen), aber so darf man es auch nicht lesen. Sie informieren nicht über die Vergangenheit. In diesem Sinne sind sie also nicht in Wahrheit geschehen. Sind sie dennoch wahr? Gewiss, aber dann muss man solche Erzählungen, sowohl die Urerzählungen des Alten Testamentes als auch die der anderen Religionen, auf die Bedeutung hin abtasten, die sie für die Erzähler hatten. Erzählend nämlich erklärten die Menschen einander, wie die Welt beschaffen war, welchen Platz sie darin einnahmen, ihre Identität als Volk zum Beispiel, und welchen Mächten sie unterworfen waren. Sie schneiden die großen Themen der Menschheit an: Brudermord, die Verderbtheit der Menschen, alles verwüstende Katastrophen, menschlichen Hochmut.

Derartige Urerzählungen heißen seit der Zeit der Aufklärung ›religiöse Mythen‹. Wie auch immer sie von denen, die sie ursprünglich besaßen, aufgefasst wurden – für uns sind Mythen Erzählungen, die nicht in Wahrheit geschehen und dennoch wahr sind. Das Wörtchen ›wahr‹ kann – jetzt wird es deutlich – in zwei verschiedenen Zusammenhängen begegnen; es kann sich beziehen auf ›geschehen‹, und dann sprechen wir über die ›Erzählung‹ als Geschichtserzählung. Es kann aber auch auf die Beleuchtung des menschlichen Daseins bezogen werden, die in der mythischen Erzählung mitschwingt. ›Wahr‹ bedeutet nun, dass wir diese Beleuchtung zutreffend finden.

Das werden wir natürlich nicht immer tun. Mythen betrachten die Welt vom Gesichtspunkt des damaligen Erzählers aus. Manchmal steht uns vor Augen, was er sah, oder er öffnet uns unsere Augen! Aber manchmal denken wir auch anders als er. Aus einer Rippe Adams bildete Gott die Frau – so weiß man mithin, welche Stellung der Frau in der Welt zukommt, sagt der Erzähler von Genesis 2. Diese Auffassung teilen wir nicht; jedenfalls kenne ich niemanden, der diese Erzählung weitergibt, um der Frau – auch heute – in diesem Sinn ihren Platz zuzuweisen.

Ferner kann man das Nachspiel zur Sintflut betrachten. Der alte Noach verflucht seinen Sohn (Enkel) Cham und prophezeit ihm, dass er den Nachkommen von Sem (dem Erzvater der Semiten) ewig dienen muss. Die Erzählung weist den Völkern ihre Stellung zu. Die Hierarchie, so wie der Erzähler sie in seiner Zeit erlebt, wird auf die Vergangenheit zurückgeführt, auf die Urzeit, die als solche für immer gilt. Also muss Cham Sem ewig dienen. Aber sollte es noch einen einzigen Menschen geben, der dieses Element aus den mythischen Erzählungen – wo nun selbst in Südafrika die Apartheid abgeschafft ist – noch als Anweisung für heute übernimmt?

Was Menschen auch immer aus den Urerzählungen übernehmen – wir selbst sind es, die auswählen, und wir haben dafür offenbar unsere Kriterien. Die Erzählungen müssen dem entsprechen, was wir als Wert oder Wahrheit ansehen, sonst lassen wir sie auf sich beruhen. Das ist ein zweiter Grund, die Erörterung nicht zu Gunsten der Erzählung abzuschaffen.

5. Wahr und in Wahrheit geschehen? Die Evangelien

Erzählungen als Exempel, als Mythen, sie brauchen nicht in Wahrheit geschehen zu sein und können doch wahr sein. Die Frage ist: Kann man die Erzählungen in den Evangelien über Jesus auch in Begriffen von ›in Wahrheit nicht geschehen, aber doch wahr‹ lesen? Lassen Sie mich mit einem Beispiel beginnen, das keine Probleme verursacht, nämlich der Erzählung, in der der Evangelist berichtet, dass Jesus im Dörfchen Nain einen jungen Mann von den Toten erweckte (Lukas 7,11–17). Mit ›in Wahrheit geschehen‹ hat das nichts zu tun, die Welt wäre zu klein gewesen, wenn das wirklich geschehen wäre. Jesus wäre sein Ruhm vorausgeeilt, er wäre über die Landesgrenzen hinaus als Wundertäter verehrt, angebetet und niemals gekreuzigt worden. Folglich ist das nicht wirklich geschehen, ebenso wenig wie die Erweckung des Lazarus (Johannes 11,1–44). Diese Art von Erzählungen müssen wir wie die anderen Erzählungen über eine Erweckung von den Toten lesen (lies 1 Könige 17 oder 2 Könige 4): Er sollte es getan haben *können*, angesichts seiner göttlichen Berufung. Die Erzählung hat, auch wenn das Erzählte tatsächlich nicht geschehen ist, ihre Bedeutung nicht verloren, diese sogar am allerwenigsten. Sie will besagen: Jesus ist der Gebieter über den Tod, und so weit Jesus in Gottes Namen handelt: Gott ist der Herr über den Tod, der Tod hat nicht das letzte Wort und es gibt eine Hoffnung, die über Tod und Grab hinausreicht. Um diese Wahrheit weiterzuerzählen, erzählen Menschen die (nicht wirklich geschehene) Geschichte vom Jüngling von Nain. Es gibt also Erzählungen, die rein auf Grund dessen, was ich nun einfach ihre Bedeutung nenne, weitergegeben werden. Dass sie ›nicht geschehen‹ sind, lässt sie nichts an Kraft einbüßen.

Aber Erzählung und Erzählung sind zweierlei, es gibt auch Erzählungen, die auf wirklichen Geschehnissen beruhen müssen, sollen sie ihre Kraft behalten, es ist gerade der Clou der Erzählung, dass das ›wirklich geschehen‹ ist. Ob sich der Völkermord in Ruanda und die Kriegsverbrechen in Bosnien wirklich ereignet haben, dass lassen wir doch nicht auf sich beruhen! Es wird doch niemand sagen, dass dies Erzählungen seien und es nicht darauf ankomme, ob das ›wirklich geschehen‹ oder nicht ›wirklich geschehen‹ sei! Oder man denke an die berühmte Gedichtzeile von Leo Vroman

Kom vanavond met verhalen
hoe de oorlog is verdwenen
en herhaal ze hondred malen
alle malen zal ik wenen

(Komm heut Abend und erzähl,
wie der Krieg von uns gewichen,
und sage es zu hundert Malen
und immer wieder werd ich weinen)

Was brauchte man noch zu weinen (vor Freude), wenn der Krieg nicht wirklich gewichen wäre, wenn nichts geschehen wäre! Die Gedichtzeile würde ihre Bedeutung verloren haben. Angewandt auf die Erzählungen der Evangelien heißt das: Müssen sie geschehen sein, in Wahrheit geschehen, müssen jedenfalls einige von ihnen geschehen sein, um sie ihre Kraft behalten zu lassen? Oder können wir sagen: Es macht nichts aus, erzähl nur weiter, auch wenn feststeht, dass nichts geschehen ist; die Erzählungen werden uns von selbst mitziehen und mit ihren Werten und Wahrheiten erfüllen? Ist das genug?

6. ›In Wahrheit geschehen‹ als Bedeutsamkeit. Die Wunder

›Jesus die op het water liep‹ (Jesus, der auf dem Wasser lief), so fasst Herman van Veen kurz zusammen, was uns in Matthäus 14,22–33 erzählt wird. Jesus war allein zurückgeblieben, um zu beten, und er hatte seine Jünger schon auf den See geschickt, um zur anderen Seite überzusetzen. Aber der Wind blies ihnen entgegen, und als Jesus sah, wie sie sich abmühten, kam er über das Wasser auf sie zu. Den Rest der Geschichte kann jeder in Matthäus 14 nachlesen. Er ist zu schön, als dass man ihn überschlagen sollte. Ist das wirklich geschehen? Das ist eine heikle Frage. In der Zeit der aufkommenden Aufklärung wurde die Erzählung zum Testfall für wahre Religion. Diese bedarf keiner Wunder, fand die Aufklärung, im Gegenteil, Wunder verderben den Glauben, machen aus ihm Aberglauben. Demnach lief Jesus nicht wirklich übers Wasser. Was war dann wohl geschehen? So ganz durften die Bibelgelehrten die Erzählung nicht aufgeben. Also dachte man sich alles Mögliche aus. Es war da eine Sandbank, die die Jünger nicht bemerkt hatten, Jesus lief auf einem Balken, der halb unter Wasser lag (den sieht man somit nicht) und so weiter. Es ist deutlich, das Wunder konnte kein Wunder sein, sondern musste auf natürliche Weise erklärt werden.

Kontroversen dieser Art liegen hinter uns. Nicht, dass keine Wunder geschehen dürften oder könnten, aber wenn man diese Möglichkeit seiner eigenen Religion zugesteht, warum sollte man sie dann anderen Religionen verweigern! Dann ist Jesus nicht allein übers Wasser gelaufen, und es gibt Wunder überall. Aber dann sind Wundererzählungen auch nichts Besonderes mehr und sie verlieren ihre Bedeutung.

Damit haben wir gleich den richtigen Einstieg. Interessiert uns etwas an ›Jesus, der über das Wasser lief‹, oder ist damit Bedeutsamkeit verbunden? Nein, denn wie auch immer wir diese Erzählung interpretieren (z. B., dass Jesus der Herr über die Natur ist), es kann alles, was wir daraus entnehmen wollen, auch ohne die Erzählung gesagt werden. Jesus wird dadurch nicht mehr oder weniger, und wir werden es auch nicht. Dass es geschehen ist, ›wirklich geschehen‹, hat keine Bedeutung.

Als Kontrast dazu führe ich die Geschichte über die Kreuzigung Jesu an. Sie kann nicht anders als im Sinne von ›wirklich geschehen‹ erzählt werden. Es ist mit ihr eine Bedeutsamkeit gegeben, eine religiöse Bedeutsamkeit, das Opfer des Lebens Jesu als ›Lamm Gottes, das die Sünden der Welt hinweg nimmt‹. Das Christentum würde, wenn es nicht sogar aufhören würde zu bestehen, doch gänzlich seinen Charakter ändern, wenn wir zu der Schlussfolgerung gelangen müssten, es habe niemals ein Kreuz gegeben, an dem Jesus hing.

Ich ziehe einen (vorläufigen) Schluss. Manchmal ist das ›wirklich geschehen‹ einer Evangelienerzählung von Bedeutung, sogar von lebenswichtigem Interesse, manchmal können wir sehr gut mit ›quasi historisch‹ leben. Es hängt nur davon ab, welche religiöse Bedeutung (Glaubensbedeutung) damit gegeben ist. Natürlich ist diese Bedeutung keine Garantie für ›wirklich geschehen‹, natürlich nicht, geschweige denn, dass etwas ein historisches Geschehen wäre, weil der Glaube das nun einmal behauptet. Der christliche Glaube kann auf bestimmte Inhalte nicht verzichten: Jesus von Nazaret, dass er geboren wurde, gelebt hat, gestorben, begraben und auferstanden (was das auch heißen mag) ist. Alles braucht nicht so geschehen zu sein, wie es beschrieben ist, es kann viel Subjektivität in den Erzählungen stecken, sie können stark legendarischen Charakter haben, selbst die Erzählungen, die ich als von wesentlicher Bedeutung bezeichnet habe – das ›wirklich geschehen‹ kann man dem jedoch ohne weiteres nicht nehmen. Oder besser gesagt, das ist zwar möglich, aber dann bleibt uns das Christentum als Mythos.

7. Erzählung als Sinn gebender Mythos

Mythen sind nicht historisch, wie wir gesehen haben. Das hat im neunzehnten Jahrhundert sogar den Sprachgebrauch bestimmt. Die Feststellung, dass Erzählungen ein Mythos waren, bedeutete – und bedeutet es häufig immer noch – eine Art von Demaskierung, Entlarvung. Wenn Journalisten den Widerstand einer Untergrundbewegung als einen Mythos bezeichnen, wollen sie damit sagen, dass Menschen sich davon eine falsche Vorstellung machen: Es gab ihn in dem vorgestellten Maße überhaupt nicht, er machte in Wirklichkeit wenig her. Eine Erzählung, von der bewiesen ist, dass sie unhistorisch ist, gilt als Mythos.

›Nicht wirklich‹ – das ist die kritische Seite des Begriffs. Darum sollten wir auf Anraten Bultmanns die neutestamentliche Vorstellungswelt auch entmythologisieren. Das Weltbild, das Apostel und Evangelisten benutzen, stimmt nach unseren Begriffen nicht. Man muss ihre Botschaft daher auch von ihrem Weltbild ablösen, so wie Kinder Aufkleber von deren Träger lösen.

Aber das Blatt kann sich wenden. Zur Zeit Bultmanns gab es bereits Theologen, die der Auffassung waren, dass Mythen gerade die Urform aller Religion bildeten und dass das so genannte Entmythologisieren auf eine Katastrophe hinauslaufen würde, auf einen religiösen Kahlschlag. Heute finden sie Anerkennung. Aus genau denselben Gründen, aus denen heraus der Begriff vor über fünfzig Jahren verbannt wurde, wird er heute wieder aufgegriffen. Gerade weil Mythen unhistorisch sind, sind sie gegenwärtig populär, passen sie in die religiöse Dynamik, die das Ende des zwanzigsten Jahrhunderts kennzeichnet, werden sie von überall her bezogen; und das alles, um einen Verlust wieder gut zu machen, eine Leere auszugleichen, einen Mangel an Sinngebung, an dem die westliche Kultur leiden soll.

Ob das Letztere stimmt, lasse ich dahingestellt. Mir geht es hier darum, dass wir endlich der *Aktualisierung* der Erzählung auf die Spur gekommen sind. Mit ›Erzählung‹ ist das Christentum als Sinn gebender Mythos gemeint. ›Das Ende der großen Erzählungen‹ (Lyotard) ist das Ende der Sinn stiftenden Mythen, aus denen Europa bis jetzt sein Selbstvertrauen bezog: Sozialismus, Rationalität als organisierendes Prinzip und nicht zuletzt das Christentum. Die Frage, ob das wahr ist, gehört nicht in den Rahmen meiner Darlegung. Mir geht es darum, ob das Christentum als Sinn gebender Mythos aufgefasst werden kann. Meine Antwort ist: Es geschieht, im Ausklang des zwanzigsten Jahrhunderts ist es sogar populär, das Christentum so zu sehen, und dadurch gewinnt das Christentum an Popularität. Es profitiert von der Konjunktur des Mythos als Widerstand gegen und als Zufluchtsort angesichts der digitalen Welt, in die wir verschlagen wurden. Ob es aber über diese Entwicklung glücklich sein muss? Ich zweifle daran. ›Mythos‹ ist jedenfalls eine falsche Terminologie, eine, die in die Irre führt. Ich meine damit, dass man das Christentum wohl in die großen Erzählungen einreihen kann, in die Sinn gebenden Mythen, die unsere Welt kennt, aber dann bleibt man selbst außen vor – methodisch bezweckt oder nicht. ›Sinn gebender Mythos‹ ist ein sozialwissenschaftlicher oder, wenn man so will, sozial-philosophischer Begriff, wir begeben uns damit auf eine andere Ebene als die der Religion.

Wenn religiöse Menschen so sehr darauf erpicht sind, ihre Religion nichtreligiös zu umrahmen, dann hat das etwas auf sich. Es erscheint mir wie ein verzweifelter Versuch von Christen, die festhalten wollen, was sie haben, aber möglichst wenig Auseinandersetzung darüber wollen und sich gewiss nicht auf eine Konfrontation mit der naturwissenschaftlichen Welt einlassen, in der sie leben. Wenn die Kategorie ›Erzählung‹ uns vom Streit um das ›wirklich geschehen‹ befreit, dann haben wir noch immer das Christentum als Sinn gebenden Mythos.

Ist es in dem konkreten Sinn möglich, dass das Christentum als Mythos weiterbestehen kann? Empirisch ausgedrückt gilt sowohl ja als auch nein. Ja, wenn wir an das Christentum als kulturelle Größe denken. Daraus bezieht die europäische Welt bis zum heutigen Tage viele Elemente, die als Sinn stiftend fungieren. Das ›Ja‹ ist aber nicht so fest gegründet, wie wir gern möchten. ›Sinn‹ umschreibt eine gemeinsame Welt von Werten und Sicherheiten, die Menschen miteinander teilen, am liebsten, ohne viel darüber nachdenken zu müssen. Religionen sind hervorragend dazu in der Lage, Sinn zu stiften. Das Christentum hat das in Europa zu Stande gebracht. Es breitete, gemäß der schönen Formulierung von Peter Berger, einen himmlischen Baldachin über das tägliche Leben aus. Diesen Baldachin gibt es nicht mehr, nicht weil die Religion verschwunden ist und wir in nachchristlichen Zeiten lebten, sondern weil es mehr Religionen gibt. Religiöse Pluralität unterminiert die Einheit der europäischen Kultur und stellt die eigentliche Anfechtung aller Sicherheiten dar, über die der christliche Glaube bisher zu verfügen meinte. Das erklärt im Übrigen erneut, warum so viele Menschen ihre Zuflucht nehmen zum Christentum als Erzählung, als Sinn gebendem Mythos. Damit befreit man sich – jedenfalls für einen Augenblick – von dem Problem, was Wahrheit ist und was nicht.

Ob das Christentum als Mythos weiter bestehen kann? Warum nicht? Die Christenheit selbst müsste es gleichwohl nicht wollen. Ich sprach über Wahrheit, einen Begriff, der angibt, dass im Glauben auch ein Element des Wissens liegt, ein kognitives Element, wie es heißt. Aus dem Christentum einen Mythos zu machen würde bedeuten, dass man von diesem Element absieht. Auch dann kann Jesus noch lange unzählige Menschen ansprechen (›Jesus Christ Superstar‹) und überall Segen verbreiten. Ob jedoch der christliche Glaube dies überlebt, mehr noch, ob ein Christentum, das sich für die historische Erscheinung Jesu nicht interessiert, noch ein Christentum ist, das wage ich zu bezweifeln.

8. *Literarische Fiktion kann die Historie nicht ersetzen*

Ohne Zweifel können die Evangelienerzählungen weitergegeben werden, ihre Aufgabe als Erzählung erfüllen, das heißt Macht ausüben, auch ohne dass man das ›in Wahrheit geschehen‹ zum Thema macht. Es wäre im Widerstreit zur Wirklichkeit, würde man das leugnen, und darüber hinaus ziemlich fade; es muss sich nicht jeder erst in die historische Problematik vertiefen, die mit der ›Erzählung‹ gegeben ist. Das ist Unsinn, das Weitergeben der Evangelienerzählungen steht für sich, und es steht fest, dass sie einen Menschen berühren können.

Es steckt gewiss Kraft in Erzählungen, aber die spezifische Kraft einer Erzählung, einer jeden Erzählung, ist mit ihrem Inhalt gegeben und an ihn gebunden, mit dem, *was* erzählt wird (1) und damit, *warum* es weitererzählt wird (2), beides hängt unauflöslich miteinander zusammen. Das gilt auch für die Jesus-Erzählungen (um sie der Bequemlichkeit halber so zusammenzufassen). Sie haben einen anderen Inhalt als Schneewittchen und die sieben Zwerge oder Der Schimmelreiter. Die

Jesus-Erzählung hat einen anderen Ursprung (es gab wirklich jemanden, der ...), und es gab und gibt andere Gründe, sie weiter zu verbreiten (er bedeutete für uns wirklich ›das Ende!‹). Die Jesuserzählungen wären nie verbreitet worden, wenn nicht jemand unter dem Namen Jesus ein ziemlich merkwürdiges Leben gelebt hätte. Nur literarische Fiktion -das kann nicht wahr sein.

Die Evangelienerzählungen fallen nicht unter die Kategorie ›wahr, aber nicht in Wahrheit geschehen‹ (auch wenn einige darunter sind, die nicht wirklich geschehen sind), sie sind keine Exempel (auch wenn sie sich dafür verwenden lassen), auch keine Urerzählungen, keine Mythen (auch wenn sie unsere Existenz erhellen), sondern geben Auskunft über die Bedeutung einer historischen Person, über jemanden mit einem Namen und einem Schicksal. Das Leben und der Tod dieser einen, mit Namen erwähnten Person, ist der einzige Grund, warum die Evangelisten mit ihrer Erzählung begonnen haben.

Wir gelangen daher immer wieder zu derselben Wasserscheide: Literarische Fiktion oder (auch) historische Information; Sinn stiftender Mythos oder (auch) Bericht über das Leben des einen J. von N. Das erstaunt nicht, denn das Christentum geht in seiner Existenz auf jemanden zurück, der am Beginn unserer Zeitrechnung gelebt hat. Es wäre nicht da, wenn Jesus nicht gewesen wäre, und mehr noch: Seine Existenz bildet ein wesentliches Element des Inhaltes des christlichen Glaubens, sogar die Legitimation dafür, dass es diesen gibt, die einzige Legitimation! Christen wären närrisch, wenn sie sich hinsichtlich seiner historischen Wirklichkeit auf ein Arrangement einließen, sie würden sich selbst verlieren. Der historische Jesus ist der Ast, auf dem sie sitzen, und den sägt man niemals selbst ab.

Auf die Kraft der Evangelienerzählungen, auf sie will ich gern vertrauen. Aber wenn sie schon zwingend sind, dann nicht wegen eines mythologischen Idioms, das ihnen anhaftet, oder wegen einer psychoanalytischen Tiefenstruktur (Drewermann) oder einer literarischen Kraft. Das darf alles sein und seine Wirkung besitzen, aber die ›semantische Potenz‹, wie Ricoeur das nennt, kann nur verbunden sein mit der Person, über die sie berichten, und mit allem, was an dieser Person hängt, und das ist nicht wenig! Wir brauchen nur zu bedenken, dass mit Jesus die ganze jüdische Religion verbunden ist, der Gott des Alten Testamentes, und man findet sich bei einer anderen Kraft als der der Literatur wieder.

8. Christologie als Rezeptionsgeschichte

1. Geschichte der neutestamentlichen Gottesoffenbarung?

›Christologie‹ ist die gebräuchliche Bezeichnung für die kirchliche Lehre über Jesus Christus. Jesus ist der Name, den er von seiner Mutter erhielt, Christus (oder: der Christus) der Name, den seine Anhänger ihm gegeben haben. Sie gaben damit wieder, was ihnen Jesus von Nazaret bedeutete.

Nach und nach hat sich eine Vielzahl von Christologien herausgebildet. Sie sind vielfältig im Zuschnitt, und die kirchliche ist nur eine unter den vielen möglichen, die sich im Umlauf befinden. ‹Christologie› ist also jede mehr oder weniger geordnete Darlegung der Bedeutung, die eine Gemeinschaft Jesus zuerkannt hat. Wie kommt es zu einer solchen Vielfalt?

Ich werde die zugehörige Geschichte als Rezeptionsgeschichte beschreiben. Das ist ein Ausdruck, den ich der Literaturwissenschaft entlehne und der, grob gesagt, die Untersuchung dessen enthält, wie Bücher von Lesern aufgenommen werden (›Rezeption‹). Ganz entspricht es der Theorie nicht, denn anders als Plato, Calvin oder Spinoza ist Jesus kein Verfasser, der eine Schrift hinterlassen hat. Wenn es um die Rezeption der Evangelien geht, muss ich also zuerst besprechen, wie Jesus von den ersten Hörern aufgenommen wurde, und selbst das ist, wie wir sehen werden, noch nicht der wirkliche Beginn. Wenn diese Hürde jedoch erst einmal genommen ist, das heißt, sobald Bücher oder Schriften über Jesus erscheinen, entrollt sich doch das Panorama einer echten Rezeptionsgeschichte. Wie verfuhren die ersten Benutzer der Evangelien mit diesen ersten Schriften, was machten sie daraus? Welche Auffassungen über Jesus – neue, andere – entsprossen ihrerseits wieder den Evangelien? Bis zum heutigen Tage können wir die Rezeptionsgeschichte verfolgen. Ich werde das nicht erschöpfend tun, das würde mein Können und meine Kompetenz übersteigen, aber es ist auch nicht nötig. Ich kann mich darauf beschränken, einige deutlich ausgeprägte Momente hervorzuheben.

Indem wir die Verarbeitung der Überlieferungsgeschichte als Rezeptionsgeschichte sehen, stellen wir uns auf die Seite der Empfänger. Das ist ungebräuchlich. Die Aufmerksamkeit von Kirche und Theologie richtet sich fast selbstverständlich auf den Übermittler. Gibt er wirklich weiter, was übermittelt werden muss? Das Interesse ist normativer Art. ›Rezeption‹ sieht nicht darauf, sondern folgt dem Gang der Dinge. Das werde ich in diesem Kapitel auch tun; es ist daher beschreibender Art: Was machten die Menschen im Lauf der Geschichte aus Jesus? Es geht also nicht um ein Beurteilen. Einen Maßstab zu finden, an dem man Christologien messen könnte, ist, wenn überhaupt möglich, eine höchst schwierige Sache! Zunächst erscheint alles auf einer Linie, die Evangelisten, die kirchliche Lehre von den zwei Naturen Jesu Christi, der historische Jesus, das alles sind Stück für Stück Stadien in der Rezeptionsgeschichte Jesu von Nazaret. Das Eine hat dem Anderen nichts voraus, ist Teil der Christologie als Rezeptionsgeschichte.

Hatte man früher keinen Blick für die Verschiedenartigkeit in den Interpretationen zu Jesus von Nazaret? Man sah dies durchaus, aber es trug einen anderen Namen, beispielsweise ›Geschichte der Gottesoffenbarung‹. Der Forscher untersuchte darin, welche historischen Umstände immer wieder zu einer noch weiteren Auslegung des Lebens und Sterbens Jesu zwangen, machte aber gleichzeitig deutlich, dass all diese weit gefächerten Bedeutungen bereits in dem enthalten waren, was Jesus von sich selbst gesagt hatte (1), und auf ›die Gewähr‹ von Gottes Offenbarung im Neuen Testament zurückfallen konnten (2). Jemand wie mein Lehrer F.W. Grosheide konnte sich in einem Lehrbuch aus dem Jahre 1925 so ausdrücken.

Geschichte der Gottesoffenbarung ist das Gegenteil von Rezeptionsgeschichte. Nicht das, was Leser mit Schriften tun (die Rezeption), sondern was sie damit tun dürfen und › vor allem, was nicht, ist der dahinter stehende Gedanke. Das kehre ich also um. Bei der Verkündigung zu beginnen, heißt bei einer Norm zu beginnen, bei dem, was Menschen glauben müssen. Für das, was sie wirklich glauben, und vor allem dafür, warum sie das so tun, wie sie es tun, ist eine Rezeptionsgeschichte nötig.

2. Wie sah Jesus sich selbst?

Die Evangelien stellen Jesus so dar, wie er in den Augen seiner Anhänger gesehen wurde. Eigentlich müssen wir noch einen Schritt weiter zurückgehen und fragen, wie Jesus sich selbst sah. Was die Jünger über

Jesus erzählen, ihre Sicht, muss in der einen oder anderen Weise mit der Sicht zusammenhängen, die Jesus von sich selbst hatte. Können wir zu ihr vorstoßen?

Das ist nicht einfach. Die Evangelien enthalten zwar Informationen, die jedoch in Interpretationen begegnen; Jesus begegnet uns in der Glaubensbotschaft. Zu Jesu Auffassung von sich selbst können wir aus diesem Grund nur in Form einer Rekonstruktion vordringen. Das bedeutet, sich den Fallgruben auszusetzen, vor denen Albert Schweitzer uns warnte. Die Männer des *Jesus-Seminars* (Borg, Funk) haben sich von ihm nicht abhalten lassen – ich erwähnte die Gruppe früher schon – und *unverfroren* wieder danach gefragt, was Jesus nun wirklich getan hat und was in seiner Verkündigung echtes Jesuswort ist und was nicht. Das ist aber nicht alles. Welche *Bedeutung* hatten die Worte, in denen Jesus über sich selbst sprach, und dachten die Zuhörer an dasselbe wie er, wenn er vom Menschensohn redete? Können wir das klären?

Wir kommen ein Stück in der richtigen Richtung weiter, wenn wir den historischen Kontext erforschen, in dem Jesus auftrat. Was dachten Menschen damals, welche Ausdrücke verwendeten sie, in welchem Sinn taten sie das …? Was bedeutete in den Tagen Jesu ein Ausdruck wie ›das himmlische Königreich‹ oder einer wie ›Sohn Gottes‹? Wenn sich auf diese Fragen eine Antwort findet, kommen wir in die Nähe dessen, was Jesus von sich selbst dachte, in der Annahme, dass Jesus selbst diese Terminologie tatsächlich gebrauchte.

Ein verlässlicher Forscher auf diesem Gebiet ist E.P. Sanders. Er hat keine versteckte theologische Agenda, wie etwa die Historiker, die von Albert Schweitzer kritisiert wurden; es braucht nichts bewiesen zu werden. Sanders zufolge können wir mit Sicherheit sagen, dass Jesus sich selbst in einer besonderen Beziehung zu Gott sah (man denke an die Bildsprache von Vater und Sohn), dass er Wunder wirkte, böse Geister austrieb, sich berufen wusste, im Namen Gottes das himmlische Königreich anzukündigen und das Volk zur Umkehr aufzurufen. Das spitzte sich zu in der Verkündigung der Botschaft von der Barmherzigkeit Gottes für Sünder. Er kam, sein Volk zu Gott zurückzuführen – so lässt sich sein Bewusstsein von seiner Berufung kurz zusammenfassen. Wir können dem noch hinzufügen, dass Jesus seinen Tod nicht nur kommen sah, sondern ihn auch angenommen hat; er sah darin ein Opfer, das er bringen musste.

Das ist nicht viel, insbesondere, wenn wir zunächst noch dahingestellt sein lassen müssen, in welchem Sinn Jesus seinen Tod als Opfer betrachtet hat. Wir sollten kurz an den Streit zwischen William Wrede und Albert Schweitzer über das Selbstverständnis Jesu als Messias zurückdenken. Hat Jesus sich als Messias betrachtet oder nicht? Diese Frage ist nicht einfach zu beantworten. Jesus nennt sich selbst nicht so. Aber bezeichnete er sich nicht selbst als Sohn Gottes? Das Letztere scheint gewiss der Fall zu sein, aber ›Sohn‹ gehört zur üblichen religiösen Sprache in den Tagen Jesu, es werden viele so genannt. Hieß nicht auch Israel selbst ›der Sohn‹ (Hosea 11,1, vgl. Matthäus 2,15)? Mehr noch, alle sind Söhne Gottes, hören wir den Apostel Paulus ausrufen (Galater 3,26)! Man kann fragen, wo die Töchter bleiben, doch fest steht, dass ›Sohn Gottes‹ ein Ausdruck ist, den Jesus nicht ausschließlich für sich reservierte.

Mehr brauche ich in diesem Zusammenhang nicht. Woher Jesus sein Berufungsbewusstsein bezog, kann – historisch gesehen – eine interessante Frage sein, ich kann hier aber nicht darauf eingehen. Zusammenfassend können wir sagen, dass die jüdische Welt in den Tagen Jesu die religiöse Umgebung war, in der Jesus sich bewegte, und dass diese Umgebung ihm die Sprache, die Bilder und die darin vermittelten Auffassungen über Gott und sein Werk darbot, mit deren Hilfe er sich seinen Zeitgenossen zuwandte.

Wenn auch das, was diese Tatsache beinhaltet, noch so verschiedenartig sein mag, so ist doch eines deutlich: Jesus kam wegen etwas ganz anderem, als es die spätere Kirche hingestellt hat. Er kam, um sein Volk zur Umkehr aufzurufen, und nicht, um sich selbst als Heiland der Welt anzubieten. Das ist ein für kirchliche Menschen bestürzendes Ergebnis der Forschung. Woher stammt dann der Heiland der Welt? Dazu kommt noch eine zweite Schlussfolgerung: Jesus sah sich selbst nicht als eine Art Supermensch im Besitz einer göttlichen Natur, sondern als Mensch unter den Menschen, wenn auch mit einer besonderen Sendung beauftragt im Namen des Gottes Israels.

Für viele gläubige Menschen, aber auch für viele Nichtgläubige, ist das zu wenig. Menschen sind so an die Vorstellung von Jesus als Gottmensch gewöhnt, dass sie kaum in anderer Weise über ihn denken oder sprechen können. Doch es begann anders, und diese Entdeckung bleibt nicht ohne Folgen.

3. Der Christus der Schriften

Es sind die Evangelisten, die Jesus zum Christus machen. Bei ihnen beginnt die Rezeptionsgeschichte von Jesus, noch nicht die der Schriften über Jesus, denn die ersten verfassten sie selbst; es ist also nicht die Rezeptionsgeschichte im eigentlichen Sinn, aber doch, zunächst einmal, die Aufnahme Jesu selbst als Person. Zuerst in den mündlichen Erzählungen über ihn, danach deren Niederschlag in kleinen (schriftlichen) Strängen der Überlieferung, und schließlich – als deren Endpunkt – in den Evangelien.

Die Evangelisten sind begeisterte Erzähler. Jesus ist das große Licht, der vom Vater Gesandte, gekommen, das Reich Gottes anzukündigen, wenn nicht zu bringen, den Armen das Evangelium von Gottes Barmherzigkeit zu verkündigen, den Abglanz der neuen Welt in seinen Wundern und Heilungen sichtbar zu machen, den Sieg über den Satan und das Reich des Bösen inzwischen zu feiern – ich greife einige Themen heraus, die verraten, welchen Eindruck Jesus auf sie machte. Das Ganze wird in Form einer Erzählung dargeboten, die mit seinem Tod, seiner Auferstehung und seiner Himmelfahrt endet. Seine Passion ist nicht die schmachvolle Geschichte einer Niederlage, nein, er musste leiden, um den Willen Gottes zu erfüllen; aber Gott hat ihn auferweckt, und nun sitzt er zur Rechten Gottes, dort, wo die eigentliche Macht über die Welt ihren Sitz hat.

Sind sie über das, was Jesus über sich selbst gedacht oder gesagt hat, hinausgegangen? Das trifft auf jeden Fall zu, wenn es um den Messiastitel geht, zu dem Jesus sich so ausweichend verhält. Dies spielt in diesem Moment aber keine Rolle; die Evangelien suchen die Person und das Werk Jesu zu beleuchten. Wer war dieser Mann, über den die herumwandernden Prediger ständig sprechen? Nun, das werden wir im Detail erzählen, sagen die Evangelisten. Der Verkündigung, die es schon viel früher gab, fügen sie eine Art ›Leben Jesu‹ hinzu, geschrieben für Leser außerhalb der jüdischen Grenzen, auch für Nichtjuden. Der Schluss des Matthäusevangeliums stellt das sogar außer Frage: ›Macht alle Menschen zu meinen Jüngern‹ (Matthäus 28,16–20).

Bei ›der Sohn‹ denken die Evangelisten an die besondere Beziehung zwischen Jesus und Gott und nicht, wie in der hellenistischen Welt üblich, an ein von Gott gezeugtes Kind, einen Hybriden. Selbst das Evangelium nach Johannes, viel später geschrieben als die synoptischen

Evangelien und stärker orientiert an der Herkunft Jesu von Gott, lässt sich nicht in hellenistischem Geist lesen. Johannes beabsichtigt eher, Jesus in den Himmel zu heben, als ihm neben einer menschlichen eine göttliche Natur zuzueignen. Auf Johannes komme ich zu gegebener Zeit zurück.

Vielleicht überschreitet Lukas mit seinen Geburtserzählungen die Grenzen. Es wäre verständlich, denn er schrieb sein Evangelium schließlich für den griechisch-römischen Leser. Lukas ist es auch, der in den Titel ›Herr‹ für Jesus verliebt ist, und selbst wenn den jüdischen Christen diese Terminologie ebenfalls bekannt war (*Marána tha*, siehe 1 Korinther 16,22), war für die griechisch sprechenden Landsleute von Lukas der Begriff ›Herr‹ (*kyrios* auf Griechisch) geeignet, die Göttlichkeit des Kaisers anzudeuten. Liegt es dann nicht nahe, zu sagen, dass Jesus der wahre ›Kyrios‹ sei?

Was die Titel für Jesus genau bedeuten, brauche ich hier nicht zu untersuchen. Es stellt sich übrigens die Frage, was die Evangelisten und ob sie jeweils dasselbe dabei denken. Die Tatsache jedoch, dass sie damit so freigebig umgehen (Prophet, Priester, König, Messias, Sohn, Menschensohn und so weiter), dass sie sie Jesus so großherzig zuerkannten, spricht eine deutliche Sprache. In ihm sehen sie zusammengefasst, was die Welt an Heil von Gott her braucht, und das soll die Welt wissen.

4. *Der kirchliche Christus*

Den meisten Christen ist der kirchliche Christus so vertraut, dass es ihnen schwer fällt, in ihm etwas anderes zu sehen als den wirklichen Jesus. Die exakten Formulierungen überlassen sie gern den Theologen der christlichen Kirche, aber der echte Jesus ist der Sohn Gottes, Mensch und Gott zugleich, der Gottmensch, wie man in manch einer Schrift lesen kann, in jedem Fall Gott-auf-Erden, der in Palästina umherwanderte.

Ist das aber der wirkliche oder echte Jesus? Die Alte Kirche war in ihren Aussagen eigentlich nuancierter, äußerte zwar, dass die Zweite Person der göttlichen Dreifaltigkeit die menschliche Natur angenommen hatte (Nizäa 325), meinte das aber nicht in dem Sinn, dass Gott sich in einen Menschen oder ein Mensch sich in Gott verwandelte. Um das zu verdeutlichen, konzipierte sie die Lehre von den zwei Naturen Jesu, der göttlichen und der menschlichen, die nach dem Konzil von Chalkedon (451) unvermischt, unverändert, ungeteilt und ungetrennt in einer Person vereint waren. Mit dieser Formel wollten die Konzilsväter zwei Aspekten Rechnung tragen. Die zwei Naturen waren wirklich zwei, man durfte nicht von einer Natur sprechen. Daher heißt es ›unvermischt und unverändert‹: die göttliche Natur verdrängte nicht die menschliche. Aber beide Naturen durften auch nicht voneinander losgelöst werden, daher ›ungeteilt und ungetrennt‹. Man musste allerdings von einer Person sprechen.

Diese Lehre, die so genannte Zweinaturenlehre, ist ein hervorragendes Beispiel für die denkerische Arbeit, die die Alte Kirche ihrem Glauben widmete. Die Streitigkeiten darüber, die nie endeten, machen sichtbar, dass etwas auf dem Spiel stand und dass – zugleich – ein Rätsel gelöst werden musste, das eigentlich nicht zu lösen war. Wie können zwei Naturen eine Person bilden, wenn jede Natur (sowohl die göttliche als auch die menschliche) als für sich bestehend aufgefasst wird? Wenn die Theologen sich dem auch noch so entgegenstemmen, gleitet die Konstruktion doch in die Richtung einer (göttlichen) Natur oder von zwei Personen weg. Das sollte sich im weiteren Verlauf der Auseinandersetzung zeigen. Die monophysitischen Streitigkeiten (eine oder zwei Naturen, physis ist das griechische Wort für Natur), denen Chalkedon vergeblich ein Ende bereiten wollte, sind, was ihre Spitzfindigkeit betrifft, noch harmlos, wenn man sie mit den monotheletischen vergleicht. Dabei geht es um die Frage, ob Jesus Christus, wenn er in zwei Naturen existiert, nun einen oder zwei Willen hat (›Wille‹ heißt im Griechischen *thelema*). Die Lösung des Problems bestand darin, ihn als en-hypostatisch aufzufassen, ohne ein eigenes Ich, oder besser so, dass das eigene Ich nur in der göttlichen Existenz gegründet ist. Die Folge ist ein unvorstellbarer Jesus, darüber hinaus haben wir es wieder mit einer Ketzerei zu tun. An anderer Stelle habe ich das eine ›Puzzlespiel-Theologie‹ genannt, wenn auch eine ehrwürdige.

Das Letztere will ich unterstreichen; nicht nur die Denkarbeit, auch die Liebe für den christlichen Glauben, allerdings den einer bestimmten Zeit, sprechen daraus. Der kirchliche Christus ist nicht der wirkliche Jesus, sondern eine Phase in der Rezeptionsgeschichte der Evangelien, in seiner Konzeption eine Erweiterung, wie Harnack zu Recht formulierte: ein Werk des griechischen Geistes auf dem Boden des Evangeliums. Die Alte Kirche las das Neue Testament mit Augen, die zu einer gänzlich anderen Kultur gehörten als der, in welcher die Evangelien entstanden waren. Zwischen den ersten Überlieferungen, die wir auf 50 nach Christus datieren können, und dem Konzil von Chalkedon aus dem Jahr 451, auf dem endgültig (wie die Kirche dachte) festgestellt wurde, wer Jesus war, liegen vier Jahrhunderte! Das ist eine Zeitspanne, die derjenigen zwischen unserer Zeit (um das Jahr 2000) und der Zeit der Renaissance entspricht. In vier Jahrhunderten kann sich die Welt erheblich verändern, auch die religiöse Welt.

Der Sohn? Bei den Evangelisten ist das noch eine treffende Bezeichnung für eine persönliche spirituelle Beziehung zu Gott; viele werden ›Sohn‹ genannt, wie wir sahen. Bei den Kirchenvätern verleiht das Wort einer substantiellen Teilhabe Jesu an der göttlichen Natur Ausdruck. Das war für die Kirchenväter nicht nur wichtig, nein, ihr Glaube steht oder fällt damit. Nur so lässt sich die Heftigkeit des Streites etwa zwischen Athanasius, dem Bischof von Alexandrien, und dem gelehrten Mönch Arius verstehen. Ich erwähne die beiden Namen, weil mit ihnen ein kleiner Reim verbunden ist: ›Zwei Gegner sind es, die sich boxen, die Arianer und die Orthodoxen.‹ Er gibt die Verhältnisse gut wieder; so war und ist es heute vielfach noch.

5. Bei Chalkedon stehen bleiben?

Die Christologie der Alten Kirche, auf dem Konzil von Chalkedon formuliert, wurde zur exklusiven kirchlichen Lehre erhoben. Bis heute ist sie unverändert. Statt ›formuliert‹ hätte ich also auch ›festgelegt‹, ›festgefahren‹ schreiben können. Wie sich das abspielte, kann man in Büchern zur Kirchengeschichte nachlesen; mit viel Zwang, viel Rivalität, sogar mit Betrug und Gewalt kam das große christologische Dogma zu Stande. Das wird nicht geleugnet, sicherlich nicht im zwanzigsten Jahrhundert. Als Student habe ich mir die ganze absonderliche Geschichte von Ketzern, Kaisern, Kaiserinnen, Kirchenfürsten und einfachen Mönchen einprägen müssen. Aber das Ergebnis des Streites, so wurde dazu erklärt, war doch die beste Umschreibung, die man zum Mysterium der Menschwerdung Gottes geben kann: Auf krummen Zeilen hatte Gottes Vorsehung gerade geschrieben.

Chalkedon wurde unangreifbar. Für die Christologie bedeutete das, dass die Zweinaturenlehre mit der ganzen Autorität der kirchlichen

Machtinhaber vertreten wurde. Wenn wir bedenken, welche Macht-position die Kirche in Europa errang, dass sich ihr Einfluss bis in den politischen Bereich hinein erstreckte, verwundert es nicht, dass die kirchliche Christologie die Alleinherrschaft erlangte, die dominante Christologie wurde, die alle eventuellen Konkurrenten in den Hinter-grund drängte, wenn sie nicht gleich ergriffen und beseitigt wurden! Ich denke an die Wiederentdeckung des gnostischen Jesus, von der christ-lichen Kirche heimlich zum Verschwinden, aber gegenwärtig unter dem Sand der ägyptischen Wüste wieder zum Vorschein gebracht. Dieses ›Heimlich-verschwinden-Lassen‹ ist nicht aus der Luft gegriffen, diese gnostischen Bewegungen waren die Ketzer der Kirche. Dass wir *daher* im gnostischen Jesus dem echten begegnen würden, wäre eine Schluss-folgerung, die jeder Grundlage entbehrt. Darum geht es hier aber nicht.

Chalkedon wurde nicht nur unangreifbar, sondern auch ein Fix-punkt für Orthodoxie. Für Jahrhunderte und, was die Kirche betraf, für die Ewigkeit, lag die Christologie fest, wurde jedes Konzept, sofern es irgendeiner Erneuerung dienen sollte, mit der Schablone von Chalke-don verglichen. Alles war möglich, Verfeinerungen, Ausarbeitungen, nähere Problematiken, nur keine Änderung an Chalkedon. Was bei-spielsweise Reformatoren wie Luther und Calvin in der Kirche auch geändert sehen wollten, es war nicht die kirchliche Lehre über Chris-tus.

Erst im achtzehnten Jahrhundert beginnt das Gebäude zu wanken, wird der kirchliche Christus vom historischen Jesus abgelöst, vom mythischen Christus, vom Kerygma und schließlich, als es kein Halten mehr gibt, von einer Vielzahl unabsehbar neuer Jesusbilder. Muss man bei Chalkedon stehen bleiben? Das war wohl die Absicht, und sie ist für viele gläubige Christen noch maßgebend, aber es gibt kein Zurück mehr. Der Strom ist zu stark, das christologische Gebäude fällt in sich zusammen.

Im Lichte dessen, was ich als die Rezeptionsgeschichte bezeichnet habe, ist diese Wendung nicht nur verständlich, sondern stellt auch keine Katastrophe für den christlichen Glauben dar. Im Gegenteil, Chal-kedon erscheint heute wie eine künstliche Insel aus vergangenen Tagen. Die griechisch-hellenistische Kultur gehört längst schon der Vergan-genheit an, ihrer Sichtweise von Mensch und Welt sind wir lange ent-wachsen, und die Christologie, die auf diesen Rahmen bezogen ist, ist längst schon ein ›Fremdkörper‹, der nur durch kirchliche Erstarrung überleben konnte – so Harnack. Er meinte, dass niemand an sie herankommen durfte, oder, wie der reformierte Theologe H. Bavinck sagte: Schön ist sie nicht, aber wir haben nichts Besseres. Warum haben wir nichts Besseres? Warum wollte man von ihr nicht loskommen? Das ist eine interessante Frage. Zunächst komme ich aber auf etwas anderes zu sprechen.

6. Rettungsoperationen

Das klassische Bild von Jesus mag zwar schwanken oder bei manch einem sogar unter dem Eindruck der historischen Kritik zusammengebrochen sein, es wird jedoch bis heute an ihm festgehalten und es bildet sogar die offizielle kirchliche Lehre nahezu aller kirchlichen Denominationen. Der große Nachteil, der damit verbunden ist, ist der, dass es zu einer Art von Standpunkt-Theologie kommt. Ich meine damit, dass ›glauben‹ reduziert wird auf ›glauben, dass …‹, glauben, *dass* Jesus der Sohn Gottes ist, dass in ihm zwei Naturen in einer Person vereint sind, und so weiter. Das klassische Beispiel für eine derart eingeengte Auffassung von ›glauben‹ ist das so genannte Athanasium, ein Glaubensbekenntnis, das zu den drei ökumenischen (d. h. von allen Kirchen akzeptierten) Glaubensbekenntnissen gehört. Es stammt nicht von Athanasius; es ist späteren Ursprungs, aus dem fünften Jahrhundert. Es wurde aber wegen seines Lehrgehaltes in der Frage der zwei Naturen und der Dreifaltigkeit Gottes mit seinem Namen geschmückt. Wer gerettet werden will, so beginnt der Text, muss ›gänzlich und unversehrt‹ den Glauben bewahren, und dieser Glaube ist, dass …, und dann folgen die klassische Lehre von der Trinität und die Zweinaturenlehre. ›Glauben, dass …‹ ist Voraussetzung für die ewige Rettung des Menschen.

Viel fruchtbarer als die reine Wiederholung sind Anstrengungen, am Wesentlichen von Chalkedon festzuhalten, jedoch Änderungen an der Christologie anzubringen. Manche suchen Veränderungen an der Auffassung der Person vorzunehmen. Wie kann man vermeiden, dass die zwei Naturen Jesu zu einem absolut unkenntlichen Menschen machen? Das ist beispielsweise in der Form einer Geist-Christologie möglich: Die göttliche Natur müssen wir als ein Innewohnen des Geistes in der Person Jesu auffassen. Der katholische Theologe Schoonenberg sucht in dieser Richtung ein Neuverständnis. Obwohl er in keiner Weise am kirchlichen Dogma rütteln möchte, war ihm die kirchliche Lehrautorität nicht dankbar. Das ›glauben, dass …‹ war offensichtlich nicht genügend gesichert.

Schillebeeckx, ein anderer katholischer Autor, wollte die klassische Christologie ebenso wenig aufgeben. In Wirklichkeit sucht er einen neuen Ansatz, den kirchlichen Christus zur Sprache zu bringen, und findet ihn in menschlicher Geschichte als Leidensgeschichte. Das Leiden ist das universelle Unheil, dem Jesus seine Bedeutung als Heilsbringer entlehnt. Es ist die Frage, ob und inwieweit die Zweinaturenlehre für diese Christologie noch notwendig ist. Aber ich deute seine Sicht nur an, für meine Argumentation brauche ich nicht mehr. Das gilt auch für die Christologie von Berkhof, der die klassische Lehre faktisch hinter sich lässt. Er benötigt keine Zweinaturenlehre mehr, um auszudrücken, wer Jesus ist.

Warum halten so viele Theologen an der Zweinaturenlehre fest? Es geschieht einmal aus Achtung vor dem Glauben und der geistigen Arbeit der Väter, Ehrfurcht aber auch – denke ich – vor der Person Jesu selbst. Beide Seiten verbinden sich, das psychologische Moment, das jeder nachempfinden kann, dass man nicht einfach aufgibt, was einem von Kindesbeinen an beigebracht wurde, und das Moment des Glaubens. Es kann doch nicht sein, dass die christliche Kirche, auch wenn man den hellenistischen Ursprung der Formulierungen durchschaut, sich geirrt hat, als sie Jesus als Gott-auf-Erden bekannte. ›Irren‹ ist aber nicht das richtige Wort, es ist eine Form des unhistorischen Denkens: Wir messen das Früher am Heute. Die Zweinaturenlehre ist ein Glied in der Kette eines nie endenden Überlieferungsprozesses, eine Form der Gemeindetheologie, aber von einer späteren Gemeinde als der der Evangelien, die Auslegung einer Auslegung.

Bousset hat den Gott-auf-Erden als die Befriedigung eines allgemeinen religiösen Bedürfnisses bezeichnet. Wir werden dadurch zu einem ebenso interessanten wie merkwürdigen Paradoxon geführt. Der Mann nämlich, der am strengsten das allgemeine menschliche Bedürfnis nach Religiosität bekämpfte, Karl Barth, ist in diesem Lichte betrachtet dessen größtes Opfer geworden. Er folgt mit seiner Theologie als Christologie den Gesetzen der Religion.

7. Religiöse Bedürfnisse

Religiöse Bedürfnisse bilden den Motor, der die Christologie *in Gang* hält. Sie fassen aus meiner Sicht die Verlangen und Bestrebungen einer Zeit in Worte, auf der Grundlage dessen, was diese Zeit als einen nicht auszugleichenden Mangel erfährt; ich kann es auch so ausdrücken: als von Menschen unerreichbares Heil. Schulmäßig würde man sagen, dass die Christologie von der Soteriologie beherrscht wird, die ihrerseits von den religiösen Bedürfnissen der Zeit bestimmt wird. Wovon wollen Menschen errettet werden, wohin wollen sie gelangen? An der Basis dieses Gedankenganges stehen die fundamentalen Daseinsprobleme, im religiösen Wortlaut: steht das Unheil.

Ich beschränke mich in einem Kurzkommentar auf einen Vergleich zwischen den religiösen Bedürfnissen der antiken Welt und denen der Aufklärung, führe danach noch einige moderne Beispiele an und beende das Ganze mit einer Schlussfolgerung.

1. Der Jesus der Evangelien kommt über die Verkündigung der Apostel in die hellenistische Welt. Der Tod als Ende des Lebens bedrückte die Menschen wie zu allen Zeiten, aber die Meinungsführer der Kultur erhoben ihn zum großen Unheil; die Vergänglichkeit des Menschen ist sein Elend, und die religiöse Frage schlechthin ist die, wer den Menschen vor der Vernichtung rettet. Auf dem Hintergrund dieses Bedürfnisses erhält die Christologie Stück für Stück ihre kirchliche Form. Das große Verlangen nach der jenseitigen Welt, der der Unvergänglichkeit, gelangt in Jesus zu seiner Erfüllung. In seiner Person begegnet die wahre Wirklichkeit, der unvergängliche Gott erscheint im vergänglichen Fleisch, die göttliche Natur nimmt die menschliche an, und damit ist eigentlich alles gesagt. Es ist das große Heilsgeschehen. Durch das Sakrament (es heißt bei Gregorius von Nyssa daher auch *pharmakon athanasias*, Medizin gegen den Tod) erhält der Gläubige daran Anteil. Er nimmt die Unvergänglichkeit zu sich. Wir sehen, dass sich in diesem Gedankengang alles um die göttliche Natur Jesu dreht, denn durch sie wird die menschliche gerettet. Die Monophysiten erfahren die stärkste Anerkennung, wenn man die Begründung vom Bedürfnis der Alten Kirche her im Blick behält.

2. Die Aufklärung hat – im Spiegel ihrer Meinungsführer – ein viel geringeres Bedürfnis am Erscheinen der anderen Welt in der unsrigen, sie ist viel rationaler in ihrem Blick auf die menschliche Existenz. Es

beschäftigt sie nicht die Hoffnung, Gott irgendwo auf Erden zu begegnen, sondern die Fähigkeit, das Leben selbst beherrschen zu können. Entsprechend braucht man ein anderes Modell der Christologie, braucht man einen Jesus für jetzt, einen Jesus, der dem Menschen dabei hilft, sein Menschsein zu leben, der mehr ein Wegweiser ist als ein Weg. Um das Bild zu vervollständigen, sei noch angeführt, dass gegenwärtig, da die Aufklärung bei den Meinungsführern an Kredit verloren hat, die Zuversicht auf die Beherrschbarkeit der Entwicklung erschüttert ist und mit ihr das Selbstvertrauen, erneut das Bedürfnis nach mehr auftaucht, nach einer anderen Welt, nach Orten, an denen die normale Welt durchscheinend wird und etwas von Gott oder Göttlichkeit enthüllt, und wäre es nur ein Hauch oder notfalls eine Erinnerung an einen Gott aus der Vergangenheit. Ich komme darauf in einem späteren Kapitel ausführlich zurück.

3. Andere religiöse Bedürfnisse oder, wenn man so will, andere religiöse Bestrebungen, bringen ein anderes Bild von Christologie hervor. Die Mission lässt dies deutlich erkennen. Wenn der kirchliche Christus in Schwarzafrika verkündigt wird, wird seine Bedeutung dort spontan bejaht und afrikanischen Bedürfnissen entsprechend in Worte gefasst. Das sind andere als die, von denen der westliche Missionar mit seiner Christologie ausgeht. Jan Greven erzählt, dass er bei seinen Zuhörern – er war in der theologischen Ausbildung im Kongo tätig – nichts mit der Auferstehung Jesu anfangen konnte. Die Menschen hatten daran keinen Bedarf, denn ›die Toten sind nicht wirklich tot, sie umgeben uns, auch wenn wir sie nicht sehen‹. Ein schönes Beispiel aus unserer Zeit ist die Befreiungstheologie der siebziger Jahre, die sich dadurch profilierte, dass sie das Unheil, unter dem Menschen leiden, im Sinne des gesellschaftlichen und politischen Unrechtes formulierte und von daher auch dem Heil und dem Heilsbringer (Jesus) eine andere Färbung gab.

Bedürfnisse bilden die Basis, um nicht zu sagen, das Fundament des gepredigten Christus, daher werden sie selbst ein Teil der Verkündigung. Man denke beispielsweise an die reformatorische Orthodoxie. Sie ersetzte unter Beibehaltung des kirchlichen Christus das Unheil der Vergänglichkeit durch das der Sünde, und es veränderte sich damit das Heil der Unsterblichkeit in das der Vergebung der Sünden. Aber Bedürfnisse sind der Erosion unterworfen, auch das Bedürfnis nach Vergebung, das an der Wiege der Reformation stand. Es ist seit Jahr und Tag eine ständige Klage innerhalb der reformatorischen Kirchen, dass das Sündenbewusstsein kein vorrangiges Problem ist. Was sollen wir dann mit der stark akzentuierten Vergebung anfangen? So ist das Ergebnis in der Summe null. Sterblichkeit? Wir empfinden das Jenseits nicht mehr als von größter Bedeutung – was heißt das für die Verkündigung, dass wir nach dem Tod das ewige Leben erben werden? Sünde? Wir grübeln nicht mehr über sie nach – warum wird uns eingeredet, dass wir unter einem Mangel an Schuldbewusstsein leiden? Die Veränderung in religiösen Bedürfnissen unterminiert eine Christologie, so wie sie ihr früher einmal aufhalf. Der Prozess, den ich hier beschreibe, hat sich seit der Aufklärung beschleunigt. Die Christologie hat die kirchlichen Ketten abgeworfen. Der Preis dafür ist die Parzellierung des kirchlichen Christus.

8. Der feministische Ansatzpunkt. Ein Testfall

Es gibt den Feminismus in vielen Ausprägungen. Gleiches gilt für die feministische Theologie. Ihr wichtigster Beitrag ist das Aufzeigen des ›männlichen‹ Charakters von Bibel und Glaubenstradition, was mit der unstreitigen Tatsache zusammenhängt, dass in beiden Fällen die Verfasser Männer gewesen sind. Wie hätte, um ein Beispiel anzuführen, eine Frau den Psalm 19 verfasst? Im Rahmen dieses Buches beschränke ich mich auf das, was für die Christologie von Bedeutung ist. Feministische Theologen verbuchen einen Punkt, wenn sie darauf hinweisen, dass Frauen im Leben Jesu eine viel größere Rolle spielen, als dies gewöhnlich dargestellt wird. Lassen Sie mich auf einige Beispiele dazu näher eingehen.

Es sind Frauen, die als Erste die Auferstehung Jesu verkündigen (siehe Matthäus 28, Lukas 24 und Johannes 20). Ob wir hierin eine Strafe für die Männer sehen müssen, die Jesus im Stich ließen, oder eine (nachträglich von Männern ungültig gemachte) Legitimierung von Frauen als Verkünderinnen der christlichen Botschaft, lasse ich unerörtert. Beide Optionen sind erwägenswert.

Jesus wurde sogar von einer Frau gesalbt, eine Handlung, die eine viel größere Bedeutung erhält, wenn wir ›salben‹ als ›anstellen‹, ›im Amt bestätigen‹ auffassen, also das aufgreifen, was die Verfasser des Alten Testamentes darunter verstanden. Jesus empfängt seine Funktion als Christus, als Messias, als Heilsbringer aus den Händen einer Frau! Ob das eine mögliche Auslegung ist, weiß ich nicht, aber es lädt in jedem Fall dazu ein, den Platz Jesu aus dem Blickwinkel einer Frau zu betrachten. Das schönste Beispiel für einen solchen Einstieg und die Rückwirkungen, die er bei Männern hervorruft, fand ich einmal in einer amerikanischen kirchlichen Zeitschrift. Einer der Redakteure, eine Frau, besprach ausführlich die Begegnung Jesu mit einer kanaanäischen (wir würden sagen: palästinischen) Frau (Matthäus 15,21–28). Sie beschrieb, genau so, wie es die Geschichte erzählt, dass Jesus die Frau anfangs nicht anhören wollte, denn er sah seine Sendung auf sein eigenes Volk beschränkt (Vers 24). Aber die Frau wankt und weicht nicht, sie treibt Jesus mit seinen eigenen Worten in die Enge und bringt es schließlich so weit, dass er wohl oder übel seinen Standpunkt ändert und auch einem Menschen nichtjüdischer Herkunft hilft. So sieht man, beendet die Redakteurin ihre Darlegung, dass es schließlich eine Frau ist, die Jesus deutlich macht, dass er seine Sendung als eine Weltmission betrachten muss.

Die eingesandten Briefe sind höchst aufschlussreich, sie kommen natürlich von Männern und weisen alle den Tenor auf, dass man Jesus nicht als einen Lehrjungen hinstellen könne, der sich von einer Frau belehren ließ. Das sei Blasphemie, Verrat an der Orthodoxie, Unterhöhlung des Vertrauens, denn wie solle man dann, wenn man annehmen müsse, dass Jesus in dieser Phase seines messianischen Dienstes noch Dinge hinzulernen musste, und obendrein auch noch von einer Frau, früheren Worten vertrauen können? Der männliche Stolz war gekränkt.

Verglichen mit diesen wenigen Beispielen für das Lesen mit den Augen von Frauen nimmt sich die Idee von einem frauenfreundlichen Jesus oder einem Jesus mit einem femininen Einschlag, oder schöner noch, mit einem Gleichgewicht zwischen seiner anima und seinem animus, als unwichtig aus. Das führt zu nichts: wir wissen darüber nichts, es hilft nichts und niemandem weiter.

An einen Kreuzungspunkt gelangen wir erst, wenn die übliche Frage gestellt wird, ob Jesus auch eine Frau hätte sein können. Hätte Gott auch seine Tochter senden können? Das ist eine tückische Frage, meine ich. Wer sie stellt, hat die kirchliche Christologie bereits in seinem (ihrem) Hinterkopf, geht vom kirchlichen Christus aus, von seiner Rolle, Menschen zu Gott zu führen, Gott auszulegen, Gott-auf-Erden zu sein, wieweit auch immer man gehen möchte. Wenn nur ein Mann diese Rolle ausfüllen könnte, wäre das nur mit Zähneknirschen hinzu-nehmen. Ich verstehe darum gut, warum viele feministische Theolo-ginnen die klassische Christologie nicht akzeptieren können. Wenn von einem Dogma gesagt werden kann, dass es von Männern aufgestellt worden ist, zugegebenermaßen überaus ausgereift und ausgefeilt, dann ist es die Lehre vom kirchlichen Christus.

Es bringt nichts, das Christusbild auf einen für Frauen viel zugäng-licheren Erlöser hin umzukonstruieren. Jesus war ein Mann, daran kann man nichts ändern; keine Christa also an Stelle eines Christus, wie Rob Scholte, ein holländischer Maler, das möchte, folglich auch keine Christina, wie ich es in einer deutschen Zeitung las. Das ist alles gleich weit entfernt von dem Jesus, der am Anfang unserer Zeitrechnung gelebt hat, und dessentwegen die kirchliche Christologie entstand. Die Christologie nimmt ihren eigenen mächtigen Aufschwung, wenn der historische Jesus nicht mehr bedeutsam für sie ist. Wohin sie sich dann aufschwingt, hängt von der Flugleitung ab. Sie kann sich dann in alle Richtungen bewegen.

9. Wilde Christologien

›Unsere Zeit ist reif für seine Ideen!‹, las ich in einer deutschen Zeit-schrift. Der Artikel war überschrieben: Jesu aufregende Botschaft! Ein geübter Leser religiöser Literatur wird einigermaßen misstrauisch rea-gieren. Sollte die säkulare Presse endlich so weit sein wie die Kirche in all den Jahrhunderten und sich vor Jesus verneigen, oder geht es nur um einen PR-Gag, nicht so sehr zu Gunsten Jesu als vielmehr zu denen seiner Kommentatoren und deren Herausgeber? Wie dem auch sei, die Flut christologischer Entwürfe schwillt an und Jesus wird mitgerissen. Albert Schweitzer fand seinerzeit die treffende Bemerkung, dass Jesus den Händen der Forscher entging und wieder zurückkehrte in seine eigene Zeit. Heute entgeht er seinem Dogma und betritt unsere Welt in einer Vielfalt von Gestalten, alle gleich willkürlich. Es sind recht ver-standen Christusgestalten, es geht nicht mehr um die Rezeption von Matthäus, Markus, Lukas und Johannes, sondern um die der Christus-gestalt, des kirchlichen Christus.

Die Auffassungen über ihn reihen sich aneinander, der feminine Jesus, Jesus als Befreier der Armen, der gnostische Christus, der Öko-

Jesus, der Jeschua als Protestler, der Christus als das verborgene Innere eines jeden Menschen, Jesus als Lehrer esoterischen Wissens und so weiter. Das ›und so weiter‹ bedeutet so viel wie die *never ending story* der Christologie. Warum *never ending*? Weil Menschen Menschen sind, weil sie religiöse Bedürfnisse und Bestrebungen haben, die den Stempel ihrer eigenen Lebenswelt tragen. Bildet sie keine Einheit mehr, sondern ist sie in Teile und Stücke zerfallen, dann zersplittern auch die religiösen Bedürfnisse.

Im Wirrwarr der gegenwärtigen Christologien spiegelt sich dieser Prozess wider. Jedes sich regende religiöse Bedürfnis sucht in der Christologie nach Ausdrucksmaterial. Je schneller die Bedürfnisse aufeinander folgen, desto rascher haben wir einen neuen Jesus, und je simultaner sie auftreten, desto größer ist die Vielfalt an Jesusbildern. Diese Auffächerung kann endlos weitergehen. Die Beispiele sind zu greifen, ich habe nur einen Bruchteil erwähnt und müsste ihnen mehr Aufmerksamkeit widmen, um sie auf ihren Wert hin zu prüfen. Ist das alles neu? Der Christus des Denkens der Neuzeit befindet sich, wie mir scheint, in einer Art Gärungsprozess, dem wir auch in den ersten Jahrhunderten des Christentums begegnen. Herman van Veen, für den die Göttlichkeit Jesu der Einsicht in die Göttlichkeit eines jeden Menschen gleichkommt, unterscheidet sich nicht sehr von den Theologen des deutschen Idealismus, und die würden sich bestens in manch einer Version des gnostischen Christus zu Hause fühlen, des Erlösers, den wir innen an Stelle von außen suchen müssen; und weist das nicht wieder Berührungspunkte mit dem pietistischen Kindervers über Jesus auf, der in jedem demütigen Herzchen thront?

Man kann sich mit der Christusgestalt (bezeichnende Terminologie!) in alle möglichen Richtungen bewegen. Die Resultate bezeichne ich als wilde Christologien. In der Glaubensbotschaft der Evangelien gelangt Jesus in die westliche Kultur; hier bildet sich der kirchliche Christus aus, und dieser Christus wird in wilden Christologien parzelliert.

Nach meinem Verständnis sind die wilden Christologien nämlich nicht auf die Evangelien, sondern auf den kirchlichen Christus aufgepfropft. ›Ich bin von der Christusgestalt berührt‹ bedeutet, nicht mehr von Jesus, sondern von der kirchlichen Verarbeitung von Jesus berührt zu sein und daraus etwas Eigenes zu entwickeln. Bedeutung der Bedeutung der Bedeutung – dieser Prozess kann in einer endlosen Reihe

weiterlaufen, sowohl kollektiv als auch persönlich. Das ist Rezeptionsgeschichte.

10. Religiöse Autorität als Anliegen

Die wilden Christologien knüpfen an die christliche Tradition an, aber
warum? Sie könnten sich bequem selbstständig machen. Was sie bezwecken, ihre Bestrebungen, ihre Religiosität (Frauenfreundlichkeit,
Reinkarnationsglaube ...), besitzen sie bereits, die religiöse Bedeutung,
für die sie einstehen, kennen sie schon. Warum knüpfen sie an Jesus
an?

Ich wage eine Antwort. Je größer das religiöse Angebot ist, desto
mehr Unsicherheit besteht hinsichtlich der Entscheidung, die wir treffen. Wenn alles möglich ist, weiß ein Mensch nicht mehr, was er tun soll,
und er sucht nach einem neuen Halt, einer Autorität, die seine Entscheidung bestätigt. Der Christus oder schlichtweg Christus wird wegen
der religiösen Autorität herangezogen, die mit seinem Namen oder
seinem Titel gegeben ist.

Das Bedürfnis danach kann sich spontan äußern. Jesus wird in dem
Moment von Bedeutung für unsere Gruppe (Frauen), unsere Ideen
(New Age), unseren Einsatz (Verbesserung der Gesellschaft), wenn
Menschen in der Christologie Anknüpfungspunkte für ihr Programm
entdecken, in der Christologie als Autorität. Ein wenig Misstrauen kann
daher nicht schaden, nichts liegt so nahe wie die Manipulation von
Bedürfnissen, vor allem, wenn es um das Bedürfnis nach religiöser
Autorität geht. Jesus Christus als *gefundenes Fressen* für Gruppen, die
mit der Autorität seines Namens mehr erreichen als ohne sie, man findet diese Gruppen überall; und auch da, wo es nicht auf der Hand liegt,
darf man sich fragen, ob es sich um eine spontane Anerkennung oder
eine manipulierte Inanspruchnahme handelt; vielleicht auch um ganz
und gar nichts! Was ist Jesus als animus/anima, was als jemand, der
sexuelle Freiheit schenkt?

Darf man nicht fragen, was wir an Jesus haben, beispielsweise in
einem nuklearen Zeitalter, in einer Welt, die an Umweltkatastrophen
unterzugehen droht, in einer Welt, in der Menschen, wie Malcolm X vor
mehr als dreißig Jahren sagte, ihre eigene Mutter verkaufen würden,
wenn sie nur Geld damit verdienen könnten? Danach zu fragen ist

immer erlaubt. Aber wir müssen auch fragen, aus welchen Gründen wir, wenn die Ziele schon vorgegeben sind, ihn (Jesus) noch in unserem Lager haben wollen, wenn nicht wegen der religiösen Autorität, die er unseren Ideen verleihen kann. Ich vergesse nicht, dass das große Beispiel für Manipulation die klassische Verkündigung von Hölle und Verdammnis war (ist), *die* Art und Weise, um Menschen im Griff zu behalten, Jesus in den Dienst eines Anliegens zu stellen, nämlich das des Fortbestandes der Kirche.

Ich komme auf das zurück, was ich zur Geschichte bemerkt habe. Das, was die christliche Kirche von ihrer Christologie hinterlässt, auch wenn sie selbst verschwinden sollte, ist das Erbe einer leeren Autorität, einer Autorität, die Sicherheit vermittelt und die sich auf Grund ihrer Leere als in der Lage erweist, manch eine Entscheidung und manch ein Interesse religiös aufzuwerten, Jesus als Zugpferd, als Garantie oder als Empfehlung. Ich will es daher noch deutlicher festhalten: Christen können nicht kritisch genug sein, wenn es um die Frage geht, wofür diese Autorität eingesetzt wird.

11. Rezeptionsgeschichte ist Verarbeitungsgeschichte

Er kam mit der Absicht, sein Volk zur Umkehr zu Gott zu rufen, aber er wurde der Heiland der Welt. Das ist, kurz gesagt, die Rezeptionsgeschichte. Jesus ist der, zu dem man ihn macht, das lernen wir daraus. Die Rezeptionsgeschichte der Evangelien konnte ich daher als die Achse gebrauchen, auf der man die einander folgenden Christologien aufreihen kann, faktisch die Reihenfolge der Weisen, auf die Jesus eine Bedeutung für Mensch und Welt zuerkannt wird. Statt ›Rezeptionsgeschichte‹ können wir ›Verarbeitungsgeschichte‹ lesen. Das, was Menschen aus ihm machen, lohnt die Mühe um Jesus. Ich hätte dieses Buch nicht geschrieben, es hätte kein Thema, wenn das nicht der Fall wäre.

Rezeptionsgeschichte verdeutlicht viel. Der Christus der Schriften – oder mit einem Ausdruck von Lucas Grollenberg: der ›verbibelte‹ Jesus – ist nicht mehr Jesus von Nazaret, der kirchliche Christus ist nicht mehr der Christus der Schriften, der historische Jesus des neunzehnten Jahrhunderts nicht mehr der kirchliche Christus, und so weiter. Das Muster ist so kompliziert, manchmal kaum zu entwirren, weil es, wie ich aufgezeigt habe, nicht ein ›reiner‹ Jesus ist, der durch immer wieder andere Zeiten anders bezeichnet und bewertet wird, sondern ein bereits bewerteter, bereits benannter, bereits in Glaubensvorstellungen eingekleideter Jesus, der von neuen Generationen wieder flektiert wird oder, um bei dem Bild zu bleiben, dem man neue Kleider über seine alten zieht. Menschen können nicht anders, sie leben in einer bestimmten Zeit, in einer bestimmten Kultur, dafür sind sie Menschen, und es ist diese Kultur, die ihnen die Sicht auf, die Wertschätzung für, die Verehrung des ihnen überlieferten Jesus verschafft.

Die Christologie fasst diese Verehrung und die Gründe dafür in dem zusammen, was wir als ›die Lehre‹ bezeichnen, den dogmatischen Niederschlag dessen, was an christlicher Religiosität in dieser Kultur zu erhalten ist, nichts mehr als das; wir dürfen ihr Gewicht nicht überschätzen. Die Lehre ist eine hauchdünne Schicht, ein karger Rückstand. Sie erzählt zwar, was Menschen *zu denken hatten*, aber kaum das, was sie wirklich dachten, was sie wirklich beseelte und worauf sich ihre Leidenschaften, auch als Gläubige, wirklich richteten. Dazu müssen wir uns an die Geschichtsbücher wenden, die uns vom täglichen Leben erzählen, so wie es von Griechen, Römern, Langobarden, Alemannen, Franken, Sachsen und so weiter gelebt wurde. Die detaillierte Untersuchung einer Christologie reicht weniger weit, sie trägt auf der Ebene der Theologiegeschichte einen Stein, einen sehr kleinen Stein zum Wissen über die religiösen Bestrebungen bei, die in unserer Welt begegnen. Ein sehr kleiner Stein ist es, gewiss, aber dennoch groß genug, beim Betrachter der Entwicklung ein unbehagliches Gefühl zu wecken, denn wenn alles möglich ist, ist dann auch alles gut? Natürlich gibt es die Freiheit der Interpretation; es ist ein großes Vorrecht, in einer Zeit zu leben, in der diese Freiheit selbstverständlich geworden ist. Die christliche Kirche besitzt keinen Monopolanspruch auf Jesus, der Rauch der Scheiterhaufen hat sich verzogen. Menschen können und dürfen Jesus so deuten, wie sie wollen. Ob aber alles gleich gut ist? Es hängt vom Maßstab ab, den wir mit ›gut‹ einführen. Dieser Maßstab kann nicht mehr – und mag es noch so üblich sein – die Zweinaturenlehre sein, sie ist eine historische Erscheinung. Ebenso wenig kann es der Nutzen sein, den die Annektierung Jesu für eine Gruppe oder einen Einzelnen einbringt. Was dann aber doch?

12. Die Frage nach dem Maßstab

Von der Rezeptionsgeschichte aus betrachtet, die dann zur Verarbeitungsgeschichte ausgedehnt wurde, müssen wir zum Beginn zurückgehen, um zu einem Maßstab zu gelangen; nicht in dem Sinne, dass es einen historischen Jesus geben müsste, an dem alles gemessen werden könnte, was seiner Erscheinung folgte. Solches Messen würde auf ein Abtrennen hinauslaufen, während es doch gerade um die Fortsetzung geht, um Jesus, der von Zeit zu Zeit, von Kultur zu Kultur, für die Menschen ›von Bedeutung‹ wird.

1. Das Wort Maßstab will ich aus diesem Grund durch Legitimation ersetzen. Eine christliche Christologie braucht eine Legitimation, und wie wir es auch drehen und wenden, wir gelangen doch immer wieder zum selben Ergebnis: Der historische Jesus muss einen Platz darin haben, einen Platz, der nicht aufgegeben werden darf; er repräsentiert ein Urinteresse, das nicht gestrichen werden kann, ohne dass dadurch der Christologie und damit dem Christentum der Boden entzogen wird. Ohne den historischen Jesus ist in ihr alles möglich.

2. Die Unterschiedlichkeit der Bedeutungen, die Jesus zuerkannt werden, hängt mit den religiösen Bedürfnissen und Bestrebungen einer Kultur zusammen, und diese wiederum gehen auf das zurück, was Menschen zu einer bestimmten Zeit und in dieser Kultur als den menschlichen Mangel, das Existenzproblem erfahren, für das sie selbst keine Lösung finden. Eine universelle Bedeutung Jesu müsste auf ein universelles religiöses Bedürfnis zurückgehen, ein Existenzproblem, das mit dem Menschsein einhergeht. Kann man das aufzeigen?

3. Die Frage führt uns zur Selbstinterpretation einer Kultur. Was erfahren Menschen als Unheil, aus dem sie sich selbst nicht erretten können? In diesem Punkt liegt aus meiner Sicht die eigentliche Entscheidung, die in einer Religion getroffen wird. Nicht so sehr das Menschenbild, ein viel zu vager und weit gefasster Begriff, bestimmt das, was Menschen glauben, als vielmehr das, was Menschen als Not, als das nicht zu beseitigende grundsätzliche Elend der menschlichen Existenzweise erfahren und belegen.

4. Jesus hat sich im Rahmen jüdischer Selbstinterpretation verstanden. Der kulturelle Kontext der Evangelisten ist schon etwas breiter, aber im Prinzip noch an das jüdische Erbe gebunden, wie noch deutlich werden wird, und der kirchliche Christus ist in einen noch breite-

ren kulturellen Kontext einbezogen. Ist ›jüdischer‹ Kanon eine Messlatte für alle Kulturen? Nein, wohl aber eine Messlatte für das, was man aus Jesus machen kann oder nicht, will eine Christologie jedenfalls noch mit ihm als historischer Person verbunden sein. Christlich darf mehr sein als jüdisch, aber es muss zumindest das enthalten, was für Jesus wesentlich war, seine religiösen Bedürfnisse und Bestrebungen, die ihm darin mitgegeben waren, dass er Jude war.

5. Was ist darin mitgegeben? Das Leben des Menschen spielt sich vor dem Angesicht Gottes, des Schöpfers, ab, daraus leitet er seinen hohen Wert ab, seine Lebensfreude, sein Selbstvertrauen, aber auch seine fundamentale Problematik, denn Menschen können sich gegenüber dem Schöpfer versündigen, versagen als Menschen, die Gott Verantwortung schulden. Aus diesem jüdischen Selbstverständnis heraus spricht und handelt Jesus selbst, aus dieser Perspektive heraus wird er im Neuen Testament ausgemalt; nicht exklusiv, es geht nicht nur um Begriffe wie Sünde und Schuld; Leiden, Angst, Unfreiheit – das alles ist auch Elend, in der jüdischen Kultur sogar mit dem Versagen des Menschen einhergehend. Wir werden das noch sehen.

6. Zurück zur Legitimation. Es erscheint mir als eine Minimalforderung für ›christlich‹, den jüdischen Glauben Jesu in Rechnung zu stellen. Ich werde im Folgenden aufzeigen, dass an dieser Minimalforderung streng festgehalten werden kann, dass Christologien mit ihrer Hilfe geprüft werden können und dass sie deutlich mehr beinhaltet als das, was auf den ersten Blick hin der Fall zu sein scheint. Wir müssen dafür zur Historie zurückkehren. Damit beginne ich dann auch den folgenden Teil des Buches.

III
Die ›Religion Christi‹

Angesichts dessen, dass ich das Gebet seit meinen ersten Schuljahren
gebetet habe, gehört es mir auch als Jude an.
Es ist allgemein jüdisch, obwohl man auf eine andere Weise merken
kann, wer es zusammengestellt hat.
Dafür sind wir unserem himmlischen Vater dankbar.

David Flusser über das Vaterunser

9. Der Beitrag des historischen Jesus

1. An einem reich beladenen Baum

Aus der Ferne meint man einen Baum voller weißer Vögelchen zu sehen, aber näher gekommen, erkennt man, dass es aufgerollte weiße Zettelchen sind, die, wenn man sie entfaltet, die Wünsche, Seufzer, Emotionen und Ambitionen sowohl junger Mädchen wie Hausfrauen, von Karrieremachern wie auch Großmüttern, Krebspatienten und Bankdirektoren enthalten. Ich rede von Japan und über die Bäume, die dort die Plätze der Shinto-Tempel zieren. Das ist auf den ersten Blick eine eigenartige Sache. In manchen Tempeln verwendet man Holzbrettchen an Stelle von Zetteln. Diese Brettchen werden dann unter den Baum gelegt oder an ein eigens dafür errichtetes Gestell gehängt. Das Eigenartige ist gleich weniger eigenartig, wenn man daneben beispielsweise die Gebete, Stoßgebete und Fürbitten von ehrbaren Christen, Teenagern und ihren Eltern legen würde. Der Unterschied liegt im Anfassbaren von Zetteln und Brettchen.

Es gibt noch einen Unterschied, der Grund für mich ist, diesen Abschnitt zu schreiben. In der Shinto-Religion ist es der Baum, der mit Wünschen und Gebeten beladen ist; Christologie als Rezeptionsgeschichte weist aus, dass im Christentum Jesus der Baum ist, der Bezugspunkt für religiöse Bedürfnisse und Sehnsüchte ist.

Dagegen ist nichts einzuwenden, alles ist freigestellt, wie ich in einem früheren Kapitel betont habe. Es stellt sich eher die Frage, ob der Baum auch selbst Früchte trägt oder alles von anderen Händen in ihn gehängt wurde. Oder gibt es, wenn man auf die Bildsprache verzichtet, einen eigenen Beitrag Jesu zur Christologie, der unlösbar mit Jesus als historischer Person gegeben ist? Wenn Letzteres der Fall ist, darf jeder nach Belieben bis zum Jüngsten Tage damit fortfahren, Jesus zum Symbol der eigenen Lebensideale zu erheben, aber es stellt sich doch die Frage, inwieweit eine solche Christologie, die ich weiterhin so bezeichne, noch etwas mit Jesus zu tun hat.

Das, was sie mit Jesus zu tun hat, erscheint mir als einziger Maßstab dafür, eine Christologie aufrecht erhalten zu können; es entspricht gänzlich dem Gedankengang, dass es albern wäre, wenn der Baum nur an ihm befestigte und keine eigenen Früchte oder Fruchtknoten tragen würde.

Unter dem stichwortartigen Ausdruck ›mit Jesus zu tun haben‹ verstehe ich einen Beitrag zur Christologie, der von der historischen Person Jesu ausgeht, einen Beitrag im aktiven Sinn des Wortes, dass er nämlich von ihren eigenen religiösen Bedürfnissen und Bestrebungen herrührt, und einen Beitrag im passiven Sinn, der sein Schicksal und sein Leben betrifft.

Aber wir wissen doch kaum etwas von dieser historischen Person. Ist sie uns denn nicht nur im Gewand seiner Verehrer bekannt? Gewiss, das macht es auch schwierig, herauszufinden, was dabei noch Geltung beanspruchen kann und was nicht, wenn es um die Legitimation vom Leben und Wirken des Jesus von Nazaret geht. Der Vorteil liegt aber darin, dass dadurch die Schwelle zu einer christlichen Christologie besonders niedrig bleibt, denn bei dieser Prüfung erscheint vieles legitim. Trotzdem kann die Prüfung als solche nicht aufgegeben werden.

Um einem Missverständnis vorzubeugen, sei darauf verwiesen, dass ›legitimiert‹ ein Ausdruck ist, den ich nicht in der Bedeutung ›erlaubt/unerlaubt‹ verwende. Wer sollte hier im Übrigen wem etwas verbieten können? Der Ausdruck dient nur dazu festzustellen, ob man von einem Beitrag Jesu zu einer bestimmten Christologie sprechen kann oder nicht, was aus meiner Sicht die Bedingung ist für eine christliche Christologie.

2. Die historische Forschung ist unverzichtbar

Eine Christologie, in die Jesus Eingang findet, verlangt eine Rückkehr zur Fachwissenschaft (Berkhof) der historischen Forschung. Das Ziel ist dabei jedoch nicht dasselbe wie in den Tagen Lessings, als die Sicherung des ›wirklich geschehen‹ anstand. Es braucht nichts gesichert zu werden. Später sage ich dazu mehr. Zuerst wende ich mich der historischen Forschung und ihrer Selbstverständlichkeit zu.

1. Zunächst einmal ist die Historie, abgesehen von dem, was nun genau geschehen ist und was nicht, schon in Anbetracht der einfachen Tatsache wichtig, dass es keinen christlichen Glauben gäbe, wenn Jesus von Nazaret nicht gelebt hätte. Der christliche Glaube ist mit der Existenz Jesu als historischer Person gegeben und daher von dieser Existenz abhängig. Diese Tatsache, eine historische Person als Ausgangspunkt, bringt es mit sich, dass der historischen Forschung eine erstrangige

Bedeutung zukommt. Angenommen, Jesus hätte nie gelebt, wäre nicht gekreuzigt worden oder wäre kein Lehrer gewesen, dann würde das Christentum vielleicht als Religion bestehen bleiben, aber keine andere Basis haben als die, dass es nun einmal da ist. Das muss frei und furchtlos gesagt werden. Die Welt ist nicht verloren, wenn es kein Christentum mehr gibt, auch ist der Glaube an Gott damit nicht am Ende. Alles, was man sagen könnte, ist, dass unsere Vorväter sich eine Reihe von Jahrhunderten lang, nicht mehr als zwanzig von den uns bekannten Hunderttausenden, geirrt haben, dass wir, wenn wir uns dazu berufen fühlten, ein anderes Konzept von Gott skizzieren müssten. Ich gehe inzwischen ohne jedes Zögern davon aus, dass es Jesus gegeben hat. Es gibt keinen einzigen seriösen Forscher, der daran zweifelt.

2. Wenn nichts gesichert werden muss, so beinhaltet das, dass ich die unentschiedenen historischen Fragen, die vielleicht nicht zu entscheiden sind, nicht lösen werde, auch nicht in diesem Buch. Die historische Forschung ist nicht mein Fachgebiet, genauso übrigens wie die Exegese; es gibt Fachleute, die das besser können, deren Werk ich nicht wiederhole, geschweige denn, dass ich einen Beitrag dazu lieferte. Warum sollte ich das wollen, wenn die Sicherheit nicht davon abhängt? Alles, was ich tue und was ich anderen zu tun rate, ist abwarten, zusehen, was entdeckt wird, und den Verstand benutzen: Was ist vernünftig und was sieht nach Fantasie aus? Man braucht auch von Historikern nicht alles unbesehen anzunehmen. Das, was wir von ihnen zu hören bekommen, ist immer spannend, manchmal verwirrend, manchmal im Widerspruch zu dem, was zu hören wir gewohnt sind. War Jesus ein gnostischer Lehrer oder nicht, hat er sich als Opfer angeboten, oder legen ihm das spätere Erzähler in den Mund? Ich komme hier noch nicht auf drastische Rekonstruktionen des Lebens Jesu zu sprechen (Funk, Borg und ihr kalifornisches ›Jesus Seminar‹), die konservative Christen mühelos in Panik versetzen können. Das ist nicht nötig. Die historische Forschung tischt keine unfehlbaren historischen Wahrheiten auf; es gilt vor allem, dass der Glaube mit ihren Ergebnissen nicht steht oder fällt.

3. Historische Forschungsergebnisse bilden kein Fundament

Es ist für Christen von großer Bedeutung, dass sie wissen, wer Jesus war und was mit ihm geschehen ist, der Glaube, ich möchte das möglichst stark ausdrücken, hat ein Interesse an diesem Wissen, aber seine Sicherheit hängt nicht davon ab. Die historische Forschung kann keinen Schaden anrichten.

1. Eine Wissenschaft, welcher Art sie auch sei, bestimmt nicht die Grundlagen des Glaubens. Diese hängen nicht davon ab, denn es gibt für den Glauben keine Grundlagen, weil Glaube gerade Glaube ist. Er kennt nur ein Konzept, eine Skizze, Reihen von Skizzen, die uns auf den Weg bringen, Gott zu finden, die Freiheit, die völlige Freiheit bringen, mit ihnen aufzubrechen oder auch nicht. Was ist dann, wenn es darum so beschaffen ist (an anderer Stelle habe ich ausführlicher darüber geschrieben), der Wert der historischen Forschung zu Jesus, was bringt sie uns? Ich antworte mit drei Anmerkungen.

2. Die Reichweite der fachwissenschaftlichen Forschung ist begrenzt. Sie kann danach streben herauszufinden, was mit Jesus geschehen ist und was nicht. Sie kann nicht die Bedeutung Jesu feststellen oder verifizieren. Sie kann untersuchen, wer wem welche Bedeutungen verlieh, was damit bezweckt und getan wurde, aber nicht feststellen, dass Jesus tatsächlich der Sohn Gottes war, die zweite Person der Heiligen Dreifaltigkeit, der leidende Knecht, der Messias, der, der Gott auslegte, der auferstandene Herr … Darin liegt der Irrtum sowohl der Orthodoxie des neunzehnten Jahrhunderts (der bis zum heutigen Tag fortwirkt) als auch der derjenigen, die sie bekämpften. Bedeutungen sind Bekenntnisse, Glaubensaussagen, und zu deren Überprüfung fehlt dem historischen Forscher jedes Instrument.

3. Man betrachte die Aussage, dass in Jesus Gott Mensch geworden ist. Sie kann an der kirchlichen Lehre überprüft werden: Ist das eine rechtgläubige Aussage? Mehr an Überprüfung ist nicht möglich. Dass Gott wirklich in Jesus Mensch geworden ist, kann man nur dann als historische Wahrheit auffassen, wenn man zuerst festgestellt hat (im Sinne von ›vereinbart‹), dass Jesus nicht einfach nur Jesus war, sondern der Sohn Gottes – im trinitarischen Sinn des Wortes. Wenn das einmal feststeht, ist seine Geburt tatsächlich die Geburt von Gottes Sohn. Das ist nicht nur die logische Reihenfolge, sondern auch das Bild, das die Praxis vermittelt. Zuerst wird die Kirchenlehre über Jesus Christus entwickelt, die Christologie, und erst nachdem sie feststeht, wird Jesu Geburt zur Geburt von Gottes Sohn. Das wurde, wiederum später, zum Anlass, das Weihnachtsfest als Feier seiner Geburt einzuführen. Historisch lässt sich keine andere Feststellung treffen als die, dass damals ein

Mensch geboren wurde, Jesus von Nazaret, der von seinen Anhängern als der Menschensohn bezeichnet wurde, von anderen als Sohn Gottes und von noch wieder anderen als der Messias. Das sind alles wichtige Qualifikationen, die von seinen Anhängern stammen. Wir kennen Jesus nur von ihrer Glaubensverkündigung her. Aber ist das, angenommen wir wüssten, was sie mit ihren Aussagen meinten, die Wahrheit über Jesus?

4. Ich ziehe, um dem Problem direkt ins Auge zu blicken, den gnostischen Jesus aus dem Thomasevangelium heran. Darin tritt Jesus in einer anderen Glaubenssicht als der unserer Evangelien auf. Wem steht nun das Urteil darüber zu, wer Recht hat? In jedem Fall, und das ist hier mein Punkt, nicht der historischen Forschung. Keine einzige Christologie, auch nicht die des so genannten historischen Jesus, ist eine Frucht historischer Forschung. Der guten Ordnung halber sei gesagt, dass es andererseits auch nicht so ist, wie man im neunzehnten Jahrhundert dachte, dass es nackte Tatsachen gäbe, zu denen dann später, die subjektiven Meinungen über sie verkündigt wurden. Das ist ebenfalls ein Missverständnis. Alle Tatsachen sind weitererzählte Tatsachen, verkündigte Tatsachen und daher immer interpretierte, sonst gäbe es nichts zu erzählen. Ich habe dazu in den ersten Kapiteln dieses Buches ausführlich Rechenschaft abgelegt und komme nicht mehr darauf zurück.

4. Forschung kann nichts verderben. Eine Vorausschau

Die Minimalforderung, die ich an eine christliche Christologie stelle, führt uns also zurück zur Forschung nach den Worten und Werken Jesu, nach seinem Leben und seinem Schicksal. Was dabei herauskommt, müssen wir abwarten. Vieles ist unsicher, historisch gesprochen, vieles besteht aus Spekulation und Hypothesen, aber da ist auch vieles, was feststeht. Auf jeden Fall ist eines so sicher wie das Amen in der Kirche: Jesus war ein Jude, seine Religion war die jüdische, er glaubte in jüdischer Weise an Gott. Eine Christologie, ob wir sie nun brauchen oder nicht, darf unter allen Umständen nicht an der jüdischen Religion vorbeigehen. Jesu Konzept von Gott muss sich in sie einfügen, andernfalls passt Jesus nicht in sie hinein.

Uns die Grenzen der Glaubensfantasie aufzuzeigen, eine Art von Damm gegen die wilden Christologien aufzurichten, das macht Jesus als historische Gestalt, als den Menschen, der damals lebte und Jesus genannt wurde, unentbehrlich, mit all der historischen Forschung, die damit einhergeht.

Das bedeutet nicht, dass der christliche Glaube mit den Ergebnissen der historischen Forschung nach dem Leben und Wirken Jesu steht und fällt. Das wäre nur dann der Fall, wenn man Jesus als Gott-auf-Erden sehen müsste, und zwar im Sinn von ›wirklich geschehen‹, was anschließend von der Geschichtswissenschaft zerpflückt werden könnte. Aber Gott-auf-Erden ist erstens eine Auslegung, eine Auffassung, die Menschen in einer bestimmten Zeit und einer bestimmten Kultur dem Jesus der Evangelien beigemessen haben, in einer einzelnen Phase in der Rezeptionsgeschichte, wenn auch einer, die große Wirkung gezeitigt und Spuren hinterlassen hat. Man nimmt dies einfach nicht zur Kenntnis, wenn man dieser Auffassung den Status des ›wirklich geschehen‹ zuweist (›hier hat Gott seinen Fußabdruck hinterlassen‹).

Daneben bringt diese Auffassung dem christlichen Glauben derart unüberwindbare Probleme, dass ich Gott-auf-Erden als einen Holzweg zu bezeichnen wage. Ich habe diese Ansicht bereits angedeutet und werde sie im weiteren Verlauf des Buches näher erläutern, hier gebe ich zunächst eine Richtung an.

Was vorrangig gegen Gott-auf-Erden spricht und sich auf dem Wege der historischen Forschung belegen lässt, ist, dass Jesus selbst nicht daran hätte glauben können. Jesus war Jude, seine Religion war die jüdische Religion, und ein Jude kann sich selbst nicht als Sohn Gottes (im trinitarischen Sinn) bezeichnen. Das steht zu seinem Glauben grundsätzlich im Widerstreit.

Es gibt noch weiteres zu bedenken. Jesus als Gott-auf-Erden verstanden beinhaltet, dass zum jüdischen Konzept von Gott, an dem Jesus selbst sich orientierte, ein zweites Konzept von Gott, und zwar von Gott-auf-Erden, hinzugefügt wird. Das bedeutet nicht nur, dass das christliche Konzept von Gott, die ›christliche Religion‹, von der ›Religion Christi‹, Jesu eigenem Glauben, abgelöst wird, sondern auch, dass Christen sich an zwei Konzepte halten müssen und zwei Glaubenssicherheiten nötig haben. Zum einen ist es die Sicherheit über Gott im Himmel, eine Sicherheit, die ein Mensch empfängt, wenn er demjenigen, der ihm im Konzept entworfen ist, begegnet, und daneben noch eine Sicherheit über Gott-auf-Erden, eine Sicherheit, die von historischer Forschung abhängt, falls diese Forschung nicht – aus Angst vor einem Angriff auf die Grundlagen des Glaubens – dadurch umgangen wird, dass aus den Tatsachen ›Heilstatsachen‹ gemacht werden, zu denen die historische Wissenschaft keinen Zugang hat. Kann aber der Glaube entscheiden, was geschehen ist und was nicht?

Den Rest des Buches widme ich einer Art von Reparatur der Christologie auf der Grundlage dieses Ergebnisses.

10. Christologie und ›Religion Christi‹

1. Der jüdische Kontext als Ausgangspunkt

Jesus war Jude, seine Wurzeln lagen im Judentum, und im jüdischen Land hielt er sich zeitlebens auf. Mit diesem Ausgangspunkt ist dreifacher Gewinn verbunden. Erstens historische Sicherheit darüber, dass Jesus über Gott so dachte wie die Juden in seinen Tagen. Diese Tatsache benutze ich zweitens als Maßstab, dem eine Christologie zumindest gerecht werden muss, um als christlich gelten zu können. Sie kann der Tatsache, dass Jesus Jude war, nicht ausweichen. Und schließlich kann ich daran deutlich machen, warum die Existenz von Jesus *als historischer Person* für das Christentum wesentlich ist, denn es hat ihr seine *eigene* Existenz zu verdanken; und nur über Jesus als historische Person kann es sich gegenüber dem Judentum legitimieren.

Der Glaube Jesu, die ›Religion Christi‹, wie Lessing ihn nannte, ist nicht der christliche, so wie er über Dogma und Theologie im Laufe der Jahrhunderte gewachsen ist, sondern der jüdische. Jesus glaubte, dachte und handelte als Jude. Das, was von ihm in die Christologie eingebracht wird, seine Worte und Taten wie auch sein Leben und sein Schicksal, wird eine Deutung erfahren müssen, die sich in die Symbolik seiner eigenen, also jüdischen, Religion einpassen lässt. Ist dem nicht so, dann hat sich die ›christliche Religion‹ von der ›Religion Christi‹ entfernt, geht sie offensichtlich von dem Gedanken aus, dass sie über Gott besser informiert sei als Jesus. Das führt, scheint mir, einen unlösbaren Widerspruch herbei.

Diesen Weg hat die christliche Kirche sehr wohl eingeschlagen, vor allem durch die Verehrung Jesu als Gott-auf-Erden. Das ist das Neue der Christenheit, von dem die Juden ihr zufolge kein Wissen hatten. Das wussten sie in der Tat nicht, aber dieses Wissen konnten sie auch nicht haben, denn das Letzte, was ein Jude tun würde, wäre, sich selbst als Gott-auf-Erden vorzustellen. Abgesehen von der Tatsache, dass die Evangelien das an keiner Stelle nahe legen (auf Johannes werde ich noch zurückkommen), ist es undenkbar, dass Jesus sich selbst so gefühlt haben dürfte.

Nun sollten wir uns das Judentum in den Tagen Jesu (auch übrigens das von heute) nicht so gleichförmig vorstellen. Es besaß und besitzt viele Strömungen, messianische Erwartungen, chassidische Traditionen, apokalyptische Bewegungen, die pharisäische Verkündigung der Auferweckung, traditionelle Sadduzäer, die Kabbalistik – um nur einige zu erwähnen, die Christen heute bekannt in den Ohren klingen. Jesus war darin selbst Partei; es steht ziemlich fest, dass er sich im Gegensatz zu dem, was wir früher in der Schule lernen mussten, mit den Pharisäern gut vertragen und ihre Ideenwelt zum großen Teil mittragen konnte, ja, dass er sie sogar gegenüber der Strömung der Sadduzäer verteidigte. Das haben wir aus den Rollen von Qumran lernen können.

Trotz dieser Vielgestaltigkeit teilten Juden das miteinander, was ich in meinem Sprachgebrauch als das Suchkonzept von Gott bezeichne; es gibt nur einen Gott, und dieser Gott ist einer, das ›Schema Jisrael‹ (Höre Israel) aus Deuteronomium 6,4. Die Unterschiede könnte man als Ergänzungen dazu betrachten; sie teilen das Judentum bis heute in Gruppierungen und Richtungen, aber das hebt nicht auf, dass es Gruppierungen und Richtungen des Judentums sind.

Damit kann ich präzisieren, was ich mit der ›Religion Christi‹ meine. Es ist nicht die Frömmigkeit Jesu, nicht sein Bedürfnis nach Gebet und Stille, auch nicht die Tiefe seines gläubigen Vertrauens, mit einem Wort, nicht seine persönliche Lebenshaltung, wofür die Theologen aus der Zeit der Aufklärung sich so sehr interessierten. Ganz unjüdisch fanden sie es und hofften auf diese Weise sowohl die Zweinaturenlehre als auch das Judentum auszutreiben und doch am historischen Jesus festzuhalten. Darum geht es also nicht, und auch nicht darum, dass er zu einer spezifischen ethnischen Gruppe gehörte, die ›jüdisch‹ heißt. Diese Tatsache wurde nach dem Massenmord an Juden im Zweiten Weltkrieg mit so viel Verve anerkannt, dass es fast einem Versuch zur Wiedergutmachung zu gleichen begann. Dabei gerät jedoch das *Was* des Glaubens Jesu in den Hintergrund, genauso wie früher. Das will ich korrigieren. Das *Was* fügte sich von A bis Z in das Judentum seiner Tage ein.

Diese Tatsache mache ich zum Leitfaden für die Christologie; nicht in dem Sinne, dass die christliche Kirche nur nachsprechen dürfte, was Jesus gesagt hat oder gesagt haben könnte, oder dass sie sein Leben und Schicksal nur so deuten dürfte, wie Jesus selbst es verstanden hat (angenommen, wir könnten das herausfinden). Das ginge nicht nur viel zu weit, sondern würde Jesus auch jeder möglichen Bedeutung in anderen historischen Kontexten berauben. Die christliche Kirche darf mit ihrer Christologie allerdings nicht in Streit mit dem geraten, was Jesus selbst glaubte. Dieser Minimalforderung muss meiner Meinung nach eine Christologie genügen, die auf Jesus zurückgeht.

2. Das Neue Testament bleibt innerhalb der jüdischen Symbolik

Was wurde von seiner Verkündigung und seinem Schicksal aufgegriffen und im Rahmen welcher Auslegung von den ersten Erzählern weitergegeben? Was machte ihn, Jesus von Nazaret, den ersten Erzählern zufolge zu jemandem, der verkündigt werden musste: zum Christus? Bereits im Neuen Testament kommt Jesus in unterschiedlicher Interpretation zur Sprache. Ich werde sie nicht alle darstellen, das ist die Arbeit von Exegeten und Historikern, die damit, wenn überhaupt jemals, noch lange nicht fertig sind. Ich kann also nicht mehr tun als das, was jeder kann, und rücke als Nichtfachmann drei kennzeichnende Auslegungstraditionen aus dem Neuen Testament in der Vordergrund, nämlich Jakobus, Johannes und Paulus. Sie bleiben alle innerhalb des jüdischen Rahmens, den ich zugespitzt über die Position definiere, dass kein gläubiger Jude jemals sagen kann oder wird, dass er wie Gott sei, Gott-auf-Erden.

Bei Jakobus ist das bereits ganz deutlich. Er spricht kaum über Jesus, weiß nichts von paulinischen Begriffen wie ›Rechtfertigung‹ oder spricht darüber nur in Missverständnissen, erwähnt nichts von ›Versöhnung‹ und war daher von Luther kaum zu akzeptieren, ›ein stroherner Brief‹, denn es fehlt in ihm ›was Christum treibt‹. Recht hatte er, Jakobus bleibt mehr als andere Verfasser innerhalb der Zusammenhänge des Judentums; er bietet keine *Halacha*, steht aber wohl in der Tradition. Jesus bringt es zum Lehrer, und das ist es. Jakobus, das ist Christentum, das dem Judentum noch am nächsten steht.

Als Gegenpol lässt sich das Evangelium nach Johannes lesen, das am wenigsten jüdische, einigen zufolge sogar auf der Grenze zum Antijüdischen sich befindend oder bereits darüber hinaus. ›Die Juden‹ – ein feststehender Ausdruck bei Johannes – bekommen die Schuld für den Mord an Jesus. Nun musste ich früher, als Student, schon lernen, dass Johannes mit ›den Juden‹ die Mitglieder der Führungsschicht des jüdischen Volkes meinte und nicht das jüdische Volk selbst, aber das Unheil hatte längst seinen Lauf genommen. (Wenn man sagt, dass die Homo-

sexuellen die Sitten verderben, und erst anschließend, dass man mit
›den Homosexuellen‹ nicht die ganze Gruppe, sondern nur einige ihrer
Wortführer meint, hilft kein Jammern und Klagen mehr, dann leistet
man dem Hass auf Homosexuelle Vorschub.) Es ginge zu weit, Johannes als anti-jüdisch zu bezeichnen, ebenso wenig, wie man das vom
Evangelium nach Matthäus sagen kann, in dem in der Endredaktion,
die wir kennen, ebenfalls das jüdische Volk die Schuld am Untergang
Jesu zugewiesen erhält. Ist es dennoch nicht anti-jüdisch? Nein, weil die
Konflikte Zeugnisse innerjüdischer Kontroversen sind, von Polemiken
zwischen Juden, die Jesus folgten, und Juden, die das nicht taten. Die
Ersten – so weit war die Gruppenbildung in den Tagen von Johannes
bereits fortgeschritten – fühlten sich über die Letztgenannten erhaben:
Das Gesetz kommt von Mose, aber die Gnade und die Wahrheit kommen von Jesus (Johannes 1,17). Das kann man schwerlich anders lesen,
als dass das Christentum, religiös gesprochen, dem Judentum überlegen
ist.

Das ist nicht das Einzige, was von Johannes betont wird. Seine
Redaktion der Lebensgeschichte Jesu wird als besonders wertvolles
Evangelium betrachtet. Das ist verständlich, denn die Terminologie,
derer Johannes sich bedient, wird, ob Johannes das bezweckte oder
nicht, als ein Fundament gelesen, als festes Fundament im Blick auf die
Idee, dass in Jesus Gott auf die Erde kam. Ist das zutreffend? Ich widme
dem einen eigenen Abschnitt.

3. Doch Identifikation mit Gott? Johannes

Das Evangelium nach Johannes scheint die Grenze der Identifikation zu
erreichen. Denn wer Jesus sieht, sieht Gott, und wer den Sohn kennt,
kennt den Vater. Der Sohn ist zur Erde hinab gestiegen und kehrt, nachdem er sein Werk vollbracht hat, wieder zum Himmel, zum Vater,
zurück. Als deutlichster Verweis auf die Gleichsetzung erscheint die
Aussage Jesu: Ich und der Vater sind eins (Johannes 10,30).

Gleichwohl haben wir es nicht mit der Zweinaturenlehre zu tun,
auch nicht in embryonaler Form. Johannes verwendet Begriffe, die dem
entlehnt sind, was in Fachbegriffen als Gnostik oder Gnosis bezeichnet
wird, eine Sicht vom Menschen und der Welt, die sich gegenwärtig einer
besonderen Popularität erfreuen darf. Sie verwendet in starkem Maße

dualistische Weltbilder. Die Weltgeschichte ist ein endloser Kampf zwischen Gut und Böse, Licht und Dunkel, Fleisch und Geist, Erde und Himmel, und die Frage ist, wer oder was den Sieg davontragen wird, das Dunkel oder das Licht.

Vor dem Hintergrund dieser Vorstellungswelt lässt Johannes sich am besten lesen, darin (nicht nur darin) ist er anders als die drei synoptischen Evangelien. Jesus ist das Licht der Welt, weil er aus der Lichtwelt kommt; er ist das Brot des Himmels, weil er aus dem Himmel kommt und dahin zurückkehrt. Er ist der Sohn Gottes, weil er aus Gott kommt, zu Gott gehört; er ist das Wort, das bei Gott war und Gott war, Verbindungsglied zwischen dem geistigen Gott und der materiellen, leiblichen Schöpfung, denn alle Dinge sind durch dasselbe gemacht. Das Wort war schon das wahre Licht der Welt, aber die Welt hat es nicht erkannt. Das Wort ist Fleisch geworden und hat unter uns gewohnt, und wir haben seine Herrlichkeit gesehen, die Herrlichkeit des einzigen Sohnes vom Vater. So führt Johannes Jesus bei seinen Lesern ein (Johannes 1,1–14).

Ist das Gnostik? In der Vorstellungswelt der Gnostik ist Jesus der im Fleisch verborgene Sohn Gottes, dessen Leiblichkeit nur dazu dient, die Mächte der Finsternis auf einen Irrweg zu bringen, aber weiter keinerlei Bedeutung hat. Johannes geht lange nicht so weit, auch wenn er sich der Sprache und der Vorstellungswelt der Gnostiker bedient. Vielleicht müssen wir in seinem Sprachgebrauch sogar die ersten Zeichen eines Widerstandes gegen die Gnostik sehen (M. de Jonge), wie auch die Zweinaturenlehre als Widerstand dagegen gemeint ist, denn die menschliche Natur Jesu soll ja von Bedeutung bleiben.

Johannes setzt Jesus und Gott nicht gleich. Jesus ist nicht Gott, und Gott ist nicht Jesus. Er sagt von sich selbst nicht, dass er Gott sei, erhebt aber den Anspruch, dass er der wahre Offenbarer von Gott ist, Gott auslegen kann, weil er aus der Welt Gottes stammt. Johannes bietet keinen Anhalt für das ›Licht vom Licht‹ von Nizäa (325), das zur Grundlage für die Zweinaturenlehre wurde (Chalkedon 451).

Ein echter Gnostiker ist er nicht. Die Gnostik sieht das wahre Leben nicht in der Vereinigung der göttlichen und der menschlichen Natur, sondern gerade in der Aufhebung der Dualität, der Zweiheit, einer jeden Zweiheit, auch der zwischen Gott und Mensch, und parallel dazu der zwischen Körper und Geist. Das Elend des Menschen ist seine fleischliche Existenz, sein Irdischsein, seine Sterblichkeit, und seine Erlösung liegt daher in der Vergeistigung, dem Ewigkeitsleben, der Wiedergeburt, der Befreiung vom Körper. Einigen dieser Begriffe begegnen wir bei Johannes, aber eine Unterbewertung der Leiblichkeit Jesu ist nicht festzustellen. Das Muster der anderen Evangelien – Jesus leidet körperlich, stirbt und wird am dritten Tage von den Toten auferweckt – wird auch vom Evangelisten Johannes befolgt.

Diskussionen über die Beziehung zwischen Johannes und den Essenern und darüber, ob die Essener wieder dieselben sind wie die Qumrangemeinde, die sich ca. 130 vor Christus dort niederließ, sind historisch interessant: Woher rührt diese ›Einkleidung‹ von Johannes? Sie ändern jedoch nichts an seiner Sicht.

4. Paulus

Ist Jesus überhaupt noch nötig, fragt man sich bei Jakobus. Bewegen wir uns noch innerhalb des jüdischen Kontextes, das ist die Frage, die sich jedem bei Johannes aufdrängt. Der Dritte in dieser Reihe, Paulus, macht das Bild komplett. Ich werde ihm weiter folgen, weil ich an Hand seiner Position verdeutlichen kann, warum Jesus als historische Person so notwendig ist, und zugleich, dass Jesus das jüdische Suchkonzept von Gott nicht zerrüttet.

Ich räume Paulus also einen zentralen Platz ein. Das geschieht nicht deshalb, weil wir bei seiner Diktion (seine Briefe sind älter als die Evangelien, die wir kennen) bei einer alten, wenn nicht der ältesten Auslegung von Jesus angekommen sind. Man kann darüber streiten, ob die älteste Auslegung die beste ist. Wir stehen jedoch vor einer Deutung, die die Bedeutung Jesu in der Symbolik der jüdischen Religion vorstellt, und zwar so, dass wir den Sinn dessen leicht verstehen können. Ich bin mir bewusst, dass ich diese Aussage Wort für Wort erläutern muss.

Zunächst bleibt Paulus in seiner Auslegung Jesu ein gläubiger Jude. Was er auch über Jesus glaubt sagen zu müssen, das Suchkonzept des Judentums behält er bei. Das sagt er im Übrigen selbst, wie Lukas es uns in der Apostelgeschichte in 24,14 mitteilt: Er glaubt an alles, was im Gesetz und in den Propheten steht. In allen Synagogen durfte er während seiner Reisen daher auch auftreten, er war ein gern gesehener Gast. Das bedeutet einstweilen, dass man gerade bei diesem Paulus eine Antwort auf die Frage erwarten kann, warum Jesus zum Suchkonzept von Gott noch hinzugefügt werden musste. Paulus muss mit dieser Frage gerungen haben und mit ihr ins Reine gekommen sein: Was ist mit Jesus gewonnen, was ist seine Rolle, warum ist er notwendig?

Diese Frage hat sich das Christentum selbstverständlich auch im Laufe seiner Geschichte gestellt. Aber die geeichten Antworten, die seit Jahrhunderten bereits Anklang finden und bis zum heutigen Tage wiederholt werden, gefallen mir nicht. Ich vertraue ihnen nicht und denke auch, dass sie nicht gut sind. Ich räume Paulus mehr Kredit ein. Er ist eigentlich nicht der Gründer, wohl aber der Organisator der christlichen Kirche, und als jemand, der niemals etwas anderes hat sein wollen als ein Jude, bildet seine Christologie für ihn dabei den Ausgangspunkt, beginnt er seine Mission mit Hilfe einer solchen und geleitet durch eine Auslegung von Jesu Leben und Tod. Was sah Paulus in Jesus?

Er sah in ihm nicht den ersten Christen. Das war Jesus nicht. Es würde kein Christentum geben, wenn Jesus nicht gelebt und gewirkt hätte, aber die Religion Jesu war die jüdische. Es war auch die von Maria, füge ich der Klarheit halber hinzu. Es wäre sogar unmöglich gewesen, an die Mutter Gottes (wie der katholische Gläubige sie gern nennt) zu glauben.

Diese einfache, zuverlässigste historische Tatsache, dass Jesus ein gläubiger Jude war, ist in der christlichen Kirche wenig zum Zuge gekommen. Das ist nicht verwunderlich, es liefe ja darauf hinaus, dass Jesus selbst, um den sich das Christentum dreht, einem überholten Glauben anhing. Das hat natürlich kein Christ aussprechen können, aber zur Vermeidung dieser Schlussfolgerung musste man aus Jesus etwas anderes machen, als er war. Den Apostel Paulus kann man für dieses Manöver nicht mitverantwortlich machen. Er betrachtete Jesus nicht als den Begründer einer neuen Art des Glaubens, im Gegenteil, der Gott Jesu war sein Gott, und umgekehrt. Der Apostel Paulus, der Christ, lebt mit demselben Suchkonzept von Gott, dem Jesus, der Jude, anhing.

Es gibt also keinen Widerspruch zwischen Jesu Religion und der des Christen Paulus. Wenn es heutzutage doch einen solchen Widerspruch gibt, ist das für die christliche Religion umso ärger. Also zum dritten Mal: Was sah Paulus in Jesus, das ihn so wichtig machte, so wesentlich, und was steckt somit hinter dem erhabenen Platz, den das Christentum Jesus eingeräumt hat, wenn dieser Platz nicht in einer Veränderung des jüdischen Suchkonzeptes von Gott bestehen kann?

5. Das Neue des Christentums

Als Ergänzung zur Gotteserkenntnis des Judentums ist Jesus für keinen einzigen Juden notwendig oder Gewinn bringend. Der Mehrwert existiert nur für die Christenheit. Für Christen liegt die Bedeutung Jesu als Ergänzung zum jüdischen Suchkonzept darin, dass Jesus der Weg zum Gott der Juden für Nichtjuden geworden ist. Das ist das Novum, das mit Jesus gegeben ist, jedenfalls für die Christen. Ich habe mein Bestes getan, dafür eine möglichst kurze Doppelformulierung zu bedenken, die ich hier festhalte. Sie gibt den Platz Jesu im christlichen Suchkonzept an, wie ich es sehe.

(1) Die historische Forschung weist aus, dass es in der Lehre Jesu nichts gibt, das nicht auch in der Lehre der Juden enthalten war. Jesus blieb, anders gesagt, innerhalb des Rahmens der jüdischen Religion, wie vielfach aufgezeigt wurde, von Strack-Billerbeck bis hin zu David Flusser und Pinchas Lapide. Er kritisiert seine Zeitgenossen, also Juden, nicht aber das Judentum. Der schlagendste Beweis scheint mir die Tatsache zu sein, dass er das Vaterunser hinterlassen hat. Es gibt keinen Juden, der es nicht beten kann, sagt David Flusser.

(2) Es gibt nichts im Christentum, das nicht auch im Judentum enthalten ist. Das jüdische Suchkonzept ist das christliche. Zum Beweis: Seit ihrem Beginn gebraucht die christliche Kirche das Alte Testament, die jüdischen heiligen Schriften, als ihre eigene heilige Schrift. Das ist manchmal mit viel Ächzen und Stöhnen verbunden, mit vielen Missverständnissen über das Alte Testament (dazu später mehr), aber unstreitig als kanonische Schrift, und kanonisch bedeutet, dass man seinen Glauben darauf bauen kann.

Das Jüdische ist das Christliche, mit einer Ausnahme: Der Gott der Juden ist dem Christentum zufolge durch Jesus auch Gott für die Heiden geworden. Nicht ohne Absicht heißt es hier ›dem Christentum zufolge‹. Es war ein respektloser Griff nach dem Gott der Juden, man kann es nicht anders sagen, eine Art von Vereinnahmung. Aber dazu hatte die Christenheit den Mut, es war dazu aufgerufen von jemandem, der selbst jüdischer Herkunft war: Paulus. ›Er predigte ihnen Jesus‹, das will sagen, dass er ihnen den Gott der Juden auch als den Gott der Nichtjuden und für diese predigte. Ich werde nachher aufzeigen, was das mit sich gebracht hat, aber vorläufig kann ich es bei dieser kurzen Formel belassen. Alle Ingredienzien des Glaubens der

Christen sind schon bei den Juden zu finden, mit Ausnahme von Jesus.

6. Die Kontroverse

Die Kontroverse zwischen Juden und Christen ist also tatsächlich mit Jesus verbunden, so viel ist sicher. Der zunehmenden Verehrung bei den Einen steht der zunehmende Widerstand bei den Anderen gegenüber. Worum geht der Streit eigentlich?

Der Anfang, wenn nicht die Essenz, steht so deutlich, wie wir es nur wollen, im Buch Apostelgeschichte, siehe die Kapitel 8,10 und 11. Den Abschluss bildet Kapitel 22. Der Apostel Paulus verteidigt darin seine Vorgehensweise und Verkündigung gegenüber seinen Glaubensgenossen, und er hat augenscheinlich Erfolg, das nicht nur, weil er mit ihnen in ihrer eigenen Sprache redet, sondern auch, weil seine Geschichte niemanden verärgert. Er darf ruhig seine Lebensgeschichte erzählen, seine Berufung und Bekehrung, sein Bedauern über seine Vergangenheit. Sie hören alles an, bis er seine Mission zur Sprache bringt. Er muss auf Anweisung des Herrn (hier offensichtlich Jesus) in die Welt gehen: ›Brich auf, denn ich will dich in die Ferne zu den Heiden senden.‹ Und dann lesen wir (Vers 22):

Bis zu diesem Wort hörten sie ihm zu, dann fingen sie an zu schreien: Weg mit so einem Menschen! Er darf nicht am Leben bleiben.

Ein Stein ins Wasser! Ich lese diese Passage als Beschreibung *des* Punktes, *der* Quelle des Konfliktes zwischen Juden und Christen. Nicht die Zweinaturenlehre, nicht Jesus als die inkarnierte zweite Person der Heiligen Dreieinigkeit, nein, ›Gott-auf-Erden‹ ist im Lauf der Geschichte beider Religionen die Kontroverse *geworden*, sie ist es aber vom Anfang an nicht gewesen. Es war vielmehr der Anspruch der Jesus-Anhänger, dass seit seinem Auftreten die Mauer zwischen Juden und Heiden aufgehoben wäre.

Ich fühle kein Bedürfnis, dazu allerlei Textzitate aus dem Neuen Testament heranzuziehen. Neben dem Apostel Paulus braucht man nur Lukas zu lesen (sowohl in seinem Evangelium als auch in der Apostelgeschichte), ferner das immer wieder zitierte Kapitel 2 (Vers 11–22) aus dem Epheserbrief und, um damit abzuschließen, den so genannten Sendungsauftrag aus Matthäus 28, der nicht als ein Auftrag gelesen werden darf, Menschen dazu zu zwingen, Christen zu werden, sondern als die Freiheit für Nichtjuden, den Gott der Juden als ihren Gott zu betrachten.

Es gibt kein Halten mehr. Das hat natürlich erhebliche Folgen für die Art und Weise, in der über Gott gesprochen wird. Nichtjuden sind darin anders als Juden, Juden von heute wiederum anders als Juden von damals; Suchkonzepte sind in Bewegung, wollen sie ihre Funktion erfüllen. Aber das ändert nichts daran, dass das Neue des Christentums, verglichen mit dem Judentum, in der Eröffnung des Weges zum Gott der Juden für Nichtjuden besteht. Nicht ohne Grund heißt Jesus ›der Weg‹, lies, der Weg zu Gott für Nichtjuden (beispielsweise Apostelgeschichte 19,9).

7. Thijs Booy und das Volk Gottes

Die Art der Kontroverse, die ich meine, kann ich mit Hilfe einer Parallele verdeutlichen. In den fünfziger Jahren begann man sich in den evangelisch-reformierten Kirchen in den Niederlanden über die Bedeutung des Getauftseins zu streiten. Auf konservativer Seite wurde das Getauftsein ganz auf der Linie der Tradition als Zeichen dafür gedeutet, dass man ›zu Gott gehörte‹, dem Volk Gottes angehörte. Nur für Getaufte gilt das also, so die strikte Argumentation, und angesichts dessen, dass Taufe die Kindertaufe bedeutete, sind nur getaufte Kinder Kinder Gottes. Thijs Booy, ein rebellischer Schriftsteller in dieser Zeit, verfasste dagegen unter dem Titel ›En alle jeugd is Gods jeugd! (Und alle Jugend ist Gottes Jugend!)‹ ein dickleibiges Buch. Es geht mir hier nicht um das Für und Wider dieser Diskussion, sondern um das Modell der Kontroverse. Die Kindertaufe ist auf die Vorlage Israels als Volk Gottes aufgepfropft. Wer in dieses Volk hineingeboren ist, gehört zu diesem Volk, und als Beweis dafür erhält er ein Zeichen. In Israel war das die Beschneidung, die christliche Kirche gebrauchte dafür die Taufe, ›die an Stelle der Beschneidung getreten ist‹, wie die klassische Taufurkunde ganz arglos anmerken kann.

Sind die anderen also nicht Gottes Volk? Als Thijs Booy den Finger auf die schmerzende Stelle legte, wiederholte sich, ungefähr jedenfalls, die Geschichte aus Apostelgeschichte 22; die evangelisch-reformierten Kirchen wollten nichts davon hören, dass alle Jugend Gottes Jugend ist: die Bedeutung der Taufe als unterscheidendes Merkmal und die Bedeutung der Kirche als Volk Gottes werde damit zunichte gemacht.

Wenn Reformierte sich mit Thijs Booy schon so schwer taten, dann mussten Juden mit dem Apostel Paulus noch viel mehr Schwierigkeiten gehabt haben, der nach ihrer festen Überzeugung den Gott Israels über Jesus an die Heiden ausverkaufte.

Das Problem liegt im Konzept vom ›Volk Gottes‹ begründet. Alle Völker sind Gottes Volk, und es ist nicht ein Volk, so wie das Judentum es will. Es stimmt auch nicht, dass er aus allen Völkern sein Volk zusammenstellt, wie es die Urvorstellung des Christentums sieht. Das ist eine Verbesserung, aber nicht hinreichend. Gibt es wirklich ein Volk Gottes, kann man mit Recht davon sprechen, oder bescheinigen sich die Religionen das selbst, und ist das einer der Gründe, aus dem heraus sie sich so leicht als gegenseitige Konkurrenten hinstellen?

Ich gehe vom Letzteren aus. Die christliche Kirche als Ganze sitzt mit dem Judentum im gleichen Boot. Reserviert man die Bezeichnung ›Volk Gottes‹ für einen bestimmten Teil der Menschheit, nämlich den Teil, der sich einem bestimmten Suchkonzept von Gott verbunden fühlt, unterscheidet man zwischen ›Gottes Volk‹ und nicht ›Gottes Volk‹. Wer dazugehört, besitzt ein Privileg, das anderen nicht zukommt. Es mag hunderttausend Mal auf Gnade beruhen, auf einer unverdienten Auserwählung (wie die theologische Rechtfertigung es will), hunderttausend Mal damit zusammenfallen, dass man zum Dienst berufen ist – es bleibt ein Privileg, das wir uns selbst in solchen Fällen zuerkannt haben. Wer nicht dazugehört, wird es aus diesem Grund immer als Diskriminierung erleben, als Hochmut, Selbstüberhebung, als Aneignung Gottes durch die andere Partei, und daher wird er sich freuen, wenn diese Trennung für ungültig erklärt wird. Ich denke, dass das Verblassen der Taufe als Zeichen und Siegel, dass man, im Gegensatz zu anderen, zum Volk Gottes gehört, mit der Intuition zusammenhängt, dass hier etwas geschieht, was nicht (mehr) sein kann.

Ich weiß es zu würdigen, dass das Konzept ›Volk Gottes‹ auch in einem guten Sinn Bestand haben kann, insbesondere, wenn damit bezweckt ist, das Kirchenvolk gegenüber dem Klerus wieder aufzuwerten, die Laien gegenüber der Hierarchie (die sich als die eigentliche Kirche auffasst, da sie die rituelle Praxis besorgt). Den katholischen Christen, die sich mit diesem Konzept von der Alleinherrschaft des Papstes und der Bischöfe absetzen, hat es daher gute Dienste erwiesen. Nicht die Amtsinhaber, sondern (in ihrer Sprechweise) die Laien, laicus, das Volk (buchstäblich) ist die Kirche. Zu mehr aber kann der Ausdruck nicht dienen. In der Vergangenheit konnte die Christenheit von offenbarten Wahrheiten ausgehen und von einer Kirche, die über das Wissen darüber verfügte und auf dieses Wissen bauen konnte. Wenn aber dieser Entschuldigungsgrund entfällt, ist ›Volk Gottes‹ tatsächlich eine Selbstbezeichnung. Alle Völker sind, wenn man so will, ›Gottes Volk‹, oder keines ist es. Die christliche Kirche täte gut daran, das Konzept als Selbstinterpretation im Gegenüber zum Rest der Menschheit fallen zu lassen.

8. ›Israels Gott auch für Nichtjuden‹ – wie Paulus auf diese Idee kommt

Paulus mag zwar mit dem Evangelium von Jesus Christus in die Welt hinausgezogen sein, die Geschichte fängt aber anders an. Jesus tritt im Rahmen des Judentums auf, er ist Prophet für sein Volk. ›Gott hat sein Volk besucht‹ (Lukas 1,68) hat die christliche Kirche wohl zu leichthin gelesen als ›die Kirche oder die Menschheit besucht‹. Der Satz bezieht sich auf Israel, und erst nach einem Schwenk in der Geschichte, von dem niemand in der Zeit irgendetwas ahnte, ist Jesus ein Licht für die Völker geworden. Das eigene Volk zuerst, so sagt er selbst, als sich eine Fremde an ihn klammert, um Hilfe zu bekommen (Matthäus 15,21–28). Erst nach langem Drängen lässt er sich überreden, widerwillig begibt er sich auf die andere Seite.

Es ist eine Öffnung, man kann daran anknüpfen. Aber es lässt sich nicht leugnen, dass seine Geschichte sich innerhalb der jüdischen Gemeinschaft abspielt, sich an jüdische Bestrebungen anschließt (Jesus als ›Erwartung Israels‹), typisch jüdische Kontroversen bespricht, das jüdische Land und den jüdischen Kontext voraussetzt, das selbst in einem solchen Umfang, dass große Teile der Evangelien als Erzählungen prachtvoll sind, uns ihre Bedeutung jedoch entgehen würde, wenn es keine Exegese gäbe. Auch bei einem Evangelisten wie Lukas, der doch so kosmopolitisch über Jesus denkt, wird das nicht weggewischt. Er lässt in Apostelgeschichte 10 und 11 (die Taufe des Cornelius) anschaulich sehen, wie schwer es den ersten Christen (Juden!) fiel, Heiden zu akzeptieren. Eine himmlische Vision ist erforderlich, sie umzustimmen! Wie also kommen sie und wie kommt insbesondere Paulus auf die Idee, dass Gott auch für Nichtjuden zugänglich ist?

Es lässt sich eine Vielzahl von Faktoren finden, aber ich beschränke mich nur auf wenige. Der Ausgangspunkt ist der Widerstand manch einer jüdischen Gruppierung gegen das, was Jesus als seine Mission im eigenen Volk betrachtet hat, ein Widerstand, der auf seine Hinrichtung durch die Römer hinauslief. Diskussionen unter den Juden über das Pro und Kontra, so können wir annehmen, waren die Folge, und jeder Teilnehmer suchte in der Tradition nach einer Bestätigung seiner Meinung. Das Buch Apostelgeschichte, das zu einem großen Teil aus der Feder des Evangelisten Lukas stammt, erzählt ausführlich über Diskussionen dieser Art, und wir dürfen annehmen, dass es sie bereits gab, bevor Paulus mit seiner Mission begann. Das ruft bei den Jüngern zuerst die Frage wach, was man tun muss, wenn das eigene Volk nicht hören will. Nun, dann geht man zu den Heiden und sucht dort nach Zuhörern. Das ist die Reihenfolge, die wir beim Apostel Paulus im Buch Apostelgeschichte ausführlich beschrieben sehen. Er geht immer wieder erst zur Synagoge, zum eigenen Volk, und wenn er dort abgewiesen wird, wendet er sich an die Nichtjuden, die er ungeniert als ›die Heiden‹ bezeichnet. In seinem Brief an die Römer rechtfertigt er später diese Haltung.

Daran schließt ein zweiter Faktor an, der nicht weniger wichtig ist. Es ist die Idee, dass Israel für die Welt eine Heilsfunktion einnahm. Es ist nicht so, dass die jüdische Religion keine missionarischen Elemente zulässt. Stadt und Land wurden in den Tagen Jesu bereist, um Bekehrte zu gewinnen. Ihr macht sie schlimmer, als ihr selbst es seid, sagte Jesus (oder das sagte die erste christliche Gemeinde als Polemik, Matthäus 23,15), aber es gab doch einen missionarischen Eifer, und er konnte sich zu seiner Rechtfertigung auf die Propheten berufen. Man nehme ein so geflügeltes Wort wie ›ein Licht für die Völker‹, eine Passage aus dem Propheten Jesaja, in welcher der Gottesknecht erfährt:

Es ist zu wenig, dass du mein Knecht bist, nur um die Stämme Jakobs wieder aufzurichten und die Verschonten Israels heimzuführen. Ich mache dich zum Licht für die Völker, damit mein Heil bis an das Ende der Erde reicht. (Jesaja 49,6)

Der Knecht kann Israel sein, ebenso gut aber eine einzelne Gestalt, der Text gibt darüber keinen Aufschluss. Das lud dazu ein, die Prophetie auf Jesus bezogen sein zu lassen. Das Licht der Völker mochte zwar in erster Linie Israel sein, in Israels großem Sohn wurde die Weissagung jedoch erst Wirklichkeit. In jedem Fall ist es das, was der Apostel Paulus daraus macht (siehe Apostelgeschichte 26 oder Römer 2), und nach ihm manch ein christlicher Theologe. Gott ändert sich im Grunde nicht, wenn auch Nichtjuden Zugang zu ihm finden. Es ist, mehr noch, ein innerjüdischer Gedanke, dass auch Nichtjuden am Heil des Herrn teilhaben dürfen.

Noch ein dritter Faktor hat eine Rolle gespielt. Es ist die große Verbreitung der Juden im Römischen Reich. Jede bedeutsame Stadt besaß eine Synagoge. Mit ihrer strengen Beachtung der göttlichen Gebote errang das Judentum bei Außenstehenden großen Respekt. Viele Juden waren offen für neue Denkweisen von außen, sie waren echte Kosmopoliten, aber sie blieben doch jüdisch. Paulus war einer von ihnen, er wohnte außerhalb Israels, besaß das römische Bürgerrecht, aber er war und blieb seiner Religion treu.

Die Situation, die ich hier beschreibe, erklärt jedenfalls zum Teil die Mühelosigkeit, mit der Paulus, wenn er irgendwo in eine Stadt kommt – Antiochia, Derbe, Lystra, Korinth –, eine Gruppe von Christen zu rekrutieren weiß. Er fischt sie sozusagen aus dem jüdischen Teich. Ein großer Vorteil war der, dass die neue Gruppe, die Christen also, sicher zu Beginn, von Außenstehenden als ein Zweig des Glaubens der jüdischen Väter und somit als eine legitime Religion betrachtet wurde.

Dabei will ich es belassen, es geht mir nicht um erschöpfende Erklärungen, sondern mehr um die Feststellung, dass der Zugang von Nichtjuden zum Gott der jüdischen Religion ein Element ist, das von alters her zu dieser Religion selbst gehört, in jedem Fall nicht im Widerstreit zu ihr ist. Unter welchen Bedingungen gilt das? In diesem Punkt kann man deutlich sehen, dass der Apostel Paulus seinen Brüdern eine Auseinandersetzung nicht erspart. Aber dazu kommen wir noch.

11. Schuld und Buße. Die Versöhnung

1. Jesus und die Versöhnung als jüdisches Ritual

Es war lange Zeit nicht an der Tagesordnung, Paulus Beifall zu bekunden. Er wurde als der böse Genius des Christentums betrachtet, denn alles, was bei Jesus einfach war, hätte er schwierig gemacht, unzugänglich für normale Menschen. Man nehme die einfache Nachfolge Christi, über welche die Evangelisten berichten, und setze ihr die Lehre von Paulus über Versöhnung und Rechtfertigung entgegen. Was für eine komplizierte Art des Christentums macht er daraus! Das ist Material für Theologen, so war die Stimmung ein wenig, und so ist es häufig noch.

Stimmt dieses Bild? Ich werde angesichts der Zielsetzung dieses Buches auf die Frage nicht ausführlich eingehen. Mangel an Geduld, wenig Sachkenntnis und eine gewisse Unzugänglichkeit des Apostels selbst dürften an dieser Vorstellung mitgewirkt haben. Aber Paulus hat nicht alles verdorben. Er hat Jesus ausgelegt, er hat jedenfalls sein Bestes dazu beigetragen, ihn im Sinne der jüdischen Religion zu deuten. Dagegen kann man natürlich Bedenken haben; andere haben ihn darüber hinaus anders gedeutet, auch im Neuen Testament. Trotzdem gibt es Paulus nun einmal, nimmt sein Werk einen großen Teil der christlichen Urkunde, des Neuen Testamentes, ein, bringt seine Einbeziehung Jesu in die jüdische Religion nun einmal die Versöhnung als ihren Brennpunkt mit, und das gibt zu denken.

Wer dem Apostel Paulus mit seiner Idee folgt, dass der Gott der Juden auch der Gott der Nichtjuden ist, der stößt von selbst auf das, was für den Gott der Juden charakteristisch ist, gemäß der Regel, dass, wer A sagt, auch B sagen muss. B ist das, was bei Paulus die Versöhnung und in ihrer Weiterführung die Rechtfertigung ›durch den Glauben‹ an Stelle von ›durch Werke des Gesetzes‹ heißt.

Versöhnung ist keine christliche Erfindung, wie oft gedacht oder behauptet wird, viele Religionen kennen sie. Unter ihnen ist auch die jüdische, die ›Religion Christi‹, die Glaubenswelt Jesu. Die Versöhnung war in ihr jährlich wiederkehrendes Ritual, das durch das Verjagen des so genannten Sündenbocks gekennzeichnet war. Jesus hat das Ritual des Großen Versöhnungsfestes zweifellos manches Mal miterlebt. Was Paulus dem als Besonderheit hinzufügt, ist, dass er Jesus eine Schlüsselrolle im Ritual der Versöhnung zuweist und damit das Ritual für Nichtjuden öffnet. Die ganze komplizierte Terminologie von Rechtfertigung und Versöhnung hat den Zweck, Nichtjuden deutlich zu machen, dass Gott auch ihnen zugänglich ist. Ich gebe es mit seinen eigenen Worten wieder: Gott war es, der in Christus *die Welt* mit sich versöhnt hat, nicht nur das jüdische Volk (2 Korinther 5,19). Das ist es, was Paulus vermitteln will. Er wird unzweifelhaft mehr und andere Vorstellungen verwendet haben, um die Rolle Jesu zu verdeutlichen, aber der Anschaulichkeit halber bringe ich seine Auffassung unter den Nenner der Versöhnung. In der Person Jesu bekommt die Welt ihren Sündenbock und mit dem Karfreitag ihr Großes Versöhnungsfest.

2. Der Sündenbock: Wofür steht er?

Bei jeder Katastrophe suchen wir nach einem Sündenbock, jemanden, auf den wir die Schuld schieben können. Wenn eine Partei eine schwere Wahlniederlage erleidet, bleibt oft ihr Spitzenkandidat nicht ungeschoren. Er wird geopfert, wie es charakteristisch genug heißt. Der ›Sündenbock‹ bezeichnet ein Abschiebesystem, wir benutzen es gern, außer wenn es um Religion geht. Hier kann der Mechanismus nur mit wenig Sympathie rechnen. ›Meine Sünden nehme ich mit ins Grab‹, sagte der Dichter. Er meinte damit: Ich werde nicht andere dafür einstehen lassen. Amen. Die gesamte Christenheit müsste das etwas deutlicher bestätigen. Niemand steht für einen anderen ein, in diesem Sinn war auch der Sündenbock *nie jemals* gemeint, auch Jesus nicht. Dieses Missverständnis ist hiermit beseitigt. Wofür steht er dann?

Das Ritual des Sündenbockes, so wie es im alten Israel fungierte, wird im Buch Levitikus ausführlich beschrieben (siehe insbesondere die Kapitel 20 und 21), und im Neuen Testament kommt der Brief an die Hebräer (Kapitel 9) darauf zurück. Ich kann diese Kapitel hier nicht zitieren, begnüge mich vielmehr mit der Anmerkung, dass der Hohepriester einmal im Jahr einem Bock die Hände auflegen musste, ihn sozusagen mit den Sünden des Volkes beladen musste, um ihn anschließend in die Wüste zu jagen. Der Zweck des Rituals liegt offensichtlich darin, dass die Sünden des Volkes aus der Gemeinschaft heraus getragen werden. Der Bock trägt das Böse fort, das moralische und religiöse Übel, das Volk gilt wieder als rein. Es geht also um ein Stellver-

änderung einschließt? Wer den vorigen Abschnitt noch einmal durchliest, wird sehen, dass es anders ist, dass Reue, Bekehrung und Veränderung nicht zum Ritual hinzugefügt zu werden brauchen; sie bilden einen wesentlichen Teil von ihm. Ohne Reue und Bekehrung gibt es keine Vergebung.

Der wichtigste Widerstand kommt jedoch aus einer anderen Richtung: durch das Durcheinanderbringen von ›von oben‹ und ›von unten‹. ›Versöhnung‹ als religiöser Begriff ist von Hause aus ein Ritual, das ›von unten‹ stammt, das ihm buchstäblichsten Sinn von Menschen eingeführt ist. Nicht Gott hat es bedacht und anschließend offenbart, so dass man daran glauben muss, es stammt von Menschen, die damit etwas bezweckten. Lassen Sie mich das erläutern.

Die Wurzeln des Bösen, das Menschen einander antun, so leitete ich den Abschnitt ein, liegen in Unrecht und Gewalt begründet; daher kann man Konflikte nicht lösen, wenn man nicht dahin zurückgeht. Aber dann sind wir noch nicht am Ziel, denn ›das Böse, das Menschen einander antun‹ reicht bis zu Gott, dem Schöpfer, und der Ordnung, die er in seiner Welt aufrechterhält. Alle großen Religionen kennen einen erzürnten Gott, der wie eine Gewitterwolke herankommt oder mit langem Arm ein Volk, das seine Ordnung übertreten hat, zu ergreifen weiß. Die große Unterschiedlichkeit in den Vorstellungen darüber braucht uns hier nicht zu beschäftigen. Dieser Gott muss versöhnt werden, sein Zorn beschwichtigt, sein Gemüt beruhigt – das ist Gemeingut. Es geschieht durch Rituale, welche, das spielt keine Rolle. Ein gutes Beispiel aus dem Alten Testament ist die Erzählung von Noach, der Gott nach der Sintflut ein Opfer bringt; und dann steht dort:

> Der Herr roch den beruhigenden Duft, und der Herr sprach bei sich: Ich will die Erde wegen des Menschen nicht noch einmal verfluchen; denn das Trachten des Menschen ist böse von Jugend an. Ich will künftig nicht mehr alles Lebendige vernichten, wie ich es getan habe. (Genesis 8,21)

Wer hat da gesagt, dass Gott, der besänftigt wurde, in der Bibel nicht vorkäme? Die Erzählung von Noach ist nicht die einzige. Natürlich sind das primitive Gottesvorstellungen – ich gehe gleich darauf ein –, aber man sollte sie wegen der Menschenähnlichkeit, in der Gott vorgestellt wird, nicht beseitigen; man muss herauszufinden versuchen, warum

Menschen so über Gott sprechen und was in diesen Vorstellungen zum Ausdruck kommt. Muss Gott besänftigt werden? Ja, denn er ist erzürnt. Woher rührt der Zorn? Weil gegen seine Ordnung, deren Fundamente Recht und Gerechtigkeit sind, verstoßen wurde. Kein Volk, dass nicht daran glaubte, wie auch an einen Gott, der die Übertretungen nicht hinnimmt. Man darf gegen die Ordnung Gottes nicht verstoßen, Menschen wissen das. Dies führt uns zu den Ritualen, vom Sündenbock bis zum Opfer. Sie haben nur ein Ziel, nämlich den Zorn Gottes nach Möglichkeit abzuwenden. Die Rituale kommen von unten, von Menschen, die das Damoklesschwert über ihrem Haupte hängen sehen und dazu etwas bedacht haben. Die Auffassung, dass Gott sich als derjenige offenbart hat, der Genugtuung verlangt, oder gerade umgekehrt, als derjenige, der keine Genugtuung verlangt, übergeht die Pointe des Rituals und führt dazu, dass wir Gott in unsere kirchlichen Streitgespräche über die Versöhnung einbeziehen. ›Versöhnung‹ ist ein Ritual ›von unten‹, von Menschen, die wussten: Wir sind zu Sündern geworden, zu Schuldnern, und daran müssen wir etwas tun; und anschließend schoben sie ihren Sündenbock oder ein Opfertier vor.

Ich werde nachfolgend zuerst auf das eingehen, was man als die primitive Gottesvorstellung bezeichnet, die sich hinter der Versöhnungslehre verbergen würde, und in einem darauf folgenden Abschnitt auf das, was es für die Versöhnungslehre bedeutet, dass sie von unten stammt, von Menschen bedacht.

4. Unpassend für Gott?

Man muss die Bibel von ihren primitiven Gottesvorstellungen reinigen. Die alten Kirchenväter plädierten bereits dafür. Ich habe den Verdacht, dass viele moderne Reformierte genauso darüber denken. Gott schnaubt nicht, er wird nicht zornig, er hat keine *Stimmungen*, geschweige denn, dass man von *bösen Gefühlen* sprechen könnte, und so ließe sich fortfahren. Die Kirchenväter benutzten in der Spur von Origines dafür einen hübschen Standardbegriff: Es ist *non decens deo*, unpassend für Gott. Die Verfasser der Bibel, insbesondere die des Alten Testamentes, sprechen nicht adäquat über Gott. Sie stellen ihn menschenähnlich dar, und das ist nicht richtig. Es ist die Aufgabe der Theologen, die Sachlage zu klären und den Gläubigen deutlich zu machen, dass man diesen

Wortgebrauch hinter sich lassen muss, jedenfalls dann, wenn man zu den Aufgeklärten gehört.

Die Kirchenführer hatten Verständnis für das Ungemach, das ein stärker philosophisch geprägter Gottesbegriff den Gläubigen bescherte. In einer Enzyklopädie des zehnten Jahrhunderts fand ich einmal eine Erzählung von Cassianus (gest. 430) über einen Mönch heraus, der vom Volk einer allzu menschenähnlichen Gottesvorstellung beschuldigt wurde. Er wurde zum Bischof gerufen, der ihn näher über Gott unterrichtete, und aus Gehorsam gegenüber seinem Vorgesetzten gelobte der Mönch Besserung. Am folgenden Tag jedoch wurde er weinend auf der Straße angetroffen, wobei er laut rief: ›Eheu, eheu, abstulerunt a me deum meum!‹ (sie haben mir meinen Gott genommen). Er konnte ohne die Menschenähnlichkeit Gottes nicht an Gott glauben. Nun gut, lass ihn eben nur, lass nur alle Menschen, denen es anders nicht möglich ist. Betrachte die Bibelsprache, diese unbereinigte Sprache über Gott, als Anpassung an das Unverständnis, an den ungeschliffenen Geist des Menschen. Eine Anpassung von Seiten Gottes wohlgemerkt: So kam alles in Ordnung, denn die Fortgeschrittenen durften das reine Gottesbild behalten und die gewöhnlichen Menschen den menschenähnlichen Gott.

Das Schöne ist natürlich, dass sich die Kirchenlehrer mit ihrem orthodoxen Gemüt bis heute nicht nur mit der Bibelverbesserung befassten, selbst wenn die Bibel hundert Mal Gottes Wort war, sondern dass sie diese Verbesserung auf der Grundlage eines Kriteriums vornahmen, mit dem sie bei der Sprache der Bibel Maß nahmen, nämlich für Gott passend zu sein oder nicht. Dabei steht im Hintergrund als Maßstab ihr Gottesbild. Ich habe die Idee, dass bei der Debatte über die Versöhnung genau derselbe Mechanismus eine Rolle spielt: Gott muss versöhnt werden, denn er ist zornig! Das ist nicht möglich, denn das steht im Widerstreit zu dem, was wir von Gott denken, zu unserem Gottesbild, zu unserer Norm für Gott.

Nun nehme ich den Begriff ›Anpassung‹ nochmals auf; er ist von A bis Z von einer Bibelbetrachtung abhängig, welche die Bibel als ein von oben diktiertes Buch auffasst, und diese Betrachtungsweise dürften nur noch wenige Menschen teilen. Die Menschenähnlichkeit Gottes, die für alle Bücher der Bibel wesentlich ist, ist keine Anpassung des Allerhöchsten an den ungeschliffenen Menschen, sondern das, was wir gegenwärtig als eine Metapher bezeichnen, eine Form von Bildsprache, mit der Menschen ausdrücken, wem etwas oder jemand ihrer Meinung nach gleicht, nicht was etwas oder jemand ist (Ricoeur).

5. Gottes Menschenähnlichkeit als Metapher

Ich möchte verdeutlichen, was ich mit ›Metapher‹ im Blick habe. Mit Metaphern stellen wir einen Vergleich an, genauso wie mit anderen Formen der Bildsprache. Metaphern haftet daher etwas Gewagtes an, sie können nämlich misslingen. Wenn ich sage, dass Audrey Hepburn eine Kuh war, wird niemand verstehen, was ich zum Ausdruck bringen will, denn sie war schlank wie eine Tanne. Bezeichne ich Franz Beckenbauer als eine Gazelle, bin ich sofort deutlich. Mit diesen beiden Beispielen verdeutliche ich direkt, dass wir Metaphern verwenden, um einem anderen etwas mitzuteilen, so wie es sich uns darbietet. ›Hans gleicht Peter‹ ist eine Information über Hans, zumindest, wenn wir wissen, wer Peter ist; beispielsweise ›ebenso groß wie Peter‹, ›genauso klug‹ oder ›gerade so sportlich‹, es betrifft das, worüber unser Gespräch ging.

Die Sprache des Glaubens, der Religion, besteht, zugespitzt formuliert, von A bis Z aus Metaphern, aus Metaphern der Form ›Hans gleicht Peter‹. Judentum, Christentum und Islam haben als Metapher: Gott ist wie ein Mensch. Das ist weniger selbstverständlich, als es zu sein scheint, es ist eine gänzlich eigenartige Metapher für Gott. Zwar können wir nicht anders über die Welt Gottes reden als in Begriffen unserer Welt, wir sind sozusagen zu Metaphern verurteilt. Es gibt jedoch auch Religionen, die sagen: Gott ist wie eine Katze, oder Gott gleicht einer Schlange. Es ist charakteristisch für die Religionen, die ich erwähnte, und darin sind sie verwandter, als sie denken, dass sie sagen: Gott ist wie ein Mensch, menschenähnlich. Damit behaupten Christen nicht, dass Gott wie ein Mensch *sei*, sondern dass sie über ihn *sprechen* wie über einen Menschen, wenn sie verdeutlichen wollen, wer Gott ist und was er tut.

Dieses Menschenähnliche Gottes ist in der christlichen Glaubenssprache so normal geworden, dass viele deren metaphorischen Charakter nicht mehr empfinden. Manchmal widersetzen sie sich sogar der Feststellung, dass wir es mit Metaphern zu tun haben, aus der Vorstellung heraus, dass Metaphern keine Informationen bieten könnten. Das können sie aber schon, wenn ich wieder das Beispiel ›Hans gleicht Peter‹

heranziehe. Nicht dieser verweisende Charakter ist das Problem, sondern Hans. Die Metapher unterstellt, dass wir etwas von Hans wissen und nun nähere Informationen über ihn bekommen. Wissen wir etwas von Gott und fügt seine Menschenähnlichkeit dem etwas hinzu? Diese Frage ist so irritierend, dass ich sie hier nicht beantworten kann. Am Schluss des Buches greife ich sie wieder auf.

Innerhalb dieses metaphorischen Sprachfeldes der Religion entstehen spezifische Metaphern, die Menschen *doch* als solche empfinden. (Es ist ein Beweis dafür, wie wenig die Menschenähnlichkeit Gottes noch als Metapher gesehen wird.) Zu dieser zweiten Art gehört ›Versöhnung‹. Das ist eine spezielle Metapher innerhalb der allgemeinen Metapher von der Menschenähnlichkeit Gottes. Gott wird versöhnt wie ein Mensch, dessen Unmut oder Zorn geweckt wird.

Nach allem, was ich über Metaphern gesagt habe, dürfte es deutlich sein, dass man auf mehr als nur eine Weise mit der Metapher von der Versöhnung in die Irre gehen kann. Es kann sich ein Missverständnis zwischen Sprecher und Hörer ergeben: Gott ist zornig? Was ist damit gemeint? Metaphern können mit einem durchgehen; ein Fallstrick besteht darin, dass Menschen Schlussfolgerungen ziehen, die der ursprünglichen Verwendung völlig fremd sind. Zum Beispiel soll der Menschensohn sein Leben hingeben als Lösegeld für viele (Markus 10,45). An wen, so fragte bald schon ein neugieriger Bibelleser, wird dieses Lösegeld denn gezahlt? Aber davon hatte der Erzähler überhaupt nicht gesprochen; er wollte nur ausdrücken, dass er den Tod des Menschensohnes als eine Art Freikauf von Sklaven ansah. Die meisten Opfer von Metaphern, insbesondere von Metaphern, in denen Versöhnung zur Sprache kommt, sind die Menschen, die sich nicht davon befreien können, diese als Beschreibungen aufzufassen, die *ist* an Stelle von *gleicht dem* verstehen. Der arme, oben erwähnte Mönch war das Opfer einer Metapher, so wie es viele Christen heute noch sind, wenn sie sich Gott als einen übergroßen Menschen vorstellen.

Aber die Kirchenführer, die den Mönch Mores lehren wollten, waren es nicht weniger! Was sie wollten, die namhaften Theologen, die tiefsinnigen Denker, war gerade das Vorstoßen zu diesem ›Ist‹, war das Bestreben, in Worte zu kleiden, was oder wer Gott ist, die Metapher zu überwinden. Das geht aber gerade nicht, denn alles Reden über das Oben kommt von unten, ist immer metaphorisch. Die abstrakte Philosophensprache – Gott als unzugängliches Licht, als ewiges Wesen, als das Sein selbst, als der Eine und so weiter – ist ihrer Art nach metaphorisch und hat ihren Sinn. Aber sie dient bestimmt nicht der Vorstellbarkeit (der arme Mönch hatte alles verloren, als er abstrakt denken musste), wozu die Menschenähnlichkeit Gottes sehr wohl geeignet ist.

Welche Bedeutung sich dem, dass Gott nicht tiergestaltig, sondern menschenähnlich ist, abgewinnen lässt, ist deutlich. Das Personenhafte bildet die Essenz der Menschenähnlichkeit Gottes, und genau das bildet den Hintergrund der Versöhnung, ist wesentlich für deren Verständnis. Der Schöpfer gleicht den Christen zufolge noch am meisten einem ›Jemand-artigen‹ Wesen. Gegenüber einem Etwas, einer Einheit des Seins, einem ewigen Licht wird ein Mensch nicht schuldig, wohl aber einem personenhaften Schöpfergott gegenüber, der dem Menschen kundgegeben hat, wie er in der Schöpfung leben soll, der seinen Geboten Respekt verschafft, der gerecht ist, der den Unterdrücker zerschmettert und die Unterdrückten befreit, aber den Schuldigen keineswegs für unschuldig hält. Das weiß der Mensch, und darum greift er zu versöhnenden Ritualen, die Gottes Zorn abwenden sollen.

Ist das ein unpassendes Reden über Gott? Muss dieses Bild korrigiert werden, diesmal nicht von der Idee her, dass Gott überhaupt keine Gefühle hätte, wie es die klassischen Kirchenlehrer sahen, sondern weil Gott Liebe ist und nicht auf andere Gedanken gebracht zu werden braucht? Denkt er bloß gut über den Menschen, verströmt er nur Wohlgesinntheit? Das erscheint mir, was auch immer Weiteres darüber gesagt werden kann, als ein Schneiden in unser eigenes Fleisch. Gott wird im jüdischen, christlichen und islamischen Glauben als ein Gott angesehen, der seine Geschöpfe ernst nimmt. Das ist der Rahmen, in den das Ritual der Versöhnung gehört: Schuld und Buße. Das Bewusstsein davon erhält uns unsere Menschlichkeit, der Verlust dieses Bewusstseins entmenschlicht uns. Wir nehmen uns selbst ernst, wenn wir etwas von Versöhnung wissen wollen.

6. Muss Gott versöhnt werden?

Muss Gott versöhnt werden? Handelt es sich hier, ob Metapher oder nicht, nicht um eine primitive Vorstellung? Noch primitiver erscheint, dass das dadurch geschehen muss, dass ihm ein Opfer gebracht wird, ein blutiges Opfer obendrein, Jesus, der bluten muss. Ich halte das fest, um nichts von dem Ärger zu verfehlen, den Menschen oft bei dieser Darstellung der Dinge in sich aufsteigen fühlen. Was ändert sich daran, wenn wir Versöhnung als ein Ritual von unten verstehen?

Kehren wir uns zunächst der Frage zu, ob Gott versöhnt werden muss. Ihr kann ein Bibelleser nicht entkommen. Man kann abschwächen, was man will, neu interpretieren oder minimale Schlussfolgerungen ziehen, es ist unbestreitbar, dass Gott erweicht werden muss, so wie alle Götter im Altertum, durch welches Ritual auch immer, und wie auch immer diese Rituale anschließend gedeutet werden müssen.

Manch ein Christ reagiert darauf so krampfhaft, weil er den Ursprung des Rituals vergisst oder nichts davon wissen will, dass ›Versöhnung‹ ein Ritual von unten ist. Wir Menschen haben selbst diese Rituale bedacht, und zwar nicht einfach nur deshalb, weil es Rituale geben muss. Das Ritual der Versöhnung ist Zeichen eines erwachten Gewissens. Menschen wissen, dass sie die Ordnung Gottes übertreten, und wollen das wiedergutmachen. Das Ritual stellt einen Versuch dar, es von unten her beim Oben zu bereinigen. Gott muss versöhnt werden, das bedeutet, dass wir Schuldner sind und das wissen. Das ist die Essenz der Lehre von der Versöhnung.

Natürlich kann das ›versöhnt werden‹ sofort missverstanden werden, in Magie entarten, in magische Rituale. Nicht nur die Möglichkeit besteht, die Realität weist es auch aus. Gott soll durch ein herrlich duftendes Opfer beeinflusst werden. Die Erzählung von Noach ist dafür ein schönes Beispiel, sie bewegt sich auf Messers Schneide. Ist das nun Magie, oder erinnert die Erzählung in ihrem Wortgebrauch nur daran? Das ist jedoch kein ernstes Problem, es geht darum, was Menschen zu tun versuchen.

Die einzige ernsthafte Frage ist, was den Glauben betrifft, ob Gott durch ein Mittel auf andere Gedanken gebracht wird, ob das Mittel *causa*, Ursache einer Änderung der Stimmung im Hinblick auf den Sünder ist. Wer weiß! Möglicherweise haben die Verfasser der Bibel das bei manch einer Gelegenheit gedacht. Aber, um einen Anfang zu machen, gewiss nicht beim Ritual des Sündenbocks. Er wird nicht einmal geopfert, es ist also beim ›Sündenbock‹ keine Rede von einer kausalen Denkweise, dass etwa das (blutige) Opfer als Ursache für die Änderung der Einstellung Gottes angesehen wird.

Haben sie das auch nicht bei den Opferpraktiken im Allgemeinen gedacht? Ich folge der gleichen Begründung. Was der fromme Israelit gedacht hat, was der Bibelverfasser gemeint hat – wer kann das sagen? Aber wie gelangt das Ritual des Sündenbocks in die religiösen Gesetze Israels? Dadurch, dass Gott es Mose zufolge akzeptiert hat, ebenso wie die Darbringung von Opfern. Woher die Praktiken auch gekommen sein mögen, welche Religionen Israel darin voraufgingen, der Gott Israels macht den biblischen Verfassern zufolge das Seine daraus, und das sagt mindestens das Eine, dass nämlich das Ritual, das Gott günstig stimmen soll, nicht die Ursache der günstigen Stimmung Gottes ist. Gott nimmt den rituellen Vollzug an. Er vollzieht ihn sozusagen mit; das ist der Zweck. So macht der Verfasser von Levitikus 16 seinen Lesern deutlich, dass Gott über sein Volk günstig dachte, bevor sie versuchten, ihn – über Riten – günstig zu stimmen. Das, was Paulus über Versöhnung sagt, schließt nahtlos daran an, wie wir sehen werden.

7. ›Versöhnung‹ als christliches Ritual

Was ›Versöhnung‹ im christlichen Sinn bedeutet, kann ich nun in ein paar Punkten zusammenfassen.

1. Die Vorstellung, dass Gott versöhnt werden muss, ist Ausdruck eines erwachten Gewissens. Dass er versöhnt werden muss, entspricht dem, dass wir Schuldner sind. ›Gott muss versöhnt werden‹ heißt, dass wir die Verantwortung für das auf uns nehmen, was wir tun und unterlassen. Jude, Christ und Muslim haben als Pointe dabei einen personenhaften Gott, dem Menschen Rechenschaft schulden, mit allen Fehlgriffen, die das mit sich bringen kann. In der Entwicklung der Lehre der christlichen Kirche findet sich beispielsweise Gott als böser König, der den Sünder nicht gehen lässt, bevor er gestraft ist, oder als Herr untreuer Vasallen, der erst zufrieden ist, wenn ihm Genugtuung für seine geschändete Ehre verschafft wurde. Metaphern können sich in alle Richtungen bewegen, und so zu fremdartigen und verfremdenden Vorstellungen führen. Dennoch sind sowohl Strafe als auch Genugtuung, die beiden Weisen, in denen Gott gemäß der klassischen christlichen Lehre die Weltordnung handhabt, Ausschmückungen der Vorstellung, dass die Weltordnung verletzt wurde und das zu einer Katastrophe führen muss, wenn wir uns dem nicht stellen.

2. Dass wir Menschen etwas tun müssen, um einer Katastrophe ent-gegenzutreten – das ist das Ritual. Es drückt das Bewusstsein aus, dass ›Schwamm drüber‹ nicht ausreicht, denn damit sind die Vergehen nicht aus der Welt, und die Absicht war doch, dass sie nicht länger vor Gottes Angesicht verbleiben dürfen. Daher rührt der Sündenbock, von daher das Lamm Gottes, das die Sünden der Welt hinwegnimmt, und gleich-artige Vorstellungen. Die Ausgestaltung des Rituals, seine Art, ist nicht so wichtig. Alles dreht sich darum, dass Menschen ihre Vergehen ein-sehen und von deren Last befreit werden wollen. Versöhnung ist ein Ritual, das Befreiung bezweckt.

3. ›Wir müssen daran etwas tun.‹ Der Apostel Paulus zeichnet Jesus in das (jüdische) Ritual der Versöhnung hinein, als den Sündenbock, der die Vergehen der Welt und nicht nur die des jüdischen Volkes weg-trägt. Die Besonderheit hierbei ist, dass es ihm zufolge Gott selbst ist, der ›etwas daran tut‹, der also nicht nur das Ritual mitspielt, sondern unsere rituelle Rolle übernimmt; er bestimmt Jesus als ›Sühnemittel‹ (Römer 3,25). So kann Paulus sagen, dass Gott selbst auf dem Wege, den Jesus ging, damit befasst war, die Welt mit sich zu versöhnen. Damit ist nicht nur jeder Hauch von *Umstimmung* (Gott will zuerst Blut sehen), sondern auch alles, was an *Wiedergutmachung* grenzt, aus dem ganzen Verfahren verbannt. Paulus gibt das perfekt wieder, wenn er sagt, dass ›Gott in Christus handelte, um die Welt mit sich zu versöhnen‹.

4. Damit verleiht Paulus dem Leiden und Sterben Jesu eine enorme Wendung. Was ein Mord war, denn anders kann man es nicht bezeich-nen, wie Schillebeeckx zu Recht anmerkt, wird zum Guten gewendet, bekommt eine Art Weltbedeutung, der Kreuzestod wird zum Ritual, das die Vergehen der Welt, der Nichtjuden, wegträgt. An dieser Aus-legung des Todes Jesu hängt die christliche Glaubenstradition. Damit ist nicht ausgeschlossen, dass Christen anders über Jesus denken dürfen als der Apostel Paulus oder einen Widerwillen gegen die ›Versöhnung‹ behalten dürfen. Man braucht nicht nachzuweisen oder Versuche zu dem Nachweis zu unternehmen, dass es in der Bibel nicht oder anders steht, denn das wäre ein Rückfall in die alte reformatorische Sünde, die sagt, dass es in der Bibel stehen muss, weil es ansonsten nicht taugt, und dass es nicht nötig ist, wenn es nicht darin steht. Das erscheint mir als selbst gewählte Wortklauberei.

5. Versöhnung bedeutet also nicht die Aufhebung unserer Verant-wortung, mit ihr geht keine Entmenschlichung einher. Von einem

›nichtswürdigen Sünder‹, der alles über sich ergehen lässt, kann hier nicht die Rede sein. Wer der Vorstellung von der Versöhnung anhängt, ist gerade bereit, sich selbst als verantwortlichen Menschen ernst zu nehmen, das heißt, die Verantwortung für sein Tun und Lassen gegenüber der höchsten Instanz, die man sich denken kann, dem Schöpfer, auf sich zu nehmen.

6. Ist es dann eine Versöhnung untereinander, Versöhnung im sozialen Sinn? Versöhnung als Veränderung, gewiss, das ist ein darin eingeschlossener Begriff. Wer die Vorstellung von einem Gott hat, der die Welt mit sich versöhnen will, ist auch bereit, das selbst zu tun; wir vergeben einander, so wie Gott uns vergibt. Wenn das Vergeben auch eine Haltung sein mag, die außerhalb des Christentums ebenfalls vorkommt, so ist sie für Christen von Gott her inspiriert, der vergibt, und von daher ein *Muss*. Derselbe Paulus, auf den ich so baue, spornt Christen dazu an, Nachfolger Gottes zu werden.

8. Das Sühneblut Jesu

Es bleiben noch ein paar kleine Ärgernisse, die an dem nagen, was bei Protestanten ›Versöhnung‹ heißt. Die katholische Kirche hält mehr von dem Begriff ›Erlösung‹, was die Einstellung beider charakterisiert. Ich beginne mit ›dem kostbaren Blut unseres Herrn Jesus Christus, das vergossen wurde zu einer vollkommenen Sühne für all unsere Sünden‹.

Diese Zeile ist ein Zitat aus dem Formular für die Feier des heiligen Abendmahles, das ich als Kind in der Kirche Hunderte Male habe vorlesen hören; auch wenn man als Kind nicht am Abendmahl teilnehmen durfte, musste man bei so einem Gottesdienst schweigend dabeisitzen. Die Einsetzungsworte aus Matthäus werden zitiert, bevor Brot und Wein ausgeteilt werden, und die Auslegung, die uns Kindern gegeben wurde, war, dass im Alten Bund (Gott und Israel) blutige Opfer die Sünden des Volkes austilgen mussten und dass im Neuen Bund (Gott und die Kirche) das Blut von Stieren und Böcken durch ›das kostbare Blut unseres Herrn Jesus Christus‹ ersetzt worden war. ›Ehe er sie [unsere Sünden] ungestraft bleiben ließ, hat er sie an seinem lieben Sohn Jesus Christus gestraft.‹ Gott kann die Sünde wegen seiner Gerechtigkeit nicht ungestraft bleiben lassen. Die Variante lautet, dass Gottes Ehre angegriffen ist, er kann nicht vergeben, bevor nicht seiner verletzten Ehre Genüge getan wurde. In der Fachsprache der Theologen heißt das: Versöhnung durch Genugtuung. Was beide verbindet, ist, dass das Blut Jesu dem zustatten kommt.

1. Man kann daraus leicht eine Karikatur machen, d. h. Gott als den Einzigen zeichnen, dem das grässliche Vorrecht zukommt, nicht ohne Gegenleistung vergeben zu dürfen (Harnack). Dazu kommt man, wenn man vergisst, dass ein Ritual ein Unternehmen von unten her ist. Menschen werden wach, begreifen, dass sie etwas tun müssen, wenn sie nicht von Gottes Zorn erfasst werden wollen, und sie wenden sich an ihn mit Reue, Schuldbekenntnis, Gebet um Vergebung und dem Gelöbnis, ihr Leben zu bessern. Das Ritual ist ›von unten‹. Dass Gott, wie Juden und Christen behaupten, diesen Ritus übernimmt, selbst unsere Rolle zu der Seinigen macht, ist ebenso wenig eine vom Himmel gefallene Wahrheit, sondern ein Glaube, eine Erwartung, eine Hoffnung, eine Form des *Wunschdenkens*. Niemand *braucht* das zu glauben, aber es ist, betrachtet man es vom Ritual aus, ein großartiger Griff des Apostels Paulus!

2. Es spricht nichts gegen ›das Blut Jesu‹ in dem Sinne, dass Jesus Blut vergossen hat. Ein Tröpfchen Blut, das der eine Mensch für den anderen übrig hat – ich las das bei Unamuno – macht jemanden groß, zu einem besonderen Menschen. Warum muss man sich mit dem Blut Jesu beschäftigen? Wir sprechen dann nicht über Blut als Flüssigkeit, als Substanz mit einer geheimnisvollen, magischen Kraft, sondern über Jesus, der sein Blut vergossen hat. ›Jesu Blut‹ ist immer das *vergossene* Blut, und Blut ist in der antiken semitischen Welt der Träger des Lebens. Darum nehmen Juden bis heute keine Nahrung mit Blut zu sich.

Bei einem Tieropfer hat das Leben des Tieres (das Blut) den Sinn einer Stellvertretung für das Leben (Blut) eines Menschen. Opfer sind Stellvertretungsrituale. Diese Idee kehrt bis zu dem Ritual, bei dem das Blut Jesu von Paulus als ›Sühnemittel‹ gedeutet wurde (Römer 3,25), wieder; die Blutterminologie ist die Terminologie des Opferrituals, genauer ausgedrückt, des Opferrituals, bei dem das Opfer Stellvertretung bedeutet. Für uns zur Sünde *gemacht* (2 Korinther 5,21), wie der Apostel sagt. ›Stellvertretender‹ ist es kaum möglich. Will Gott also Blut sehen? Nein, so spricht kein Apostel oder Evangelist darüber, und das ist kein Zufall. Gemäß den jüdischen Verfassern übernimmt Gott das Ritual von unten (ihn günstig stimmen), und Gott ist es, der es in den Rahmen des Umgangs mit ihm einbezieht. Er wird dadurch nicht gutgesinnt, er ist gutgesinnt, und deshalb gibt es das Ritual. Das gilt entsprechend auch für Jesus, wenn er von Paulus, und nicht nur von ihm, in den Rahmen des Opferrituals eingebracht wird.

3. Die Stellvertretung ist währenddessen nicht an das ›Blut‹ gebunden. Glücklicherweise ist das so, denn die Bildsprache des Blutes beruht auf Opferpraktiken, auf einem Abschlachten von Tieren, das uns zuwider ist. Die Symbolik des Sündenbocks drückt dasselbe ohne Blut aus, denn der Sündenbock wird nicht geschlachtet. Darum stelle ich diese Rituale nebeneinander, den Sündenbock, der die Sünden wegträgt, das Lamm Gottes, als geschlachtet vorgestellt oder nicht, das die Sünden der Welt hinweg nimmt, das zur Sünde gemachte Sein Jesu. Die Aufmachung ist nicht das Wichtigste, es geht darum, dass die Schuld entfernt werden muss. Das verbindende Element zwischen den verschiedenen Ritualen ist, dass der Mensch ein Sünder ist und das weiß. Er weiß auch, dass er nur dann mit Gott umgehen kann, wenn seine Sünde entfernt wird, vor den Augen des Allerhöchsten hinweggenommen wird. Das vollziehen wir in den sich voneinander unterscheidenden Ritualen der Stellvertretung, und dem geben wir einen Namen: Versöhnung.

4. Vergebung und Versöhnung sind im Übrigen keine Synonyme, die man gegeneinander aufheben könnte. Warum sollten die Juden sonst so am Großen Versöhnungsfest festhalten? Das Vergeben geschieht nicht ›einfach so‹, als ob es das ›Metier‹ Gottes wäre (Voltaire), es ist eine ernste Sache. Wer sich mit dem Umweg über das Ritual schwer tut, besitzt wenig Selbsterkenntnis, steht noch arglos im Leben, hat das eigene ›schlechte Betragen‹ kaum im Blick. Das Thema der Versöhnung ist auch in dieser Hinsicht ein Thema von unten. Wir sind es, die das Wort haben und nehmen die Schuld auf uns. Das Murren über den Umweg ist Zeichen eines Missverständnisses, nicht nur über die Herkunft der christlichen Lehre, sondern auch über uns selbst.

9. Rechtfertigung: die verchristlichte Form des Spiels

Was beim Apostel Paulus die Rechtfertigung des Sünders heißt, seine Spezialität sozusagen, versteht man erst richtig, wenn man es als eine Art von Verlängerung des Rituals der Versöhnung betrachtet, des Spiels, mit dem Menschen sich selbst rein rechnen. Ein Spiel, das der Glaube daran ist, dass Gott unsere Vergehen nicht mehr vor Augen hat.

Man lese Paulus. Gott war in Christus damit befasst, die Welt mit sich zu versöhnen, indem er ihnen ihre Sünden nicht *anrechnete*. Glaube ist Spielen, das wir vor Gott gerecht seien. Wir erachten es dafür, wir tun so, als ob wir bereits ehemalige Sünder seien.

›Gerechtfertigt *durch den Glauben*‹ ist folglich auch der typische Ausdruck von Paulus. Damit ist nicht gesagt, dass Christen gerechte Menschen *sind*, noch weniger natürlich, dass ›glauben‹ hier so etwas bedeutet wie das Annehmen einer Wahrheit. Das Letztere ist völliger Unsinn. Das Erstere stimmt jedoch auch nicht, der Sünder ist noch immer ein Sünder, aber er rechnet sich gerecht.

Ist das ein riskantes Spiel? Und ob, genauso wie das jüdische Spiel der Versöhnung, denn es ist auf den Glauben angewiesen, sonst wird es zum Falschspiel. Diese Gefahr ist mit Ritualen verbunden; sie können in einen Ritualismus entarten. Sich gerecht rechnen bedeutet glauben, dass Gott nicht anrechnet. Das ist eine unverständliche Sprache, der Gipfel der Oberflächlichkeit, es sei denn, dass man das Ritual der Versöhnung im Blick hält (wie Paulus). Von meinem Lehrer Berkouwer musste ich lernen, dass ›durch den Glauben‹ dasselbe bedeutet wie ›durch Jesus Christus‹. Wir sind also wiederum bei (oder noch immer beschäftigt mit) Jesus als ›Sühnemittel‹, als dem Sündenbock, der dem Ritual zufolge die Vergehen aus der Welt schafft.

›Durch Jesus‹ ist seinerseits wieder dasselbe wie ›umsonst‹, und das wiederum dasselbe wie ›nicht durch die Werke des Gesetzes‹. Damit treibt der Apostel das, wofür er einsteht, auf die Spitze. Es will sagen, dass man kein Jude zu sein braucht, um vor Gott gerecht sein zu können. Daher bedarf es auch nicht mehr der *Halacha* als Symbol dafür, jüdisch zu sein, der Weg zu Israels Gott führt für Nichtjuden über Jesus als Sündenbock. Die so sehr geschmähte Lehre von der Rechtfertigung aus dem Glauben kann man also schlichtweg lesen als: Man darf am Ritual der Versöhnung teilhaben, auch wenn man kein Jude ist; denn Gott handelte in Christus, um *die Welt* (und nicht nur das jüdische Volk) mit sich zu versöhnen.

10. Er hat seinen eigenen Sohn nicht verschont. Vestdijk und das Kreuz

Simon Vestdijk hat ein bissiges Gedicht geschrieben (Die Ballade vom vierten Kreuz), in dem er mit Gott abrechnet. Es ist zu lang, um es im

Ganzen zu zitieren, ich begnüge mich mit einigen Zeilen. Nach Vestdijk mag Gott dann, um unsere schlimmsten Wunden zu heilen, seinen Sohn gesandt haben, seinen ›Liebstgebor'nen‹ und sein ›Ebenbild‹,

> Doch du hast niemals an dem Kreuz gehangen.
>
> ———————————
>
> Es war dein Sohn nur; und mag sein,
> Dass du auf andrem Wege mit ihm Einer bist,
> als fürs gesunde Denken annehmbar erscheint
> und für den Ketzer Arius akzeptabel ist.
> Selbst hast du nicht gelitten unsagbare Not,
> du wurdest nicht im Garten von Getsemani gefangen
> und weggeschleift und bis zum Tod
> zwischen zwei Räuber an das Kreuz gehangen.
>
> ———————————
>
> Denn du hast niemals an dem Kreuz gehangen.

Das Gedicht ist heftig, emotional. Der Titel macht deutlich, was Vestdijk beseelt. Es fehlt ein Kreuz, das Kreuz, an dem Gott selbst hätte hängen müssen. Aber Gott ist feige, er hat sich dem Elend entzogen und einen anderen dafür einstehen lassen, seinen Sohn. Einer, der nur ein wenig Vater ist, tut das nicht, er lässt seinen Sohn nicht krepieren, sondern opfert sich eher für ihn auf, sagt Vestdijk in einem nachfolgenden Gedicht. Ich mache einige Anmerkungen zur Sichtweise von Vestdijk, sie können noch ein letztes Missverständnis ausräumen.

1. Um beim Einfachsten zu beginnen und etwas, um das es mir in diesem Abschnitt *nicht* geht, stelle ich fest, dass Vestdijk den Vater gegen den Sohn ausspielt. Die kirchliche Lehre von der Trinität bezweckte jedoch, das zu verhindern. Den Vätern zufolge, die sie bedachten – Vestdijk weiß davon, aber wusste er genug darüber? – musste man zwar von einem Wesen sprechen, das aus drei Personen besteht, allerdings wurde die Einheit der drei so scharf betont, dass jeder Theologe dies auswendig hersagen konnte: *opera dei ad extra sunt indivisa* (nach außen handelt Gott als Einer). Vestdijk hätte, selbst wenn das nun Finessen sind, mit denen wir weiter wenig beginnen, daraus lernen können, dass man in Begriffen der Dreieinigkeit Gottes durchaus sagen kann, dass Gott, die zweite Person der Dreieinigkeit, am Kreuz gehangen hat. Das macht die Lehre von der Trinität für viele Christen auch so attraktiv, und Vest-

dijk ist widerlegt, der Vater erlebte im Sohn selbst die Schmerzen des Kreuzes. Der Nachteil ist, dass damit das Leiden, das Kreuz und der Tod Jesu zu einer großen abgekarteten Sache gemacht werden, einer ›göttlichen Komödie‹. Das Leiden ist kein echtes Leiden mehr, denn der Verlauf steht von vornherein fest. Jesus wird die stilisierte Christusgestalt der Volksfrömmigkeit, die sich ebenso wenig wie Vestdijk etwas aus den Finessen der Theologie der Dreieinigkeit Gottes macht.

2. Hat Gott selbst also niemals am Kreuz gehangen? Auf eine andere Weise, als er es meint, wird Vestdijk bestätigt. Dem Apostel Paulus zufolge ist sogar das Umgekehrte der Fall:

Er hat seinen eigenen Sohn nicht verschont,
sondern ihn für uns alle hingegeben.

Gott hat nicht selbst am Kreuz gehangen, es ist gerade Gott, der Jesus da hängen *lässt*. Er hat ihn hingegeben (Römer 8,32). Für viele Christen ist das ein nicht hinnehmbarer Teil der Tradition, denn Gott gibt niemanden dem Leiden und Tod hin. Sie finden es bedauerlich, dass das in der Bibel steht. Ist Gott ein Monster? So könne man doch nicht über Gott reden? Andere Christen betrachten dieses ›hingegeben‹ gerade als Höhepunkt göttlichen Erbarmens und danken Gott auf ihren Knien dafür. Wir befinden uns offensichtlich an einem Punkt, an dem Christen einander heute nicht mehr begreifen. Vielleicht lohnt es doch die Mühe, dem nachzugehen, was diese Worte ausdrücken.

3. In jedem Fall sagen sie, dass Gott, wie er auch bezeichnet oder gesehen wird, nicht am Kreuz gehangen hat. Das kann man darin nur lesen, wenn man annimmt, dass Paulus die Lehre von der Dreieinigkeit Gottes schon kannte oder mit seiner Terminologie den Weg für sie bereitete. Das wird aber niemand in Kenntnis des Juden Paulus behaupten wollen; kein Auslegender behauptet das auch. Es geht in Römer 8,32 in guter jüdischer Weise um die Schätze, die seit aller Ewigkeit bei Gott sind und in der Zeit die Erde erreichen. Ein solcher Schatz war die Thora, einst bei Gott, und Israel nun als Gabe geschenkt. So war es auch mit Jesus, folgt man dem Apostel Paulus: Einst als der geliebte Sohn bei Gott, aber als ›die Fülle der Zeit‹ gekommen war, aus einer Frau geboren, wie er es in Galater 4 präzisiert. Diesen geliebten Sohn hat er nicht verschont, sondern für uns alle hingegeben.

11. Und es sind die Juden nicht…

Vestdijk, die Kritiker von Paulus und viele konservative Christen treffen sich in einem Punkt: Sie straucheln über die Wendung, dass Gott seinen eigenen Sohn hingibt.

1. Das kommt daher, dass sie sich nicht von einer realistischen Auffassung lösen können und die Metapher als eine Beschreibung behandeln. Bei Vestdijk ist das ganz deutlich, er nimmt die Worte Vater und Sohn buchstäblich anstatt im übertragenen Sinne. Ich erinnere mich an einen bösen Vater, der mir – es war in den siebziger Jahren – telefonisch zu verstehen gab, dass ich mich nicht so gegen den Krieg auflehnen sollte. Wenn Gott selbst seinen eigenen Sohn ermordete (wörtliches Zitat!), sollten wir keine Angst davor haben, unsere Söhne für die gute Sache in den Tod zu schicken. Das ist eine ebenso wörtliche Interpretation wie die von Vestdijk, und dann kann man sich tatsächlich in sehr viele Richtungen bewegen. Aber Gott hat nicht wirklich einen Sohn, er ist nicht wirklich ein Vater, wie ich der Vater eines Sohnes bin. Es ist alles ›sozusagen‹ zu lesen, in Begriffen unserer Beziehungen untereinander wird in der christlichen Lehre etwas über Gott gesagt. Was?

2. Jesu Tod wird in Begriffen der jüdischen Symbolik erfasst, der Symbolik, in der die Sünde des Sünders über ein Ritual bedeckt, entfernt werden muss. Gott macht bei diesem Spiel Paulus zufolge mit, er akzeptiert es sogar in dem Maß, dass er selbst das ›Sühnemittel‹ liefert. Bei ›für uns alle hingegeben‹ denkt der Apostel denn auch ganz und gar nicht realistisch, nicht an unerträgliches Leiden und Sterben des Sohnes, das ihm so grausam von Gott beschert wird. Man liest auch nichts von einem Mitleiden mit Jesus, dass kommt erst viel später in der Kirche auf. ›Seinen Sohn nicht verschont‹, das ist Bildsprache, beschreibt nicht, was geschehen ist, sondern wem das, was geschehen ist, gleicht, nämlich dem Versöhnungsritual, wie Paulus dies von seiner Religion her erfahren hatte.

3. Nun ist es aber ein Ritual, an dem auch Nichtjuden teilnehmen können. Das ist die Bedeutung, die Paulus dem Tod Jesu verleiht. Die christliche Kirche ist ihm darin gefolgt. Wir gedenken Jesu als unser aller Sündenbock am Karfreitag, dem Großen Versöhnungstag für die Heiden, ganz gemäß der Zeile von Jacobus Revius.

Und es sind die Juden nicht, Herr Jesu, die dich kreuzigten.

4. Ist es also doch ein abgekartetes Spiel? Gewiss, aber anders als bei der kirchlich stilisierten Christusgestalt, der zweiten Person der Heiligen Dreieinigkeit, der eigentlich nichts passieren kann. Paulus zufolge hat Gott den Mord an Jesus von Nazaret zum Guten gewendet, Jesus ist damit zum Licht für die Völker (die Heiden) geworden. Gott hat das Paulus zufolge schon bedacht, so lange er Gott ist! Wie weiß Paulus das? Das ist eine gute Frage! Zahllose seiner Glaubensgenossen fanden, dass er darin viel zu weit ging. Für die Christen ist Paulus jedoch von entscheidender Bedeutung, sie begreifen, dass ihre Legitimität gegenüber der jüdischen Gemeinschaft von seiner kühnen Interpretation abhängt. Gäbe es für sie keinen Sündenbock, würden sie draußen bleiben!

5. Die Versöhnung als Ritual anzusehen, als Fortsetzung des jüdischen Rituals, hat einen Vorteil, den ich noch nicht erwähnt habe. Das setzt zwar Gott als Schöpfer voraus, hat aber nicht die (historische) Dreizahl von Schöpfung/Sündenfall/Erlösung nötig, um sinnvoll zu sein. Wir können damit auch unter den Voraussetzungen einer Evolutionstheorie hervorragend ausdrücken, was wir als Christen meinen.

12. Die ›Religion Christi‹ und die christliche Religion

1. Müssen Christen wieder jüdisch werden?

Christen sind keine Juden und können das auch nicht werden, geschweige denn, dass das sein müsste. Die Geschichte ist ein Prozess, den niemand zurückdrehen kann, selbst Gott nicht. Juden und Christen sind ihren eigenen Weg gegangen, einen Weg zurück gibt es nicht.

Wir kämen den Juden gerade recht! Sie haben mit dem Christentum nur Elend erlebt, ein Elend, das mit der altkirchlichen Christologie seinen Anfang nimmt. Wäre Jesus nicht als Gott-auf-Erden vorgestellt worden, hätte der römische Katechismus die Juden nicht Jahrhunderte lang als Gottesmörder herausstellen können. Ich gehe nicht so weit, einen direkten Zusammenhang zwischen dem Antisemitismus Hitlers und der Lehre der christlichen Kirche herzustellen, sie wird aber bestimmt ein Nährboden für Judenhass gewesen sein, ein verstärkender Faktor. Antijudaismus hat es schon gegeben, bevor es die christliche Kirche gab. Es wird daher Zeit, dass Christen die Juden in Ruhe lassen, mit *Wiedergutmachungs*gefühlen aufhören; es lässt sich nichts wiedergutmachen. Die Traumata lassen sich nicht bessern, die Erniedrigungen nicht verwischen, die Schande lässt sich nicht mehr auslöschen. Während der Schweinepest von 1997 meldeten die Tageszeitungen regelmäßig die ›Vernichtung‹ Hunderttausender Schweine, gebrauchten also dasselbe Wort, das im Zweiten Weltkrieg für die Ermordung von Juden in ›Vernichtungslagern‹ Verwendung fand. Diese wurden nur deshalb ermordet, weil sie Juden waren. Dafür steht das Wort ›Holocaust‹ (Ganzopfer), ein Begriff, den eigentlich nur Juden verwenden dürfen. Aus dem Munde der Christenheit ist es ein verdeckender Sprachgebrauch, denn er stellt die Vernichtung von Juden in mythische Bezüge und macht aus ihr ein unbegreifliches Schicksal, das Juden widerfahren musste, statt Mord, Massenmord an unschuldigen Männern, Frauen und Kindern, dem große Gruppen von Christen tatenlos zusahen.

Mich ergreift Zögern bei der Suche von Christen nach Gemeinschaft mit dem Judentum. Sie verrät ein schlechtes Gewissen. Deshalb ist sie nicht schlecht gemeint, verdient aber doch ein Fragezeichen. Sie wirkt auf Juden erneut sehr unangenehm, kann sogar – unbeabsichtigt – Ausdruck eines Überlegenheitsgefühls sein. Christen sprechen, ohne sich etwas dabei zu denken, wiederholt von ›jüdisch-christlich‹. Ich folge dem mit einigem Misstrauen, genauso wie der endlosen Wiederholung, dass es ohne Israel keine Kirche gäbe. Ohne *Israel*? Das kann nur bedeuten, dass das Israel von früher, das des Alten Testamentes, der Muttergrund der christlichen Kirche ist. Wenn man daraus mehr machen will, eine Akkolade beispielsweise, sehe ich darin einen Versuch zur Annektierung, eine Kontinuität zur herrschenden Kirche. Haben die Juden denn nichts an uns, fragte mich eine Frau in einer Fernsehsendung. Zu ihrer Bestürzung sagte ich: Nein, nichts. Die Geschichte hat nur Elend gebracht, zusätzlich zum Elend der wirklichen Kontroverse, der bitteren Tatsache, die Juden hinnehmen mussten, als Nichtjuden sich *in großer Zahl* auf den Zugang zum Gott der Juden freuen durften, jedenfalls dem Apostel Paulus zufolge, dem wiederum ich folgte. Das ist der eigentliche Grund, warum Juden auf Christen in keiner Weise verwiesen sind.

Der jüdischen Symbolik zu folgen bedeutet nicht, dass wir alle Juden werden müssen. Ich plädiere überhaupt nicht in diese Richtung. Mir steht das jüdische Modell vor Augen, nämlich vor Gottes Angesicht in der Verantwortung als Mensch leben, der von Gottes Barmherzigkeit und Gerechtigkeit weiß, der Schuld, Reue und Versöhnung kennt. In Jesus als ›Sühnemittel‹ (Paulus) spielen Nichtjuden das jüdische Ritual nach. Ist das keine Annektierung? Nein, es ist eine Form der Vereinnahmung von Israels Gott, *ohne* ihn in Beschlag zu nehmen. Ebenso wenig, wie Christen Juden werden müssen, gibt es für Juden einen Grund oder eine Notwendigkeit, Christen zu werden.

2. Altes und Neues Testament

Die Vereinnahmung des Gottes Israels durch die christliche Kirche muss freimütig zugegeben werden. Was für ein riskantes Unternehmen das gewesen ist, mache ich an Hand der Annexion des Alten Testamentes durch die christliche Kirche deutlich, der Umbildung der Jüdischen Bibel zu einer christlichen Schrift. Der Ausdruck ›Altes Testament‹ ist selbstverräterisch. Er ist entstanden, als eine Liste mit christlichen Schriften auf dem Tisch lag, und er demonstriert das Dilemma, mit dem die christliche Kirche rang; auf der einen Seite konnte sie die jüdischen Schriften nicht entbehren, aber andererseits wollte sie ihnen auch wiederum nicht denselben Wert zuerkennen wie ihrer eigenen Sammlung. Mit einem Schein von Recht knüpft die Terminologie an Paulus an (2 Korinther 3), aber dieser meint damit keine zwei Sammlungen von Schriften, sondern zwei verschiedene Sichtweisen von Mose (=Altes Testament). Man kann die Lesung auf Gottes Bund mit Israel beschränken, das Gesetz und die Propheten sozusagen auf ein Volk festlegen. Dann liest man Mose aber mit einem Schleier vor den Augen, mit ›einem Brett vor der Stirn‹, würden wir sagen. Dieses Brett verschwindet erst, sagt Paulus, wenn man annimmt, dass Jesus einen neuen Bund bedeutet, in dem Israels Gott auch der Gott für Nichtjuden wird.

Der Annexion des Alten Testamentes müssen wir ins Auge sehen. Es hilft nichts, die jüdischen Schriften wieder unter ihrem eigenen Namen zu zitieren, dem Tenach; wir können die Uhr nicht zurückdrehen, und es wirkt auch noch verschleiernd. Es erscheint mir als eine Fortsetzung der Annexion, trotz der guten Absichten, von Tenach zu sprechen. In jedem Fall ist es im Blick auf Juden unangebracht, denn es ist ihr Buch, ihre Terminologie. Christen sind keine Juden, werden, wollen und können es nicht werden. Wir kommen aber ohne die Jüdische Bibel nicht aus, wir haben sie mitgenommen, als die Wege sich trennten. Das anzuerkennen und folglich weiterhin vom Alten Testament zu sprechen erscheint mir besser als der Umstieg auf Tenach.

Der Punkt, auf den es eigentlich ankommt, steckt nicht im Namen, sondern in der Frage, ob wir das Alte Testament in seinem Wert als jüdische Schrift belassen und es nicht im Sinne der Verkirchlichung verchristlichen, etwa dadurch, dass wir die christliche Lehre von Trinität und Christologie schon darin finden oder in es hineinlesen wollen. So haben es doch die meisten Christen in ihrer Erziehung kennen gelernt, dass das Alte Testament eine christliche Schrift sei, dass es legitimiert sei, weil es auf eine verborgene Weise ein Christusgeheimnis enthalte (Wilhelm Vischer). Man darf es also auf das hin plündern, ›was Christum treibt‹, wie Luther es tat. Calvin stand ihm darin übrigens nicht nach, aber die Kirchenväter gingen ihnen voran. Oder man denke an viele Formen von (deutscher) ›Biblischer Theologie‹, in denen versucht wird, aus der Bibel (Altes und Neues Testament) ein Ganzes zu machen. Das kann bei christlichen Theologen nichts anderes bedeuten als bei Jesus Christus als der ›Mitte der heiligen Schrift‹ zu beginnen, und daher endet es immer beim Einfügen des Alten in das Neue, also bei einer Form der Disqualifizierung des Alten Testamentes.

Ich kenne in den Niederlanden nur zwei Theologen, die eine Ausnahme von der Regel sind. Ihre Denkwelten unterscheiden sich einigermaßen voneinander, es darf daher erstaunen, dass sie in einem Atemzug erwähnt werden können, aber glücklicherweise ist das so. A. A. van Ruler (gest. 1970) fand, und ich beschränke mich auf Schlüsselbegriffe, dass man das Neue Testament am besten als ein ›Anhängsel‹ des Alten bezeichnen könnte, wenn auch ein unverzichtbares Anhängsel. K.H. Miskotte (gest. 1976) prägte den Begriff ›das Guthaben des Alten Testamentes‹. Es gibt darin mehr zu kaufen als ›was Christum treibt‹. Das soll geschehen.

3. Ist das Alte Testament überholtes Wissen von Gott?

Christen lesen das Alte Testament, die jüdischen heiligen Schriften, weil sie kein anderes Konzept von Gott haben als das der jüdischen Religion. Die ersten Anhänger haben sich von ihrer Grundlage nicht gelöst, weil sie eine andere, bessere, Gottesvorstellung erobert zu haben glaubten als die jüdische. Alt und Neu verhalten sich nicht zueinander wie ›minderwertig‹ gegenüber ›verbessert‹. Das Alte ist, was die Christen betrifft, nur insofern überholt, als sie behaupten, dass sie als Nichtjuden auch Zugang dazu haben.

Es *braucht* also *nicht* erst verchristlicht zu werden, um für die christliche Kirche ›von Nutzen‹ zu sein. Das geht immer daneben; die Geschichte ist in diesem Punkt sehr lehrreich. Marcion (erste Hälfte des zweiten Jahrhunderts) ist das große Beispiel für einen Kirchenführer, der es ausschließlich bei den neutestamentlichen Schriften belassen wollte, und dann noch bei einigen von ihnen (insbesondere Paulus!). Gott durfte man ihm zufolge nicht mit der Schöpfung belasten, denn so kompromittierte man Gott. Man müsste dann auch alles Schlechte auf ihn zurückführen, und das könnte niemals der Sinn sein. Wir müssten uns von Gott als Schöpfer lösen. Er sei ein anderer Gott als der der christlichen Kirche, und da der Schöpfer nun einmal den Mittelpunkt des Alten Testaments bildet, wertet Marcion es als eine antichristliche Schrift ab. Der Schöpfer sei der Gott der Juden, der geringere Gott, der Gott der Rache und des Zorns. Der wahre Gott sei der in Jesus Christus erschienene Erlöser. Niemand kann über die antijüdischen Implikationen dieser Art Theologie hinweg lesen.

Die christliche Kirche hat Marcion zu Recht verurteilt. Aber hat sie ihn auch wirklich hinter sich gelassen? Überall dort, wo der Gott des Alten Testamentes als der Gott der Rache und der des Neuen Testamentes als der Gott der Liebe vorgestellt wird, irrt das Gespenst von Marcion noch (oder erneut) umher, genährt von der Unwissenheit, dem Nachsprechen und vor allem dem Überlegenheitsgefühl der Christenheit gegenüber dem Judentum, einem Gefühl, das keine Basis hat. ›Der Herr ist barmherzig und gnädig, langmütig und reich an Güte‹, solche Zeilen (Psalm 103,8) können einem die Tränen in die Augen treiben, sie finden sich überall im Alten Testament. Das können sich Christen nicht zuschreiben, sie fanden es im jüdischen Glauben vor und haben es auf Nichtjuden angewendet.

Natürlich steht es dem Christentum frei, das Alte Testament als Verweis auf den kirchlichen Christus zu lesen; das Verfahren ist sehr gebräuchlich. Aber das Buch selbst (das Alte Testament) hat eine solche ›Aktualisierung‹ nicht nötig, um für die christliche Kirche bedeutsam zu sein. Alles, was das Neue Testament bietet, finden wir bereits im Alten. Das Bild, das von Gott entworfen wird, ist keinesfalls das dem christlichen Gottesbild unterlegene. Die vielen Gesichter Gottes finden wir alle im Alten Testament, ohne dass Spekulationen über die Dreieinigkeit Gottes zum Zuge zu kommen bräuchten. Derselbe Gott, dieselbe Versöhnung, dieselbe Barmherzigkeit, dieselbe Erlaubnis zu leben, alles ist dasselbe, mit Ausnahme der ›Zuwendung Gottes‹; sie gilt im Neuen Testament auch den Nichtjuden.

Es ist also nicht nötig, Jesus in das Alte Testament hineinzulesen, auch nicht, ›weil Jesus doch wohl darin steht‹, angesichts der Tatsache, dass das gesamte Alte Testament schon Messiascharakter trägt! Damit geraten christliche Ausleger wieder in die Falle. Denn wozu bedarf es, wenn es die messianische Idee schon gab, noch eines Neuen Testamentes? Was ist dann noch das Neue am historischen Erscheinen Jesu? Es sei denn, Jesus vergegenwärtigt die wahre messianische Explosion und das Neue Testament erzählt daher noch deutlicher, was das Alte ebenfalls sagt. Dann jedoch ist Jesus wiederum der Offenbarer dessen, was im Alten Testament noch nicht klar war, und ist das Alte Testament nur deshalb ein Licht, weil es vom Neuen beschienen wird. Wir sind wieder genauso weit wie ehedem: das Alte wird dem Neuen untergeordnet.

4. Mutterboden und Fundament

Es sagt etwas über unsere Herkunft, dass die Wurzeln der christlichen Kirche im Judentum liegen. Es scheint manchmal so, als ob moderne Christen davon ausgehen, dass wir mit der ›Wiederentdeckung der Quelle‹ des christlichen Glaubens bis zurück zum Alten Testament beim unbezweifelbaren Fundament des Christentums angelangt seien. Das erscheint mir als Irrtum.

a. Die jüdische Glaubenstradition, also das Alte Testament, ist zwar der Mutterboden für den christlichen Glauben, aber kein Anker für seine Sicherheit, denn ein Mutterboden ist kein Fundament. Das jüdische Konzept von Gott ist, was seinen Status betrifft, dem christlichen und allen anderen erkennbaren Konzepten von Gott gleich; es kommt ›von unten‹, es ist Menschenwerk. Das Alte Testament ist nicht die eigentliche Gottesoffenbarung in der Welt, das Hebräische ist nicht die Sprache, in der Gott redet, nicht die Sprache der Offenbarung, die nicht verbogen werden darf (das darf keiner einzigen Sprache angetan werden), und die Verantwortung des Glauben ist nicht bereits gelungen, wenn man nur deutlich macht, wie jüdisch wir eigentlich sind. Die Wiederentdeckung des Alten Testamentes, und das heißt, es in dem Wert belassen, der ihm zusteht, ist die Wiederentdeckung eines Konzeptes, dessen, was Israel über Gott dachte. Dass wir – Christen oder Juden – noch Recht bekommen müssen, steht noch aus. ›Unsere Beziehung zu Gott wird im Alten Testament beschrieben‹, las ich irgendwo. Gewiss, aber so, wie die Erzähler es sich dachten. Es beruht auf nichts, wenn man deren Version von Gott, Mensch und Welt für normativ hält, weil sie in der Bibel steht, sie hängt in der Luft, so wie alle Glaubenstatsachen (welch ein Wort!) in der Luft hängen.

b. Der jüdische religiöse Kontext hat ein ganz anderes Prä, denn aus Jesus als einem, der dem jüdischen Glauben anhing, der die jüdische Bibel vorlas (siehe Lukas 4) kann man nicht mehr alles machen, was man will. Die ›Religion Christi‹ steht fest, und sie ist festzustellen. Natürlich kann auch dann noch, darf sogar, alles Mögliche aus ihm gemacht werden, aber nicht alles entspricht dem, was Jesus war, dachte und wollte. In diesem Sinne bildet der jüdische Kontext einen Damm gegen ›wilde Christologien‹, um nicht zu sagen, dass alle Christologien, die den jüdischen Kontext nicht in sich aufnehmen können, wilde Christologien sind. Damit setze ich ein Fragezeichen nicht nur hinter den gnostischen, sondern auch hinter den kirchlichen Christus. Sie hellenisieren Jesus, um einen Ausdruck von Harnack zu zitieren (auch wenn man von ihm aus Jesus genauso wenig als Juden vorstellen durfte).

c. Erst vor diesem Hintergrund gelangt man zur eigentlichen Frage. Was hat es, wenn sich das jüdische Konzept von Gott und das christliche nicht wesentlich voneinander unterscheiden, noch nicht gegeben, bevor Jesus lebte, welcher Stein wurde versetzt, welche Grenze überschritten? Was macht das Neue Testament für die Christenheit so notwendig?

Es ist keine Superoffenbarung, jeder Hinweis in diese Richtung bedeutet eine Herabsetzung des Judentums. Diesen Weg hat die christliche Kirche (siehe oben) nicht nur zu oft, sondern auch gänzlich zu Unrecht beschritten. Das gilt übrigens nicht nur für die Vergangenheit. Zu meiner Bestürzung las ich die Aussage eines fähigen deutschen Theologen, dass Gott sich in Jesus Christus neu definiert habe. Lässt man das Kecke daran außer Betracht (kann ein Mensch sagen, dass er wüsste, wie Gott sich definiert?), so liegt das Ärgerliche an einer solchen Aussage darin, dass sie das Christentum auf Kosten des Judentums erhebt.

Da ist nichts von Überlegenheit, Jesus war im Hinblick auf den jüdischen Kontext nichts Neues. Wegen des Glaubensinhaltes hätte es ihn nicht zu geben brauchen. Was geschieht, das Neue, ist die Ausweitung des Bundes, um bei der Sicht von Paulus zu bleiben, auf die Nichtjuden. Das ist das, was der historischen Erscheinung Jesu dem Neuen Testament zufolge ihre einzigartige Bedeutung verleiht und die Evangelien zu einer großen Nachricht macht: Es gibt etwas zu erzählen, was es vor Jesus nicht gegeben hat.

5. Er verkündete ihnen Jesus

Ein Standardausdruck aus der Apostelgeschichte weist uns auf dem Weg weiter: Er verkündete ihnen Jesus. Es wird von Paulus und jedem anderen Apostel gesagt, und es fasst in kürzester Form zusammen, was zu Christen gewordene Juden, denn so begann die christliche Kirche, Juden und Heiden dachten melden zu müssen. Melden, ja, dem Wort ›verkünden‹ haftet von Hause aus etwas an von dem, was uns an den Dorfsprecher erinnert, einen kräftigen Ton anschlagen und einen wichtigen Bericht, wir können sagen ›eine große Nachricht‹, bekannt geben. Worin besteht diese große Nachricht?

Jesus verkünden bedeutet, in kürzester Form gesagt, Gott verkünden, Gott, wie er vom Judentum bekannt wurde, jetzt aber bekannt gegeben als Gott für alle. Es ist kein anderer Gott, sozusagen ein neuer, sondern derselbe von aller Zeit, jetzt aber für Menschen zugänglich, die nicht zum jüdischen Volk gehörten.

In kürzester Form gesagt, wohlgemerkt. Es zeigt sich eine ganze Menge, wenn man es in dieses Licht hält; dies ist der rote Faden, der die ganze Reihe von Büchern durchzieht, die wir als das Neue Testament bezeichnen. Ob man nun die Lehre von der Rechtfertigung durch den Glauben von Paulus heranzieht oder den Hebräerbrief mit seiner Darlegung, dass es des jüdischen Hohenpriesters nicht mehr bedarf – all dies ist eine Auslegung Gottes, in der der Gott der Juden künftig auch als Gott der Heiden vorgestellt wird. Wie das möglich ist, erklären die Verfasser des Neuen Testamentes detailliert, jeder auf seine eigene Weise.

Es begegnet eine Fülle an Neuformulierung, an Neuorientierung, an Entdeckungsfreude. Sehr viel von dem, was über Gott gesagt wird, wird im Namen Jesus zusammengefasst. Er wird damit nicht ein zweiter Gott, sondern eher das Antlitz Gottes für Nichtjuden, für Griechen, Römer und Barbaren. Wie sollte Paulus als Jude auch einen zweiten Gott verkünden können! Er predigte den Gott Israels, den Gott der Väter, jetzt aber mit dem neuen ›Sühnemittel‹ (Jesus), das sich von dem alten nur in der Reichweite, in der Erweiterung, aber nicht in der Notwendigkeit und der Voraussetzung im Blick auf den Umgang mit Gott unterschied. ›Jesus, der uns dem kommenden Gericht Gottes entreißt‹ (1 Thessalonicher 1,10), schreibt Paulus in einem seiner ersten Briefe. Was ist das anderes, als das Ritual der Versöhnung in seiner Verkündigung zu aktualisieren?

Als dieser Prozess der Verkündigung Jesu als Verkündigung des Gottes-für-die-Heiden einmal in Gang gekommen ist, beginnt er sich zu verselbständigen. Darin steckt etwas Selbstverständliches. In den späteren Büchern des Neuen Testamentes begegnen wir diesem Eigenleben in seiner ganzen Tiefsinnigkeit: Kolosser, Epheser, der Hebräerbrief, wir haben Paulus dann schon längst passiert. Der Brief an die Hebräer sieht den jüdischen Glauben sogar als durch den christlichen überholt an, sei es wegen der größeren Reichweite, aber immerhin. Man kann die Schriften als einen ersten Schritt zu einer selbstständigen Christusverehrung ansehen, im Kontext eines Lobpreises auf die Tiefe der ewigen Weisheit Gottes, nämlich Jesus als Offenbarung des – jedenfalls nach jüdischen Begriffen – ungeahnten und unvermuteten Heilsweges Gottes mit Mensch und Welt. Begonnen als Gott der Juden wird er Gott für die ganze Schöpfung, der ›in Christus‹ alle, Juden und Heiden, Mann und Frau, Barbaren und Griechen zusammenfasst.

›In Christus‹ sollten wir so auffassen, wie man ›in Deutschland‹ auffasst, also als eine Art Territorium, auf dem Gott keinen Unterschied mehr zwischen Juden und Heiden macht. Das ist in Wirklichkeit jedoch nicht immer der Fall, weshalb ›in Christus‹ leicht zu einem Wunschtraum, einem Projekt, einer Vision von einer neuen Welt wird, vom Neuen Testament (siehe vor allem den Brief an die Epheser und den an die Kolosser) bis zum heutigen Tage. Ich lese das so, wie man eine Predigt liest, es sagt nicht, wie es war, und auch nicht, wie es wird, sondern was man – zum Trost, zur Lehre und zum Geleit – daraus machen kann.

6. ›Glaube an Jesus, den Herrn, und du wirst gerettet werden.‹

Es geschah in der Stadt Philippi, so lesen wir in Apostelgeschichte 16. Durch ein Erdbeben waren die Gefängnistore aufgesprungen, und die Inhaftierten hätten fliehen können. Unter ihnen war der Apostel Paulus mit seinem Helfer Silas. Für den verantwortlichen Gefängniswärter ist die Situation ein großes Unglück, er blickt so trübe in die Zukunft, dass er sich umbringen möchte. Aber der Apostel Paulus greift ein und ruft ihm zu: Tu dir nichts an; wir sind alle noch da! Der Mann fällt auf die Knie nieder und fragt die Apostel, was er tun müsse, um gerettet zu werden. Es ist ein doppeldeutiges Wort, dieses ›gerettet werden‹. Es kann bedeuten: Was soll ich machen, um aus dieser Patsche herauszukommen; man kann es aber auch als eine Frage nach dem ewigen Heil lesen. Ich nehme das Letztere an, wenn ich die Antwort des Apostels lese. Es sind die Worte der Überschrift dieses Abschnitts: ›Glaube an Jesus, den Herrn, und du wirst gerettet werden, du und dein Haus‹ (Apostelgeschichte 16,31). Ich gehe etwas tiefer darauf ein, als Gegenprobe zu dem, was ich aus dem Satz ›Er verkündete ihnen Jesus‹ gemacht habe. Wenn es zutrifft, müssen beide Aussagen miteinander übereinstimmen.

›Glaube an Jesus, den Herrn‹. Gläubige Christen haben diese Worte schon von Kindheit an gehört. Das aber, wozu sie aufrufen, ist weniger einfach, als die Terminologie es suggeriert. Was Paulus in jedem Fall nicht meint, ist, dass der Wärter gerettet werden wird, wenn er akzeptiert, dass Jesus der Sohn Gottes ist, der Herr, oder welcher Titel auch immer den Vorzug erhält. Was sollte der arme Mann davon haben, wenn er das akzeptiert?! Das kann der Teufel auch, und er wird doch nicht gerettet werden, nehme ich an. Ich bezog mich auf die ›Statenvertaling‹ (die erste Übersetzung der Bibel ins Niederländische, d. Übers.). Die neue Übersetzung ins Niederländische beugt diesem Missverständnis vor, es geht in ihr nicht um die Zustimmung zu einer dogmatischen Wahrheit über Jesus, sondern um Vertrauen. ›Setze dein Vertrauen in den Herrn Jesus‹, lesen wir dort. Eine deutliche Verbesserung, wenn auch immer noch genug Missverständnisse bleiben.

Man kann daraus beispielsweise lesen, dass Menschen aufgerufen werden, an Gott zu glauben und daneben auch noch an Jesus, als einen zweiten Gott. Das wäre jedoch ein schwerer Irrtum. Wenn Paulus Jesus verkündet, verkündet er Gott (siehe Vers 32), und wenn Menschen aufgefordert werden, an Jesus zu glauben, kann das also schwerlich etwas anderes sein als ein Aufruf, an Gott zu glauben.

Welche Möglichkeiten bleiben? Ich mache einen Vorschlag, den ich von Schritt zu Schritt verlängere, um am Ende eine Folgerung zu ziehen. Mit der Aufforderung ›Setze dein Vertrauen in den Herrn Jesus‹ meint Paulus in jedem Fall und mindestens das: Vertraue auf das, was ich dir über Jesus erzählt habe (oder: was ich dir erzählen werde). Das würde einstweilen gut zu dem Ganzen passen. Der zweite Schritt ist die Frage nach dem, was Paulus dann erzählt hat. Sie können wir mit Hilfe der Verkündigung des Paulus von Jesus als dem Christus beantworten, in dem Gott handelte, um die Welt mit sich zu versöhnen. Der Kreuzestod Jesu als ›Sühnemittel‹ für Nichtjuden, ›Jesus, der uns (die Heiden) rettet vor dem kommenden Zorn‹, oder für welche paulinischen Begriffe wir uns auch entscheiden. Etwas anderes kann die Jesus-Verkündigung von Paulus kaum enthalten haben.

Mein dritter Schritt ist der, dass diese Verkündigung kein anderes Ziel verfolgt als das, Nichtjuden den Weg zu Gott zu öffnen. Jesus verkünden ist Nichtjuden Gott verkünden. ›Setze dein Vertrauen in den

Herrn Jesus‹ kann ich – das ist der nächste Schritt – also als eine Art von Kurzkommentar lesen zu etwas, das, würde man es voll ausschreiben, ungefähr folgendermaßen lauten würde: Vertraue auf das, was ich dir über Jesus als ›Sühnemittel‹ erzählt habe, und rufe Gott auch als *deinen* Gott an. Der letzte Schritt und gleichzeitig die Schlussfolgerung ist dann, dass wir ›Jesus‹ durch ›Gott, der auch die Nichtjuden rettet‹ ersetzen können. Vertraue darauf, sagt der Apostel Paulus, dass Gott auch die Heiden rettet. Das halte ich für ein passendes Ergebnis, denn bedeutet nicht der Name Jesus von Hause aus: Gott rettet?

Es geht natürlich auch kürzer. Jesus verkünden heißt, den Heiden Gottes Barmherzigkeit verkünden, und sein Vertrauen in Jesus setzen, heißt, man vertraut darauf, dass Gott auch für Nichtjuden der Barmherzige ist. Jesus als ein anderes Wort für die Barmherzigkeit Gottes sehen, auch das ist ein passendes Ergebnis.

Warum sporne ich dazu an, den Worten des Paulus zu vertrauen? Das verdient noch einen eigenen Vermerk. Jedem Hörer von Paulus und jedem Leser seiner Briefe (und meiner Auslegung dieser Briefe) müssen folgende Fragen auf der Zunge liegen: Jesus als der Weg zu Gott für Nichtjuden? Wie weiß Paulus das so sicher? Ist das wahr?

Man muss es glauben, sein Vertrauen in die Botschaft des Apostels Paulus setzen, eine andere Antwort gibt es nicht. Glaube mir!, sagt der Apostel. Warum sollten wir das, warum sollten wir so waghalsig sein, uns an eine solche Geschichte ohne Garantien klammern? Es gibt nur eine sinnvolle Antwort, und nur Nichtjuden können sich ihrer Bedeutung bewusst werden: Ihr Zugang zu Gott steht oder fällt damit.

7. Große Nachricht: ein Glaube ohne ethnische Einschränkungen

Bevor er am Kreuz starb, verkündete Jesus das Evangelium von Gott seinem eigenen Volk, den Juden, wie Markus berichtet (1,14). Nach seinem Tod wurde Jesus selbst zum ›Evangelium‹ für die Nichtjuden. ›Evangelium‹ bedeutet ›frohe Botschaft‹ oder im populäreren Ausdruck ›wichtige Nachricht‹. Das ist bemerkenswert, die wichtige Nachricht ist also in beiden Fällen nicht dieselbe. Man kann zwar versuchen, sie ineinander zu schieben, etwa dadurch, dass man das Königreich Gottes mit Jesus identifiziert. Er war selbst das Königreich, sagt Origines; Jesus selbst hören wir das niemals sagen, welcher Überlieferung wir auch folgen. Die Unebenheit ist auffallend; man könnte sagen: Als Prophet *überbringt* er eine wichtige Nachricht, als ›Sühnemittel‹ *ist* er diese. Aber sie passt doch ganz in meine Darstellung. Für die Juden *hatte* Jesus eine ›frohe Botschaft‹, aber er *ist* es nicht, sie haben an ihm nicht etwas Zusätzliches, wie ich im letzten Kapitel deutlich gemacht habe. Warum sollten sie dann von einer ›wichtigen Nachricht‹ reden? Nur Heiden können das sagen.

Wichtige Nachrichten verblassen. Der Ausruf kommt uns heute einigermaßen übertrieben vor weil wir Jahrhunderte des Christentums hinter uns haben, in dem es je länger, desto selbstverständlicher wurde, dass Gott nicht der Gott der Juden war, sondern ›unser‹ Gott und eben nicht der der Juden. Der ursprüngliche Glanz der Botschaft, die Emotion, das ist verloren gegangen, unausweichlich, scheint mir, und nicht wieder zu erlangen. Wir können uns jedoch vergegenwärtigen, warum es einmal eine ›wichtige Nachricht‹ gewesen sein muss, zuerst im Munde von Menschen wie Paulus, die an ihre Mission glaubten, aber nicht weniger in den Ohren heilsbegieriger Nichtjuden. Wir sollten es nicht tun, um nachträglich die christliche Verkündigung als Reklame aufzuwerten, sondern um besser zu verstehen, was Christen nun eigentlich glauben, wenn sie Jesus Christus ehren, und warum sie ihn so hochhalten. Die wichtige Nachricht ist nicht ein neuer Gott, ist nicht die Vergebung der Sünden, ist nicht Gottes Barmherzigkeit, denn das war schon lange in das jüdische Konzept von Gott aufgenommen worden. Es ändert sich nicht das Konzept von Gott und seinem Heil, sondern dessen Reichweite, denn künftig gehören auch die Heiden zu diesem Gott; das ganze Konzept des Gottes Israels war für sie eine ›wichtige Nachricht‹, sofern sie nichts wussten von Barmherzigkeit und Vergebung. Entzückt schreibt der Verfasser des Briefes an die Epheser:

›Damals wart ihr von Christus getrennt, der Gemeinde Israels fremd und von dem Bund der Verheißung ausgeschlossen; ihr hattet keine Hoffnung und lebtet ohne Gott in der Welt. Jetzt aber seid ihr, die ihr einst in der Ferne wart, durch Christus Jesus, nämlich durch sein Blut, in die Nähe gekommen.‹ (2,12–13)

Juden brauchen wir nicht mehr zu werden, um für Gott mitzuzählen, sagen Christen bis heute. Juden *können* wir auch nicht werden, denn ethnisch gehören wir nicht zum jüdischen Volk, und wir werden es auch niemals so weit bringen. Aber die ethnischen Einschränkungen sind aufgehoben, das ist die wichtige Nachricht. Irenäus, der Kirchenvater (zweites Jahrhundert), stellte sich die Frage, was das Neue war, das der Herr bei seinem Kommen mitbrachte, um es mit seinen eigenen Worten auszudrücken: *Quid novi igitur dominus attulit veniens?* Seine Antwort war: sich selbst in eigener Person. Schön, aber es sagt einem erst dann wirklich etwas, wenn man in diese Person die Aufhebung der ethnischen Beschränkungen hineinzulegen wagt. Nachkomme von Abraham kann man auch durch den Glauben an Jesus werden, wie es uns der Apostel Paulus in seinem Brief an die Galater (3,29) versichert. Für Heiden ist die Christusverkündigung eine messianische Nachricht.

Damit stellt sich die heikle Frage, ob Jesus dann der Messias ist, auf den die Juden warteten. Wenn man es schon so sagen will (ich sage *wenn*), brauchen wir die Juden damit gleichwohl nicht zu verletzen. Das machen wir, wenn wir Jesus ›zum Nichtjuden machen‹, was in keiner Weise zutrifft, wie ich nachgewiesen habe. Jesus ist Jude, Anhänger des jüdischen Glaubens; das ist Punkt eins. Und nur von Christen, die froh sind, über ihn den Zugang zum Gott Israels bekommen zu haben, kann gesagt werden, dass sie in ihm den Messias sehen, den eschatologischen Heilsbringer. Aber es ist zu beachten: diese Aussage hängt am Faden des Glaubens – sie müssen noch Recht bekommen; das ist Punkt zwei. Er öffnet die Welt für Gott oder, besser noch, er macht Gott offen für die ganze Welt. Für die Christenheit ist das eschatologisches Heil. Dass die Welt davon besser wird, kann man glauben, aber auch das muss sich noch erweisen.

In diesen Formulierungen – sie sind fundamentaler Art – und in der Erläuterung, die ich dazu gebe, bleibt der Glaube von Christen an Jesus als eschatologischen Heilsbringer für die Juden doch noch eine bittere Sache, aber er braucht nicht mit der Idee beladen zu sein, dass Christen etwas hätten, was den Juden fehlt. Schließlich müssen *beide*, Juden *und* Christen, noch ihr Recht bekommen.

8. Leben vor Gottes Angesicht.
Die christliche Religion als Praxis

Der christliche Glaube ist eine Praxis, eine Art zu leben. Das sollte man nicht sagen, wenn man all die gelehrten und halbgelehrten Ausführungen über Gott und Mensch und Welt liest, die seit Jahr und Tag das Bild des Christentums bestimmen. Dennoch trügt der Schein, und obendrein ist ein doktrinärer Glaube auch eine Praxis, dann aber eine, über die man auf dem Papier streitet. Ich werde hier nicht behaupten, dass wir das alles ebenso gut entbehren können, im Gegenteil. Zu einem Teil legen wir Rechenschaft gegenüber uns selbst und/oder Außenstehenden ab; wir können nicht darauf verzichten zu erklären, was uns beschäftigt. Zu einem anderen Teil geht es hier um Bekenntnis und Lobpreis, und noch wieder ein anderer Teil besteht aus rituellem Wortgebrauch. Das sind alles notwendige Bestandteile einer lebendigen Glaubenstradition. Verengt man Christentum darauf oder identifiziert es sogar damit, macht man aus dem Glauben ein Kleben an Wahrheiten und deren Verteidigung, und das ist zu wenig. Religion ist mehr als ein Appell an den Verstand.

Das gilt auch für die christliche Religion. Sie braucht nicht identisch zu sein mit der ›Religion Christi‹; wir leben in anderen Zeiten und in einer anderen Welt als Jesus. Was jedoch die ›Religion Christi‹ war, das muss in jedem Fall – als Praxis – in das eingefügt werden können, was wir unter christlichem Leben verstehen. Worauf das hinausläuft, fasse ich unter der Überschrift ›Leben vor Gottes Angesicht‹ zusammen.

1. ›Gott ist im Himmel, du bist auf der Erde‹ (Prediger 5,1). So ist es, und so muss es bleiben. Wir sind keine halben Götter, wir wissen vom Abstand zwischen Gott und Mensch. Wo dieser verkleinert wird oder vergessen, geht ein Mensch in die Irre. ›Mach wenig Worte‹, fügte der Prediger dem im gleichen Atemzug hinzu. Man muss auf das achten, was man sagt, man muss Rechenschaft ablegen können.

2. Wir glauben an Gott als unseren Schöpfer. Das bedeutet nicht nur, dass wir dank seiner existieren, der Mensch wird gleichsam als Perle an seiner Krone betrachtet, sondern dass wir auch existieren dürfen, Raum und Zeit bekommen, um selbstständig tätig zu sein. Was auch immer Gott regiert und leitet, es mindert unsere Freiheit nicht. Gott ist nicht der Konkurrent von Menschen, sondern ihr Inspirator. Ein weiteres Suchen nach dem Sinn unseres Lebens ist nutzlos. Wir sind da. Man

kann selbst dazwischen entscheiden, einfach nur so oder zur Ehre Gottes da zu sein.

3. Unser Leben spielt sich vor seinen Augen ab. Je nachdem wie wir sein Auge sehen (als bösen Blick oder als wachsames Auge), können wir gut damit leben. Wir brauchen uns nicht vor ihm zu verbergen. Er ist mit uns vertraut und kennt uns besser als wir selbst, er kennt das, was er geschaffen hat. Eine Flucht ist nicht möglich, sie ist auch nicht nötig. Denn ›gnädig und barmherzig ist der Herr, und seine Güte ist groß‹, auch wenn er den Schuldigen keineswegs für unschuldig hält.

4. Das Leben vor dem Angesicht Gottes bedeutet auch das ›Suchen nach seinem Angesicht‹, Gebet, Umgang mit Gott, ihn anrufen in der Nacht. Es kann selbst die Form eines vertrauten Umgangs annehmen. Je mehr man zum Freund Gottes wird, desto intimer kann man mit ihm umgehen, sagten die Rabbiner.

5. Ferner geht es um einen verantwortlichen Umgang mit Mensch und Welt, um das Tun des Guten. Worin das Gute besteht, darüber brauchen wir keine Umstände zu machen:

›Es ist dir gesagt worden, Mensch, was gut ist und was der Herr von dir erwartet: Nichts anderes als dies: Recht tun, Güte und Treue lieben, in Ehrfurcht den Weg gehen mit deinem Gott.‹ (Micha 6,8)

Das ist eine perfekte Umschreibung des Christentums als ›Leben vor dem Angesicht Gottes‹. Man braucht dazu keine Christologie. Jesus selbst zieht sie nicht heran, wenn er seine Lehre so zusammenfasst: ›Alles, was ihr also von anderen erwartet, das tut auch ihnen! Darin besteht das Gesetz und die Propheten‹ (Matthäus 7,12). Wie sollte er auch!

6. Christen erwarten nicht zu viel, sie haben gelernt, Realisten zu sein und sich nicht am Fortschrittsglauben zu beteiligen. Verantwortlichkeiten werden nicht wahrgenommen, Geschöpfe kommen behindert aus der Hand des Schöpfers, und Mitgeschöpfe erweisen sich nicht als hilfreich. Milliarden von Menschen haben namenlos unsere Welt betreten, um sie ebenso namenlos wieder zu verlassen, weil andere das so wollten; die Welt um uns herum ist manchmal grauenhaft unbarmherzig, und wir selbst sind es nicht weniger. Vor dem Angesicht Gottes zu leben bedeutet auch, dass man sich in Rätseln bewegt.

7. ›Leben vor dem Angesicht Gottes‹ hat also nichts Hochtrabendes an sich, es ist keine Himmelsstürmerei, sondern eher etwas für gewöhnliche Menschen, die weiter keine Geschichte haben oder machen; es gilt Gott über alles zu lieben als großes und erstes Gebot, und das zweite, das diesem gleich ist, zu beachten, nämlich den Nächsten zu lieben, als wäre er die eigene Person (siehe Matthäus 22,34–40), das ist genauso wie bei den Juden (Levitikus 19,18). Die *Halacha* (die jüdische Ausarbeitung dieses Gebotes) befolgen die Christen nicht, das ist wahr. Sie brauchen ihr nicht zu folgen, um doch zu den Nachkommen Abrahams gerechnet zu werden (jedenfalls nach Paulus).

8. Vor dem Angesicht Gottes zu leben heißt zuversichtlich sein, dass wir ihm nicht entgehen, wenn das Ende kommt. Es bedeutet zu glauben, dass seine Freundschaft eine ewige Freundschaft ist, dass er uns in der Stunde unseres Todes auffängt, um uns für die Ewigkeit zu retten.

IV
Was sollen wir tun mit …?

*While I would not say that Mark's gospel is false, it has much
exaggeration. And I would offer less for Matthew, and for Luke and
John, who gave me words I never uttered and described me as gentle
when I was pale with rage. Their words were written many years after I
was gone and only repeat what old men told them. Very old men. Such
tales are to be leaned upon no more than a bush that tears free from its
roots and blows about in the wind.*

Jesus selbst, in Norman Mailer, The Gospel According to the son

13. Die Zweinaturenlehre überprüfen

1. Wir sagen es selbst

Nach allem, was ich im letzten Kapitel gesagt habe, wird es niemanden erstaunen, dass Jesus im Christentum einen bedeutenden Platz einnimmt. Im Christentum steht Jesus im Mittelpunkt, wenngleich es um Gott geht. Jesus war nicht irgendein Prophet, sondern Gott handelte in ihm, um Grenzen zu überschreiten.

Das klingt ebenso entschlossen wie überzeugt, was die Christen sagen. Wie kommen sie dazu? Wie wissen sie das? Antwortet man: Das glauben sie, folgt unvermeidlich die Frage, ob sie es beweisen können. Dabei handelt es sich um eine Frage, die völlig fehl am Platze ist. Mir liegt viel daran, dies näher zu erläutern.

Ob Gott in Christus mit der Welt befasst war oder nicht, hat nichts mit einem Mirakel zu tun und daher auch nichts mit Beweisen. Christen sollten sich auf dieses Problem nicht einlassen (um anschließend gar darin unterzugehen). Es geht gewiss um einen Glauben, aber dieser Glaube steht in einem ganz anderen Kontext als dem von Beweisen. Es braucht nichts bewiesen zu werden, denn Jesus hat gelebt, er ist gestorben und wurde begraben und von Gott auferweckt (was immer das sein mag), hat – kurz zusammengefasst – die frohe Botschaft verkündet, und er wurde selbst zu einer Frohen Botschaft. Weiter ist da nichts, außer dass die Christen durch Jesus, der verkündete und verkündigt wurde, zum Wissen von Gott gelangt sind. Als historische Tatsache betrachtet, sind sie von Wotanverehrern, von Angehörigen von Naturreligionen, zum Glauben an Gott, den Schöpfer und Bewahrer von Mensch und Welt, gelangt. So ist die Entwicklung verlaufen, ich wage dem sogar hinzuzufügen: Die Welt ist durch Jesus mit dem Gott der Juden in Berührung gekommen, ob Paulus mit seinem Ausruf, dass dieser Gott in Christus die Welt mit sich selbst versöhnte, Recht hatte oder nicht. Der Ablauf der Geschichte spricht für Paulus. Was kann man als Christ anderes sagen, als dass Gott selbst in Jesus handelte? An Beweise denkt höchstens jemand, der meint, ein Dogma müsse verteidigt werden. Aber wir verteidigen kein Dogma, wir erzählen nur, wie wir zum Glauben an Gott gelangt sind und welche Rolle Jesus dabei gespielt hat. Was im dogmatischen Sprachgebrauch die Christologie heißt, ist nichts anderes als die Bedeutung Jesu für die Christen durch die Christen selbst anzugeben; eine Wertbestimmung, ein Werturteil bezüglich seiner Person.

Es stimmt: die Christen sagen es selbst. Anderenfalls würden Sie den Boden unter den Füßen verlieren. Und was sie sagen, kann von jedem kontrolliert werden. Die Bedeutung Jesu rührt von Menschen her, sogar nur von einem kleinen Teil der Menschen, nämlich den Christen. In diesem Sinn ist der Wert, der Jesus zuerkannt wird, subjektiv. Das ist jedoch etwas anders als willkürlich; Christen geben den Grund dafür an, dass sie die historische Person Jesu als von so großer Bedeutung ansehen, dass sie ihn als den Christus bezeichnen: Über die Verkündigung Jesu wurden sie auf die Spur Gottes gebracht. Also handelte Gott in Christus! Es ist das Mindeste, was Christen sagen können. Aber ist es auch das, was die Zweinaturenlehre ausdrückt?

2. Der Heiligenschein

Angesichts der ungeheuren Bedeutung Jesu wundert es nicht, dass man im Nachhinein zu fragen beginnt, was Jesus vor allen anderen auszeichnete. Hat er selbst etwas von einem Bewusstsein gesprochen, dass Gott in ihm handelte? War es ihm anzusehen? So stelle ich mir die Evangelisten vor. Keiner von ihnen ist dabei gewesen, aber sie standen dem Geschehen, historisch betrachtet, noch recht nahe und haben sich zweifellos Fragen dieser Art gestellt, als sie die Überlieferungen zu sammeln begannen.

Was sie von ihren Informanten zu hören bekamen, war deutlich. Jesus hatte das Bewusstsein gehabt, eine besondere Sendung im Dienst Gottes zu haben, war sich dessen bewusst, dass Gott in ihm handelte, er musste eine Mission erfüllen. Es gibt keinen Grund, daran zu zweifeln. Das tun auch moderne Forscher nicht. Dieses Bewusstsein von der Berufung kann man natürlich nicht so weit ausdehnen, dass er bereits von einer Weltmission wusste. Im Gegenteil, während seines Wirkens hat er gelernt. Eine Frau musste ihn über die ethnische Schwelle ziehen und ihm deutlich machen, dass er dazu berufen war, auch Nichtjuden zu helfen.

Der über Jesus im Nachhinein erstellte Lebensbericht, lässt ein anderes Licht auf das fallen, was zuvor bereits zur Sprache kam. Jesus wurde schon überall verkündet, die Briefe von Paulus waren bereits geschrieben, Jesuserzählungen gingen von Mund zu Mund, aber eine zusammenhängende Erzählung über ihn gab es nicht. Die Evangelisten füllen nicht nur eine Lücke aus, wie ich in Kapitel 3 sagte, sondern stellen vom Ende her auch einen Zusammenhang her. Sie konnten ihr Material überblicken, konnten daraus ein Leben Jesu in Form einer Erzählung bilden. Und wie immer, wenn eine Erzählung viele Male weitererzählt wurde, wurde diese ebenfalls ausgeschmückt, aufgebauscht, zuerst von den Erzählern, dann von den Informanten der Evangelisten, und später auch noch von den Evangelisten selbst.

Ich sprach vom Aufbauschen. Was ist das nun? Betrug? Das ist es am allerwenigsten. Wir handeln selbst nicht anders. Man denke an die Maler des Mittelalters, an Rembrandts Hundertguldenblatt, an die Bildchen aus Kinderbibeln. Wer ist Jesus auf diesen Bildern? Das weiß jedes Kind, denn man schaut auf den, der den Heiligenschein um den Kopf hat. Das ist er! Trug er wirklich einen Heiligenschein? Nein, jedenfalls nicht als die historische Person, die in Palästina umherwanderte. Blickt man unter dem Aspekt ›Gott handelte in Jesus‹ zurück, findet man, dass er ein ganz anderer Mensch war als die anderen! Das ist der Heiligenschein, wir geben damit die Bedeutung Jesu an.

Dass der Heiligenschein historisch gesehen nicht stimmt, er nicht als historische Tatsache gemeint ist, weiß durchaus jeder Gläubige. Es gibt Vieles, das historisch betrachtet nicht stimmt, aber aufgeschrieben wurde, um die Bedeutung Jesu zu unterstreichen. Das ist der Grund dafür, dass wir oft nicht mehr wissen, was in unserem Sinn historisch ist und was nicht, oder, wenn wir über die eigenen Worte Jesu sprechen, welche davon ›echte Jesusworte‹ sind und welche nicht. Sollte Jesus wirklich, wie ein Lied sagt, aus dem hohen Himmel herabgestiegen sein, weil er vom Erbarmen über Sünder bewegt war? ›Er wollte Heiland werden‹, sagt die *Matthäuspassion*. Ja? Wusste er längst, dass er ›am dritten Tage‹ von den Toten auferstehen würde? Das würde seiner Erzählung jede Ernsthaftigkeit nehmen. Das will mir nicht einleuchten. Wir können es besser als Teil dessen ansehen, was ich oben den Heiligenschein genannt habe. Es ist darum wie bei vielen Wundererzählungen bestellt: Sie drücken Nähe zu Jesus aus, Vertrauen in seine Worte und Taten, den Glauben an seine besondere Berufung und Rolle. Ob sie wirklich geschehen sind, ist eine andere Frage. Aber auch das, was nicht historisch ist, eignet sich zum Weitererzählen – das haben wir früher bereits festgestellt: Es ist die Verleihung von Bedeutung, es ist Verkündigung, Loblied, Bewunderung, Verehrung.

3. Die Zweinaturenlehre als Heiligenschein

Man braucht nicht viel Fantasie, um zu begreifen, dass es nur ein kleiner Schritt ist von ›Gott war in Christus‹ hin zu ›Christus ist Gott‹. Jesus wird nicht nur geehrt, er wird zum Gegenstand von Verehrung, von Frömmigkeit, und Frömmigkeit bedeutet in den Himmel heben: Jesus wird Gott-auf-Erden. Das fängt schon recht früh und ziemlich arglos an. In einer erhalten gebliebenen Schrift von Justinus dem Märtyrer (er musste seinen Glauben mit dem Tod bezahlen), die ungefähr 150 n. Chr. verfasst worden sein muss, führt Justinus einen Dialog mit dem Juden Trypho, in dem sich nichts von einer antijüdischen Stimmung findet. Aber Justinus will mit der Schrift deutlich machen, dass die Christen gegenüber den Juden im Recht sind: Jesus ist ›ein zweiter Gott‹, und damit ist ihm zufolge nichts Falsches gesagt. Ist das so? In der Zweinaturenlehre ist diese Auffassung jedenfalls dogmatisch fixiert, von 325 an ist es die offizielle Kirchenlehre, dass Jesus ›Gott von Gott ist‹, ›Licht vom Lichte‹. Aber war er nicht ein Mensch? Dem Streit bereitet das Konzil von Chalkedon (451) ein Ende. Er war beides, Gott und Mensch. Damit ist die ungebremste Verehrung Jesu legitimiert, die *lex credendi* folgt, wie gewöhnlich, der *lex orandi,* zu deutsch: Das Dogma folgt der Frömmigkeit; steht das Dogma einmal fest, muss die Frömmigkeit sich anpassen. Jesus ist in Zukunft der kirchliche Christus, stilisiert, modelliert, poliert gemäß der Begrifflichkeit der Zweinaturenlehre; er ist jungfräulich geboren, ohne Sünde, eigentlich Gott (er darf angebetet werden), dann aber als eine Art verkleideter Prinz, Gott-auf-Erden. Ich betrachte das, so sehr wir den Vätern auch zu Respekt verpflichtet sind, als eine Deviation der Devotion.

Die Einwände dagegen werde ich hier nicht wiederholen, ein ›doppelter Jesus‹ (Veenhof) ist als Person ebenso unmöglich wie unvorstellbar. Er verliert übrigens auch an Anziehungskraft, das Menschliche ist ganz und gar von ihm abgefallen. Was ist ein Mensch, der keine Sünde kennt? Ich habe in einem der vorigen Kapitel die Konstruktion als einen an Zeit und Kultur gebundenen Ausdruck von Verehrung beschrieben, der uns nicht mehr anrührt, *wenn* er uns überhaupt noch etwas sagt.

Darüber hinaus führt sie in eine unauflösbare Problematik, die ihrerseits wieder in Ketzereien mündet.

Die erste Frage lautet: Muss diese Lehre beseitigt werden? Das betrachte ich als eine Art von Rigorismus. In kultureller Hinsicht würde das in jedem Fall auf reine Barbarei hinauslaufen. Wir werfen unsere Vergangenheit damit fort, die Bilder, mit denen wir aufgewachsen sind, die Sprache, in der zu sprechen wir gelernt haben. Ich habe einen besseren Vorschlag: Wir können die Zweinaturenlehre im Sinne des Heiligenscheins aus dem letzten Abschnitt betrachten. Dieser Schein war nicht wirklich, wer ihn historisch nimmt, verstrickt sich selbst in Probleme. Man konnte ihn als Zeichen für die Bedeutung ansehen, die Jesus zuerkannt wurde. So sehe ich auch die Zweinaturenlehre: Wir haben es nicht wirklich mit zwei Naturen zu tun, ebenso wenig wie der Heiligenschein wirklich ist, sondern es handelt sich um eine Vorstellungsweise, die die Bedeutung Jesu für Christen wiedergibt. Es ist freilich eine von Zeit und Kultur bestimmte Bedeutungsverleihung. Gerade der Versuch, die Bedeutung Jesu dadurch festzulegen, dass man ihn über die Zeit erhebt, ist vollständig von der Philosophie bestimmt, die in der Zeit der Kirchenväter bevorzugt war: Was in der Zeit geschieht, kann nie wichtig sein, darum muss Jesus, der in der Zeit erschien, eigentlich von Ewigkeit her sein, Gott-auf-Erden.

Berücksichtigt man dies, ist die Zweinaturenlehre am allerwenigsten etwas, das man beseitigen muss. Christen können über die zwei Naturen singen, predigen, die liturgischen Formeln gebrauchen, sie können, kurzum, über die Bedeutung Jesu philosophieren, so wie man über Evangelienerzählungen predigen kann, die nicht wirklich geschehen sind. Es tut zwar schon etwas zur Sache, was wirklich geschehen ist und was nicht! Aber Bedeutung und Wertschätzung kann auch mit Vorstellungen in Worte gefasst werden, die nicht auf Sachverhalte zurückgehen, oder mit Erzählungen, die nicht wirklich geschehen sind.

4. Die doppelte Sicherheit

Die Zweinaturenlehre muss nicht abgeschafft werden, wir können ihr jedoch ebenso wenig anhängen. Die christliche Kirche muss an einer Christologie festhalten, ihr Recht auf Existenz und der Grund dafür hängen daran, aber es müssen doch »kleinere Brötchen gebacken« werden.

Die Zweinaturenlehre kann kein dogmatischer Lehrsatz sein, den man unterschreiben muss, um dem Namen nach Christ bleiben zu dürfen.

So ist es wohl gewesen. Eine der drei so genannten Bekenntnisschriften der christlichen Kirche, das früher bereits erwähnte Bekenntnis von Athanasius, summiert alles auf, was Christen glauben müssen, um selig zu werden, und rechnet dazu auch die Lehre von den zwei Naturen Jesu Christi. Da zeigt sich das Missverständnis, dass man Dogmen akzeptieren muss, um selig zu werden! Dazu kommt noch eine Vorstellung der Person Jesu, die auf ein Puzzle hinausläuft, um darin sowohl die göttliche als auch die menschliche Natur unversehrt unterzubringen. Das religiöse Bedürfnis der ersten Jahrhunderte, warm, spontan, wurde zum Dogma umgeschmiedet, zur Glaubensverpflichtung. Dabei ist Jesus das Opfer, denn er erstarrt unter der Vergoldung seiner Göttlichkeit.

Das muss nicht so sein, wie wir noch sehen werden. Ich zeige zuerst die üblen Folgen dieses Dogmas auf, zunächst das Problem der doppelten Sicherheit, auf das ich bereits einmal hingewiesen habe. Hier gehe ich näher darauf ein.

Menschen finden Sicherheit über das, was sie von Gott gehört haben, indem sie Gott begegnen. Also gibt es viel Unsicherheit, denn wann begegnen wir Gott? Aber damit lernt der Mensch zu leben, das gehört nun einmal zum Glauben. Wie bekommen wir Sicherheit über das, was uns über Jesus erzählt wird? Jesus war, auch der klassischen Lehre zufolge, (als Gottmensch) eine historische Person. Sicherheit über eine historische Person, wer dieser Mensch war, was er tat und verkündete, erhält man durch historische Forschung. Gläubige müssen also zwei verschiedene Wege beschreiten, um zur Sicherheit des Glaubens zu gelangen. Hinter die Wahrheit über Gott zu kommen ist eine Frage der Erfahrung Gottes, der Gottesbegegnung, oder wie immer man das ausdrücken möchte. Die Wahrheit über Jesus ist jedoch historischer Art, und dazu sind wir auf wissenschaftliche Forschung angewiesen. Die zwei Wege zur Sicherheit führen, so zeigt sich, zu zwei ungleichartigen Sicherheiten, nämlich zur Glaubenssicherheit über Gott, und, was Jesus betrifft, auch zu einer historischen Sicherheit.

Ich möchte es anhand einer Zeile aus einem niederländischen Kirchenlied illustrieren:

> Nie kann der Glaub' zu viel erwarten,
>   des Heilands Worte sind gewiss.

Eine prächtige Aussage, vielleicht etwas zu energisch für ein unbeständiges Gemüt, aber entschieden gemeint, dieses Gemüt zu beflügeln. Wir werden zum Vertrauen auf die Zusagen Jesu aufgerufen, seine Worte sind ›gewiss‹. Vertrauen, erwarten, das ist die durchgängige Bedeutung, die ›glauben‹ für Christen hat. Aber ist auch gewiss, dass er sie wirklich gesagt hat? Sind es ›des Heilands Worte‹? Das müssen wir auch glauben! Glauben richtet sich jetzt nicht auf ein soeben Geschehenes, nun heißt es, dass man eine historische Tatsache für wahr hält. Es sind zwei Arten der Gewissheit, sie müssen beide gegeben sein, aber sie sind ungleichartig, die eine kommt anders zustande als die andere. Das kann man zwar dadurch beseitigen, dass man Menschen verpflichtet, das zu akzeptieren, was die Kirche lehrt. Es ist aber nicht akzeptabel, denn man kann eine historische Leerstelle nicht mit einer dogmatischen Aussage füllen.

5. Gott-auf-Erden als doppelte Blickrichtung

Das eigentliche Problem der Zweinaturenlehre liegt in der doppelten Blickrichtung, die sie dem Glauben aufhalst, denn wir sind an Gott interessiert, an Gott im Himmel, aber auch an Gott-auf-Erden: Jesus. Unwiderruflich ergibt das eine Form von Konkurrenz, wobei Gott-auf-Erden, als zweiter Gott, gewinnt.

Dabei hilft keine Lehre von der Dreieinigkeit. Den Kirchenvätern kommt die Ehre zu, dass sie das Problem gesehen und alle möglichen Versuche zur Lösung unternommen haben. Wie kombiniert man Gott-auf-Erden und Gott-im-Himmel miteinander? Mit Jesus als der fleischgewordenen zweiten Person der göttlichen Dreieinigkeit können Theologen ein Stück weit kommen, aber einfache Gläubige nicht. Sie brauchten nach Meijering diesen Lehrsatz nicht einmal zu glauben. Sie konnten es auch nicht, füge ich hinzu. Um ihn nur ein wenig zu verstehen, braucht man Jahre des Studiums, es ist eine theologische Theorie für Theologen, die mit Theologen reden. Das ist keineswegs wertlos, denn warum sollte über Gott nicht auch spekulativ gesprochen werden dürfen? Aber für einfache Menschen (Nichttheologen) stellt dieser Lehrsatz nichts anderes als eine unbegreifliche, heilige Formel dar (in der Unbegreiflichkeit liegt ihre Heiligkeit). Dabei wird erwartet, dass man mit ihr seine Identität als Christ inmitten anderer Religionen angibt.

Ich komme auf den fraglichen Punkt zurück. Wie differenziert die Lehre von der Dreieinigkeit Gottes auch mit der Göttlichkeit Jesu umgeht, für Gläubige errichtet sie keinen Damm gegen die Konkurrenz. Gott-auf-Erden ist näher, greifbarer, barmherziger, zugänglicher als Gott-im-Himmel, lässt sich darstellen und an heiligen Orten aufstellen. Viele Gläubige erleben Jesus als eine Art stellvertretenden Gott. Sie wenden sich daher in erster Linie an Jesus, rufen ihn an Stelle Gottes an, bis Jesus so sehr in den Himmel erhoben wird, in seiner Heiligkeit und Sündenlosigkeit so weit weg von den Menschen gerät, dass auch für ihn jemand die Stellvertretung übernehmen muss. Das ist dann Maria, die als Frau und Mutter den Menschen noch näher steht als ihr Sohn und ihrerseits wieder einen Zugang zu Jesus darstellt, eine Fürsprecherin für den Sünder bei ihrem göttlichen Sohn. Ich sehe nicht, dass ich in dieser Sache etwas falsch zeichne, außer dass die offizielle Theologie viel differenzierter darüber spricht als die so genannte Volksfrömmigkeit, beispielsweise dadurch, dass ein Unterschied zwischen Anbetung und Verehrung gemacht wird. Aber die Volksfrömmigkeit hat das Sagen, sie bildet den Glaubensinhalt des Kirchenvolkes.

Darüber hinaus ist Gott-auf-Erden der Brunnen, aus dem Theologen von verschiedenster Färbung und Zuschnitt ihre spekulativen Ideen schöpfen. Ich habe namhafte Männer über Weihnachten und die Feier der Tatsache sprechen hören, dass Gott auf die Erde kam; renommierte Theologen redeten über den Kreuzestod Jesu als Tod Gottes, der auf den Tod den Todes hinauslief, Pfarrer sprachen über Gott, der ein Sklave wurde, während der Text, über den die Predigt ging (Philipper 2), von Jesus handelt, der sich erniedrigte und die Gestalt eines Sklaven annahm, um danach durch Gott erhöht zu werden. Alles ist möglich, wenn man einmal damit begonnen hat, Jesus Gott gleich zu machen oder, wie mir eine katholische Frau einmal versicherte: Wir haben immer gelernt, dass Gott und Jesus dieselben sind, also warum machen Sie es so schwierig!?

Das alles kann zurechtgerückt werden, da nichts dazu zwingt, der Zweinaturenlehre weiter anzuhängen. Die Rezeptionsgeschichte der Evangelien mit Jesus als Hauptperson lässt umgekehrt erkennen, dass seit den Evangelisten die Vorstellungen über Jesus von den ›Benutzern‹ stammen. So wie die Evangelisten ihn gesehen haben, so konnten ihre ersten Leser etwas damit anfangen, so wurde er in immer wieder neue Erwartungshorizonte eingepasst, bis er zum Schluss in einer Lehre von den zwei Naturen erstarrt ist, ›versteinert‹, kann man besser sagen.

6. Gott war in Christus/Christus ist in Gott

Es gibt keine doppelte Blickrichtung für den Glauben. Worin besteht dann die Alternative? Die Christenheit täte gut daran, ihre Jesusverehrung auf die Verehrung Gottes zurückzuführen. Es darf nicht sein, dass Jesus bei uns – wie der Islam behauptet – Gott von seinem Platz verdrängt hat. Das ist in der Tat geschehen (siehe den ›zweiten Gott‹ von Justinus) und geschieht noch täglich in der so genannten Volksfrömmigkeit. Die Verehrung Jesu braucht solches nicht zwangsläufig mit sich zu bringen, mehr noch: Ich glaube, dass viele gläubige Christen Jesus sagen, aber Gott meinen. Ihr Sprachgebrauch steht ihnen im Weg.

Mit Jesus Gott zu meinen ist etwas anderes als ihn zu Gott zu machen. Es bedeutet, Gott im Blick zu haben, wenn wir Jesus sagen. Jesus ist nicht selbst Gott und Maria nicht die Mutter Gottes, sosehr dem Bedürfnis nach Verehrung damit auch gedient wäre. In meiner Version der Christologie, die ich in den vorigen Kapiteln vorbereitet habe, ist Jesus eine Apposition zu Gott, zu ›barmherzig und gnädig ist der Herr und reich an Güte‹, eine jüdische Charakterisierung Gottes, die Christen in Jesus unterstrichen, bestätigt sehen, vielleicht zum ersten Mal entdecken. Jesus gehört ›in Gott‹, in das Konzept Gottes, mit dem die Christenheit zu leben wagt, aber nur in das Konzept Gottes. Jesus ›in Gott‹, Jesus als nähere Bestimmung von Gott, erscheint mir als adäquate Wiedergabe dessen, was der Apostel Paulus in 2 Korinther 5,19 meint, wenn er sagt: ›Gott war in Christus‹.

Darum steht oder fällt Jesus auch mit Gott als Konzept, das die Christenheit von den Juden übernommen hat. Wer sich nicht für Gott interessiert, findet mit Jesus kein Ziel. Ohne Gott ist Jesus unwichtig, seine Bedeutung ist es gerade, dass er Instrument, Offenbarer Gottes ist. Nimmt man Jesus fort, bleibt es bei Gott; nimmt man Gott weg, bleibt kein Jesus mehr, oder vielmehr, es bleibt ein Jesus übrig, der auf nichts weist.

Worauf läuft das hinaus? Jesus steht oder fällt mit dem christlichen Konzept von Gott und nicht umgekehrt. Gott steht oder fällt nicht mit Jesus. Ob Jesus wirklich Gottes Knecht war, ob er Gott gut erklärt hat, wie es die Christenheit glaubt, wird sich noch erweisen müssen. Wenn das christliche Suchkonzept von Gott erhalten bleibt, bleibt auch Jesus erhalten, und wenn nicht, geht er mit diesem Konzept verloren. Ein großes Missverständnis kann ich *en passant* aus dem Wege räumen: Das Konzept von Gott wird nicht dadurch sicherer, dass man Jesus darin einführt. Das gehörte wohl zur verdeckten Strategie der kirchlichen Christologie, die Sicherheit der christlichen Religion in historischen Geschehnissen fühlbar, Jesus zum Anker für Gott zu machen. Das ist jedoch die verkehrte Welt, und das achtzehnte Jahrhundert entlarvte die Konstruktion als Scheinsicherheit, aus der sie nur noch die Offenbarung als Offenbarung von ›wirklich geschehen‹ retten konnte. Aber diese Rettung ist nicht mehr als Schein, wir setzen dabei alles voraus, was wir beweisen wollen. Die Bibel als unfehlbare Berichterstattung muss im Voraus geglaubt werden.

Ich verknüpfe damit drei Bemerkungen. Es erscheint mir erneut als eine Form ihre Grenzen überschreitender Verehrung, wenn man die christliche Theologie auf Jesus Christus konzentriert. Ich habe hier das Projekt von Karl Barth im Blick, der nur von einem Wort Gottes sprechen will, von einer einzigen Selbstoffenbarung Gottes, nämlich Jesus Christus. Aber offenbarte Gott sich nicht auch im Israel des Alten Testamentes? Sicherlich, also ist das Volk Israel für Barth eine verborgene Gestalt Jesu Christi; ebenso wie die Schöpfung, in der Gott sich offenbart, für Barth ein verborgener Christus ist. Wenn man Christus als Idee auffasst, beispielsweise als die Idee des Bundes (es kann aber auch die messianische Idee dazu dienen), kann das vielleicht Sinn haben. Aber die konkrete Person Jesus verflüchtigt sich dann in eine ebenso beeindruckende wie spekulative Theologie. Dem entspricht, dass Barth kein Interesse an Jesus als historischer Person hatte.

Ein zweiter Punkt bestätigt das, was ich früher bereits vorgebracht habe. Wenn Jesus nur ›in Gott‹ sinnvoll ist, sind wir, was die Sicherheit des Glaubens angeht, überhaupt nicht von historischen Fragen über das Leben Jesu abhängig: Was ist ›wirklich geschehen‹ und was nicht, was sind echte Jesusworte und was nicht? Natürlich ist das wichtig, wir möchten es wissen – man stelle sich vor, Jesus hätte nicht gelebt! – aber die Forschung danach ist frei, Christen können sie ohne die Angst verfolgen, dass das Ergebnis den Glauben unterminieren könnte.

Noch eine dritte Verdeutlichung möchte ich vortragen. Gerade als jemand, der in der Vergangenheit lebte und wirkte, ist Jesus eine nähere Bestimmung Gottes. Mehr noch, so kann er kein zweiter Gott werden, an den die Gläubigen sich wenden, statt an Gott selbst. Als Mensch, in dem Gott in der Vergangenheit handelte, ist Jesus in das Gotteskonzept eingebunden. Ihn als historische Person von damals ins Heute zu versetzen, ist nicht möglich, es braucht nicht zu sein und soll es auch nicht. Die christliche Kirche verkündet Gott und nichts anderes, aber Gott mit dem Merkzeichen Jesus.

14. Die Jesusfrömmigkeit

1. Kritik verboten? Ernst gemeint und wirklich wahr

Ein nicht geringes Problem liegt in dem, was ich Jesusfrömmigkeit nenne. Ich kann in den vorhergehenden Kapiteln zwar folgern, dass die Christenheit in ihrer Christologie zu weit gegangen ist und sie zurücknehmen muss, aber ein großer Teil der christlichen Frömmigkeit drückt sich gerade im Umgekehrten aus. Man hört Gläubige nur über Jesus sprechen, nicht aber über Gott. Menschen einfach davon »befreien« zu wollen, gliche fast einer Beraubung. Müssen wir die Verhältnisse daher so lassen, wie sie sind? Es liefe darauf hinaus, dass wir andere nicht ernst nehmen, was ich für beleidigend halte. Gibt es einen Mittelweg? Ich lasse das vorläufig offen, ausgenommen, dass wir die Aufrichtigkeit der Jesusfrömmigkeit, dass sie es ›ernst meint‹, nicht in Zweifel ziehen dürfen. Das sagt jedoch nur etwas über die Gefühle von jemandem aus, nichts darüber, wer und was ihn beschäftigt und ihm zur Verehrung Anlass gibt. Es kann jemand Jesus in aller Aufrichtigkeit als Gottmenschen ansehen, aber damit ist die Frage nicht beantwortet, ob Jesus auch Gottmensch *ist*.

Es gibt eine Strömung in Theologie und Philosophie, die findet, dass man diese Frage auch nicht stellen darf. Was Menschen glauben, ist für sie die Wahrheit. Mittel, Kritik anzubringen, stünden uns nicht zur Verfügung, denn Gott könne man nicht prüfen, und es sei hartherzig, Menschen etwas zu nehmen, was ihnen teuer ist.

Ich komme in diesem Kapitel auf diese Einwände zurück und das Problem, das damit angeschnitten wird, will hier aber doch anmerken, dass ich mich nicht ohne weiteres mit dieser Lösung identifiziere. Natürlich ist für Menschen in der Regel das Wahrheit, was sie glauben. Aber bedeutet das, dass wir es dabei belassen müssen und ihre Wahrheit, genauso wie unsere eigene, nicht zur Diskussion stellen oder sie kritisch angehen dürfen? Das will mir aus mehr als einem Grunde nicht einleuchten. Jesusfrömmigkeit korrespondiert mit einem bestimmten Jesusbild; wenn man dieses Bild nicht kritisieren darf, wird jedes religiöse Gespräch überflüssig.

Die Beurteilung von Frömmigkeit dahingehend, ob sie im Blick auf Jesus möglich ist oder nicht, hat zur Bedingung, dass man diese Fröm-

migkeit zunächst möglichst gut beschreibt. Wegen der Verschiedenartigkeit, in der Jesusfrömmigkeit auftritt, ist das nicht einfach. Ich folge
daher dem Lauf der Geschichte, und zwar so, dass ich drei Episoden
herausstelle, die sich voneinander unterscheiden lassen, wobei jede für
sich wiederum hinreichend prägnant ist, um uns einen Zugriff auf das
Phänomen zu ermöglichen. Ich beginne bei der Frömmigkeit, welche
die Zweinaturenlehre begleitet, sowohl deren Ursprung als auch Folge
ist, Frömmigkeit als Fortsetzung des Heiligenscheins, der dem Gottmenschen verliehen wurde. An Jesusbildern kann man diese Form von
Jesusfrömmigkeit gut erläutern.

Danach wende ich mich einem anderen Frömmigkeitstyp zu, der
durch einen deutlichen Übergang zu Jesus als Subjekt gekennzeichnet
ist, dem sich der Einzelne innerlich zuwenden kann. Wir begegnen
diesem Typ in Pietismus, Methodismus und in der Frömmigkeit der
Aufklärung. Es verbirgt sich dahinter eine andere Weltsicht, worin der
eigentliche Unterschied liegt. Als dritte Episode bespreche ich das Wie-
deraufleben der Ikone, Jesusfrömmigkeit, die sich des Bildes bedient,
und daher – wenn auch anders als früher – eine Wiederaufnahme der
ursprünglichen, auf der Zweinaturenlehre aufruhenden Frömmigkeit
ist, einschließlich der damit verbundenen Weltanschauung.

Am Schluss des Kapitels komme ich zu einer Antwort auf die Frage,
wie wir es mit der Jesusfrömmigkeit halten sollen.

2. Was ist Frömmigkeit?

Unter Frömmigkeit verstehe ich Gottesfurcht, Hingabe, Verehrung,
Worte, die ich mehr oder weniger als Synonyme verwende. In ritueller
Form kennen wir Hingabe als Observanz; das Beten des Rosenkranzes
ist ein Beispiel, das Katholiken bekannt vorkommen wird. Observanz
ist jedoch nicht dasselbe wie Frömmigkeit. Rituale kann man durchführen, ohne dass man dabei irgendein Gefühl verspürt. Frömmigkeit
ist ohne Gefühl nicht möglich, sie *ist* eine Äußerung des Gefühlslebens
des Menschen oder, wie Van der Leeuw sie nennt: Religion nach ihrer
subjektiven Seite, im Sinne ihres emotionalen Erlebens. Religion beginnt selbst mit Emotion. Frömmigkeit geht der Lehre voran, auch die
Jesusfrömmigkeit. Bevor es das kirchliche Dogma von den zwei Naturen gab, in der Jesus zu einer theologischen Konstruktion versteinerte,

gab es die emotionale Hingabe an Jesus als Gott-auf-Erden. Dass Dogma und Jesusfrömmigkeit bis heute begegnen, braucht uns nicht zu erstaunen. Beide setzen einander voraus, rufen einander hervor. Gottesfurcht verlangt nach einem Dogma und erzeugt, wenn das Dogma einmal da ist, wieder Gottesfurcht. Das Lehrgebäude ist folglich nicht alles. Der Glaube hat es nötig, erwächst aber nicht daraus, entlehnt aus ihm auch nicht seinen Fortbestand. ›Ich verstehe mich gut mit Jesus‹, heißt es im modernen Jargon. Menschen geben damit an, dass sie an Jesus etwas erleben, auch wenn sie nicht leicht sagen können, worin das besteht oder wodurch es hervorgerufen wird. Emotion und Rationalität sind nicht deckungsgleich.

Unter Jesusfrömmigkeit verstehe ich in diesem Kapitel das Erleben Jesu als emotionale, im Gefühlsleben wurzelnde Wirklichkeit. Ist die kirchliche Lehre über Jesus die Außenseite, so ist die Jesusfrömmigkeit die Innenseite der Christologie.

Aller Frömmigkeit haftet ein Wunsch zur Identifikation mit der verehrten Person an, der Jesusfrömmigkeit der Wunsch, wie Jesus zu sein. In allen Epochen kehrt dieser Wunsch zurück, in krassen, für uns nicht mehr nachvollziehbaren Ausprägungen, wenn ich etwa an Beispiele von Stigmatisationen denke. Es würde zu viel Platz kosten, mindestens ein eigenes Kapitel, wenn ich auf diese Seite der Frömmigkeit eingehen wollte, ich begnüge mich daher, um ein Beispiel anzugeben, mit einem rührenden Kinderlied.

Ik wens te zijn als Jezus, zo need‹rig en zo goed,
Zijn woorden waren vriend'lijk, zijn stem was altijd zoet.
Helaas, 'k ben niet als Jezus, dat ziet een elk aan mij.
o, Heiland wil mij helpen, en maak mij zoals gij.

Ich möchte sein wie Jesus, so demütig und gut,
Sein' Worte waren freundlich, die Stimm' gab immer Mut.
Doch gleiche ich nicht Jesus, das sieht mir jeder an.
O Heiland, willst mir helfen, dass ich dir gleichen kann.

Ich musste es als Kind, in der ersten Klasse der Schule in Drachten, auswendig lernen, und ich kenne es noch. Später bekam ich zu hören, dass Christen eine so ›demütige‹ Haltung eben nicht einnehmen sollten, weil das den Unterdrückern gerade recht ist. So sieht man, dass das Bedürfnis nach Identifikation die Christenheit immer begleitet hat, als Form von Frömmigkeit, das Ideal jedoch, dessen Träger Jesus wird, unterscheidet sich von Epoche zu Epoche.

Übrigens ist nicht jede Frömmigkeit, wenn man von Emotion, Innigkeit spricht, Jesusfrömmigkeit. Ich wage die Behauptung aufzustellen, dass Jesusfrömmigkeit innerhalb des reformierten Protestantismus sogar eine fremde Erscheinung ist. Die reformierte Frömmigkeit ist von Hause aus nicht Jesusfrömmigkeit oder Jesus-Gottesfurcht, sondern Psalmen-Frömmigkeit. Ich meine damit eine vom Buch der Psalmen genährte Mystik. Die strenge Disziplin hinsichtlich der Lieder (keine Gesänge in der Kirche, nur Psalmen) wird dazu das Ihre beigetragen haben, oder, umgekehrt betrachtet, sie ist ein sicheres Zeichen dafür. Die Zeit der Psalmen ist zum Verdruss des Verfassers vorbei, ihr Platz wurde von Jesus-Liedern eingenommen. Woher diese Erscheinung rührt? Darauf gehe ich später ein.

3. Ein Denkmal für unseren Herrgott

Frömmigkeit sorgt für die Ausprägung einer Vorstellung. Das gilt auch für die Jesusfrömmigkeit. In jedem Buch, das die Kunstgeschichte Europas behandelt, kann man diesen Prozess verfolgen; bis heute schafft jede Zeit ihre eigenen Bilder. Auf die bildende Kunst kann ich nicht weiter eingehen, dafür sind andere kompetent. Aber ich beginne doch beim Bild im buchstäblichen Sinn, denn ich kann daran aufzeigen, worauf Frömmigkeit eigens aus ist.

Die Bedeutung Jesu lässt sich mindestens vergleichen mit der Alexanders des Großen, der des Kaisers Augustus oder, um einen Geistlichen zu nennen, Bonifatius'. Für all diese Menschen, durch die unsere Welt ihr Gesicht bekommen hat, wurden Denkmäler aufgestellt. Da fragt man sich, warum man nicht Jesus mit einem Denkmal ehren sollte. Er stellt doch nicht weniger dar als Wilhelm von Oranien, unter dem die Niederlande vom spanischen Joch befreit wurden, oder Karl Martell, der die Mauren aufhalten konnte. Jesus haben wir es zu verdanken, dass wir von Wotan, Thor, Freya, und wie sie sonst noch heißen mögen, befreit wurden. Diese Denkmäler gibt es bereits, nur dass wir sie nicht so nennen, und sie stehen oft nicht am Rande öffentlicher Straßen, sondern in Kirchen, ebenso wie die Denkmäler für Maria. Ich spreche von den katholischen Kirchenbauten, wo der Gekreuzigte und die Heilige Jungfrau, das Grausame und das Mütterliche, zarten Kinderseelen Jahrhunderte lang widersprüchliche Gefühle eingetragen haben.

Wir sehen, warum wir die Bilder nicht als Denkmäler bezeichnen. Zu Alexander dem Großen beten die Menschen nicht, zu Maria wohl, jedenfalls eine große Zahl von Christen. Bei Jesus ist das noch deutlicher, denn alle Christen rufen Jesus an, wenn nicht persönlich, so doch in den Kirchenliedern und in der Liturgie.

O Jesu Christe, wahres Licht,
erleuchte, die dich kennen nicht, …

Wir danken dir, Herr Jesu Christ,
dass du für uns gestorben bist und
hast uns durch dein teures Blut
gemacht vor Gott gerecht und gut.

Hilf, Herr Jesu, lass gelingen …

Seele mach dich heilig auf, Jesus zu begleiten …

Ich nenne nur einige bekannte Lieder, man kann sie als spirituelle Denkmäler bezeichnen, errichtet von Dichtern und Schriftgelehrten und täglich von Gläubigen besucht. Welche Funktion haben diese Denkmäler?

Es haftet ihnen sicher etwas Doppeldeutiges an. Es gibt sie nicht nur als Anhaltspunkt zum Nachdenken, Überdenken und Gedenken dessen, was in der Vergangenheit geschehen ist. Dazu dienen sie natürlich auch, wie etwa die Kreuzwegstationen in zahllosen katholischen Kirchen, die es ermöglichen, das visuell zu verfolgen, was die Evangelien zuvor in Worten gesagt haben. Bilder dienen also als Illustrationen. Die reformierte Christenheit hat sich in ihrem Eifer für die rechte Lehre dagegen ausgesprochen. Die kernige Sprache, mit der sie ihre Einwände in Worte fasste, ist zu schön, um sie hier nicht zu wiederholen.

Dürfen aber nicht die Bilder als »der Laien Bücher« in den Kirchen geduldet werden? Nein; denn wir sollen nicht weiser sein als Gott, der seine Christenheit nicht durch stumme Götzen, sondern durch die lebendige Predigt seines Worts unterwiesen haben will. (Heidelberger Katechismus, Frage und Antwort 98)

Der Ausdruck ›der Laien Bücher‹ stammt von katholischen Theologen, die damit kenntlich machten, dass Katholiken keine Bilderverehrung betreiben. Die praktische Frömmigkeit sah und sieht bis heute darin viel mehr als Bildchen zu einem Buch oder Statuen oder Bilder der Vergangenheit. Es soll nicht nur der Vergangenheit gedacht werden, sondern Vergangenheit und Gegenwart müssen einander berühren, ineinander greifen, zusammenfallen, und sei es nur für einen Augenblick. Das ist es, was Jesusfrömmigkeit zu Jesusfrömmigkeit macht, vermittels eines Bildchens wird ein eigener kleiner Ort für Jesus geschaffen (siehe die Kreuzwegstationen), an dem man zu ihm kommen kann. Ein eigener Platz für Jesus neben Gott, darin mündet, das will die Jesusfrömmigkeit. Wie groß dieser Platz ist, werden wir noch sehen.

4. Klassische Jesusfrömmigkeit.
Der Liederschatz der Kirche in den Jahrhunderten

›Böse Menschen haben keine Lieder‹, heißt es bei Luther. Es spricht für die christlichen Kirchen. Sie verfügen über einen Schatz an Liedern, die auch noch gesungen werden! Im Singen können Menschen ihren Gefühlen Raum lassen, sie treten dabei aus sich heraus.

Lieder, die Jesus besingen, spielen bei alledem selbstverständlich eine tonangebende Rolle. Es sind Loblieder auf den stilisierten Jesus, den kirchlichen Christus, sie preisen ihn abwechselnd als Gott, der auf die Erde kam und/oder als den Sohn, der vom Vater auf die Erde gesandt wurde, in beiden Fällen bildet das kirchliche Dogma von den zwei Naturen und nicht die historische Person Jesu die Grundlage für den Lobgesang; die historische Person ist vielmehr als Sohn des Vaters, als Gott von Gott und Licht vom Licht gezeichnet. Diese Jesusfrömmigkeit bezeichne ich als die klassische; sie müsste eigentlich Christus-Frömmigkeit heißen.

Die Kirchenlieder sind voll von dieser Version. Wer sich die Mühe macht, das Register des Liederbuches der (protestantischen) Kirchen aufzuschlagen, kann eine stattliche Liste von Liedern zusammenstellen. Ich führe ein paar Beispiele an.

> Herr Jesu Christ, wahr Mensch und Gott,
> ... du sollst mir Sünder gnädig sein.

O lieber Herre Jesu Christ, der du unser Erlöser bist …

Wunderbarer Gnadenthron, Gottes und Marien Sohn,
Gott und Mensch, ein kleines Kind …
großer Held von Ewigkeit

Herr Jesu Christ, du höchstes Gut, du Brunnquell aller Gnaden

Strophen wie diese haben sich tief im kirchlichen Gemüt eingenistet.
Gläubige singen sie in erster Linie als Huldigung auf den Erlöser, ganz
und gar im Stil des liturgischen ›Lob sei dir, Christus!‹. Aber damit ist
nicht alles gesagt. Die Lieder wollen mehr, als es die Texte einem nahe
bringen. Sie wollen Jesus in die Gegenwart holen. Lieder sind Bilder,
spirituelle Bilder, und wie alle Bilder bezwecken sie nicht nur eine Illustration, sondern auch eine Behauptung der Gegenwart. Das scheint mir
die Erklärung für die merkwürdige Tatsache zu sein, dass sie einen
selbstständigen Schwerpunkt für Jesus schaffen, neben Gott. Er kann in
aller Not angerufen werden, als Retter aus der Angst, Arzt aller Seelen,
allgegenwärtig und – das meine ich mit ›merkwürdig‹ – niemand zwin-
kert dabei mehr mit den Augen, so sehr haben wir uns daran gewöhnt.
›Jesus nimmt die Sünder an‹, ein Lobgesang *auf* Jesus, wird ›O Herr
Jesus, nimm uns an‹, eine *Anrufung Jesu.* ›Ich rufe dich an, o Macht der
Liebe‹, sagt dasselbe.

Herr Jesu Christe, mein getreuer Hirte,
komm, mit Gnaden mich bewirte.

Du Friedefürst, Herr Jesu Christ, wahr' Mensch und wahrer Gott,
ein starker Nothelfer du bist im Leben und im Tod.

Allein zu dir, Herr Jesu Christ, mein Hoffnung steht auf Erden.

Die verselbständigte Ausrichtung auf Jesus ist eine Seite. Die andere
Seite ist die, dass Jesus in diesen Liedern die Rolle Gottes zugewiesen
wird, er wird stellvertretend angerufen. Ursprünglich riefen wir Gott an,
aber es wurde Jesus, um es zugespitzt zu formulieren. Was sich dahinter verbirgt, ob Jesus uns näher ist als Gott, wie Maria uns näher ist als
Jesus, lasse ich dahingestellt – es geht mir um das Phänomen. Das Lied –

als spirituelle Bildung einer Vorstellung – stellt Jesus als gegenwärtig hin. Der Effekt ist, dass Jesus die Rolle Gottes zugemessen wird, denn er wird angerufen, er rettet, er heilt und so weiter.

Ich gehe nicht so weit, das von allen Christusliedern zu behaupten. Selbst damit, dass Jesus als gegenwärtig hingestellt wird, könnte man gut seinen Frieden machen! Aber die für die klassische Form der Jesusfrömmigkeit charakteristische Stellvertretung, dass nämlich Jesus Gott ersetzt, scheint mir einen Schritt zu weit zu gehen. Zu Jesus kann man nicht beten; das ist sogar von der klassischen Christologie her eine schwere Ketzerei. Sie lässt sich leicht mit Hilfe der Zweinaturenlehre und von ihr aus verteidigen, denn dann trifft mit einigem guten Willen alles, was von Gott gilt, auch auf Jesus zu. Dem ist nicht wirklich so, die Theologen wissen es besser, aber die Menschen stellen es sich vor. Dieser Seite der Sache, der Verteidigung, gehe ich hier jedoch nicht weiter nach. Eine eigene Beziehung zu Jesus erscheint mir als *das* Merkmal dessen, was ich als Jesusfrömmigkeit bezeichne. In ihrer klassischen Version ist ihr Jesus der Jesus der zwei Naturen. Es ist auch anders möglich.

5. Die Jesusfrömmigkeit des Protestantismus

Auf reformatorischem Boden hat sich nach und nach eine Jesusfrömmigkeit eigener Art entwickelt. Bei der klassischen konnten wir noch zögern, ob Gott gemeint ist, wenn auch als zweite Person der göttlichen Dreieinigkeit, die aus der Jungfrau Maria die menschliche Natur angenommen hat, oder ob es um Jesus geht. Bei der protestantischen Jesusfrömmigkeit, die ich meine, ist das Zögern nicht mehr angebracht. Jesus ist ausdrücklich ihr Subjekt, mit dem der Gläubige eine persönliche Beziehung unterhält. Ich werde ihre beiden wesentlichsten Äußerungsformen skizzieren.

a. Der pietistische Jesus. Als eine Art Widerstandsbewegung gegen die rationale Ausprägung des Glaubens kommt der Pietismus bereits seit Beginn des siebzehnten Jahrhunderts auf, um wie ein Sauerteig den Protestantismus zu durchziehen. Er bringt eine Jesusfrömmigkeit eigener Art mit sich, die nicht auf die Abschaffung der kirchlichen Lehre ausgerichtet ist, sondern auf deren persönliche Zueignung durch Verinnerlichung. Jesus muss in unser Herz kommen (oder wir in das Herz Jesu) und darf nicht eine dogmatische Größe bleiben. Sein Kreuz, sein

Leiden und sein Tod werden erst wirklich geglaubt, wenn sie als persönliche Stellvertretung erfahren werden: Es ist bereits für mich geschehen, das heißt, er hat an mich gedacht. ›Persönlich‹ bedeutet, dass man eine innige Beziehung zu Jesus erlebt.

Man denke an eine Bewegung wie die der Herrnhuter unter der Leitung des Grafen von Zinzendorf (gest. 1760). Das Band mit der (lutherischen) Kirche und ihrer Lehre wurde beibehalten, aber die innige Beziehung zu Jesus wurde zu einer Jesus-Mystik mit einer beinahe krankhaften Intimität zwischen Jesus und der Seele ausgeweitet, insbesondere dem Jesus des Leidens und Kreuzes. Dieses Einleben in das Kreuzesleiden Jesu konnte so weit gehen, dass Gläubige danach verlangten, die Stigmata der Nägel, mit denen Jesus an das Kreuz genagelt war, in ihren Händen zu tragen, und die Narbe der Wunde, die Jesus zugefügt worden war, an ihrer Seite, als Zeichen der Vereinigung mit Christus.

Ist das übertrieben? Gewiss, manchmal sogar geschmacklos. Aber darüber brauchen wir nicht zu urteilen. Es gibt mehr Geschmacklosigkeit unter der Sonne. ›Jesus ist OK‹, las ich in einer Zeitung, und irgendwo anders: ›Jesus ist ein toller Kerl!‹ Es mag gut gemeint sein, aber ich mache das nicht mit.

b. Der Methodismus (die Bekehrung des Menschen muss methodisch in Angriff genommen werden, daher der Name) kennt auch eine Jesusfrömmigkeit, anders als die des Pietismus, aber nicht weniger augenfällig. Er hat von der angelsächsischen Welt ausgehend seinen Siegeszug begonnen. Er ist vielgestaltig, besitzt aber als fundamentales Merkmal, dass die Verkündigung zu einer Entscheidung aufruft: Fasse heute, da dir der Aufruf in den Ohren klingt, den Beschluss, Jesus in dein Leben eintreten zu lassen. ›Nutze die Gelegenheit, die dir von Gott geboten wird, morgen kann es zu spät sein!‹ Methodistische Verkündigung ist eine Verkündigung von Menschen wie Billy Graham, geübt in einer Rhetorik, die Menschen niederknien und sich für Jesus entscheiden lassen muss. Ein pietistisches Kinderlied handelt vom

Herrn, der in dem Himmel wohnt
und in jedem demütigen Herzen thront.

Jesus will in deinem Herzen wohnen, lernten meine Kinder noch 1962 in der Schule. Methodisten sprechen davon, ›Jesus in seinem Leben zuzulassen‹, ›ihn anzunehmen‹. Das ist etwas anderes. An erster Stelle ist es ein Akt, eine Tat, ein Entschluss, mit all der Erleichterung, die Entscheidungen einem schwankenden Gemüt bringen. Methodisten sind viel heiterer als Pietisten. Der Entschluss beinhaltet, dass jemand Jesus als den Meister annimmt, der in seinem Leben das Sagen bekommt. ›Ich habe Jesus Christus gebeten, mein Herr und Heiland zu werden‹, um ein Zitat von Beyers Naudé buchstäblich wiederzugeben. Das macht den Methodismus zu einer riskanteren Art der Jesusfrömmigkeit. Es sind immer Stellvertreter oder Handlanger des Herrn, etwa in der Person des Verkündigers, des Pastors oder eines anderen geistigen Führers, die bestimmen, was der König will. Man lässt also mit Jesus Menschen in sein Leben ein, die zum Guten oder Schlechten über jemandes Tun und Lassen entscheiden.

Was müssen wir uns dabei vorstellen, ›Jesus einlassen‹ oder ›Jesus bitten‹? Natürlich ist das eine bildhafte Sprache, aber das Ziel ist, eine persönliche Beziehung zu beginnen, jetzt über einen Willensakt und nicht, wie bei den Pietisten, über die Weckung von Gefühlen. Aber abgesehen von den Unterschieden ist, was beide verbindet, dass Jesus ein selbstständiger Faktor wird, ein Jemand, mit dem man persönlich verkehrt. Die wesentliche Glaubensbeziehung erlebt der Gläubige nicht primär zu Gott, sondern – als eine Beziehung von Person zu Person – zu Jesus. Die Jesusfrömmigkeit bestimmt den Glauben.

Wir befinden uns in einem ganz anderen Klima, verglichen mit der klassischen Christus-Frömmigkeit. Wenn man der Zusammenkunft einer ›Gemeinde des vollen Evangeliums‹ (Nachfahrin des Methodismus) beiwohnt, wird das vollkommen deutlich. Dieses ganz unterschiedliche Klima von Frömmigkeit hängt mit einer Verschiebung in der Weltanschauung zusammen. Das werde ich an Hand des folgenden Abschnitts, der von der Ikone handelt, deutlich zu machen versuchen.

6. Jesus als Ikone: Pforte zur anderen Welt

Ikonen sind Symbole, nicht im Sinne von Repräsentanz (›Wasser‹ steht für ›Leben‹), sondern von Erscheinung, Epiphanie des Vorgestellten. Die westliche Christenheit weiß wenig davon. Vergeblich sucht man in Enzyklopädien und theologischen Nachschlagewerken nach dem Lemma. Es wimmelt von Schultheologie, von weltanschaulichen Gegenständen, von gesellschaftlichen und politischen Themen, alles dem Geist der Zeit entsprechend gedeutet, aber ›Ikone‹ ist nicht zu finden. Das passt nicht in das aktive Frömmigkeitsideal der westlichen Christen. Erst in den letzten Jahrzehnten lebt das Interesse einigermaßen auf.

Jesus als Ikone ist die von der Kirche gutgeheißene Darstellung von Jesus, die etwas kann, was andere Äußerungen, Worte oder Bilder nicht können, nämlich einen Menschen mystisch mit der Welt verbinden, in der Jesus zu Hause ist, mit der Welt Gottes. Für in der Denkwelt der östlichen Orthodoxie nicht geschulte Christen ist die Wirkung einer Ikone am ehesten mit Hilfe der Sakramente zu erhellen. Auch die Sakramente verdanken sich uns und helfen uns, Gottes Anwesenheit zu erleben. Natürlich erleben Menschen diese am liebsten direkt, ohne dass sie Mittel dafür schaffen müssen. Aber das Gedicht sagt es,

the reverie alone will do
if bees are few.

Man hat an einem Kleeblatt, einigen Bienen und ein wenig Träumerei genug, sagt Emily Dickinson, um eine Prärie zu erfinden. ›Wenige Bienen‹ reichen der Träumerei schon. So sehe ich die Sakramente. Wenn die Zeiten mager sind und Menschen wenig von Gott merken, sind da immer noch die Zeichen; in ihrem Vollzug begegnen wir Gott. Die Zeichen sind Symbole für uns, sagen wir einander, in denen die eine Welt – die unsere – und die andere – die göttliche – zusammenfallen. So erlebt ein Mensch daran das, was er selbst hineinlegt. Die Alten sagten zu Recht, dass die Sakramente nur für die Gläubigen da wären. Sie meinten, dass nur Menschen, die an dieses Zusammenfallen glauben, in ihnen die Begegnung mit Gott erfahren.

So ungefähr (ich bin nicht in der Frömmigkeit der östlichen Kirche erzogen) ›wirkt‹ auch eine Ikone auf die Gläubigen. Es ist unmöglich, Gott anzuschauen, kein Mensch auf Erden kann das, wohl aber können wir Christus sehen, oder, besser gesagt, das Bild von Christus. Das Bild selbst ist irdische Wirklichkeit, von einem Künstler gestaltet, aber es bildet eine andere Wirklichkeit ab, die von Christus, so wie Christus wiederum Gott abbildet. Wenn es gelingt, erleben Gläubige diese andere Wirklichkeit in der Betrachtung der Ikone. Sie erhebt unsere Herzen zu Gott, ist in diesem Sinne die Pforte zu Gott. Darum nähert man sich einer Ikone mit großer Ehrfurcht, mit religiöser Scheu, Menschen kommen durch sie Gott nah.

Eine Ikone ist ein Bild; was für eine Ikone gilt, gilt manch einem Künstler zufolge für alle bildende Kunst: Sie öffnet die Pforte zu einer anderen Welt, zu Gott. Gott ist Schönheit. Aber hier handelt es sich um eine Zwischenbemerkung. Im Blick auf unseren Zusammenhang halte ich fest, dass die Ikone die Zweinaturenlehre von Jesus voraussetzt, dass sie gänzlich auf ihr aufruht. In ihr kommen himmlische und irdische Welt modellhaft zusammen, modellhaft in dem Sinn, dass beide in seiner Person zusammenfallen, ohne sich miteinander zu vermischen. Das folgt ganz dem Rezept von Chalkedon: unvermischt, ungetrennt, ungeteilt und unverändert.

7. Das metaphysische Verlangen

Die Ikone erlebt ihr *Comeback*; in unserer heutigen Kultur besteht an ihr mehr Interesse als früher; das ist die Manifestation eines metaphysischen Verlangens. Dieser Ausdruck stammt nicht von mir, sondern aus dem katholischen Neuen Katechismus aus dem Jahr 1966. Seinerzeit erregte er kein Aufsehen, höchstens etwas Geringschätzung von Seiten der damals herrschenden barthianischen Theologie. Metaphysisches Verlangen war ›Religion‹ und Religion galt als eine verwerfliche Sache.

Der Ursprung dieses Verlangens wird von der Idee geformt, dass es hinter unserer gegebenen Welt noch eine andere Welt geben muss, die Welt Gottes. Diese Idee ist so alt wie die Religion, sie bildet die Matrix aller Religionen. In der Philosophie tritt sie unter dem Namen Metaphysik auf (meta bedeutet hinter, und ›Physik‹ bezieht sich auf unsere vorhandene Welt) und beinhaltet die Auffassung, dass uns unsere Wirklichkeit zwar als die echte erscheint, dass sie aber nicht die echte, wahre Wirklichkeit ist. Plato, *der* Philosoph der Metaphysik, kann so darüber sprechen. Wir müssen im Übrigen unsere Welt als Manifestation der echten ansehen oder besser (wenn damit schon zu viel gesagt ist) als vagen Abdruck der unsichtbaren, wahren Welt. Wüssten wir nichts von der wahren Wirklichkeit, würden wir ihr nirgendwo begegnen, würde sie nicht irgendwo in unsere Welt hineinwirken: Wir wären im Chaos untergegangen. Diese unsichtbare, wahre Wirklichkeit ist die Norm (andere machten später daraus, dass die unsichtbare Norm die wahre Wirklichkeit sei), manifestiert sich als die Norm, von der die sichtbare Welt nur einen schattengleichen Abdruck bildet. Platos Philosophie wurde von den ersten Theologen der christlichen Kirche dankbar aufgenommen. Weil Plato sah, dass die wahre Wirklichkeit die Wirklichkeit ist, wie sie in den Gedanken Gottes vorkommt, und dass unsere Welt eine Erscheinungsform dieser Gedanken ist, war er für sie bereits ein Christ, bevor Christus geboren war.

Von dieser statischen Metaphysik haben die meisten Philosophen Abstand genommen, nicht aber von der Idee, dass sich hinter der vorhandenen Wirklichkeit eine andere Wirklichkeit verbirgt, über die wir zwar nichts sagen können, die aber manchmal aufscheint, in dem, was dann im Jargon von Heidegger eine ›Lichtung des Seins‹ heißt, eine Sinn gebende ›Lichtung‹. Manch ein Theologe folgt mit Eifer diesem Gedankengang und legt das Aufleuchten des ›Seins‹ aus als Erfahrung (lies: Offenbarung) von Transzendenz. Das Platonisieren hat dem Heideggern Platz gemacht. Metaphysik bleibt es, bzw. ist es erneut.

Ich sehe in dem auflebenden metaphysischen Verlangen eine neue Spiritualität, hervorgerufen durch die Enttäuschung über die Welt, wie sie ist, und der von dieser Enttäuschung Vorschub geleistet wurde. Wir haben die Zeit schon wieder hinter uns, in der Menschen dachten, die Welt neu gestalten zu können, die Zeit, in der Kirchen das eschatologische Segel aufzogen und der Politik messianische Allüren anpredigten. Aber die Welt wurde nicht neu, und der Zoll, den wir für das Misslingen des romantischen Messianismus bezahlen, ist die Rückkehr zur Metaphysik, in ungestilltem und unstillbarem Verlangen nach Erfahrung von Transzendenz.

Ich kehre zur Ikone zurück. In strengem Sinn geht es bei der Ikone nicht um Jesus, sondern um die andere Welt Gottes, die Wirklichkeit hinter unserer Wirklichkeit. Das entspricht der Zweinaturenlehre. Wir haben es dabei mit dem großen Verlangen nach einer Tiefe-Erfahrung, der Erfahrung von Gott-auf-Erden zu tun. ›O, dass du die Himmel aufreißen würdest!‹, das ist ein Ruf durch alle Zeiten.

Im Pietismus und Methodismus ist der metaphysische Hintergrund nicht mehr wirksam. Jesus wird zu einem eigenen Subjekt; die persönliche Beziehung zu ihm, der Umgang mit Jesus, wird die eigentliche Erfahrung des Glaubens. Alles ist möglich, aber ich meine: Kann man vom Gesichtspunkt der christlichen Tradition aus mit Jesus als Person eine innige Kommunikation pflegen, oder überschreitet die Frömmigkeit hier ihre Grenzen?

8. Allgegenwärtig? Ein altes Problem

Ein kleines Stück Theologie, ein kleines Intermezzo, zum Vergnügen, aber auch, um aufzuzeigen, dass kein einziges Problem neu ist, auch nicht das des Hin und Her Jesu zwischen Vergangenheit und Gegenwart. Ich möchte mit der Frage beginnen, die sich einfach aufdrängt: Wie kann Jesus, insofern er jemand aus der Vergangenheit ist, heute gegenwärtig sein? Wenn wir bei Jesus an die zweite Person der Dreieinigkeit Gottes denken, ist das immer möglich. Aber Jesus ist nicht die zweite Person der göttlichen Dreieinigkeit. Die klassische Lehre der Kirche besagt, dass im Menschen Jesus die zweite Person der göttlichen Dreieinigkeit im Fleisch erschienen ist, ohne dass damit die menschliche Natur Jesu aufgehoben wurde. Es ist also die Anbetung Jesu, sofern es um die zweite Person der Trinität geht, gewiss in Übereinstimmung mit der Lehre, angenommen, dass jemand weiß, was er dann anbetet. Die Kommunikation mit der zweiten Person ist es ebenso. Dann haben wir jedoch die zwei Naturen Jesu der Bequemlichkeit halber für einen Moment voneinander geschieden. Vereinigen wir sie wieder in und zu einer Person, zeigen sich die Probleme erneut. Die Anbetung beinhaltet dann, dass wir auch Jesus als Mensch anbeten, und das ist doch eigentlich nicht erlaubt, sagte Abraham Kuyper.

Die Vereinigung beider Naturen zu einer Person bedeutet, dass Jesus im Heute gegenwärtig ist. Ist das nicht unmöglich? Das ist ein klassisches Problem der christlichen Theologie, dem man seit der Formulierung der Zweinaturenlehre nicht ausweichen kann! Seiner göttlichen Natur gemäß ist er allgegenwärtig, seiner menschlichen Natur zufolge ist er das nicht. Wie soll das weitergehen? Je mehr es um Gott-auf-Erden geht, desto einfacher ist die Frage zu beantworten: Die göttliche Natur saugt die menschliche schließlich in sich auf, dafür ist es die göttliche Natur. Verhält es sich so, ist von einer echten menschlichen Natur keine Rede mehr. Das heißt, wir erinnern uns, ›Monophysitismus‹. Wer dies, was offiziell als Ketzerei verurteilt wurde, nicht möchte, bleibt mit dem Problem zurück. Man kann nicht das eine Mal sagen, dass hier die göttliche Natur am Werk sei, und ein anderes Mal, dass es nun die menschliche sei, denn das zerbräche die Einheit der Person. Dennoch aber muss dies sein, soll beispielsweise die göttliche Natur nicht mit der menschlichen ins Grab gelangen. Die Einheit der Person wird notgedrungen wieder aufgehoben.

In der Jesusfrömmigkeit stoßen wir erneut auf das Problem der beiden Naturen. Nach der klassischen Lehre ist Gott allgegenwärtig, wenn man aber auf eine so extreme Weise von der Anwesenheit Jesu in seinem Leben ausgeht wie in der Jesusfrömmigkeit, kann man nur akzeptieren, dass nicht nur Gott, sondern auch Jesus allgegenwärtig ist. Ist er das?

Einen Testfall für diese Frage stellte für die Väter des Protestantismus die Gegenwart Christi im Brot und Wein des Abendmahls dar. Für die katholische Theologie stand die reale Gegenwart Christi (Gott und Mensch) in den Zeichen von Brot und Wein fest. Luther hatte damit enorme Probleme. Auf der einen Seite wollte er an der realen Gegenwart festhalten, wie er das früher, in seiner katholischen Erziehung, gelernt hatte, andererseits stand er aber auch unter dem Eindruck der ›neuen Lehre‹, welche die Wandlung von Brot und Wein in den Leib und das Blut Christi gemäß der Lehre von der Transsubstantiation für einen Götzendienst hielt. Nach Zwingli wurden die Menschen durch die Lehre sogar zu ›Menschenfressern‹. Luther fand eine Art von Mittelweg. Er verzichtete auf die Transsubstantiation, nahm jedoch Jesu reale Gegenwart (in beiden Naturen!) bei Brot und Wein an. Das bedeutete also, dass Jesus auch seiner menschlichen Natur gemäß allgegenwärtig sein konnte! Luther akzeptierte die Konsequenz, ersann komplizierte Begründungen dafür, hatte aber keine Antwort auf den Einwurf, dass die menschliche Natur niemals die Eigenschaften der göttlichen haben kann.

Die Frage ist für uns weiter nicht mehr von Bedeutung. Im Protestantismus wird nach meinem Wissen die Auffassung nirgendwo mehr vertreten, dass Jesus buchstäblich, in Person, die Zeichen von Brot und Wein begleite. Ich überlasse das Thema (Abendmahl und Eucharistie) und die Konflikte darüber sich selbst und kehre zu dem zurück, um das es in diesem kleinen Ausflug geht, nämlich zur Allgegenwart Jesu als menschliche Person. Sie ist unmöglich. Abgesehen von der Unvorstellbarkeit – eine allgegenwärtige menschliche Natur ist ein Phantom – ist es auch aus heutiger Sicht theologisch nicht korrekt, jedenfalls von der

Lehre aus betrachtet, in der Jesus als in zwei Naturen existierend vorgestellt wird.

9. *Jesus muss mit. Der Teddybär*

Frömmigkeit ist frei, sie ist ein emotionaler Ausdruck von Gottesfurcht. Sie setzt das Lehrgebäude der Kirche voraus, hat aber ein eigenes Türchen, dort hineinzugelangen, das Türchen des Gemüts. Einmal drinnen, fühlt sie sich von einem Segment, einem Gesichtszug, einem Strich aus dem gesamten Strichcode der Wahrheit angesprochen, aber warum von was angesprochen? Diese Frage wartet noch auf eine Antwort. Warum wird ein Mensch durch ›Jesus, lieber Jesus‹ angesprochen, warum kann er das nicht mehr loslassen? Ich denke, dass die Psychologie uns hier weiterhelfen kann. Wer singt

> Ein treuer Freund wohnt in dem Himmel,
> wie die Welt ihn niemals bietet

kennt die Enttäuschungen des Lebens, gehört sicherlich nicht zur sozialen Oberschicht und erlebt seine Welt als eine Welt der Unzuverlässigkeit und des Verrates, sogar von Seiten der Freunde. Eine kollektive Erfahrung, weshalb das Lied auch Beifall findet. Für sie ist nur Jesus vertrauenswürdig. ›Mein Jesus ist mein treuster Freund‹.

Jesus kann auch ein ganz persönlicher Tröster sein. Eine Frau hatte in der Zeit, als ich Pfarrer war, ein Kind, einen Sohn. Seine Geburt hatte sie mit einer lebenslangen Lähmung erkaufen müssen. Der Junge wurde zum Militärdienst einberufen und nach Indonesien geschickt, um sich an den so genannten polizeilichen Aktionen zu beteiligen. Ausgerechnet dieser Junge fällt. Die Mutter fand für diese Katastrophe keine andere Antwort als die endlose Wiederholung der Zeile, als ob es ein Mantra wäre: ›Jesu Blut macht alles gut‹. War das ein echter Trost, half ihr dieser Spruch? Wer kann das sagen? In jedem Fall erlebte sie Jesus als Kompensation für ihr herzzerreißendes Schicksal, und ich fühlte nicht das geringste Bedürfnis, ihr zu widersprechen.

Ich sehe sowohl das erste wie auch das zweite Beispiel auf einer Linie mit dem Bedürfnis eines Menschen, Jesus zur eigenen Beruhigung bei sich zu haben.

Gehe nicht allein durchs Leben, diese Last ist dir zu schwer.
Lass Stärke dir durch einen geben, denn dein Mittler ist der Herr.

Jesus muss mitkommen. Große Gruppen von Christen haben dieses Lied endlos lang gesungen und sich endlos lang damit getröstet.

›Schifflein unter Jesu Schutz, hoch am Mast die Kreuzesfahne‹

endet mit:

›wir haben des Vaters Sohn an Bord und sichern Strand vor Augen‹.

Jesus muss mitkommen, zur Beruhigung, wie ein Kind seinen Teddybär bei sich im Bett haben muss, weil es sonst nicht ruhig schlafen kann. Ich meine diesen Vergleich, den ich von Jongsma-Tieleman gehört habe, nicht herabsetzend, sondern versuche, den psychologischen Faktor dieser Form der Jesusfrömmigkeit herauszustellen. Nicht alle Menschen können ihre Kinderängste überwinden, bleiben Kinder. Besser noch, manche Menschen kommen mit Hilfe dessen, was sie in ihrer Kinderzeit an Erzählungen über Jesus gehört haben, über Ängste hinweg. Den emotionalen Wert, den ihre Jesus-Vorstellungen für sie darstellen, können wir nicht hoch genug einschätzen.

Sicher in Jesu Armen,
sicher an Jesu Herz.

Menschen schicken es Traueranzeigen für ihre Geliebten vorweg. Es ist ihre Art und Weise, ihrem Glauben an Geborgenheit Ausdruck zu verleihen, denn bei Jesus sicher zu sein heißt, sicher bei Gott angekommen zu sein. Es klingt etwas kindlich, das stimmt, aber müssen wir gegen das ›Kindliche‹ vorgehen? Solange es nur keine Vorschrift für alle Menschen ist, dürfen Kinder Kinder sein, auch im Glauben, und Erwachsene Erwachsene.

In der Jesusfrömmigkeit ist Jesus das Ausdrucksmittel geworden, mit dem Menschen ihre religiösen Sehnsüchte äußern können, ihr Bedürfnis nach Halt, nach Trost; Jesus ist das Abwehrmittel gegen Verlassenheitsangst: ›ne me quitte pas‹. Jesus ist emotional hoch besetzt.

Ist das neurotisch, Aberglauben, der auf die Spitze getrieben ist? So könnte es sein. Daraus jedoch einen dogmatischen Punkt zu machen, ist ebenso neurotisch. Ich beschäftige mich überhaupt nicht mit der Frage der reinen Lehre. Mein Ziel ist im Gegenteil, kirchlich orientierte Menschen von der Idee zu befreien, dass sie in ihrer Frömmigkeit eigentlich versagen, und umgekehrt, Menschen, die sich damit über Wasser halten, anzuspornen, sich den Trost, den sie aus dieser Frömmigkeit beziehen, und die Geborgenheit, die sie darin erfahren, nicht nehmen zu lassen. Vor allem sollen sie sich nicht einreden lassen, dass Frömmigkeit theologisch korrekt sein muss.

10. Theologisch korrekt?

Da Frömmigkeit eine Emotion ist, hat es vorderhand keinen Sinn, ihr dieses Maß zu nehmen. Gefühle sind Gefühle, sie zu bekämpfen oder zu leugnen ist eine Leugnung dessen, was ein Mensch erlebt, und das würgt jede Form der Kommunikation ab. Es ist eine notwendige Grundlage für jedes Gespräch, dass man das akzeptiert, was Menschen fühlen und dafür Respekt aufbringt. Wie weit geht der Respekt vor Jesusfrömmigkeit?

Jesus, der alle Wünsche von kleinen und großen Menschen erfüllt, bringt uns zum Ansatz dieses Kapitels zurück. Können wir die Jesusfrömmigkeit in akzeptabel und inakzeptabel unterscheiden, und wie können wir einen Maßstab dafür ausmachen? Darf man einen solchen Maßstab überhaupt handhaben oder nimmt man Menschen damit etwas, was ihnen nicht nur teuer ist, sondern was sie auch nicht entbehren können?

Ich bin mir des Ernstes dieser Frage bei der Abfassung des Buches stets bewusst gewesen und fühle das in diesem Kapitel stärker denn je. Dem Dilemma, vor dem wir stehen, können wir aber nicht ausweichen; entweder finden wir alles gut, was an Jesusfrömmigkeit geboten wird, oder wir versuchen, wenn wir das nicht wollen, den Respekt vor und das Fragezeichen hinter der Frömmigkeit miteinander zu verbinden.

Das Wort ist bereits gefallen, es ist der Maßstab, der ›theologisch korrekt‹ heißt. Damit kann man tatsächlich an Jesusfrömmigkeit, welchen Zuschnitts sie auch sei, Maß nehmen. Es geschieht, die Theologie gibt Zeugnis davon. Aber damit ist nicht viel gewonnen, es ist nur eine Seite der Sache berührt, nämlich die der offiziellen Kirchenlehre. Würde man das kirchliche Dogma strikt beachten und nicht um der Volksfrömmigkeit willen alles und jedes übersehen, würde Jesus nicht angerufen und Maria nicht die Muttergottes genannt werden dürfen. Inkorrekte Frömmigkeit wäre allerorten anzutreffen. Hinzu kommt, dass der kirchliche Christus nicht eine zeitlose, der Geschichte enthobene Realität ist, sondern eine Phase in der Rezeptionsgeschichte der Evangelien bildet, und selbst auch bestimmten Bedürfnissen und Bestrebungen entstammt. ›Theologisch korrekt‹ scheidet folglich als Maßstab aus. Diese Betrachtungsweise ist nicht unbrauchbar, nicht verboten, sogar nicht per definitionem unfruchtbar, aber zu schwankend, um eine Grundlage für die Frömmigkeit zu bilden.

Müssen wir dann auf einen kritischen Blick verzichten? Das geht genauso wenig. Jesusfrömmigkeit korrespondiert mit einem Jesusbild, und so traurig es auch klingen mag, viele Jesusbilder sind nicht mehr als religiöser und / oder dogmatischer Kitsch. Es ist nicht so, dass man von vorneherein zur Ehrfurcht verpflichtet ist, wenn auf irgendetwas nur Jesus oder Christus steht. Im Namen Jesu wird viel religiöser Unsinn betrieben, mehr noch: Seine kirchliche, polierte Gestalt eignet sich ungemein dafür.

Einem Maßstab entkommen wir also nicht, einer Art Messlatte, um festzustellen, wir weit die Wärme der Verehrung Jesus aufgezehrt hat, wie eine Flamme die Kerze. Diese Messlatte muss sein, sie muss verwendet werden, nicht um abzuschneiden, was übersteht, und damit anderen die Leviten zu lesen, sondern um uns selbst vor einer Irrfahrt in die Frömmigkeit zu bewahren. Was will ich mitmachen und was nicht?

Wenn diese Messlatte nicht im ›theologisch Korrekten‹ bestehen kann, worin dann? Ob Kitsch oder nicht, stellt man an der Messlatte der ›Qualität‹ fest. Das entfesselt zwar sofort eine tief schürfende Diskussion darüber, was Qualität sei, aber dadurch brauchen wir uns nicht abschrecken zu lassen. Im Gegenteil, eine solche Diskussion muss von Beispielen ausgehen, und damit sind wir genau dort, wo wir sein müssen, nämlich bei der Frage, was ich mitmachen will und was nicht. Oberflächliche Bedürfnisse, eine egoistische Annexion Jesu, eine Gruppenannexion (schlimmer noch als die individuelle) – das alles erscheint mir von maßstäblicher Bedeutung zu sein, woran sich jeder Mensch selbst orientieren kann, um mit Hilfe dessen festzustellen, ob, und wenn ja, wo er als Mensch mit Jesus in die Irre geht. Es beginnt mit der Selbstkritik an unserer Jesusfrömmigkeit.

Die eigentliche – kritische – Frage beginnt allerdings viel eher; ich habe sie das ganze Buch hindurch gestellt. Ist die Christenheit seit Jahr und Tag damit beschäftigt, Jesus als Stellvertreter Gottes zu gebrauchen, und kommt das zumal in der Jesusfrömmigkeit zum Ausdruck? Dieser grundlegenden Frage widme ich den folgenden Abschnitt.

11. Jesus sagen und Gott meinen. Jesus als Metapher

In der Jesusfrömmigkeit berühren wir die Innenseite der Christologie, die Gefühlswelt gläubiger Menschen. Von den Emotionen aufgestaut, scheint kein Griff zu hoch zu sein, wenn Menschen in Worte fassen wollen, wofür Jesus gut ist. Die Ausgestaltungen der Jesusfrömmigkeit lassen keinen Zweifel daran. Dennoch können wir sie unter einen Nenner bringen. Merkmal der Jesusfrömmigkeit ist, dass Jesus zum Mittelpunkt und Wesentlichen des Glaubens wird; die Glaubensbeziehung erlebt der Gläubige in erster Linie mit Jesus und nicht mit Gott.

Was zu leisten ist, ist die Umkehrung dessen. Diese Super-Verehrung muss zurückgeschraubt werden, und Gott muss den Platz zurücker-halten, der ihm in der Frömmigkeit zusteht. Alle Mystik, alle Hingabe, alle Emotionen (ohne die es keinen Glauben geben kann) müssen dahin zurückgeführt werden, woher sie stammen, wo sie hingehören und wohin sie heimkehren: Gott. Glauben bedeutet nicht, mit Jesus als Stellvertreter-Gott zu verkehren, sondern mit Gott selbst.

Von einem großen Teil der Jesusfrömmigkeit nehme ich ohne Weiteres an, dass sie Entsprechendes meint. Diese Frömmigkeit spricht eigentlich und streng genommen überhaupt nicht über Jesus, sondern durch Jesus über Gott; sie sagt Jesus und meint Gott. Damit verbinde ich jedenfalls ein Plädoyer, das meiner Meinung nach der Christenheit keine Schwierigkeiten einbringt, sondern ihr einen Dienst erweist. Sehen Sie, ob es stimmt: Man sagt Jesus, aber man meint Gott?

Jesus betrachte ich als eine Metapher für Gott, und mit einer Metapher drücken wir, wie früher bereits vereinbart wurde, nicht aus, was etwas oder jemand ist, sondern wem er (oder es) ähnelt. Jesus zu sagen und Gott zu meinen, befreit uns von der Zwangsjacke der Zwei-naturenlehre. Als Metapher für Gott ist Jesus nicht selbst Gott, sondern gebrauchen wir seinen Namen, um über Gott zu sprechen, über Gott, der groß und barmherzig und groß an Güte ist, der das Böse verzeiht, den Schuldigen aber nicht unschuldig sein lässt. Jesus als Metapher für Gott, das ist Jesus als ein anderes Wort für die Treue Gottes gegenüber seiner Schöpfung, für die Liebe Gottes, für Gott, der unseren Weg begleitet, für die Nähe im Umgang mit Gott. Die Jesus-Sprache braucht nicht verworfen zu werden, aber warum sollte man nicht gleich Gott sagen, wenn man doch Gott meint? Dieser stille Hinweis wird, so hoffe ich, keinem Leser entgehen. Er kann dazu beitragen, dass die Frömmigkeit wieder auf ihre eigenen Beine gestellt wird.

15. Das Credo

1. ›Umdeuten‹

Jesus war in der Hölle – ältere Kirchenlehrer halten daran fest, in Übereinstimmung mit dem Credo (dem so genannten Apostolischen Glaubensbekenntnis), in dem es heißt: ›abgestiegen in die Hölle‹ bzw. heute ›hinabgestiegen in das Reich des Todes‹. Calvin sagt, dass man das anders auslegen muss. Jesus ist durch die Hölle gegangen, er war nicht wirklich in der Hölle. Der Heidelberger Katechismus spricht es ihm nach (Frage und Antwort 44): Er litt höllische Angst und Pein. Nun geht es mir hier nicht darum, ob es die Hölle gibt oder nicht (es gibt sie nicht, um doch etwas darüber zu sagen), es geht mir nicht einmal um die Auslegung dieser Zeile des Credos. Ich ziehe sie nur als Beispiel für eine Arbeitsweise heran, an der viele Menschen Anstoß nehmen, nämlich eine Aussage so zu deuten, dass sie etwas ganz anderes besagt, als sie sagt. Als Theologiestudent lernte ich, dass man das ›Umdeutung‹ nennen muss. So wie man beim Anziehen anderer Kleider von ›umkleiden‹ spricht, ist ›umdeuten‹ so etwas wie einer Glaubensaussage eine andere Bedeutung geben, was mit dem Unterton der Unrechtmäßigkeit einhergeht; mit dem, was da steht, kommt man nicht zurecht, da man aber einen ehrwürdigen Text nicht einfach aufgeben darf, versucht man, sich vom Zwang der Worte zu befreien, indem man etwas anderes daraus macht.

Das Problem wurde in der Vergangenheit bei der Zeile aus dem Credo akut, in der über Jesus gesagt wird, dass er von der Jungfrau Maria geboren wurde. Jemand wie Emil Brunner, in gewissem Maße ein Gefährte von Karl Barth, hielt nichts von der jungfräulichen Geburt, wollte die Zeile auch nicht streichen, sondern schlug vor, sie als Ausdruck der ›Sündenlosigkeit‹ Jesu zu lesen. ›Umdeutung‹, riefen viele Theologen, und das bedeutet, dass man sich herauswindet; man muss das, was gesagt wird, hinnehmen oder nicht hinnehmen! Karl Barth hielt die Aussage als genealogische Tatsache Jesus betreffend nicht für wichtig, wollte sie aber doch als ›Zeichen‹ beibehalten: Jesus kam von Gott her, von oben. Im nächsten Abschnitt komme ich ausführlich darauf zurück.

Das ›Umdeuten‹ hat einen schlechten Ruf. Zu Recht? Ja, wenn wir die

Aussagen des Credos als ›von oben‹ gekommen auffassen müssten, aber solche Aussagen gibt es nicht. Alles, was über Gott gesagt wird, kommt ›von unten‹, ist Menschenwerk. Damit ist die doppelte Implikation verbunden, dass die Welt von Menschen nicht nur die Welt ist, wie sie sie sehen, sondern dass auch die Sprache, in die sie ihre Welterfahrung einbringen, den Stempel des Ortes trägt, an dem sie sich befinden, und des Zeitrahmens, in dem sie ihre Erfahrungen (individuell oder/und kollektiv) sammeln, denn Menschen sind nun einmal historische Wesen. ›Geboren von der Jungfrau Maria‹ ist also keine zeitlose Wahrheit, sondern der Ausdruck für etwas, das sie in Jesus sahen, damals, in dieser Zeit, und mit Begriffen dieser Zeit in Worte gefasst. Diese Zeile ist selbst schon eine ›Deutung‹, eine Interpretation, und was ›Umdeutung‹ genannt wird, ist einfach eine neue Interpretation in einer anderen Zeit und durch andere Menschen. Die negativen Untertöne können wir weglassen, denn die Interpretation, die Deutung, ist eine normale Weise des Umgangs, auch und gerade mit ehrwürdigen Bekenntnissen aus der Vergangenheit.

Nachfolgend werde ich das Credo interpretieren. Ich werde es nicht umbiegen, weil ich das, was dort steht, nicht gebrauchen kann, sondern weil das, was da steht, kein erstes und letztes Wort ist, sondern eine Deutung, die ich lange schon nicht mehr verstanden hätte, wenn ihre Bedeutung mir nicht im Rahmen einer neuen Auslegung, etwa durch den Pfarrer oder den Pastor, dargelegt worden wäre. Wir machen nichts anderes als deuten! Das gilt für das Credo ebenso wie für die Bibel. Anders können wir mit Schriften aus der Vergangenheit nicht umgehen, sollen sie wirken.

Aber gibt das Credo denn nicht historische Tatsachen über das Leben Jesu wieder? Kann man daraus etwas anderes machen als das, was da steht? Das ist tatsächlich nicht möglich, die Frage ist jedoch, ob die Tatsachen, die das Credo über Jesus mitteilt, Stück für Stück Geschichte erzählen. ›Gelitten unter Pontius Pilatus, gekreuzigt, gestorben und begraben‹, das steht historisch fest. Aber ›aufgefahren in den Himmel‹? Wie ich aufzeigte, fürchtete Calvin sich nicht davor, das ›abgestiegen in die Hölle‹ als Einkleidung aufzufassen und nicht als ›wirklich geschehen‹. Das gibt Mut, wir befinden uns, wenn wir interpretieren, in guter Gesellschaft, auch wenn wir so mit dem verfahren, was sich als historische Tatsache präsentiert, beispielsweise die Himmelfahrt Jesu.

2. Das Credo interpretieren

Täuflinge mussten das Credo auswendig kennen, bevor sie in der Osternacht getauft werden durften. Sein mittlerer Teil ist Jesus gewidmet. Nach dem Glauben an Gott den Vater, den allmächtigen Schöpfer von Himmel und Erde, folgt im Anschluss an denselben Anfang (›ich glaube‹), was der Täufling über Jesus bekennt. Der Text endet mit dem Heiligen Geist, der Kirche und den so genannten letzten Dingen. Ich greife das Stück, das von Jesus handelt, heraus.

Und an Jesus Christus, seinen eingeborenen Sohn, unsern Herrn,
empfangen durch den Heiligen Geist,
geboren von der Jungfrau Maria, gelitten unter Pontius Pilatus,
gekreuzigt, gestorben und begraben,
hinabgestiegen in das Reich des Todes,
am dritten Tage wieder auferstanden von den Toten,
aufgefahren in den Himmel;
er sitzt zur Rechten Gottes, des allmächtigen Vaters;
von dort wird er kommen, zu richten die Lebenden und die Toten.

Was soll man mit einem Zeugnis machen, das eine so lange Tradition hinter sich hat und dabei Kirchen, die einander seit Jahrhunderten nicht mehr nahe kommen, doch in einem Bekenntnis eint? Selbst wenn es das Apostolische Glaubensbekenntnis heißt, rührt es nicht von den Aposteln her, aber seine Zeugnisse gehen doch auf die verfolgte Kirche zurück.

Natürlich soll man es nicht verwerfen. Tradition ist alles, was wir haben, auch in Angelegenheiten von Glauben und Lebensbetrachtung müssen wir damit auskommen. Es ist die Weisheit früherer Generationen, ihr Glaube, ihre Erfahrung mit Gott, so wie diese ihnen wiederum von ihren Vorfahren überliefert worden waren. Nicht weniger ist es, aber auch nicht mehr. Das Credo hat einen historischen Charakter, und dadurch wird die Interpretation des Credos unausweichlich. Was das beinhaltet, wird nachfolgend entfaltet.

1. Allein die Ehrfurcht vor der Vergangenheit, gegenüber der Glaubenstradition, der man entstammt und zu der man gehört, ist Grund genug, das Credo nicht zu verwerfen. So verfahren wir auch nicht mit dem Bekenntnis von Nizäa (325) und dem von Athanasius (es ist zwar nicht von Athanasius, heißt aber nun einmal so).

2. Die drei Texte, die ich hier erwähne (Credo, Nizäa und Athanasius) heißen ökumenische Glaubensbekenntnisse, da sie von allen christlichen Kirchen als Richtschnur für die Wahrheit akzeptiert werden. Zum Erstaunen manch eines Lesers findet sich das Bekenntnis von Chalkedon (451) mit seiner Zweinaturenlehre nicht in dieser Reihe, obwohl diese Lehre ebenfalls von allen christlichen Kirchen in der Fassung von Chalkedon angenommen wird. Aber Chalkedon enthält auch einen Abschnitt über den Heiligen Geist, mit dem die östliche orthodoxe Kirche bis heute nicht einverstanden ist, und deswegen bleibt Chalkedon außerhalb des ökumenischen Rahmens. Das Credo, um das es mir in diesem Augenblick geht, stellt also ein verbindendes Element zwischen den christlichen Kirchen dar, einen Wert, den man nicht gering schätzen sollte.

3. Muss man Ehrfurcht haben, auch wenn man bestimmte Passagen des Credos nicht akzeptieren kann? Ja, was spricht dagegen? Wir befinden uns in der Position, dass wir, anders als unsere Vorfahren, die Relativität der religiösen Formeln einzusehen gelernt haben. Menschen können ihre Erfahrungen nur mit Hilfe von Begriffen ausdrücken, die ihrer eigenen Zeit, ihrer eigenen Kultur, mit einem Wort, ihrer eigenen Deutung ihres Daseins entstammen. Das hat vor allem das Problem mit sich gebracht, ob damit nicht ›alles wackelt‹, wie Troeltsch es nannte. Aber warum sollte man nicht auch die Vorteile wahrnehmen, die sich daraus ergeben? Man denke an den Nachdruck, mit dem das Credo zweimal den Vater einführt. Das ist problematisch für Frauen, finden feministische Theologen. Formulierungen haben durchaus keinen Ewigkeitswert, sie sind der Forschung nach der Bedeutung, die sie zur Zeit ihres Aufkommens hatten, und der Frage, ob sie uns gegenwärtig helfen können, damit wir und wie wir das Leben meistern, zugänglich. Es braucht nichts gestrichen zu werden, wir lassen alles stehen, aber wir können nicht alles gebrauchen, jedenfalls derzeit nicht. Vielleicht morgen.

4. Wissen Außenstehende denn noch, was ihnen das Christentum zu sagen hat? Ich stelle diese Frage, weil man gelegentlich hört, dass die Christenheit mit ihrem eigenen Bekenntnis nicht mogeln dürfe; die Interpretation gilt offenbar als Mogelei. Damit kann ich nichts anfangen. Jede Lebensbetrachtung, jede Institution, jeder Glaube häutet sich, um verjüngt weiter bestehen zu können. Soll das Christentum einzig in den Kleidern von früher in Erscheinung treten dürfen? Dadurch

wird es weniger greifbar für Kritik. Dem Kritiker wird größere Anstrengung abverlangt, das Christentum ins Visier zu bekommen. Aber was ist von der Anpassung zu halten? Jede spirituelle Strömung verfährt so. Es handelt sich nicht um Mogelei, oder Ausverkauf, es ist ein Zeichen von Vitalität.

3. Die jungfräuliche Geburt

An den Anfang setze ich die Zeile, die ich bereits zitiert habe: ›geboren von der Jungfrau Maria‹. Im kirchlichen Sprachgebrauch ist das die so genannte jungfräuliche Geburt Jesu. Maria erkannte keinen Mann, die Frucht ihres Schoßes wurde vom Heiligen Geist empfangen, so meldet es der Evangelist Lukas (Kapitel 1), und die Kirchenväter deuteten das als einen Beweis für die göttliche Natur Jesu, denn das Kind, das geboren wurde, ist nicht nur von unten (Mensch), sondern auch von oben (Gott). Präziser ausgedrückt heißt das, dass sich die Zweite Person der göttlichen Dreieinigkeit über die Jungfrau Maria mit der menschlichen Natur (lies: mit einem Leib) bekleidete. In der Theologie wurde daraus die Lehre von der Inkarnation, in Predigt und Theologie als Herabsteigen Gottes zu den Menschen, aber auch als Erhebung des Menschen zu Gott beleuchtet: Welchen Wert müssen wir haben, wenn Gott unsertwegen ein Mensch wird! All diese Ausarbeitungen lasse ich im Weiteren auf sich beruhen, außer dass Lukas nicht die *assumptio carnis* (die Zweite Person der göttlichen Dreieinigkeit nimmt die menschliche Natur an) beschreibt, sondern die Geburt Jesu aus der Jungfrau Maria.

Natürlich kann man das als historische Wahrheit auffassen. Große Teile der christlichen Kirche taten und tun das auch heute noch, beispielsweise die katholische Kirche, für die diese Auffassung sogar offizielle Kirchenlehre ist. Das muss sie auch, denn die gesamte Marienverehrung hängt davon ab, und diese lebt gegenwärtig genauso wie früher. Katholische Theologen versuchen deren Ausweitung zwar einzudämmen oder ihr eine andere Richtung zu geben, indem sie Maria als Sinnbild der Kirche darstellen, die im Glauben ihren Herrn empfängt, aber gegen den Volksglauben kommen sie nicht an. Von höherer Stelle aus dürfen sie das auch nicht, denn die unbefleckte Empfängnis Marias wurde 1854 zur offiziellen Kirchenlehre erhoben, zum Dogma, und im Jahre 1950 wurde dies obendrein um den Lehrsatz von ihrer leiblichen Aufnahme in den Himmel ergänzt. Das Dogma ist der Frömmigkeit gefolgt, wie so oft in der Kirchengeschichte. Man fragt sich allerdings, warum das nur geschieht, wenn etwas hinzukommt, und niemals, wenn etwas verschwindet, beispielsweise dann, wenn es die Gläubigen nicht mehr anspricht.

Die jungfräuliche Geburt Jesu ist für sich betrachtet keine Spaltungsursache zwischen Katholiken und Protestanten. Selbst Maria als ›Mutter Gottes‹ (im Jahre 431 vom Konzil zu Ephesus zum Dogma erhoben) ist das nicht immer gewesen. Calvin, Luther und sogar Karl Barth hatten nichts dagegen einzuwenden, vorausgesetzt, dass dies als Rückverweis auf die göttliche Natur Jesu verstanden, also als ein Thema der Christologie behandelt wurde, und nicht als Grundlage einer vollständigen Mariologie betrachtet würde.

Mariologie ist allerdings daraus geworden. Der Status Marias musste, so meinten die katholische Theologen, sich mit dem göttlichen Sohn, den sie hervorgebracht hat, in Übereinstimmung befinden, daher die Lehre von der unbefleckten Empfängnis Marias. Wenn die Erbsünde eine Art von Makel ist, der mit der Geburt weitergegeben wird, muss auch Maria schon frei von der Erbsünde gewesen sein. Ansonsten hätte sie Jesus gewissermaßen angesteckt. Die offizielle kirchliche Lehre besagt daher auch, dass Maria durch einen präventiven göttlichen Akt vor der Erbsünde bewahrt geblieben ist, nicht aus eigener Würde, sondern auf Grund der Verdienste ihres großen Sohnes, die ihr gewissermaßen rückwirkend zuerkannt wurden. Umgekehrt ist Maria diejenige, die den besten Zugang zu ihrem Sohn hat, das fühlen alle Mütter der Welt mit, denn sie hat ihn unter dem Herzen getragen. Die Gläubigen fahren also gut damit, dass der Sohn seine Mutter dicht bei sich hat.

Eine Konsequenz kann man dieser Vorstellung nicht absprechen. Die jungfräuliche Geburt (Jesus hat keinen menschlichen Vater) und die unbefleckte Empfängnis (Maria war von der Erbsünde frei) können nicht aufgegeben werden, denn sonst verliert nicht nur Maria ihren Ehrenplatz, sondern auch Jesus die genealogische Komponente, die ihn zu Gott-von-Gott macht. Aber es ist zu viel des Guten. Maria als ›Gottesgebärerin‹ (die Übersetzung, die Harnack für das griechische Wort ›theotokos‹ fand) beruht insgesamt auf der Lehre von Gott-auf-Erden, und diese Lehre bildet, wie ich aufgezeigt habe, kein tragfähiges Fundament. ›Mutter Gottes‹ ist im Übrigen selbst dann nicht möglich, wenigstens wenn man kein Monophysit sein möchte, und Maria, die frei ist von Erbsünde, ist eine grundlose Spekulation (wobei von der Frage abgesehen wird, was Erbsünde sein könnte).

Jesus war Mensch, so wie wir, hatte einen Vater und eine Mutter, ebenso Brüder und Schwestern, denn auch dem kirchlichen Dogma, dass Maria ›immer Jungfrau‹ geblieben ist, entspricht keine historische Tatsache. Vielleicht war Jesus, wie so viele Rabbis, verheiratet und hatte Kinder. Das passt natürlich nicht in das stilisierte Bild, das die Christenheit von ihm geschaffen hat.

Jungfräuliche Geburt? Jesus ist nicht der Einzige, von dem solches gesagt wird; auch Zoroaster, Buddha, Lao-Tse (um nur einige zu nennen) sollen jungfräulich geboren sein. Die Geschichte, die Lukas erzählt, verdankt sich einer Deutung Jesu. Man muss sie mit dem Bekenntnis ›empfangen vom Heiligen Geist‹ zusammensehen, und was damit gesagt werden möchte, drückt Berkhof in der Spur von Brunner pointiert aus: ›Der Glaube an Jesus als den einzigen Sohn beruht … nicht auf dem Glauben an seine jungfräuliche Geburt; wohl aber umgekehrt.‹

4. Das Kreuz

Jesus kam nicht um eines Kreuzes willen, er hat es sich zugezogen. Hätte Pilatus Recht gesprochen, wäre Jesus freigelassen worden, anstatt ermordet zu werden, kurzum: Wäre alles so verlaufen, wie es hätte sein müssen, wäre die Weltgeschichte anders abgelaufen. Wir sind es nicht gewohnt, so darüber zu reden. Das rührt daher, dass das Kreuz in der christlichen Heilslehre einen zentralen Platz erhalten hat. Als Symbol des Christentums ist es in die Geschichte eingegangen; das Kreuz ist das Logo der Kirche, hörte ich einen Pfarrer sagen.

Die damit verbundene Stilisierung ist ein Glück, denn ein Hineindenken in das Geschehen (die Nägel in meine Hand geschlagen, sagte Nijhoff) reicht aus, Kindern einen Albtraum zu verschaffen. Der gewalttätige Charakter des Kreuzes wird nicht mehr wahrgenommen, wie auch die Gewalt im Fernsehen nicht mehr die Fantasie erregt.

Das war einmal bezweckt. Das Kreuz sollte unterstreichen, wie sehr Jesus leiden musste. Das Mittelalter bot dies in Fülle, es gab keine Kirche, in der sich nicht ein Kruzifix mit Corpus fand, so realistisch wie nur möglich: Blut, das aus der Seite heraus fließt, eine Dornenkrone um das Haupt, ein Lendenschurz um das männliche Geschlecht, Jesus, an Nägeln aufgehängt. Das ist Leiden, beispielhaftes Leiden, nachzuahmen von dem, der wie Jesus sein wollte; das Kreuz war eine Brutstätte für Masochismus, so las ich bei einem katholischen Autor. Davon waren die protestantischen Kinder jedenfalls befreit, wie grässlich der Bildersturm auch gewesen sein mag. Sicherlich kann man auf bessere Weise davon befreit werden.

Wie ist das möglich? Indem man deutlich macht, dass es um eine Stilisierung, eine Glaubensstilisierung des Todes Jesu geht, um ein Ummodeln des Kreuzestodes. Ursprünglich eine Tragödie, ein Verbrechen, ein Mord, wird das Kreuz zu einem Segen umgeformt, einem Erlösungsgeschehen. Es ist die Vergebung der Sünden, Jesus ist das Sühnemittel. Das ist ›umdeuten‹, dass man aus dem Kreuz ein Ehrenzeichen macht! Ohne diese Neuinterpretation des Kreuzes hätte es wahrscheinlich keine Kirchen gegeben.

Die Neuinterpretation hat auch negative Seiten. Wenn alles so ist, wie es die klassische Kirchenlehre will, wird das Leiden und Sterben Jesu zu einer abgekarteten Sache. Jesus war aus dem Himmel herabgestiegen, wie mit dem Vater vereinbart, er schreckte von seiner menschlichen Natur her vor dem Tod zurück, da er Gott war konnte ihm aber nichts widerfahren. Wer findet, dass damit der Erzählung über Jesus der letzte Ernst genommen sei, muss einen anderen Anfangspunkt wählen: Er muss anerkennen, dass es Menschen gewesen sind, die ersten in der Nachfolge, die den Kreuzestod Jesu als eine Handlung Gottes gedeutet haben. Jesu Absicht war eine andere, aber er wurde der Heiland der Welt. Paulus hat das bedacht, ob ihm nun andere voraufgegangen waren oder nicht (zum Beispiel durch Jesus selbst vorgefühlt?), und die Christenheit spricht es ihm gern nach. Steht oder fällt sie doch damit! ›Zur Vergebung der Sünden‹ ist und bleibt eine Auslegung des Unten über das Oben.

Mit Masochismus hat das Kreuz nichts zu tun, auch nicht mit der Verherrlichung des Leidens oder einer Propaganda für die Tötung von Opfern, die sich nicht widersetzen können. Eher ist es das Umgekehrte, dass Opfer nämlich eine Bedeutung bekommen, von der sie selbst nicht gewusst haben können.

5. Auferstanden von den Toten

So wie die jungfräuliche Geburt für Katholiken ein heißes Eisen ist, hält die Auferstehung Jesu von den Toten die Protestanten seit Jahr und Tag im Griff. Ich könnte darüber Gleiches schreiben wie über die jungfräuliche Geburt; es geht in den Auferstehungserzählungen um die Bedeutung Jesu für seine Jünger. Die Bedeutung stand am Beginn, und die Erzählungen folgten hinterher, man muss sie als Ausgestaltung dieser Bedeutung lesen.

Ich bin mir dessen nicht sicher, ob es so einfach möglich ist, aber lassen Sie mich in jedem Fall so beginnen. Das könnte uns von der Gewohnheit befreien, die Auferstehung Jesu auf eine Art bloßer Tatsache, eines *brutum factum*, zu reduzieren, von der dann auch noch das ›wirklich geschehen‹ aufrechterhalten werden muss. Dabei muss zuerst die Tatsache an sich gerettet werden, danach kann über die Bedeutung gesprochen werden. Ich verstehe, was dahinter steht, ich verstehe auch, dass die Begründung bis hinauf in die besten Kreise Eingang findet, aber so kann man nicht vorgehen. Nackte Tatsachen kennen wir nicht. Tatsachen, die man weitererzählt, erzählt man weiter, weil sie etwas bedeuten. Weitererzählen *ist*, dass man Geschehnissen Bedeutung verleiht und sie deswegen weitererzählt. Die Auferstehung Jesu wurde, mit anderen Worten, selbst bereits als eine Interpretation übermittelt. Natürlich stellt sich die Frage, Interpretation *wessen* es ist. Darauf komme ich gleich zurück.

Im Hinblick auf Tatsachen (›wirklich geschehen‹) muss man, historische Gewissheit haben, und diese kann nur von fachkundigen Erforschern der Vergangenheit gegeben werden. Würde die Dogmatik darüber Aufschluss geben dürfen, könnte man alles, was man nur möchte, für historisch erklären. Das sind genug Gründe, die Erzählungen nicht von der Bedeutung zu lösen, die sie Jesus verleihen. Das bewahrt uns vor dem, was ich in einem religiösen Blatt als Ermunterung las, Ostern zur Kirche zu gehen. Ich zitiere den Pfarrer, der das schrieb:

›Überraschung‹, sagte Jesus nach drei Tagen. Wird in der nächstgelegenen Kirche fortgesetzt.

Ende des Zitats. Ist es lustig? Ja, aber im Sinn der Bananenschale, die wir selbst ausgelegt haben, um anschließend darauf auszurutschen. Erzählungen als Ausgestaltung der Bedeutung, die sie Jesus gaben, sind immer noch ein besserer Weg. Gibt es dann kein historisches Problem? Gewiss, aber man löst es nicht, indem man ohne Beachtung der Bedeutung dieses Geschehens über ›wirklich geschehen‹ spricht, etwa nach der Art ›die Bedeutung kommt später, erst sind die Tatsachen dran‹. Sicherheitshalber sei gesagt, dass das historische Problem ebenso wenig in der Weise gelöst wird, in der die deutschen Kirchen es gegenüber jemandem wie Gerd Lüdemann vornehmen wollen, der ihnen zufolge die Auferstehung Jesu leugnet. In der Kirche geht es, sagen sie, bei Jesus nicht um den historischen Jesus, über den Lüdemann spricht, sondern um den erhöhten, den auferstandenen, den verkündigten Christus. Das erscheint mir als eine recht durchsichtige Ausflucht an Stelle einer Lösung.

6. Er lebt

Die Rückübersetzung der Auferstehungserzählungen im Blick auf die Bedeutung Jesu besitzt noch einen großen Vorteil. Wir können nicht anders, als die Erzählungen mit dem Tod Jesu zu verknüpfen, sie müssen mit ihm zu tun haben. Nicht umsonst heißt es ›auferstanden von den Toten‹. Wohin bringt uns diese Verbindung?

a. ›Jesus ist auferstanden‹ kann bedeuten: Sein Tod kann nicht das Ende sein, es kann nicht wahr sein, dass Gott ihn im Stich gelassen hat. ›Die Sache Jesu geht weiter‹, so deutete ein deutscher Theologe die Auferstehung Jesu. Als Wort Gottes geht Jesus nach seinem Tod weiter, sagte wiederum ein anderer (Bultmann). Das mag noch etwas mager ausfallen, die Richtung jedoch, in die sie denken, kann sich auf alte Zeugnisse berufen. Gott hat das zum Guten gedacht, was ihr als Übel angezettelt habt, sagt der Apostel Petrus, als er erklären muss, warum er von Jesus spricht. Jesu Leben folgt dem Modell von Josef: Das Böse, das seine Brüder an ihm verübten, hat Gott zu etwas Gutem gewendet. Den Mord an Jesus, einem Unschuldigen, wendet Gott zu einem Segen für die Völker, die Nichtjuden. So ist ›die Sache Jesu‹ trotz seines Todes weitergegangen, hat sie sich zu einer Angelegenheit der Welt ausgeweitet.

b. Geht er selbst auch weiter? Die Nachfolger der ersten Stunde wissen das mit Sicherheit. Er lebt, sagen sie, und gläubige Christen haben es ihnen in allen Epochen nachgesprochen. Was aber meinten sie damit?

Es ist nicht dasselbe, so viel ist deutlich. ›Er lebt‹, das ist für den einen der Beweis dafür, dass Gott hinter ihm stand, ist die Auferstehung eine Art ›Ausweis‹ von Gott. Für den anderen ist es eine Belohnung der Treue Jesu zu dem Auftrag, seinem Amt oder wie auch immer man es nennen soll, ist Auferstehung Erhöhung nach der Erniedrigung. Hat die Terminologie der Auferstehung einmal ihren Weg genommen, kann ›er lebt‹ sogar den Anfang der neuen Schöpfung bedeuten, den großen Tag, an dem die Toten auferstehen, Jesus als der Erste der Entschlafenen.

Er lebt. Wenn aber sogar der Apostel Paulus, der die Auferstehung Jesu entschieden gegenüber den Korinthern verteidigt (Bultmann hielt das für ›einen fatalen Irrtum‹ des Apostels) – wenn sogar Paulus sagt, dass Fleisch und Blut das Reich Gottes nicht erben können (1 Korinther 15,35–58), ist eines deutlich: ›Er lebt‹ heißt nicht, dass eine Leiche wieder lebendig wird. Bevor man es weiß, ist man Jan Kal (in seinem Gedicht Superstar) zufolge bei so etwas angekommen wie

Buddy Holly is alive and well, and rocking in Tijuana, Mexico,

und dort werden doch auch die konservativsten Christen mit ›Auferstehung‹ nicht hinkommen wollen.

Was aber ist Auferstehung dann? Ich denke, dass wir uns davon kein Bild machen sollten, so wenig wie von uns selbst nach unserem Tod. Natürlich hegen wir dazu allerlei fromme Vorstellungen, wie wir Gott oder einander sehen werden oder wie herrlich es im Himmel sein wird. Aber das ist alles Fantasie, in Wirklichkeit wissen wir darüber nichts.

Das müssen wir auch respektieren, wenn es um die Auferstehung Jesu geht. Christen glauben, dass Gott ihn, insbesondere ihn, in der Stunde seines Todes nicht fallengelassen hat, und deshalb lebt er und sollen auch wir leben, sagen die Jünger. Glaube an die Auferstehung Jesu ist der Glaube daran, dass die Freundschaft zum ewigen Gott eine ewige Freundschaft ist, die durch den Tod nicht beendet wird.

c. Wie steht es mit den Erzählungen, die darüber berichten, dass sie ihn sahen, ihn berührten, mit ihm gemeinsam aßen und ihn am Schluss zum Himmel auffahren sahen? Man sollte das nicht als das spektakuläre historische Ereignisse einer unter die Lebenden zurückgekehrten Leiche lesen. Das ist zwar erlaubt, wer könnte hier wem was verbieten, aber nicht nötig. Die Erscheinungen bestätigen das auch nicht. Der Apostel Paulus benutzt in 1 Korinther 15 das Wort, das auch in Matthäus

17 vorkommt, wo Mose und Elija Jesus erscheinen. Aber von Mose und Elija lesen wir doch keine Auferstehungserzählungen? Gott nahm sie auf zu sich, wird von ihnen erzählt. Darin liegt, scheint mir, die Verknüpfung zu den Erscheinungen von Jesus. Man lese sie als Visionen, nicht als Beweis für die leibliche Auferstehung. Die Auferstehung Jesu hat nicht die Erzählungen nötig, um festzustehen, sondern es verhält sich umgekehrt; das was den Christen zufolge feststeht, Jesu Bedeutung für Mensch und Welt und seine Bedeutung für uns persönlich, jetzt und in der Stunde unseres Todes, erfährt durch die Erzählungen eine Art plastische Darstellung.

Bei katholischen Gläubigen muss diese Auslegung noch weniger Probleme verursachen als bei Protestanten. Erscheint nicht Maria auch ihren Verehrern? Aber Maria ist nicht von den Toten erstanden. Erscheinungen sind kein Beweis für eine Auferstehung, und die Auferstehung ist keine Voraussetzung für Erscheinungen.

7. Die Himmelfahrt. Christus König

›Aufgefahren in den Himmel; er sitz zur Rechten Gottes, des allmächtigen Vaters; von dort wird er kommen, zu richten die Lebenden und die Toten.‹ ›Kommen‹, sagt das Credo, und folgt darin dem Neuen Testament und nicht dem traditionellen Sprachgebrauch, der ›wiederkommen‹ sagt. ›Kommen‹ beinhaltet, dass er zuerst aufgefahren sein muss. So beschreibt einer der Evangelisten auch Jesu Verschwinden vom Erdboden; es war eine Himmelfahrt, plastisch erzählt von Lukas, sowohl in seinem Evangelium als auch in der Apostelgeschichte.

Es ist deutlich, dass die Erzählung eine Leerstelle füllen muss: Es kann nicht jemand erhöht sein, zur Rechten Gottes sitzen, wenn er nicht zuerst in den Himmel aufgefahren ist.

Ist das wirklich geschehen? Dieses ›Sitzen zur Rechten Gottes‹ ist Bildsprache, Gott wird als antiker Fürst gezeichnet, der zu seiner Rechten und seiner Linken seine Vasallen versammelt. Der Mächtigste unter ihnen, der, der seinen Willen ausführt, erhält den Platz zu seiner Rechten. Aber Gott hat keine rechte Hand, nur in der Weise, in der wir (manchmal) über ihn sprechen, trifft dies zu. Es ist eine Metapher, eigentlich eine Metapher innerhalb des Feldes der Metaphern der Glaubensaussagen über Gott. Es *ist* nicht so, wie wir es sagen, wir sagen nur, dass das, was wir angeben wollen, dem *gleicht*. Und die Himmelfahrt selbst? Ich denke, dass wenige Menschen sie für ›wirklich geschehen‹ halten, auch wenige Christen. Der Himmelfahrtstag ist ein freier Tag, und man kann eine herrliche Radtour unternehmen. Er ist kein hoher kirchlicher Feiertag mehr, und der Pfarrer weiß nicht mehr, worüber er predigen soll. So löst sich von selbst das Problem einer Ausgestaltung, die als historisches Geschehen aufgefasst wurde.

Es kann darüber gepredigt werden, aber nicht wie in der Kinderkirche farbenfroh ausgemalt, wie sich erst die Füße vom Boden lösten und er wie ein Ballon dann höher und höher emporstieg. Das ist Unsinn, das ist mit Himmelfahrt nicht gemeint. Wenn jemand darüber predigen will, soll er das in einem Atemzug mit ›sitzt zur Rechten Gottes‹ tun, denn dann handelt die Predigt von dem, was Jesus für Mensch und Welt bedeutet, über die Ansprüche, welche die alte Kirche damit verband, über Jesus, der über die ganze Welt herrschen wird, der alle Macht hat im Himmel und auf Erden und so weiter! Keinesfalls ist daraus ›Vorwärts, Streiter Christi!‹ zu machen, wie es zur Zeit unserer Großeltern geschah.

Wird Jesus so herrschen, wie mancher im Islam die Völker im Namen Mohammeds dem Willen Allahs unterwerfen will, in der Weise, wie die Bewegung ›Christus König‹ sich das vorstellt? Nicht? Nun, dann kann man doch wieder am Himmelfahrtstag predigen, man kann etwas gerade rücken, mildere Saiten aufziehen, akzeptieren, dass die christliche Religion eine Religion inmitten anderer ist und damit ins Reine kommen muss. Das nächste Mal ist also keine Radtour vorzusehen, sondern der Pfarrer zu befragen, was ›Christus König‹ bedeutet, wenn wir damit nicht meinen, dass alles und jeder sich dem unterwerfen muss, was die Kirche über ihn sagt.

8. Von dort wird er kommen. Das messianische Verlangen

Bist du der, der kommen soll? Das ist eine Frage, die Johannes der Täufer nach der Version von Matthäus (11,2–15) Jesus stellte. Offenbar war Johannes sich dessen nicht sicher, dass Jesus der ›Messias‹, der große Heilsbringer war, auf den die Welt wartete. Diese Unsicherheit ist frappant, es geschah zu Vieles, was er nicht unterbringen konnte. Vielleicht spielte sein eigenes Schicksal dabei eine Rolle; er ist von Herodes Antipas in den Kerker geworfen worden, wo er später enthauptet werden sollte. Die Antwort Jesu ist kein Ja und kein Nein, er weist nur auf das hin, was er tut, und Johannes muss daraus selbst entnehmen, was Jesus sagen will. Jesus hat seine Gründe für diese Art der Antwort; ein verschwenderischer Gebrauch des Messias-Titels war Jesus den Evangelisten zufolge jedenfalls fremd. War er sich selbst dessen nicht sicher?

Wie dem auch gewesen sein mag, die Christenheit war sich desto sicherer; ohne Zögern stellt sie Jesus gleich mit dem, der kommen sollte. Dass der Sohn des Menschen auf den Wolken des Himmels kommen wird, zu richten die Lebenden und die Toten – das Credo notiert es gut – erhielt als Auflösung mit, dass man ›kommen‹ als ›wiederkehren‹ lesen musste. Das ist nicht irreführend, wenn man einmal weiß, was dahinter steht, aber es ändert die Perspektive. Wir leben nach dem Kommen des Erlösers, wenn auch im ersten Futur, denn wir warten noch auf den neuen Himmel und die neue Erde. Aber im Jetzt kann uns das Heil Gottes bereits als Gnade zuteil werden, gespendet von der Kirche. Die Vollendung, ein feststehender Begriff für die abgeschlossene Zukunft, muss noch kommen, sie liegt jenseits von Tod und Grab. Die Zukunft ist der Himmel, in dem die Seligen mit Gott umgehen werden. Das Verlangen nach der Zukunft ist das Verlangen, in den Himmel zu kommen.

Ich habe die Gegenwartsform der Verben gebraucht, denn Jahrhunderte lang war dies der klassische christliche Standpunkt, und viele Christen glauben das noch heute. Die Theologie sprach bis zur Mitte des zwanzigsten Jahrhunderts darüber unter dem Titel ›Von den letzten Dingen‹. Wie eine Lawine rollt seit den sechziger Jahren ein messianisches Verlangen nach einer Zukunft hier auf Erden über die Christenheit hin, jedenfalls die westliche. ›Er, der kommen soll‹ ist noch nicht da, aber er muss noch kommen! Ich erinnere mich an einen Gottesdienst in Amsterdam, in dem ich das Lied ›Eens komt de grote zomer‹ (Einst kommt der große Sommer) singen ließ. Der große Sommer! Ich fühle noch die Gänsehaut, die mir über den Rücken lief, so hingerissen, aus tiefstem Herzen, wurde das Lied von den versammelten Christen gesungen: Zukunftsglaube, der der Welt gewachsen ist! Die Flutwelle ist inzwischen wiederabgeebbt, der messianische Sturm hat sich gelegt, die Eschatologisierung der christlichen Glaubenstradition ist schon wieder Vergangenheit. Manchen bereitet es Verdruss, anderen Freude.

Es ist logisch, es geht nicht anders. Messianisches Verlangen ist unerfülltes Verlangen, muss unerfüllt bleiben, sonst ist es kein Verlangen mehr. Die Frage: ›Dieses dein Königreich, wird das noch was?‹ (Reve, niederländischer Autor), greift nicht daneben, sondern ist ein Volltreffer. Bis zum Ende der Welt wird es so etwas wie eine Adventserwartung geben.

Messianisches Verlangen ist eine urmenschliche Tatsache, nicht typisch christlich – die jüdische Religion kannte es bereits, bevor das Christentum auftrat. Aber auch die Juden besitzen nicht das Monopol; dieses Verlangen kommt bis heute in vielen Kulturen vor. Darum ist es nicht unbedeutender, das sagt nur, dass das messianische Verlangen, das Verlangen nach einer ›heilen Welt‹, *ein* Gestaltungselement, *ein* Strukturelement, *eines* der vielen Gestaltungselemente des christlichen Glaubens gewesen ist. Es hat das Christentum zu einer Religion (auch) der Hoffnung gemacht, mit Jesus als eschatologischem Heilsbringer und dem Königreich Gottes als großer Zukunft. Daran müssen allerdings einige Randbemerkungen angefügt werden.

1. Die Ausmalung der großen Zukunft entstammt immer der Gegenwart, auch die christliche Auslegung des Königreichs Gottes. Und wie kommen wir an das Material für diese Ausfüllung? Unser Verlangen bringt es ein, es verrät unsere Absichten, unsere Ideen vom Heil als dem, was Menschen sich selbst nicht schenken können. Und wodurch wird diese Verlangen dann geweckt? Durch Erfahrungen des Unerfüllten, der Leere, der Not, des Leidens, von Lasten, von denen ein Mensch sich selbst nicht befreien kann.

2. Die Vorstellungswelt, in die Jesus als Heilsbringer eingebracht wurde – sein Kommen auf den Wolken des Himmels, um zu richten die Lebenden und die Toten, und damit alles auszurichten, was auf Erden krumm ist – ist uns entfallen. Wir können dies unmöglich noch als Vorhersage auffassen, als buchstäbliche Zukunft, als Prognose für den Ablauf der Geschichte. Das bedeutet, dass das Königreich Gottes eine Utopie ist, keine Realität wird, und dass man auch nicht versuchen soll, es zu verwirklichen, soll es keine Toten geben. Utopien sind dazu da, einen wach zu halten und aufzufordern, mit der Welt, wie sie ist, kritisch umzugehen und nichts als gerade zu bezeichnen, was krumm ist.

3. Man kann die Utopie als ein Versprechen auffassen, das irgendwann einmal erfüllt werden wird. Das ist meines Erachtens ebenso ein

Irrtum wie der Vorsatz, sich an ihre Realisierung zu begeben. Man spiegelt Menschen eine Zukunft vor, die sie nie erleben werden, eine Zukunft, die unendlich weit weg liegt, so unendlich, wie Gott unendlich ist. Man denke für einen Augenblick an die Milliarden von Menschen, die vor ›der Ankunft des Herrn‹ gestorben sind, die keine andere Zukunft hatten als den Tod. Weiß der christliche Glaube dazu etwas zu sagen? Haben die Toten keine Zukunft, wurden sie im Stich gelassen? Mit ›der Auferstehung des Fleisches‹ hat das Credo, wie unpassend der Ausdruck auch sein mag (Fleisch und Blut werden das Königreich Gottes ja nicht erben), daran jedenfalls *doch* gedacht.

9. Zu richten die Lebenden und die Toten

Das Weltgericht, in Matthäus 25 plastisch beschrieben – die Schafe zur Rechten, die Böcke zur Linken –, müssen wir als Vorstellung aufgeben. Das ist nicht schlimm, die Vorstellung ist das Bild, und das Bild ist die Einkleidung einer Vision, eines Glaubens. Haben wir ihn aus seiner Einkleidung gelöst, können wir prüfen, ob wir heute noch etwas damit anfangen können. Beide Schritte sind nötig.

Zunächst einmal ist das Weltgericht etwas anderes, als ›Hölle und Verdammnis‹ auszusprechen. Es ist allseits noch immer zu hören, dass diese Art der Predigt sehr beliebt sei. Aber Menschen, die solches behaupten, haben sehr lange keine Kirche mehr von innen gesehen. Diese Zeit ist lange vorbei, und niemand wünscht sie mehr zurück.

Was ist das Weltgericht dann? Das kann man recht gut sagen, ohne in die merkwürdige apokalyptische Vorstellung von ›den Wolken des Himmels‹, auf denen der Richter erscheinen wird, zurückzufallen. In der Version, die Matthäus von der Rede Jesu überliefert, kommt der Richter des Weltalls nicht, er ist schon da! Im Armen, im Gefangenen, im Kranken, im Obdachlosen schaut er uns an und blicken wir ihm gerade in die Augen. Bekommen Hungrige zu essen, Durstige zu trinken, werden Fremde beherbergt? ›Was ihr für einen meiner geringsten Brüder getan habt, das habt ihr mir getan‹ (Vers 40). Dem Maßstab, an dem er uns misst, begegnen wir täglich, der Richter hüllt sich selbst in ihn; niemand braucht mehr in ängstlicher Spannung abzuwarten, was das Weltgericht ihm bringen wird.

Man kann aber noch mehr daraus entnehmen. Das Weltgericht, der

Dies Irae (Tag des Zorns), steht für etwas, was wir nicht verlieren sollten, es ist die letzte Hürde, die wir gegen den Glauben aufrichten können, dass das Unrecht in unserer Welt immer gewinnt. Wenn es kein
Weltgericht gibt, muss die Weltgeschichte das Weltgericht sein, aber sie
ist es nicht, die Weltgeschichte als Weltgericht wäre das größte Unrecht,
das wir uns vorstellen können. ›Die Spinne spinnt ihr Netz, um Fliegen
drin zu fangen, die Großen gehn hindurch, die Kleinen bleiben han-
gen‹ – das ist das, was die Weltgeschichte als Weltgericht bietet. Der
Henker entkommt mit Not, sein Opfer bleibt ewig zurück. Es soll niemand behaupten, dass es in der Welt gerecht zuginge. ›There is no
justice‹ jammerte ein alter schwarzer Mann, als der Tod von Prinzessin
Diana bekannt wurde. Ob er das gerade bei dieser Gelegenheit ausrufen
musste, darüber lässt sich reden, aber ›no justice‹, das ist nur allzu wahr.
Allein schon aus diesem Grund muss das Weltgericht erhalten bleiben,
das letzte Gericht.

Noch einen Aspekt möchte ich nennen. Die Idee vom Gericht gehört
zum messianischen Heil, nach dem Menschen verlangen. Die Dinge
müssen zurechtgerückt werden. Das bedeutet, dass Lazarus erhöht werden muss, der reiche Prasser gestraft, nicht, weil er reich war (Reichtum
gilt im Alten Testament sogar als Segen Gottes), sondern weil er den
armen Schlucker nicht auf seiner Stufe liegen sah. *Dies Irae*, das ist die
Endabrechnung, der Tag der Abrechnung des Königreichs Gottes.

Gericht als Vergeltung? Gewiss, das gehört zur Ausrichtung des
Krummen. Der Mörder bekommt zehn Jahre, die Hinterbliebenen des
Opfers lebenslänglich. Dies steht im Widerstreit zu unserem Rechtsge-
fühl, und dass man sich damit nicht abfinden kann (und will), ist alles
andere als primitiv. Das Prinzip ›Auge um Auge, Zahn um Zahn‹ können wir nicht anwenden, weil längst nicht alles so klar überschaubar ist,
wie wir es möchten. Das Prinzip setzt darüber hinaus ein mutwilliges
Handeln voraus, dass jemand ›mit erhobener Hand‹ verletzt wird, aber
wann ist das der Fall? Dennoch, die Todesstrafe mag in der Praxis
undurchführbar sein, nicht vor Missbrauch geschützt sein, sie muss
nicht abgeschafft werden, am wenigsten aus christlichen Gründen. Es
fehlen einem die Worte dafür, dass ein Mensch einen anderen mit Vorsatz töten kann und wir dem Mörder dann nicht das Leben nehmen
dürfen, um das er einen anderen beraubt hat, weil wir das zu schlimm
finden oder finden, dass es zu wenig von christlicher Nächstenliebe
zeugt. Christen sind keine Softies.

Dies Irae? Wir sprechen, das ist noch deutlicher als im letzten Abschnitt, über eine Utopie, mit der man selbst niemals beginnen darf oder kann. Es soll kein messianisches Abschießen hoher Tiere geben, in Jesu Namen, denn das führt zu Mord und Totschlag, wobei die meisten Opfer bei Unschuldigen und Armen zu verzeichnen sind. *Dies Irae* heißt: ›Mein ist die Rache‹. Das sagt das Alte Testament, das jüdische Gotteskonzept (Deuteronomium 32,35), und das christliche spricht es ihm nach (Römer 12,19). Ich kann es nicht lassen, darauf zu hoffen, wenn ich an meinen zu Tode gefolterten Vetter denke, der nicht zu den sechs Millionen erniedrigter und ermordeter Juden zählte, aber dennoch einer der vielen Millionen, die, als wären sie Fliegen an der Wand, totgeschlagen wurden.

›Mein ist die Rache!‹ – das setzen wir hinter dem Horizont der Zeit an. Auch das Königreich Gottes verlegen wir hinter diesen Horizont, wie alle Dinge, die wir selbst nicht fertig bringen können oder deren Ausführung wir uns nicht anmaßen dürfen. Hinter dem Horizont, das bezeichnen wir als das Eschaton, es ist nicht mehr unsere Sache. Hinter dem Horizont werden all unsere Tränen abgewischt. Wenn nicht dort, dann geschieht es nirgendwo.

16. Die christlichen Feste

1. Heilige Zeiten als Jesusfeste

Die großen Feste der christlichen Kirche, Weihnachten, Karfreitag und Ostern, sind Jesusfeste. Pfingsten hat ein anderes Thema, aber damit können die meisten Christen nichts anfangen. Im liturgischen Kalender stehen zwar noch weitere, aber die haben es nie zu Festen mit zwei, gar drei freien Tagen gebracht. Die katholische Kirche feiert daneben ihre Marienfeste, die zwar Maria zum Thema haben, aber auch Jesus, sofern Maria als Mutter Gottes verehrt wird. Die Konzentration auf Jesus ist typisch christlich. Ursprünglich liegt den religiösen Festen meistens das Gewohnheitsrecht vorchristlicher heiliger Zeiten zugrunde, rituelle Feiern des Jahres mit seinen wechselnden Jahreszeiten. Die christliche Kirche hat aus ihnen ›Gedenktage‹ gemacht und ihnen damit ein nachheidnisches Format verliehen. Aber die Natur ist stärker als die Lehre. Was auch immer konservative Christen versuchten (›keep Christ in your Christmas‹), in der Praxis bleiben es rituell stilisierte Jahresfeiern.

1. Die Zeiten, auf welche die Jesusfeste fallen, haben keine Beziehung zu Jesus als historischer Person. Weihnachten ist auf das Lichtfest, die Feier der Sonnenwende, gelegt, ein zyklisches Naturfest der nördlichen Völker Europas, aber auch die mediterranen Kulturen besaßen solche Feste. Das Christentum hat dieses Fest annektiert und zum Weihnachtsfest domestiziert. Die anderen Jesusfeste sind Parallelen zu den jüdischen Viertagesfesten: Den Großen Versöhnungstag (Karfreitag bei den Christen), Ostern, Pfingsten kennen die Juden ebenfalls – die Kirche hat auch jüdische Feste verchristlicht.

2. Wie ist es um die Praxis bestellt? Als christliche Triebe, aufgepfropft auf einen heidnischen Stamm, haben die Jesusfeste ihren Ursprung wiedererobert: Sie sind zu folkloristischen Ablegern des Christentums geworden. Daran ist nichts verkehrt, aber man muss dem ins Auge zu sehen wagen und im Frieden damit leben. Wir sind Christen, aber auch das Christentum ist eine Religion, kann sich nur religiös äußern. Dazu brauchen wir Raum und Zeit, auch heilige Zeiten. Die Feste dienen als Ventil für Emotionen, die wir in der Kirche anders nicht ausleben können, um den religiösen Bedürfnissen gläubiger Menschen

entgegen zu kommen; so wie Kerzen vor der Heiligen Jungfrau brennen – ich glaube nicht an die Heilige Jungfrau, lasse mir aber keine Gelegenheit entgehen, eine Kerze für sie zu entzünden.

3. Geht das Christliche in folkloristischen Ritualen heiliger Zeiten (vor allem Weihnachten) auf? Natürlich nicht, ich gehe gleich darauf ein. Aber als Jesusfeste sind sie auch nicht alles. Was ich gern möchte, ist, ihnen eine kräftige Rückorientierung auf Jesus als Metapher Gottes zu geben. Das könnte sie vor dem Untergang in Folklore bewahren.

2. Das Weihnachtsfest als Kinderfest für Erwachsene

Wir feiern heute den Geburtstag des Herrn Jesus – und direkt stimmte die Lehrerin das *Happy birthday* an. Und dann hat auch Walter noch Geburtstag, wir wollen auch für ihn eben *Happy birthday* singen.

Ich las das in einer amerikanischen Zeitung und konnte nicht genau erkennen, ob die Zeitung darin einen Einfall sah oder eine Persiflage. Wie dem auch sei, die Lehrerin brachte die Dinge durcheinander, denn die Erzählungen über Jesus sind eine Stilisierung des Lebens Jesu zu dem des Christus der Schriften, der wiederum zum kirchlichen Christus emporwuchs. Sie gehören in eine ganz andere Kategorie als die des ›wirklich geschehen‹. Die Strafe für den Eifer, alles als ›wirklich geschehen‹ erscheinen zu lassen, ist die, dass Walter und Jesus sich nicht sehr voneinander unterscheiden, denn sie bekommen beide ein *Happy birthday*. Sollte Walter dadurch besser verstehen, wer Jesus war?

Was die Lehrerin tat, ist in meinen Augen eine Illustration der Weise, wie wir alle das Weihnachtsfest feiern; wir tun ein paar Wochen lang so, als ob alles wirklich so geschehen wäre. Nur wissen wir es als Erwachsene besser. Die Erzählungen sind Erzählungen für Kinder, und der Glaube in ihnen ist Kinderglaube, das Weihnachtsfest ein Kinderfest. Sofern Erwachsene mehr damit verbinden als Gemütlichkeit und ›Familiensinn‹, kommt das gemeinhin dadurch, dass sie sich leicht in die Gefühlswelt von Kindern zurückversetzen können; glücklicherweise, setze ich hinzu. Dennoch macht Kindlichkeit die Erzählungen nicht zu ›wirklich geschehenen‹. Die Lehrerin muss, solange die Schäfchen noch klein sind, das Geschehen im Mittelpunkt belassen. Kinder fragen nicht danach, und warum sollte man sie aus ihrer Kinderwelt vertreiben? Die Erzählungen sind Legenden, sie spielen ihre Rolle als

Ausschmückung des Kinderglaubens, wenn die Erwachsenen sie auch tapfer mitsingen.

Will ich das abschaffen? Nicht im Geringsten, aber ich will nicht mehr daraus machen, als es ist; das Weihnachtsfest ist christliche Folklore. Jesus wird nicht jedes Jahr in der Krippe geboren, er steigt nicht jedes Jahr vom hohen Himmel hernieder, die Hirten waren keine Hirten, der Chor der Engel existiert in der frommen Fantasie des Erzählers, und die drei Könige waren keine Könige, sondern Magier, die vermutlich mehr mit frommer Fantasie als mit Historie zu tun haben. Ich erwähne nur ein paar Dinge, aber wer um die Weihnachtszeit herum in kirchlichen Blättern liest, die Meditationen zu Gesicht bekommt und die Predigten anhört, kann das beliebig fortsetzen. Das ist alles schön und gut, in manch einem Lied oder manch einer Erzählung begegnen zudem respektable Deutungen und Sinngebungen – was also spricht dagegen, sie gerade am Weihnachtsfest hervorzuholen und uns in dieser dunklen Zeit an Erzählungen zu erfreuen, die Wärme, Frömmigkeit und Besinnung vermitteln?

Man braucht sich der Folklore nicht zu schämen, auch nicht der christlichen. Ein Holzschuhtanz sieht fröhlich aus, er ist urholländisch und gehört zu den Holländern. Das soll aber nicht heißen, dass wir Holländer in Holzschuhen herumlaufen. Entsprechend ist es um die Weihnachtserzählungen bestellt. Sie gehören zum Weihnachtsfest, aber wir behaupten damit nicht, selbst wenn Weihnachten hundert Mal als Gedenktag gilt, dass wir sie als historische Wahrheit betrachten. Die Vergangenheit hat sich anders zugetragen. Jesus wurde wahrscheinlich im Jahre 4 v. Chr. geboren, mit Eintritt des neuen Milleniums also nicht vor zweitausend Jahren. Das Datum seiner Geburt ist uns völlig unbekannt; der 25. Dezember wurde, wie gesagt, auf bestehende heidnische Winterfeste aufgesetzt. Das Weihnachtsfest ist Folklore, ein westeuropäisches Volksfest. Man braucht kein Christ zu sein, um daran teilzunehmen, tatsächlich feiern auch Muslime, die sich in den Niederlanden niedergelassen haben, das Fest mit, und sogar in Japan und China steht es im Kalender.

3. Ein tieferer Sinn

Solange man sich wegen des folkloristischen Einschlages von Weihnachten schämt, kann man nicht über einen tieferen Sinn sprechen. Das läuft immer auf Predigten gegen das leckere Essen, gegen die behaglichen Familienbande, gegen die Weihnachtsgeschenke und was nicht alles hinaus. Als ich gerade Pfarrer war, tat ich das selbst, ich predigte gegen den Überfluss. Ich hatte eine Predigt des Dänen Kaj Munk gelesen, in der er seine Gemeinde schwer wegen der traditionellen Weihnachtsmahlzeit der Gegend abkanzelte. Seine Predigt endete mit: ›Ich hoffe, dass Ihnen die Weihnachtsgans heute nicht schmecken wird! Amen!‹ Das fand ich prächtig. So musste es sein! Ein älterer Presbyter jedoch brachte mich zur Vernunft. ›Man darf nicht mit der Peitsche schlagen‹, war sein Kommentar. Ich habe das nicht vergessen. Die Peitsche ist bequemer Moralismus, aber der hilft niemandem wirklich weiter. Die Peitsche zu Weihnachten ist nicht der tiefere Sinn, über den die Christenheit sprechen will. Worin liegt er aber?

Lassen Sie mich, um eine Antwort zu geben, an die Symbolik des Lichtes anknüpfen; das ist schließlich der Boden, auf dem Weihnachten zur Blüte gelangt ist. In der dunkelsten Zeit des Jahres hungern wir nach Licht, die Menschen sind reif dafür, für die Festbeleuchtung im Weihnachtsbaum, für Kerzen auf dem Tisch. Ich erkenne nicht, wie man in einem besseren Moment zum Ausdruck bringen kann, warum Christen sich Jesus als das Licht der Welt vorstellen. Warum ihn und beispielsweise nicht Mohammed? Gläubige Christen haben das Licht gesehen, heißt es. Können sie anderen erklären, was sie gesehen haben? Wenn ›glauben‹ nicht ein kritikloses Nachsprechen ist, muss ein Christ dies einem Muslim erläutern können; wenn nicht, muss er das einmal üben.

Ein zweiter Zugang ist der Advent, der von der christlichen Kirche den vier Sonntagen vor Weihnachten zugewiesen wurde. Mit dem Advent wird das Thema des messianischen Verlangens angesprochen, der Hoffnung auf eine andere Welt (Advent bedeutet so viel wie: Warten auf die Ankunft von …). Die Christenheit geht mit dieser Hoffnung doppeldeutig um. Sie hält sie – als Hoffnung – während der vier Adventssonntage lebendig, feiert aber ihre Erfüllung am Weihnachtsfest. Zuerst müssen wir vier Sonntage lang so tun, als sei Jesus noch nicht gekommen, hören wir uns Predigten an über Jesaja 9,1: ›Das Volk, das im Dunkel lebt, sieht ein helles Licht‹. Und dann ist mit dem Weihnachtsfest das große Licht gekommen, und wir brauchen es nicht mehr zu erwarten: Gott hat sein Volk besucht (Lukas 1,68).

Das können wir zwar spielen, aber es müssen ein paar Anmerkungen ergänzt werden. Es ist das jüdische Volk, das Gott besucht, man lese, was da steht, und Gott ist der Gott des jüdischen Konzeptes. Recht leicht überspringt die Christenheit diese Hürde, vereinnahmt *im Handumdrehen* Gott und seine Versprechungen für die christliche Kirche, löst den Advent in Weihnachten auf. Man verliert im Gegenzug das messianische Verlangen, denn was kann man noch erwarten, wenn der lang Erwartete schon gekommen ist?! Wir müssten das Weihnachtsfest viel mehr in der Weise des Advents feiern, als Entfachung des Adventsgefühls anstatt seiner Erfüllung.

Unser Christentum würde dadurch etwas weniger triumphal werden, das wäre ein Gewinn. Christen begreifen nicht ungefähr, wie sehr sie Juden mit ihren Weihnachtsfanfaren zu nahe treten und wie wenig Grund sie dafür haben. Unsere Welt erscheint ziemlich unerlöst. Das muss Christen, wenn sie ihren triumphierenden Glauben in Betracht ziehen, doch eine schmerzliche Erfahrung bereiten. Sollten sie nicht heimlich denken: ›Bist du es, der kommen soll, oder erwarten wir einen anderen?‹

Licht und messianisches Verlangen bestimmen den tieferen Sinn. Es ist nicht meine Absicht – in Übereinstimmung mit dem Tenor dieses Buches – hier eine Messlatte anzulegen mit dem Ziel ›dieses geht und jenes nicht‹. Lass tausend Weihnachtsgedanken blühen, aber wisse, dass Weihnachtsgedanke und Festbeleuchtung, leckeres Essen und Gemütlichkeit, ein unentwirrbares Knäuel bilden aus Heimweh, Illusion, Verlangen nach einer anderen Welt, vom Willen, die Frage zu übersteigen: ›Ist das, was ist, alles?‹ Wisse, dass all diese Verlangen und Bedürfnisse überdies in Motive aus der christlichen Tradition gekleidet sind, das heißt, dass eines der fundamentalen Daseinsprobleme der Menschheit und die christliche Glaubenstradition einander in der Folklore von Weihnachten berühren.

Gott als Licht, das uns erleuchtet, kann man einander nicht einfach so einreden, Jesus als Träger des Lichtes ebenso wenig. Es wäre aber möglich, selbst eines zu werden. Alle christlichen Feste sind Anregungen für das Verrichten ›guter Werke‹. Die Feier des Weihnachtsfestes gibt einem beispielsweise mit, dass man Raum schafft für jene, für die es in der Herberge keinen Platz gibt. Wenn Erwachsene das nicht vergessen, können sie den Rest den Kindern und ihrem eigenen kindlichen Gemüt überlassen.

4. Wie erzähle ich es meinen Kindern?
Kinderglaube und Erwachsene

Das traditionelle Weihnachtsfest bringt einen in Versuchung, den Kinderglauben als den wahren Glauben hinzustellen. Das wäre aber ein Irrtum. Kinder entwachsen ihrer Kinderzeit, vielleicht zu ihrem Kummer, denn Glauben ist leider nicht mehr wie bis dahin möglich. Leider? Für Erwachsene ist es weniger einfach: Der erwachsene Glaube bewegt sich im Grenzgebiet zwischen Wahrheit und Illusion, zwischen Glauben und Zweifel. Das ist kein Zufall, geschweige denn, dass man sich dafür schämen müsste; im Gegenteil, es ist ein Zeichen dafür, dass der Glaube wirksam ist. Der Glaube wird dem Leben ausgesetzt, so wie eine Filmrolle dem Licht: Ist etwas darauf zu erkennen, und was? Eltern gefällt es meiner Erfahrung nach gar nicht, dass sie ihre Kinder nicht sicherer orientieren können. Aber es kann durchaus sein, dass diesen Kindern mit etwas verfransten Sicherheiten eher geholfen war als mit dem Geländer der reinen Lehre.

Ist es nicht schwierig, Kindern Dinge zu vermitteln, bezüglich derer man selbst unsicher ist? Solange man als Vater oder Mutter denkt, dass man falsch liegt, dass man es *eigentlich* besser wissen müsste, dass Unsicherheit einem als ein Versagen im Glauben angerechnet werden kann, wird jedes Gespräch mit den Kindern verkrampft oder eine Flucht sein. Aber es geht auch anders.

Lassen Sie es mich am Erzählen der biblischen Weihnachtsgeschichten verdeutlichen. Natürlich erzählt man sie den Kindern! Man denke an das eigene Erleben, als man klein war. Man kann etwas hinzufantasieren (›der König, der zu spät kam‹, eine prächtige Kindergeschichte), man muss so anschaulich wie möglich erzählen. Für Kinder ist ein kleiner Stall das Höchste, nur noch übertroffen durch die Möglichkeit, selbst eine Rolle in einem Weihnachtsspiel übernehmen zu dürfen: Maria, Hirte oder notfalls auch Esel. Man muss in aller Freiheit erzählen.

1. Das muss aber so geschehen, dass die Kinder wieder davon los-

kommen können, man muss die Erzählung daher nicht mit dogmatischen Verstärkungen spicken und nicht suggerieren, dass das alles wirklich geschehen wäre; die Behauptung des Umgekehrten ist natürlich genauso dogmatisch. Man braucht nur zu warten, bis die Kinder selbst so weit sind, dass sie anfangen Fragen zu stellen. Dann beginnt die Zeit der ›Aufklärung‹ – anderenfalls wird Jesus das Schicksal von Sankt Nikolaus teilen. Wenn es diesen nicht gibt – und das bekommt jedes Kind einmal zu hören –, stürzt eine Welt ein. Es gibt viele christliche Kinder, die mit ängstlicher Stimme fragen: ›Gibt es Jesus auch nicht?‹ Das Umgekehrte kommt im Übrigen ebenso gut vor. Ich hatte in der Vorlesung eine Studentin, die mit ›Aufklärung‹ nichts zu tun haben wollte. Sie war gerade zu der Lösung gelangt, dass Jesus in das Kästchen des Sankt Nikolaus aus ihrer Kinderzeit gehörte, und als ich versuchte, ihr deutlich zu machen, dass sie damit den christlichen Glauben verließ, war sie tief enttäuscht und verärgert: ›Sie verderben meinen Glauben.‹

2. Eltern sollen nicht davor zurückschrecken, für Aufklärung zu sorgen. Aufwachsende Kinder stellen genau die Fragen, die man selbst schon immer hatte stellen wollen, aber nicht zu stellen wagte, weder sich selbst noch anderen. Die Erzählungen heben Jesus hervor, weil er für die Erzähler so wichtig war. Das ist etwas, was ein jugendlicher Mensch sehr gut versteht, zumindest dann, wenn er interessiert ist. Herausstreichen, das will sagen, dass nicht alles so geschehen zu sein braucht, wie die Erzählungen es uns glauben machen wollen; manche Dinge haben sich überhaupt nicht ereignet, sie hätten sozusagen jedoch geschehen können. Das kommt öfter vor, wenn wir unterstreichen wollen, was wir in jemandem sehen. Ich kann mir nicht vorstellen, dass irgendein heranwachsender Jugendlicher dann nicht fragen würde, was man in Jesus sieht. Das Gespräch kommt in Gang, und die einzige Person, die sich fürchtet, ist die Mutter selbst, oder der Vater, denn so hat sie oder hat er nicht darüber zu reden gelernt.

3. ›Wie erzähle ich es meinen Kindern?‹, bedeutet also nicht: Wie bringe ich ihnen die Lehre der Kirche oder die christliche Dogmatik bei. Das bekommen Kinder in der Schule oder während der Katechese mit. Was sie hören wollen, ist, wie Vater und Mutter es halten; und sie erwarten überhaupt nicht das triumphale, eiserne Glaubensgerede, von dem Eltern denken, dass sie es übermitteln müssten (das funktioniert übrigens nicht), sondern sind eher neugierig auf das, was ein erwachsener Umgang mit der Glaubenstradition beinhaltet.

Nun, das dürfen sie hören. Erwachsener Glaube lehrt schon in seiner Ausübung, dass man von manchen traditionellen Glaubensvorstellungen Abstand nimmt, an anderen festhält. Auf das Warum hat er häufig keine Antwort. Nicht auf alles gibt es nämlich eine Antwort, und auf alles eine Antwort zu haben, erscheint mir sogar verdächtig.

4. Es ist wahrscheinlich, dass wir Kindern etwas abgewöhnen, was wir ihnen zuerst beigebracht haben, mit Fürsorge und Weisheit, aber doch. Das ganze Inventar des Kinderglaubens, dass Jesus alles kann, dass wir, wenn wir sterben, in den Himmel kommen, dass wir in Jesu Armen sicher sind, gehört zum Kindesalter. ›Sicher in Jesu Armen‹ bedeutet keineswegs, dass wir nicht sterben, ›Jesus kann alles‹ wird schnell vom Zahn der Zeit angefressen, und das Gefühl des ›uns kann nichts passieren‹ schmilzt dahin. Ein erwachsener Glaube hat hinzugelernt. Man hängt ihm nicht wegen Sicherheitserwägungen an.

5. Was Kinder davon übrig behalten, muss sich selbst einnisten, sonst wird es zur Indoktrination, und das sollten Eltern nicht wollen. Es ist im Übrigen ein Übel, das sich selbst straft.

5. ›Weint nicht über mich‹. Karfreitag und Ostern

Es gibt kein Fest ohne Festlichkeit, und die zeigt sich zumeist im leckeren Essen und Trinken, in der Einladung von Familie, Freunden und Bekannten. Mit dem Karfreitag ist das anders. Er ist in meiner Vorstellung ein christlicher Feiertag ohne leckeres Essen und Trinken. Er ist der Tag der Einkehr, der Reue, des Gedenkens an ›für mich musste er dort stehen‹. Die ganze Matthäuspassion kann gesungen und erfahren werden, eines der besten Mittel übrigens, um das zu seinem Recht kommen zu lassen, was der Tag bedeutet: Andenken an das Leiden und den Tod Jesu.

Aber wir machen das meistens falsch, beweinen Jesus, setzen uns mit Tränen an seinem Grabe nieder. Aber Jesus sagte etwas anderes, er sagte: ›Weint nicht über mich; weint über euch und eure Kinder‹ (Lukas 23,28). ›Oh Mensch, bewein dein Sünden groß!‹ Das müssten Christen an diesem Tag tun, nicht versuchen nachzuvollziehen, wie schlimm es für Jesus war (das gelingt doch nicht, es sind mehr gekreuzigt worden und durch die Hölle gegangen), sondern ihre eigenen Sünden beweinen. Das ist im Übrigen die Hälfte des Rituals, die andere Hälfte ist die

Feier der Befreiung, dass wir von all dem befreit werden, was uns innerlich als Schmutz anhaftete. Beide Elemente gehören zusammen, so wie – aber das kommt gleich – Karfreitag und Ostern zusammengehören.

Am Karfreitag gingen Christen abends zur Kirche, um das Abendmahl zu feiern; das war eine alte protestantische Gewohnheit, die im Laufe des zwanzigsten Jahrhunderts abgeschafft wurde. Das ist schade, so schade wie die Feier des Abendmahls an jedem Sonntag. Es ist eine Nachahmung der römisch-katholischen Sakramentstradition, einschließlich ihres dogmatischen Hintergrundes, aufgegriffen von katholisierenden protestantischen Theologen und in ihre Kirchen als ein Versuch zur Verlebendigung hineingetragen: Auch wir haben Symbole und Rituale. Aber was Rom kann, können Protestanten nicht. Bei uns verwässert das Besondere daran; ein Fest an allen Tagen ist kein Fest mehr.

Einmal im Jahr sollten wir den Karfreitag feiern, unsere Schuld bekennen und deren Bedeckung durch den Allerhöchsten feiern: Er bedeckt sie, indem er die Hand vor die Augen hält. Die Feier muss auf den jüdischen Rahmen ausgerichtet sein; an drei Tagen frei – mindestens. In manch einem protestantischen Land (Skandinavien) ist der Karfreitag ein stiller Tag, es wird nicht gearbeitet. Das gefällt mir, nicht weil ich eine Imitation möchte, eine Art Karwoche, in der wir das Leben und den Tod Jesu nachspielen, sondern weil es einmal pro Jahr einen Moment geben muss, einen Tag, an dem die Zeit still steht, den Tag, an dem wir uns vor Gott beugen, unsere Sünden bekennen und ihn um Vergebung anrufen. Dieser Tag ist der Karfreitag.

Mit Ostern feiern wir den zweiten Teil des Festes, das Weiterleben, den Freudentag, in dem Sinne, dass ›es nicht wahr sein kann, dass es mit uns vorbei ist‹. Das meinen wir zu Ostern mit ›glauben‹.

Ostern wird, denke ich, der einzige christliche Feiertag sein, der standhält, ohne in Folklore auf- oder unterzugehen. Da hat Folklore nicht einmal eine Chance: Es wird nicht das leere Grab gespielt, es ertönt kein ›komm heraus‹, aber das Grün wird eingebracht, der Frühling genossen und herrlich gegessen; das alles, um zu schmecken, dass der Herr gut ist.

6. Pfingsten

Mit dem Pfingstfest, dem Fest der Ausgießung des Heiligen Geistes, wissen die meisten Christen nicht viel anzufangen. Das kommt daher, dass sie mit der Dreieinigkeit Gottes, obwohl diese als das tiefste Geheimnis des christlichen Glaubens gepriesen wird, nicht zu Rande kommen. Pfingsten ist ein Dreieinigkeitsfest, der Sonntag nach Pfingsten heißt nicht ohne Grund der ›Sonntag Trinitatis‹. Pfingsten vervollständigte das Bild von Gott. Ist das so?

An dem Tag, an dem der Heilige Geist ausgegossen wurde (siehe Apostelgeschichte 2), wurden alle mit dem Heiligen Geist erfüllt, Zungen wie von Feuer zeigten sich über ihren Köpfen, und als sie zu sprechen begannen, hörte jeder der Umstehenden sie in seiner eigenen Sprache reden. Ich sage das etwas vorsichtig, denn es sind lange Streitgespräche entstanden über die Frage, ob es ein Wunder des Sprechens oder eines des Hörens gewesen ist. Wie auch immer es gemeint ist, die Ausgießung des Heiligen Geistes wird als ein religiöses Ereignis mit spektakulären Zügen beschrieben. Die charismatischen Bewegungen von einst und jetzt greifen darauf zurück und finden, dass die Kirche immer dieses Bild zeigen muss, denn Kirche ist dort, wo der Geist ist, und der Geist, das sind die Geistesgaben, Charismen. Ob das Letztere so ist, kommt nachher. Zuerst gehe ich auf die Frage ein, worüber, worum es in Apostelgeschichte 2 eigentlich gehen könnte.

a. Es geht beim Heiligen Geist um einen Stellvertreter Jesu. Darüber spricht mit klarem Blick für die Zukunft bereits der Evangelist Johannes, der viel später schrieb als die drei Synoptiker. Jesus wird nicht immer bei den Jüngern sein, er kehrt zurück zum Vater; die direkte Beziehung zu Jesus wird unterbrochen, aber der Vater wird einen anderen senden, einen Tröster, einen Beistand, oder wie immer man das übersetzen möchte; das ist alles in Johannes 14,15–31 ausführlich beschrieben. Der andere ist der Heilige Geist, den der Vater in Jesu Namen senden wird; er wird die Jünger an das erinnern, was Jesus sagte und tat; und der Heilige Geist ist ganz Gott, sagte die Alte Kirche, er ist die dritte Person der Dreieinigkeit.

b. Das geht ziemlich weit! Für Johannes ist der Geist ein *Geschenk* des Vaters (14,26), nicht mehr. In Apostelgeschichte 2 lesen wir nur, dass der Geist Petrus zufolge ein Geschenk Jesu ist (2,33). Von daher ist Pfingsten in die Geschichte eingegangen als der Feiertag, an dem die Christenheit daran denkt, dass das Versprechen des Geistes (›was du nun siehst und hörst‹) von Jesus erfüllt wurde. Indirekt ist das Fest als ein Jesusfest zu bezeichnen, so weit der Geist den Platz Jesu einnimmt, man kann beinahe sagen, eine Manifestation Jesu ist. Als die Taube auf ihn herabkam, wurde Jesus vom Heiligen Geist beansprucht, Pfingsten nimmt umgekehrt Jesus den Geist in Anspruch.

c. Es gibt da eine kleine Unebenheit. Bei Paulus begegnen wir einer Gleichsetzung Jesu mit dem Geist. Jesus ist der Geist, sagt er im zweiten Brief an die Korinther (3,17). Bei Johannes ist der Geist Jesus gegenüber etwas selbstständiger geworden, er ist der Sachwalter Jesu. Dieser Unterschied braucht jedoch weiter keine Probleme zu verursachen. Beide sehen Jesus im Himmel bei Gott, und beide sehen den Geist auf Erden. Erst die altkirchliche Lehre macht den Geist zur dritten Person der Dreieinigkeit. Er ist kein Stellvertreter mehr, vom Vater gesandt (Johannes) und auch nicht Jesus, der in den Geist übergegangen ist (Paulus), sondern der Geist, der vom Vater *und* vom Sohn ausgeht und daher ganz Gott ist. Nicht nur der östlichen Kirche ging das zu weit, sie hielt es für genug, dass er vom Vater ausging, sondern auch innerhalb der westlichen Kirche stieß die schön ausgearbeitete Parallele zwischen Vater, Sohn und Heiligem Geist auf Protest. Man lese dazu *Het christelijk geloof* (Der christliche Glaube) von H. Berkhof.

d. Was gilt dann? Ich sehe es so: Gott der Schöpfer wird in dem Konzept, das wir von ihm haben, das von den Juden übernommen ist, auch als Geist vorgestellt, als kreativer Geist, und zwar ›von Anfang an‹. Dem Schöpfer begegnen wir nicht nur als Schicksal, Lenker, als Erhalter und Regierenden unserer Welt, mit allen Rätseln, schmerzhaften Rätseln, die damit gegeben sind, sondern auch als Geist. Das ist: Gott, so wie wir ihn in unserem Geist *erfahren*, uns seiner als Schöpfer, als Leben spendenden und Leben schöpfenden Gottes *bewusst* sind. Der Geist ist, so gesehen, nicht etwas Neues. Er brauchte am Pfingsttage nicht ausgegossen zu werden, er war immer da als ›der Geist, der lebendig macht‹, auch mit besonderen Gaben. Alle Künstler wissen darum, sie erfahren täglich seine Gnade, die sich wie ein Dach über sie spannt und ihre Kreativität erhält.

e. Diese Kreativität ist auch in der Jesusverkündigung enthalten, so lege ich die Pfingsterzählung aus. Jesus zu verkündigen heißt verkündigen, dass Gott nicht nur für die Juden da ist, sondern auch für die Heiden. Nicht von ungefähr hörte jeder Petrus in seiner eigenen Sprache reden! In die Jesusverkündigung zieht die Kreativität Gottes ein! ›Der Herr *ist* der Geist‹ oder ›der Herr *sendet* den Geist‹, das macht nicht viel aus. Die Ausgießung des Heiligen Geistes am (jüdischen) Pfingstfest ist als eine Art Legitimierung dessen zu lesen, was die Apostel begannen, nämlich den Heiden den Gott Israels zu predigen, also eine Legitimierung des christlichen Glaubens.

f. *Ist* es das auch, gibt es eine Legitimierung für den christlichen Glauben? Die charismatischen Bewegungen sagen: Zeigt sich das nicht? Sieh auf uns, auf die Geistesgaben, die bei uns aufbrechen wie Knospen im Frühling! Die Zungensprache, Gebetsheilungen, in Trance fallen – wenn das nicht ein Beweis für Geist und Kraft ist, was dann? Lessing hätte es so formulieren können! Ich will nichts von der Freude nehmen, die charismatische Christen durch ihre Glaubensäußerungen erleben. Aber auch für sie gilt, dass sie noch Recht bekommen müssen. Wir können zu Pfingsten nicht weiter gehen, als das Vertrauen in den eigenen Glauben zu feiern.

V
DAS VERMÄCHTNIS

Der Herr aber ist der Geist, und wo der Geist des Herrn wirkt,
da ist Freiheit.

Paulus, 2 Korinther 3, 17

17. Eine Rahmen-Christologie für den, der Gott im Zentrum belassen will

1. Das dreifache Amt

Mit welchem Jesus kann die christliche Kirche auftreten? Das lässt sich nicht durch ein kirchliches Dekret nach Art einer Lehranweisung feststellen. Lehre muss sein, in welcher Ausgestaltung auch immer, es ist die Glaubenstradition, die wir ›vom Hörensagen‹ haben. Was wir damit anfangen, ist ›unsere Sache‹. Ohne Menschen, die mit ihr etwas machen, ist die Tradition sogar dem Tode verfallen. Ich suche daher nach einer mehr oder weniger empirischen Antwort. Was sehen die Menschen heutzutage in Jesus, welchen Einfluss hat er ihrer Meinung nach auf ihr Leben, und warum hat er den? Es geht somit nicht darum, was wir glauben *müssen*, sondern um das, was er uns sagt, um eine funktionale Christologie. Das ist nicht dasselbe wie die tatsächliche Bedeutung Jesu für das Leben eines bestimmten Menschen. Menschen können mit dem Mund bekennen, dass Jesus ihr Leben regiert, und sich derweil von anderen Mächten leiten lassen; das geht sogar, ohne dass eine böse Absicht dahinter steht. Hier handelt es sich um eine Doppeldeutigkeit, die all unseren öffentlichen Aussagen anhaftet, nicht nur der Religion und der Moral. Ich belasse es dabei.

Ganz und gar empirisch gehe ich auch wieder nicht vor, denn dann müsste ich eine sozialwissenschaftliche Untersuchung hinsichtlich der Rolle Jesu im Bewusstsein von Menschen heute durchführen. Das erscheint mir als unmöglich. Darüber hinaus würde eine solche Untersuchung uns nicht weiter bringen als zu einer Aufsummierung von Rollen, die Jesus im Leben von Menschen, ihnen zufolge, spielt, und das sind zu viele, um sie nennen zu können. Ich erinnere an die wilden Christologien und, um näher beim Thema zu bleiben, an die verschiedenen Praktiken der Jesusfrömmigkeit, die ich in einem der vorigen Kapitel bewertet habe, es sind auch Formen der Christologie. Das Zählen von Köpfen führt höchstens zu einer ebenso zügellosen wie grenzenlosen Christologie. Es ist daher etwas Normatives erforderlich, dann aber etwas, das (a) so nahe wie möglich in der Nähe der Glaubenstradition bleibt und (b) zugleich derart weite Grenzen aufweist, dass keiner der Menschen, die ›etwas mit Jesus anzufangen wissen‹, sich ausgeschlossen zu fühlen braucht.

Eine solche Christologie finde ich in der Lehre vom dreifachen Amt Jesu. ›Amt‹ ist dabei als eine Anstellung auf göttliches Geheiß hin aufzufassen. Das scheint mir eine passende Einkleidung für die Christologie zu sein, weit genug, um vieles abzudecken, gleichwohl aber eine Einkleidung. Ich treffe damit eine Wahl im Rahmen des bekannten Dilemmas zwischen der Person und dem Werk Jesu. In allen Dogmatikbüchern wird ausführlich über den doppelten Zugang berichtet, und meistens endet das mit der Feststellung, dass man keinen Keil dazwischen treiben darf. Es geht zwar um das Werk Jesu, aber was sein Werk so wichtig macht, ist, dass es *diese* Person des Sohnes Gottes war, die es vollbracht hat. Anschließend wurde diese Einheit von Person und Werk dadurch wieder jäh auseinander gerissen, dass zuerst eine ausführliche Denkschrift über die zwei Naturen der einen Person Jesu Christi erstellt und danach sein Heilswerk besprochen wurde. Das werde ich nicht tun. Das ausgiebige Interesse an der Person soll Gott-auf-Erden sicherstellen, und dieses Dogma habe ich als eine übertriebene Form der Verehrung abgewiesen. Als Antriebsebene für die Christologie betrachte ich das Werk, das Jesus verrichtete. Dessen Zusammenfassung unter dem Titel der drei Ämter genießt schon lange Anerkennung. Bei den Kirchenvätern finden wir bereits Verweise darauf. Aber das wirklich zum Thema zu machen, zu einer Antriebsebene, wie ich das nannte, kommt erst bei reformatorischen Theologen zur Sprache, insbesondere bei Calvin. Am Dogma von Gott-auf-Erden änderten sie nichts, aber sie flankierten es doch, mehr als frühere Generationen von Theologen, mit einer ausgiebigen Beachtung des Werkes Jesu.

Dieser Ansatz besitzt den enormen Vorteil, dass er Jesus – als Person – in der Vergangenheit belässt; er knüpft bei ihm als dem besonderen Knecht Gottes an, der damals lebte. Die auf Gott-auf-Erden bezogenen Spekulationen können unterbleiben. Jesus kann in dieser Christologie Gott nicht auszustechen versuchen oder vom Thron verdrängen. Gott erhält in Jesus keinen Konkurrenten, während die Schlüsselposition, die Jesus im Christentum bekleidet, nicht unbedeutender wird.

Bei ›Prophet‹ denke ich an Jesus als Verkünder, als Guru, als Begleiter für Leben und Glauben. Was er gesagt hat und was nicht – siehe den Abschnitt über echte Jesusworte – bleibt dabei eine schwierige, letztlich aber historische Frage. Mit ›Priester‹ stehen wir nicht mehr vor dem

Verkünder, sondern dem verkündeten Jesus oder – wenn man mehr katholisch denkt – dem Jesus des Sakramentes. Und was ist ›König‹? Der Titel ist dem Königreich Gottes entlehnt, das von Jesus verkündigt wurde. Der Kirchenvater Origines machte daraus: Jesus ist selbst das Königreich – zu Unrecht, wie wir bereits sahen. Ich werde ›König‹ gleich auslegen als Jesus-für-die-ganze-Menschheit, und damit nicht als Herrscher (oder als sich aufdrängenden Diener, was dasselbe ist), sondern als den, der die Menschheit vereint, indem er die ethnischen Einschränkungen abschafft: Jesus als multikulturelles Versprechen.

2. Jesus als unser Prophet (1).
Begleiter in Leben und Sterben

Bevor Jesus als Priester, König, Sohn Gottes, Gott-auf-Erden, Herr oder was auch immer verehrt wurde, sah man in ihm einen Propheten. Das ist sein erster und ältester Ehrentitel. So sagt es Schillebeeckx zu Recht. Wir müssen dann allerdings bedenken, dass die ersten Zuhörer (und Verehrer) jüdische Menschen waren, mit Jesus zusammen im jüdischen Glauben erzogen. Was er zu sagen hatte, seine Weisheit, seine Kritik an der Wahrnehmung religiöser Pflichten, am Umgang von Menschen miteinander, an ihrem Mangel an Glauben und Barmherzigkeit, seine Perspektiven für morgen, seine Ideen über Gott – das alles ist durch und durch jüdisch, jüdische Weisheit; er belehrte das Volk als Rabbi. Dass wir das auch heute als christliche Weisheit ansehen, hat zum Teil mit der Verchristlichung seiner Worte zu tun, zum Teil bedeutet es, dass die christliche Wahrheit, mehr als es die Kirche wollte, in der jüdischen Religiosität beheimatet ist.

Lassen Sie mich zu dieser Religiosität (›der Religion Christi‹, über die ich weiter oben gesprochen habe) zwei Beispiele anführen, bevor ich mit der Lehre den prophetischen Jesus betreffend beginne. Zuerst betrachte ich die Art und Weise, in der Jesus betet, ebenfalls, *was* er betet, worüber wir eigentlich nichts wissen, außer, dass wir annehmen dürfen, dass Jesus seinen Jüngern mit dem so genannten Vaterunser nicht Worte übermittelt hat, die er selbst nie gesagt hätte oder tatsächlich nie benutzte. Aber abgesehen davon, *was* Jesus betet, sagt er auch, *wie* man es tun muss. Es verhält sich damit anders, als es in der Kirche geschieht! Als kleiner Junge musste ich mit zur Kirche gehen, und man wusste es vorher schon: In die Mitte fiel das, was wir ›das lange Gebet‹ nannten, eine Stunde lang (so schien es) die Augen geschlossen halten, während der Pfarrer, einmal in Fahrt gekommen, kein Ende zu finden schien. Dieses lange Beten in der Kirche war für Kinder eine Strafe, und lud bestimmt nicht dazu ein, sich selbst daran zu beteiligen.

Auf Anweisung Jesu musste man sich ins stille Kämmerlein begeben; das bedeutet, dass die anderen damit nichts zu tun haben, dass es sich zwischen Gott und einem selbst abspielt; man soll es nicht als demonstrative Gebärde gebrauchen.

Jesus handelt den Evangelien zufolge in der Weise, die er empfiehlt. Er sondert sich ab, um zu beten, lesen wir beispielsweise in Matthäus 14–23. Er tut das sogar, als er in großer Not ist und nicht mehr weiß, ob er flüchten oder dem Tod ins Auge blicken soll (Matthäus 26,36–46).

Das zweite Beispiel entnehme ich dem Sterben Jesu. Hängend am Kreuz, in seinen letzten Augenblicken, ruft er den Namen des HERRN an und spricht, wie es jüdischem Glauben in ihrer Sterbestunde entspricht, die Bitte aus Psalm 31 (Vers 6): ›In deine Hände lege ich meinen Geist‹. Damit kommt das ergreifende, bestürzende Drama des Verrates, der Kreuzigung, der Gottverlassenheit zur Ruhe. Jesus lebt vor Gottes Angesicht, und er stirbt vor Gottes Angesicht; das ist die ›Religion Christi‹. Er betet in einer Weise, die uns den Weg weist, er stirbt so, wie ich sterben möchte: Meinen Geist in Gottes Hände legen.

3. Jesus als unser Prophet (2). Die Bergpredigt

Gott über alles lieben und den Nächsten wie sich selbst, antworten Menschen, wenn man fragt, was Jesus gebietet. Das stimmt, hinsichtlich der genauen Formulierung, die noch etwas nuancierter ist, verweise ich auf Matthäus 22,34–40 (siehe auch Lukas 10,27). Die meisten Menschen wissen nicht, dass Jesus hier das ›Alte Testament‹ zitiert. In Levitikus 19,18 können wir es nachlesen.

Das aber, womit Jesus berühmt geworden ist, ist die so genannte Bergpredigt, zu finden in Matthäus 5–7 (eine weniger ausgeprägte Version findet sich in Lukas 6). Man braucht kein Christ zu sein, um davon beeindruckt zu werden. Jemand wie Gandhi, der selbst kein Christ sein wollte, zollte Jesus der Bergpredigt wegen großen Respekt, er benutzte sie selbst als Ingredienz für den gewaltlosen Aufstand, mit dem Indien die (englische) koloniale Autorität unterminiert hat.

Ihr habt gehört, dass gesagt worden ist: Auge für Auge und Zahn für Zahn. Ich aber sage euch: Leistet dem, der euch etwas Böses antut, keinen Widerstand, sondern wenn dich einer auf die rechte Wange schlägt, dann halt ihm auch die andere hin. Und wenn dich einer vor Gericht bringen will, um dir das Hemd wegzunehmen, dann lass ihm auch den Mantel. Und wenn dich einer zwingen will, eine Meile mit ihm zu gehen, dann geh zwei mit ihm. Wer dich bittet, dem gib, und wer von dir borgen will, den weise nicht ab. (Matthäus 5,38–42)

Dem radikalen Anspruch dieser Aussagen, von denen die Bergpredigt eine ganze Reihe miteinander verbindet, hat die Christenheit sich nie ganz entziehen können, auch wenn sie sich in der Praxis keinen Rat damit wusste. Es wäre nicht gut, wenn man keinen Widerstand leisten dürfte gegen jemanden, der einem die Kleider raubt, oder wenn man keinen Eid schwören dürfte (siehe die Verse 33–37), um damit vor Gottes Augen zu bezeugen, dass man die Wahrheit gesagt hat. Unsere Väter (und nicht nur sie) waren so weise zu sagen, dass die Bergpredigt nicht für den Staat bestimmt wäre, sondern für die Kirche. Im Staat muss das Recht herrschen, muss das Lamm vor dem Wolf geschützt und der Betrug nach Kräften bekämpft werden. In der Kirche also gilt die Bergpredigt? Auch das erwies sich als nicht so einfach. ›Wer eine Frau auch nur lüstern ansieht, hat in seinem Herzen schon Ehebruch mit ihr begangen‹ (Vers 28). Was sollen wir damit anfangen? Gut, die Worte Jesu verraten eine ziemlich ›männliche‹ Welt. Warum wird nur der Mann angesprochen und warum nicht die Frau? Aber müssen wir, abgesehen davon, dieses Wort so auffassen, wie Tolstoi es tat, und es so verstehen, dass wir von der Sexualität am besten ganz und gar absehen?

Es handelt sich um Stilfiguren, die Jesus hier einsetzt. Niemand soll seine Hand abhacken oder sein Auge herausreißen (siehe die Verse 27–30), um in das Königreich Gottes einzugehen. Warum sollte es nur die rechte Hand und das rechte Auge sein? Es geht um Stilfiguren, die die Forderung nachdrücklich unterstreichen wollen. Interimsethik, sagte Albert Schweitzer; es sind so strenge, unerfüllbare Forderungen, weil Jesus nur an eine kurze Zeitspanne dachte: Zeit seines Lebens sollte das Königreich Gottes noch kommen, was sollte man daher noch mit der Welt und die Welt mit einem beginnen! Es mag sein, dass Schweitzer Recht hatte, das Unerfüllbare bleibt deswegen jedoch nicht weniger unerfüllbar. Man hat in jedem Fall darin den unbedingten Ernst zu lesen, der das Leben eines Christen kennzeichnet, war Schweitzers Rat.

Diese Bergpredigt bleibt eine rätselhafte Größe. Sie soll Menschen nicht verrückt machen, nicht das normale Leben behindern, nicht verhindern, dass Männer Frauen ansehen und Frauen Männer, dass Eide geschworen werden, wo sie erforderlich sind, und Gewalt gebraucht wird, wo der Schwache beschützt werden muss. Aber weiter? Mit seiner Bergpredigt muss Jesus vor allem ein Unruhestifter bleiben und verhindern, dass man zu schnell mit sich und dem was ist zufrieden ist.

4. Jesus als unser Prophet (3). Der Guru

Als Prophet ergreift Jesus die Menschen; er weckt Begeisterung, erschafft einen neuen Geist, macht wach. Daher sind allerlei andere Bezeichnungen für ihn auch treffend, drücken manchmal sogar besser aus, was Menschen für ein begeistertes Dasein an ihm haben: Er ist der Meister, Wegweiser, Lehrer, Führer zum Leben, und es gibt noch mehr dieser Titel. Ich greife einen heraus, der einen Aspekt verdeutlichen kann, der bis jetzt zu wenig Beachtung fand: Jesus als Guru.

Das Wort ›Guru‹ bedeutet einfach Lehrmeister, aber es haftet diesem Ausdruck noch eine weitere Bedeutung an. Der Aufstieg des Wortes in der westlichen Kultur hat damit zu tun. Gurus heißen die Lehrmeister in Indien, der Ausdruck ist ein Import. Die Zeit, in der er eingeführt wurde, lässt sich ausmachen. Es war gegen Ende der sechziger, Anfang der siebziger Jahre des zwanzigsten Jahrhunderts, in den Jahren, als eine Jugendwelt aufkam, die sich gegen die eigene, europäische Zwei-mal-zwei-ist-vier-Kultur auflehnte und sie durch das weite Blickfeld der Fantasie ersetzen wollte. ›Tschüss Vater, Mutter, alte Garde!‹, ein Gemütszustand, den der Dichter Marsman – übrigens schon vor dem Zweiten Weltkrieg – angekündigt hatte, wurde erst durch den Aufstand der Pariser Studenten im Jahr 1968 in die Praxis umgesetzt. Man denke an ihr Motto: ›Verboten zu verbieten!‹ ›Nein‹ sagte man zu den Autoritäten. Aber wozu sagt man ›ja‹? Eine Antwort darauf erweist sich, je länger die Zeit dauert, als umso weniger einfach.

So brechen die Jahre an, in denen sich Gurus als neue Autoritäten präsentieren, zwar vermummt als Befreier von allem, was steif, starr und stumpfsinnig ist, dennoch als neue Autoritäten. Sie finden so einen großen Anklang, weil Freiheit unsicher macht; man muss zum ersten Mal selbst sagen, was geschehen muss und was nicht. Bei weitem nicht alle Menschen haben den Mut zu eigener Verantwortlichkeit und werfen sich, des Suchens und Seufzens müde, gleich in die Arme eines Menschen, der bereit ist, das zu übernehmen, eines Guru.

Damit ist Jesus als Guru vermessen. Ein Mensch kann seine eigene Verantwortlichkeit niemals aus der Hand geben, ohne seinem Menschsein nicht gerecht zu werden. Kann er sie selbst gegenüber Jesus nicht aus der Hand geben? Gewiss nicht gegenüber Jesus, denn das müsste auf dem kolossalen Missverständnis beruhen, der christliche Glaube würde Menschen ihre Verantwortlichkeit abnehmen. Das Gegenteil geschieht natürlich, es wird sogar dafür geeifert, etwa in dem Sinne: Lass Jesus entscheiden! Die Jesus-Freaks haben dann meistens in petto, *was* Jesus beschlossen hat, es sind die kleinen Gurus, die sich der Autorität des großen bedienen. Jesus zu gebrauchen, Menschen ihre Verantwortlichkeit zu nehmen, erscheint mir, ohne Umschweife gesagt, als Missbrauch Jesu. Es passt jedenfalls weder zu dem, was ich unter christlichem Glauben verstehe, noch zu *Jesus* als Führer und Lehrmeister; denn durch seine Unterweisung, durch Jesus als Propheten wird jemand mehr Mensch und nicht weniger.

Wie steht es nun? Jesus als unser Guru – das klingt prachtvoll, mindestens so begeistert wie ›Jesus, unser Prophet!‹ Es kann als ein neuer Name für die Nachfolge Christi dienen. Ich gehe sogar einen Schritt weiter: Unter diesem Namen kann Jesus als Meister akzeptiert werden, ohne all die Nebenerscheinungen, welche die christliche Lehre gewöhnlich mit der Nachfolge verbindet. Man braucht kein Christ zu sein, um Jesus als Guru für sein Leben zu wählen! Aber es bleibt eine Testfrage: Trete ich meine Verantwortlichkeit ab, oder lerne ich von diesem Lehrer gerade, wie ich sie gebrauchen muss?

5. Das Priesterliche an Jesus

Propheten werden gesteinigt, ihr Tod ist ein Tod von Berufs wegen. So kann der Tod Jesu auch gedeutet werden. So verfährt er sogar selber, als er, in einer Vorausschau, über Jerusalem sagt: ›Du tötest die Propheten und steinigst die Boten, die zu dir gesandt sind‹ (Matthäus 23,27). Betrachten wir Jesus als Priester, stoßen wir auch auf seinen Tod, jetzt aber nicht in dem Sinn, dass er als Opfer seines Berufes gestorben ist, als *victim*, Opfer *von* anderen, sondern als Opfer *für* andere, als *sacrificium*.

Die Vorstellung, dass Jesus sich selbst geopfert hat, dass er den herannahenden Tod als ein freiwilliges Opfer betrachtet hat, gehört – wenn wir Albert Schweitzer glauben dürfen – zu den ältesten Überlieferungen. Auch wenn man das (noch) nicht paulinisch auslegen dürfte, ändert es nichts an der Idee, dass Jesus für andere in den Tod ging. Er brachte sich selbst als Opfer dar.

Die priesterliche Rolle Jesu, seine Selbsthingabe als Opfer, führt uns zuerst in die Vergangenheit, zu dem Einzigen, was wir als Christen nicht selbst mitbringen, der Versöhnung. Die Begeisterung, die Jesus als Prophet weckt, ist eine Zugabe, wir haben aber schon die Themen dafür; er braucht nur anzufachen, was da ist. Das, wozu er unentbehrlich gewesen ist, was wir nicht hatten, ist unser Zugang als Nichtjuden zum Gott der Juden. Wir wären keine Christen, wenn es Jesus nicht gegeben hätte, den wir als unseren rituellen Sündenbock in den Vordergrund rücken konnten.

Heute sehen wir die priesterliche Funktion in der Predigt breit ausgemalt und ebenso breit dargestellt in den Sakramenten sowohl des Abendmahls als auch (bei den Katholiken) der Eucharistie. Beide unterscheiden sich in Ritual, Vorstellung, theologischer Begründung, aber was sie eint, ist der Rückgriff auf Jesus als Priester, der sich selbst geopfert hat. Von modernen Protestanten kann man gelegentlich hören, dass die Terminologie von dem Opfer, das Gott dargebracht wird, doch sehr stark reformatorisch im Sinne strenggläubiger Protestanten ist, aber das ist ein Missverständnis. Die Eucharistiefeier, so wie sie die katholische Lehre im vierten Laterankonzil (1215) festlegte und in Trient (1545–1563) noch einmal wiederholte, konzentriert sich voll und ganz auf das Opfer. Nicht nur verwandeln sich Brot und Wein durch die Konsekration in den Leib und das Blut Christi, auch wenn sie ihre äußere Gestalt beibehalten (das Konzil nennt das ›Transsubstantiation‹), sondern es wird auch mit dem gleichen Nachdruck festgestellt, dass die heilige Messe als ein Opfer aufgefasst werden muss, das Gott dargebracht wird. Dieses Opfer ist Jesus.

Bei Jesus richten sich die Gedanken also unausweichlich auf die Vergangenheit, auf seinen Tod, der von der christlichen Kirche als Opfer für die Sünden betrachtet wurde. Das Priesterliche an Jesus braucht darin jedoch nicht aufzugehen. Der Priester ist, welche Religion man auch wählt, ein Mittler zwischen Gott dort oben und dem von ihm abhängigen Menschen hier unten. Der Priester ist eingeweiht in die Rituale, die vollzogen werden müssen, soll der Kontakt zwischen oben und unten zu Stande kommen. Abendmahl und Eucharistie lassen sich, in diesem Licht betrachtet, ohne Bedenken als Instrumente deuten, die von Priestern als den Einzigen, die dazu bevollmächtigt sind (und von wem sonst als von ihnen selbst oder ihrer Kaste), verwaltet und beherrscht werden.

Ein Priester ist da, um zu vermitteln; damit bin ich bei Jesus als unserem Priester in der Gegenwart, dem Mittler, der für uns beim Vater ›eintritt‹. Was wir uns bei diesem ›Eintreten‹ vorzustellen haben, ist im Brief an die Hebräer ausführlich zu lesen. Es ist ein außerordentlich merkwürdiges Buch aus dem Neuen Testament, eine Art von Predigt, in der fortwährend von der Priesterschaft des Alten Testamentes aus auf Jesus als den eigentlichen Priester geschlossen wird, von den Opfern Israels auf Jesus als das eigentliche Opfer, und das alles in kunstvoll-literarischer Form. Die Leser müssen hoch gebildete Menschen gewesen sein, sowohl bekannt mit der religiösen Praxis der Juden als auch der Christusverkündigung, um verstehen zu können, worum es jedes Mal geht. Ich greife eine Schlüsselstelle heraus.

Denn Christus ist nicht in ein von Menschenhand errichtetes Heiligtum hineingegangen, in ein Abbild des wirklichen, sondern in den Himmel selbst, um jetzt für uns vor Gottes Angesicht zu erscheinen (Hebräer 9,24).

Etwas weiter kommt der gelehrte Autor darauf zurück und bestätigt noch einmal, dass Christus, nachdem er›nur ein einziges Opfer für die Sünden dargebracht‹ hat, ›sich dann für immer zur Rechten Gottes gesetzt‹ hat (Hebräer 10,12). Die Aussage erinnert an den Apostel Paulus, der in Römer 8,34 von einem gleichen Bild ausgeht:

Christus Jesus, der gestorben ist, mehr noch: der auferweckt worden ist, sitzt zur Rechten Gottes und tritt für uns ein.

›Sitzend zur Rechten Gottes‹ schließt offenbar das Eintreten ›für uns‹ ein, und es muss daher so gelesen werden, dass er die Rechtssache des Sünders bei Gott führt. Das ist heute der Priesterdienst Jesu, die alten Reformierten sprachen nicht umsonst von Jesus als Mittler.

Die plastische Vorstellung von alledem ist uns entfallen, ebenso wie die Gestalt des Priesters, der vermittelt. Man stelle sich das eben einmal vor: Gott auf seinem Thron und Jesus, der davor steht und dort als eine Art Anwalt ein Plädoyer für Sünder führt. Daraus darf und kann man keine Dogmatik machen. Der Brief an die Hebräer ist eine lange Predigt für gut Verstehende, nicht immer begreifen wir, was der Verfasser sagt, und wir wissen nicht, wen er überzeugen will. Wir lernen aus solch einem Brief, wie Christen früher die Bedeutung Jesu umschrieben, und was sie beschäftigte, welches Problem sie lösen wollten, wenn sie sich dieser Aufgabe widmeten. Paulus benutzt dieselbe Metapher, eigentlich wieder eine Metapher in einer Metapher. Jesus ist nicht eifrig damit befasst, bei Gott für alle Sünder einzutreten, als ob das nötig und unverzichtbar wäre. Aber wir ›unten‹ wissen, dass wir auf seine Vermittlung angewiesen sind, auf einen Mittler. Ich lese das als eine andere Bezeichnung für das Nicht-Selbstverständliche der Kommunikation mit Gott, eine Kommunikation von Christi Gnaden. Daran erinnern Christen einander, wenn sie Jesus als ›ihren Priester‹ heranziehen.

In protestantischen Familien lernten die Kinder, dass jedes Gebet mit ›um Jesu willen‹ beschlossen werden musste. Das erscheint mir zu viel des Guten, wird doch suggeriert, dass Gott sonst kein Ohr für das Gebet haben würde. Ich empfinde mehr für das, was in den Kirchen als Abschluss des öffentlichen Gebetes gebräuchlich ist: ›In Jesu Namen‹. Das heißt, Gott an Jesus zu erinnern. Muss das sein? Nein, wir erinnern vielmehr uns selbst an unsere schwache Position im Blick auf Gott; daher bringen wir Jesus als unseren Priester ein.

6. Auch unser König?

Mit dem König, dem letzten Amt, tue ich mich schwer, jedenfalls, wenn es einfach nur im Sinne des Herrschers gedeutet wird. Das geht nicht, wie sympathisch und vorsichtig auch immer es vorgebracht wird. Im Liederbuch der Kirchen finden sich prachtvolle Gesänge über die Macht Jesu, über das Kreuz als sein Banner in aller Welt; aber auch ›Jesus wird herrschen, wo die Sonne um die große Erde herumgeht‹ (Lied 281), mit einer ansteckenden Melodie. Aber was haben wir von diesem Herrschen zu halten? Das haben wir als Triumphalismus erkennen gelernt. Er kehrt in allerlei gängigen Vorstellungen wieder.

a. Abraham Kuyper, der bereits häufiger zitierte Führer der Reformierten, ließ sich, wie er selbst sagte, von dem Spruch leiten: ›Es gibt keinen Zollbreit auf dem Grund und Boden unseres menschlichen Lebens, von dem Christus, welcher der Souverän aller ist, nicht ausruft: Mein!‹ Er setzte es glücklicherweise nicht in die Praxis um; christliche Politik war für ihn keine Politik aus dem Evangelium heraus, sondern von christlichen Prinzipien her. Aber alles hängt mit allem zusammen, und politische Parteien, in denen man nicht für das Königtum Christi eintreten kann, wird der reformierte Theologe K. Schilder im Jahre 1936 sagen, sind daher für Reformierte tabu. Die Parteien, um die es damals in den Niederlanden ging, waren die pazifistische CDU und der nationalsozialistische NSB. Schilder besaß zwar auch inhaltliche Argumente, aber die wichtigsten betrafen die Beeinträchtigung des Eintretens für Christus als König. Es erscheint mir als eine unakzeptable Begründung, auch wenn sie für einen guten Zweck gebraucht wird, und das wurde sie. Christus kann nicht über politische Machtentfaltung König werden (die spanischen Katholiken kannten diese Idee auch), denn dann ist es nicht mehr Christus, um den es geht. Über die Art der Politik, die unter diesem Namen verkauft werden kann, ziehe ich es vor zu schweigen. Das gilt gleichermaßen – um Missverständnissen vorzubeugen – für linke wie für rechte Politik. Sich für Christus einzusetzen, das heißt immer, sich einzusetzen für das, was ich als Sache Christi festgestellt habe.

b. Bonhoeffer löste seine ›Mandate‹ (Richtlinien für das Leben, die aus der Schöpfung hervorgehen) mit der Zeit durch das ab, was er für eine bessere Idee hielt: die ›Herrschaft Christi‹. Das ist eine viel behutsamere Einführung von Jesus in Politik und Gesellschaft als Christus König, dennoch macht es nur einen geringen Unterschied aus, ob man gegen die ›herrenlosen Gewalten‹ die ›Herrschaft Christi setzt‹ oder der Revolution das Evangelium gegenüberstellt. Der Anspruch, der sich dahinter verbirgt, dass nämlich die christliche Kirche – lies: die

Kirchenführer – die ›herrenlosen Gewalten‹ besser zu demaskieren weiß als die säkularen Hüter des Rechtsstaates, ist sowohl empirisch nicht zu bestätigen als auch theoretisch überzogen.

c. Noch etwas bescheidener spricht Barth in seinem Werk *Christengemeinde und Bürgergemeinde* über die Herrschaft Christi. Die ›Christengemeinde‹ (die Kirche) wird der ›Bürgergemeinde‹ als Modell vor Augen gehalten. Das ist kein Herrschen, so viel ist deutlich, aber Barth meint doch, dass in der Kirche und ihrer Struktur (und folglich in Jesus Christus als ihrem Herrn) die Lösung für die Weltpolitik, wenn nicht sogar ein Rezept, zu finden ist. Barth zeigte sich in seiner so genannten *Tambacher Rede* aus dem Jahre 1919 (für die Kenner) weniger anmaßend. Die Politik müsse ohne ›Bindestrich‹ mit Christus, d. h. ohne das Prädikat ›christlich‹, betrieben werden, also sachlich. Wir würden sagen, dass wir die Maßstäbe aus moralischen Prinzipien beziehen und nicht aus dem Glauben an Jesus Christus.

Drei Beispiele zur Klärung der Frage, was wir mit dem königlichen Amt Jesu meinen. Ich sehe im königlichen Amt Jesu etwas anderes. Die Bezeichnung ist der Vision vom Königreich Gottes entlehnt, der christlichen Utopie einer geheilten Welt. Daran schließt das königliche Amt Jesu an. Die christliche Kirche verkündet ihn als den Weg zu Gott für Nichtjuden, für alle Menschen, ohne Unterschied. Die heile Welt ist die Welt ohne ethnische Beschränkungen, jeder gehört dazu, niemand wird ausgeschlossen. Dort, wo das geschieht oder wo das allmählich ein wenig der Fall wird, übt Jesus sein königliches Amt aus. Seine eigentliche Chance erhält er in einer multikulturellen Gesellschaft, sei es nun die unsrige oder jede andere. Jesus ist der Weg zu einem friedlichen Zusammenleben (Grollenberg). Jesus soll vom Aufgang der Sonne bis zum ihrem Untergang herrschen? Das kann nichts anderes bedeuten als das, dass Christen keinen Unterschied machen: Alle Völker sind Volk Gottes.

7. Ein Rahmen. Norm und Variation

Die klassische Lehre vom dreifachen Amt Jesu erscheint mir als ein äußerst glücklicher Griff, die praktische Bedeutung Jesu in Worte zu fassen. Sie belässt Jesus auf seinem historischen Platz – er erfüllte sein Amt –, schließt ihn aber nicht in der Vergangenheit ein. Ämter sind

Weisen des Fungierens, aber dieses Fungieren ist nicht an Zeit und Ort gebunden, es ist auch heute möglich, ist heute dort Wirklichkeit, wo Menschen in Jesus ihren Propheten (Guru), Priester und König sehen.

In dieser Dreiheit der Ämter liegt obendrein etwas Befreiendes, denn Christen brauchen einander nicht in die Quere zu kommen, wenn sie diesbezüglich Akzente setzen. Warum sollte das nicht erlaubt sein? Eine Christologie des Propheten/Priesters/Königs ist eine Lehre, das will ich nicht verkennen, aber eine Lehre, innerhalb derer jeder zu seinem Recht kommen kann, weil sie minimal reguliert, ohne dass sie eine Regulierung gänzlich aufgibt. Es ist also eine Rahmen-Christologie, die unterschiedlich ausgefüllt werden kann. Sie bezieht die historische Erforschung der Evangelien im Ansatz ein, die Schichten der Überlieferung, die mit dem Filetiermesser der Forscher freigelegt werden. Was spricht dagegen, heute eine Mehrzahl von Auffassungen nebeneinander stehen zu lassen, wenn ein sorgfältiges Lesen der Evangelien an den Tag bringt, dass die Überlieferung nicht so eindeutig ist, wie wir uns das der Bequemlichkeit halber vorstellen? In den Evangelien sind Unterschiede wahrzunehmen, warum sollte es dann in der Kirche anders sein müssen?

Bei ›Prophet‹ sehe ich alle Christen sich anschließen, für die Jesus als historische Person die große, innere Erleuchtung darstellt, von Schleiermacher, für den sich das Christentum als religiöses Bewusstsein manifestiert, aber dann gefüllt mit der Person Jesu Christi (das hatte er, wie gesagt, von den Herrnhutern), über Albrecht Ritschl, der glaubte, dass Jesus die Bruderschaft der Menschheit realisieren würde, und Albert Schweitzer, der nur das Bedingungslose des moralischen Anspruchs übrig behielt, bis zu dem, was im neunzehnten Jahrhundert liberal hieß. In den reformierten Kreisen, in denen ich als Junge aufwuchs, sprach man vom ›Bergpredigt-Christentum‹, und ich verstand, dass es den Anforderungen nicht entsprach. So nicht; die Zeit des Urteilens ist nicht nur vorbei, es gibt auch keinen Grund dazu. Ich erkenne nicht, was schlecht daran ist, dass man Jesus als Führer im täglichen Leben erfährt.

Konservative Christen werden in erster Linie durch Jesus als Priester angerührt. Sie können ihr Gemüt ganz und gar daran verlieren. Protestanten erquicken sich an der Verkündigung dessen, was geschehen ist, am Tode Jesu am Kreuz, am Karfreitag als großem Versöhnungstag, an Jesus als Priester und Opfer zugleich. Das schließt das Eintreten Jesu in der Gegenwart ein: ›der auch für uns bittet‹, was als ›wir arme Sünder‹ zu lesen ist. Katholische Christen stärken sich innerlich in der Eucharistiefeier. Natürlich werden sie sie in einer Weise erleben, die Protestanten nicht mitmachen oder die ihnen nicht gefällt, aber was spricht dagegen, die Eucharistiefeier als Erfahrung des priesterlichen Dienstes Jesu aufzufassen?

Bei Jesus, der das Königreich Gottes verkündete, werden sich wie niemand sonst die gesellschaftlich und politisch interessierten Christen heimisch fühlen; sie leben nämlich von dem warmen Atem der messianischen Hoffnung. Es gibt keine Zweiteilung mehr, der Arme steht nicht mehr dem Reichen gegenüber, nicht mehr gilt Mann gegen Frau, Sklaven gegen Freie, Weiße gegen Schwarze, es gibt keine Diskriminierung, keine ethnischen Einschränkungen mehr, sondern Gerechtigkeit strömt wie nie versiegendes Wasser. Jesus ist hier die Hoffnung für das Zusammenleben von Menschen und Völkern.

Müssen mich alle drei Ämter Jesu in gleichem Maße ansprechen? Nein, ich sehe es gerade als den großen Vorteil an, wenn auf diesem Wege die Christologie der Kirche weiter bestehen bleibt. Menschen brauchen nicht beieinander Maß zu nehmen, wenn Jesus bei einem anderen eine andere Rolle spielt als im eigenen Leben. Man darf entscheiden und teilen, zusammenfügen und weglassen. Es geht um eine Christologie in dem Sinne, dass man ›einander nicht in die Quere kommt‹.

Ich kenne dazu einen schönen Bibeltext: ›Efraim ist nicht mehr eifersüchtig auf Juda, und Juda ist nicht mehr Efraims Feind.‹ Die Namen beziehen sich auf die zwei Teile, in die das Reich von Israel zerfallen war. Sie sollen nicht mehr Konkurrenten füreinander sein, lautet die Heilsprophetie (Jesaja 11,13). Die erste niederländische Bibelübersetzung bemerkt dazu, dass dies bedeutet, dass die Gemeinde Christi in heiligem Frieden vereinigt werden wird. Das ist tatsächlich eine Heilsprophetie, sie ist beinahe nicht zu glauben.

8. ›Warum wirst aber du ein Christ genannt?‹ Die Nachfolge Christi

In Antiochien, so berichtet Lukas, wurden die Jünger Jesu zum ersten Mal als Christen bezeichnet (Apostelgeschichte 11,26), nicht als Jesuiten. Der Christenname hat eine Bedeutung, in ihm steckt so etwas wie: Adel verpflichtet. Das ist deutlich für Freund und Feind, nicht umsonst fallen Christen aus Sicht der Außenwelt durch: Man hat schließlich etwas anderes von ihnen erwartet. Umgekehrt denken Christen gelegentlich, dass sie anders, sprich besser seien als die anderen. Dennoch muss es einen gewissen Sinn haben, diesen Namen zu benutzen, Christ sein zu wollen, und das muss mit Jesus Christus zu tun haben.

Dieses ›Etwas‹ kann man wiedergeben mit: Glaube an Jesus Christus. Diese Auskunft gestattet noch die Möglichkeit, das Christsein auf eine Denkübung zu beschränken, beispielsweise der dieses Buches. Aber wird der Beifall für dieses Buch jemanden zum Christen machen? Der Heidelberger Katechismus, den ich im Titel dieses Abschnitts zitierte, denkt anders darüber, und ich stimme ihm zu. Christ zu sein ist eine Art und Weise zu leben, die zwar aus dem hervorgeht, was man vom Hörensagen weiß, also aus der Kenntnis der Worte und Taten Jesu, aber die Kenntnis bedeutet erst etwas, wenn sie einen Menschen auch bewegt. Ich zitiere eine hellsichtige Beobachtung, die von Wittgenstein herrührt:

> Das Rad, das man drehen kann, ohne dass anderes sich mitbewegt, gehört nicht zur Maschine.

Der Glaube, der mich nicht in Bewegung bringt, ist nicht wirklich ein Stück von mir. Etwas für wahr zu halten ist nicht alles. Glaube, der in Bewegung bringt, ist es übrigens auch noch nicht, schärft uns der Apostel Paulus ein. Selbst wenn ich mit meiner Glaubenskraft Berge versetzen könnte, wäre meine Rede, wenn ich die Liebe nicht hätte, dröhnendes Erz oder eine lärmende Pauke. Mit Liebe meint er nichts Seidenweiches, siehe 1 Korinther 13, woraus ich Paulus hier zitiere. Die Liebe erträgt alles, glaubt alles, trägt das Böse nicht nach …, sie ist etwas, in das man sich hineinknien kann, und nicht eine Wolke von Nebulösem. Warum wirst aber du ein Christ genannt? Ich begreife besser, warum sensible Kirchenmitglieder manchmal zögern, sich selbst als Christen zu bezeichnen. Es ist damit eine Art und Weise des Lebens verbunden, die ›mehr als das Normale‹ verlangt (Matthäus 5,47).

Ich bringe es unter den Titel ›Nachfolge‹. Es handelt sich dabei nicht um ein Imitieren, wie Thomas von Kempen dachte, auch wenn er unter diesem Titel ein innigliches Buch schrieb. Es ist eher Inspiration, eine Flamme, die zu leuchten beginnt. Der Heidelberger Katechismus unterteilt dieses Leben in drei Teile, parallel zu den drei Weisen, in denen Jesus wirksam ist, nämlich als Prophet, Priester, König. Christ zu sein heißt, dem Bild von Christus zu entsprechen, bedeutet Demokratisierung seiner Funktionen. Es ist nicht so, dass Christen kleine Christusse sein müssten, kleine Messiasse, die das Leid der Welt auf ihre Schulter nehmen (auch wenn man solchen Christen gelegentlich begegnet), sondern sie sollen sich eher in dem Sinne verstehen, dass das, was die Herrlichkeit des Herrn ausmacht, auch zu den Knechten durchsickert.

Wie das im Katechismus näher umschrieben wird, lass ich auf sich beruhen. Es bekommt wenig Hand und Fuß und setzt dabei überdies eine Gesellschaft voraus, in der von jedem erwartet wird, Christ zu sein. Ich orientiere mich lieber an einem Lebensstil: Christen haben etwas Prophetisches, etwas Priesterliches und etwas Königliches an sich, etwas Auffallendes. Ich möchte Beispiele von drei modernen Heiligen anführen, bei denen dieser Stil sich meiner Meinung nach finden lässt.

Martin Luther King betrachte ich als einen Propheten, als Christen, der den Mut hatte, sich in einer ungerechten Gesellschaft für Gerechtigkeit einzusetzen. Vor den Pfarrern der *Christian Reformed Church*, die in Grand Rapids versammelt waren, musste ich, nicht lange nach dem Mord an King, einen Vortrag über ein Thema halten, ich weiß nicht mehr, welches. Es war gestattet, im Anschluss Fragen zu stellen. Die Gruppe war (damals) politisch recht konservativ, und eine der Fragen bezog sich auf Martin Luther King. ›War er ein Messias?‹ Nein, sagte ich, und wartete kurz, denn ich kannte die Zusammensetzung meiner Zuhörerschaft. Es wurde geklatscht, diese Antwort kam an. Nach dem Klatschen schloss ich meinen Satz ab mit ›aber er folgte seinen Schritten‹. Es blieb totenstill. Der Tod von Martin Luther King ist ein Beispiel für den berufsbedingten Tod eines Propheten.

Bischof Romero betrachte ich als ein Vorbild für priesterliches Auftreten: Eintreten bei Gott für die Menschen und bei den Machthabern für die Schwachen. Ein Mittler, das vor allem war er, ein Vermittler zwischen streitenden, unversöhnlichen Parteien. Er hat es mit dem Leben bezahlt; ein priesterlicher Mensch brachte das Opfer, das blutige Opfer seines Lebens dar.

Für ein königliches Leben fällt mir kein besseres Beispiel ein als Dietrich Bonhoeffer, von dem holländischen Theologen Rothuizen als Vertreter eines aristokratischen Christentums typisiert. Christen dürfen von Christus etwas Königliches übernehmen, königlich leben und königlich sterben. Wer sich vor der Ewigkeit nicht fürchtet, lebt wie ein ›Grandseigneur‹, der heute bereits über den Wechselfällen des Schicksals steht; verheiratet, als wäre er nicht verheiratet, besitzend, als wäre er nicht besitzend, er lebt sozusagen mit einem eschatologischen Hintertürchen.

Die drei Beispiele, die ich erwähnte, mussten ihre Nachfolge mit dem Leben bezahlen, sie waren Opfer ihres Lebensstils, der Nachfolge Christi, sie waren moderne Heilige. Man muss dafür ermordet worden sein (das ist nicht gleichbedeutend mit: dazu muss man erst tot sein), um es zu diesem Status zu bringen. Heilige Menschen, die nicht unbescholten waren, kennen wir nicht. Darüber hinaus gibt es viele mehr, deren Namen wir vergessen haben oder nicht einmal kennen. Aber es gibt sie, das meine ich, Menschen, die das Prophetische, das Priesterliche und das Königliche in sich vereinigen.

18. Die Kirche als Vermächtnis Jesu

1. Wollte Jesus die Kirche?

Die christliche Kirche ist nach Jesus Christus benannt, aber hat Jesus die Kirche auch gewollt? Das ist eine heikle Frage! Von Alfred Loisy stammt das geflügelte Wort: Jesus verkündigte das Königreich Gottes, und was dann kam, war die Kirche. Loisy war offensichtlich nicht von der Kirche angetan, und das versteht man, wenn man weiß, dass seine, die katholische Kirche, gerade damit beschäftigt war, sich Freidenker wie Loisy vom Halse zu halten. Er wurde im Jahre 1908 exkommuniziert. Die Kirche ist heute natürlich nicht mehr dieselbe wie damals, ihre weltliche Macht ist kleiner, sie hat auch mehr Selbstkritik innerhalb ihrer eigenen Mauern zugelassen, was die niedrigeren Ränge betrifft; je höher jemand in der Hierarchie aufgestiegen ist, desto größer sind seine Macht und das Bewusstsein, dass diese Macht auch ausgeübt werden muss. An der Spitze steht die Kurie, die nicht wankt und weicht, wenn es darum geht, Hierarchie und Zölibat zu erhalten.

Wenn Jesus überhaupt eine Kirche wollte, wollte er dann diese Kirche? Harnack hat sie einmal ›die äußerste Verkehrung des Kirchenwesens‹ genannt, und man kann ihm meiner Meinung nach nicht ganz unrecht geben. Alles, was die katholische Kirche an Mystik, Glaubenssymbolen, Hingabe und Selbstaufopferung beherbergt, wird durch das institutionelle Gerüst behindert, wenn nicht gar zunichte gemacht.

Es bereitet mir Schwierigkeiten, an eine Kirche zu glauben, die in Rom Paläste unterhält, einen Vatikanstaat, einen Papst als Stellvertreter Jesu Christi, eine Hofhaltung, Kardinäle, die sich wie Prinzen ansprechen und behandeln lassen. Sie brauchen von mir aus nicht in einem Stall mit einer Krippe als Bett zu wohnen, aber etwas weniger Luxus wäre durchaus möglich. Denke ich an Rom, kann ich die Wut von Pablo Neruda über die Religion, die er im Osten antraf, verstehen:

> So war alles dort, die ganze Erde
> stank nach dem Himmel und himmlischen
> Waren.

›Ihr macht daraus eine Räuberhöhle‹, sagte Jesus, nachdem er die Tische der Geldwechsler umgestoßen hatte (Matthäus 21,12–13). Die Armen brauchten kein Brot mehr zu stehlen, wenn Bischof Muskens von Breda seine eigene Kirche so weit bringen würde, dass sie nur einen kleinen Teil ihres Reichtums mit den Armen teilen würde. In einer Rede des Bischofs, an seine eigene Kirche gerichtet, sähe ich mehr als in seinem Aufruf an die weltlichen Behörden.

Für mich ist es schwierig – wenn ich noch einen Schritt weitergehen darf –, an eine Kirche zu glauben, die Macht besitzen will wie die Machthaber dieser Welt, wie Jesus sie nannte, an eine Kirche, die nicht ohne *pompa* auskommen kann (das ist das offizielle Wort für Prunk), wenn sie einfachen Menschen ihr Gewicht verdeutlichen will, an eine Kirche, deren größte Sorge es ist, ihren Status zu erhalten, an eine Kirche, die sich selbst nicht zur Diskussion stellen kann und immer Recht hat, da sie doch im Besitz des göttlichen Geistes ist. Man kann zwar unter Berufung auf die Kirche als Mysterium von den Menschen verlangen, über all diese Schattenseiten hinwegzusehen, aber ich betrachte es als Ausweichmanöver, mit dessen Hilfe man den Zustand so belassen kann, wie er ist.

Müssen wir daran glauben? Natürlich nicht. ›Ceci n'est pas une pipe‹, schrieb Magritte unter seine Zeichnung einer Pfeife. Unter das Bild, das ich hier zeichne, schreibe ich: Dies ist nicht die Kirche, dies ist nicht der Leib Christi, was sie ihrer Selbstinterpretation zufolge sein könnte. Es gibt aber keine andere Organisationsform für den christlichen Glauben, wir müssen damit auskommen. Überdies besitzen nicht alle Kirchen – dem Himmel sei Dank – ein so eisernes Selbstbewusstsein wie die Kirche von Rom, es gibt vielleicht doch hier und da noch einen Unterschlupf für den Leib Christi.

2. Jesus von Nazaret und der europäische Jesus

Die christliche Kirche ist die institutionalisierte Form von Religion in Europa, sie ist europäisch geprägt und ist Europas Religion. Sie ist das nicht mehr als einzige, der Islam ist da und die Synagoge gibt es noch (dank Europa mit knapper Not); darauf gehe ich später noch ein. Die christliche Kirche ist – das ist der Unterschied – als Phänomen in Europa heimisch, hat Europa mit geformt. In gleicher Weise gilt das Umgekehrte. Die Kirche ist weder ein reines, überkulturelles, noch ursprüngliches Christentum, sondern das, was Europa daraus gemacht hat, nämlich die europäische Ausprägung des Christentums. Sie ist dem Verwaltungsapparat des Römischen Reiches nachgebildet, als eine Macht inmitten der Mächte. Die Kirche gestaltete Europa (mit), so wie Europa die Kirche (mit-)gestaltete.

Die Proteste gegen diese Kirche begleiten ihre Geschichte. Verwiesen sei auf die Bettelorden des Mittelalters, ihr Aufstieg spricht Bände. Sie boten jedoch allenfalls zeitweise Trost. Die Reformation unter Luther, Calvin und Zwingli war ein vergleichbarer Protest; sie hat zu selbstständigen, mündigen Christen und Formen der Kirche geführt, die ohne allzu viel Prunk und Machtdemonstration auskommen und die Monokratie durch eine demokratischere Kirchenordnung zu ersetzen wussten. Man muss dazu heute allerdings eine Anmerkung machen: Aus dem Bedürfnis heraus, mitzuzählen und die katholische Kirche nicht allein im Rampenlicht stehen zu lassen, schaut der Protestantismus gegenwärtig missgünstig auf die Art und Weise, in der Rom Kirche ist, und versucht – wenn auch aufgrund der Überschätzung der eigenen Macht ungeschickt und unbeholfen –, das politische Spiel mitzuspielen und so den Verlust an Ansehen im Zug der fortschreitenden Säkularisierung zu kompensieren. Was kein reformatorischer Christ jemals für möglich gehalten hatte, ist inzwischen gang und gäbe; die protestantischen Kirchen reden über Kirchenführer und Kirchenvolk, als ob es sich so gehörte.

Die neueste Form des Protestes scheint definitiv zu sein; es ist eine Abrechnung in der Form, dass man der Kirche den Rücken kehrt. Es begann bei Jesus von Nazaret, so lautet der Titel eines Buches, das Menschen zum Glauben zu bringen versucht, und es endet, ja, wo eigentlich? Bei einem europäischen Jesus, seinem Kreuz, das zum Kruzifix stilisiert ist, und dem Kruzifix, das wiederum in modernem Design ausgeführt ist. Der Papst zieht damit durch die Welt, so zeigt es uns das Fernsehen. Ist das nicht erlaubt? Ist Jesus für die Schwarzen denn nicht *black*, für die Chinesen nicht ein Heiland mit mongolischen Zügen? Gestaltet ihn nicht jede Kultur nach ihrem eigenen Bild und Gleichnis? Sicherlich, dass ist nun einmal sein Schicksal. Aber liefert er selbst auch noch einen Beitrag? Mit ›ihm‹ meine ich nicht den kirchlichen Christus im Gefolge des Konzils von Chalkedon, sondern Jesus von Nazaret. Von ihm ist im europäischen Jesus nicht viel geblieben.

Ich komme auf den Beginn dieses Abschnitts zurück, den Protest gegen eine Kirche, die zu einer Firma geworden ist, die Jesus verwaltet. Eine solche Kirche kann Jesus nicht nur nicht vorgesehen, sondern auch nicht gewollt haben (wenn er sie hätte vorhersehen können) – das erscheint mir gewiss. Das entschuldigt den radikalsten Protest gegen sie und damit die Jugendlichen, die ihr den Rücken kehren.

3. Säkularisierung und Mangel an Nahrung. Religiöses ›Shoppen‹

Im Kielsog Europas ist die Kirche bei der so genannten Säkularisierung angekommen, der Verweltlichung der Kultur, wobei Verweltlichung beinhaltet, dass Menschen sich der Verfügungsgewalt der Kirche entziehen. Hin und wieder halten Träger der Kultur noch einmal inne: Ist es möglich, ohne das Gängelband der Kirche selbstverantwortlich über die Wege zu entscheiden, die Mensch und Welt beschreiten müssen? Aus Sicht der Kirche ist das ausgeschlossen. Säkularisierung im Sinne des Verlustes an Einfluss auf das öffentliche und persönliche Leben kommt für die Kirchen zügelloser Autonomie und Verlotterung der Gesellschaft gleich, und diese Entwicklung muss, koste es was es wolle, umgekehrt werden. Bei kirchlichen Amtsträgern ist diese Vorstellung so tief verwurzelt, dass die Frage, was dem Prozess der Verweltlichung zu Grunde liegt, kaum Beachtung findet. Die Selbstverteidigung hat Vorrang.

Es gibt keinen besseren Führer zu den Hintergründen als die Praxis. Der Zaun war noch nicht ganz niedergerissen, der Glaube kaum als ein ganz und gar freiwilliger Akt anerkannt, da stoben die Schafe schon in alle Windrichtungen auseinander. Das bedeutet, dass es wenig Nahrung gab, nirgendwo reiche Weiden, keinen Überfluss, keine volle Raufe. Innerhalb kürzester Zeit war die Hälfte verschwunden, und mehr noch, man konnte sie mit keinem Stock mehr zurücktreiben. Oder war, was eine andere Möglichkeit ist, die Nahrung so vorgekaut, dass manch einer gar keine Nahrung mehr darin erkannte, jedenfalls keinen Appetit mehr hatte? Viel zu viele Menschen fanden sich, als sie endlich zu sich selber zu kommen wagten, nicht in der Kirche wieder, fanden in ihr keine Aufnahme für das, was sie als eigenen Beitrag einzubringen hatten, kamen als Mensch nicht mehr zum Zuge.

Das gilt, merkwürdig genug, am stärksten für die katholische Kirche, die doch über vieles verfügt, was allen Sinnen schmeichelt, nicht nur den Ohren, wie bei den Protestanten. Der Grund dürfte die Hierarchie sein, ein Klerus, der das Sagen hat – die Laien (allein schon das Wort!) müssen hören. Solche Verhältnisse stumpfen ab, bringen Menschen hervor, die bei Fragen denken, dass der Pastor eine Antwort darauf wissen wird, die selbst das Nachdenken aufgeben oder es bis auf Weiteres auf Sparflamme setzen. Sobald jedoch die Schuppen von den Augen fallen, ist es mit der Folgsamkeit vorbei; ich kenne keine gekränkteren Ex-Gläubigen als manche meiner katholischen Freunde. Sie blieben mit dem Gefühl zurück, nicht nur, wie es Bomans und van der Plas schrieben, ›im Regen stehen gelassen‹, sondern zum Narren gehalten worden zu sein.

So erkläre ich die paradoxe Situation, dass die Kirchen sich leeren, der Kirchenbesuch weiter zurückgeht, Kirchengebäude geschlossen, manchmal zu Geschäften und Lagern umgebaut werden, und Menschen der Kirche, die der Verlauf der Dinge zunächst noch fassungslos und nervös gemacht hatte, resignieren, betäubt von den Schlägen, die der Kirche versetzt wurden, und es gleichzeitig von Religionen und religiösen Unternehmern nur so wimmelt! Es ist, so scheint mir, eine Frage des ungestillten, des von den Kirchen nicht gestillten Hungers. Menschen gehen nicht einfach so *shoppen*, die vielfach geschmähte ›Vermarktung‹ der Religion fällt nicht vom Himmel, und der Vorwurf (von Seiten der Kirchen), dass Menschen an Stelle einer anständigen Kirche ein Warenhaus wollen, einen Supermarkt, in dem der Kunde (statt des Klerus) König ist, geht an der Wahrheit vorbei.

Würden Menschen sich nicht wieder neu orientieren, wenn in der Kirche kein Mangel an Nahrung, an Raum, an Qualität mehr herrschte? Kommen Sie nicht, um das zu erhalten, was sie gebrauchen können? Wer dies ungebührlich findet, muss sich fragen, ob er nicht eine herrschende Kirche favorisiert anstatt einer dienenden, Gelegenheiten bietenden Kirche.

Moltmann, ein bekannter protestantischer Theologe, betrachtet die Vermarktung in der Kirche als eine Folge der Tendenz, den Glauben als eine Privatsache anzusehen, das persönliche Heil des Menschen betreffend. Wenn das legitim wäre, so argumentiert er, würde jeder das Seine aus dem Angebot wählen, und man hätte eine Konsumentenkirche. Sein Rat lautet, den Glauben wieder politisch bedeutsam zu machen, denn schließlich ging es Jesus nicht um so etwas Beengtes wie die Kirche, sondern um das Königreich Gottes (man hört das schwache Echo von Loisy), um einen Zugriff auf die Welt, auf das Zusammenleben aller Menschen. Moltmann meint es gut: Man glaubt nicht an Jesus, um in den Himmel zu kommen oder die eigene Seligkeit zu sichern. Wenn die Konsumentenhaltung bedeutet, dass man lebt, als ob es die anderen nicht gäbe, dann ist sie, was sie ferner auch sein möge, in jedem Fall unchristlich. Dadurch dass man den Glauben an Jesus politisch macht, beendet man das religiöse Marktdenken nicht. Das Gegenteil ist der Fall: Wenn man nicht Acht gibt, wird das Marktdenken sogar auf die Spitze getrieben, dadurch dass man seinen Marktanteil vergrößert, indem man das Monopol für seine Botschaft fordert. Gute Ware im eigenen Stand – das ist meiner Meinung nach die einzige Methode, Kunden zu haben und zu behalten.

4. Der soziale Wert der Kirche

Obgleich die europäischen Kirchen zäh sind, können sie hinweggefegt und aufgesogen werden, wie eine Staubwolke in die Stratosphäre gesogen wird, um nie mehr zurückzukehren. ›Die Mächte der Unterwelt werden sie nicht überwältigen‹, sagt Jesus dem Evangelisten Matthäus (16,18) zufolge. Das mag wahr sein, und man darf hoffen, dass das wahr ist, aber er dachte dabei nicht speziell an die europäischen Kirchen, wenn er jemals an Kirchen gedacht haben sollte. Wir müssen damit rechnen, dass ein Europa ohne Kirche möglich ist. In Kleinasien gab es Jahrhunderte lang eine christliche Kirche, sie blühte, war eine Heimat der Theologie und sowohl gelehrter als auch mystischer Kirchenväter. Es gibt sie nicht mehr. Ist Europa jetzt an der Reihe? Es käme einem großen Verlust gleich, denn die Institution Kirche als ein Produkt des europäischen Geistes (neben anderem) repräsentiert einen Wert, den man nicht mit einem Federstrich beseitigen kann.

Ich möchte so niedrig wie möglich ansetzen und als den nächstliegenden Wert die soziale Bedeutung der Kirche nennen. Einigen zufolge ist das der höchste Ansatz, was ich aber nicht annehme. Es steht außer Frage, dass die soziale Seite der Kirche etwas ist, das auch von ihrem Selbstverständnis her wesentlich zur Kirche gehört, aber die soziale Bedeutung ist nicht alles, jedenfalls im Sinne dessen, was ich hier als ›sozial‹ bezeichne. Ich habe damit ein praktisches Problem im Blick.

Ich denke hier nicht an die Kirche, die so etwas wie das soziale Gewissen der Gesellschaft oder Europas ist. So mag sie einst erlebt worden sein. Inzwischen ist die Gesellschaft erwachsen geworden, besitzt selbst ein Gewissen (in der Vielfalt, wohlverstanden). Die Kirchen sind so oft schuldig geworden, haben die Waffen gesegnet (meistens die falschen), haben so viele Seelen geknechtet und Leben zerbrochen, dass ich nicht zu dem Schluss komme, ihnen stünde der Ehrentitel des Gewissens der Nation zu. Der bescheidene Einsatz für Humanität, den man bei den Kirchen vorfindet, etwa das Sozialwesen in Arbeitervierteln zu organisieren, Zuwanderern bei der Integration in die Gesellschaft zu helfen, ist doch das Mindeste, was sie ihrer Glaubwürdigkeit schulden. Belassen wir es also dabei, dass sie im günstigsten Fall die Rolle des unnützen Knechtes aus dem Evangelium einnehmen, von dem es heißt, dass er nur das getan hat, was er tun musste. Es gibt keinen Platz für Anmaßungen, und gewiss nicht für ein Selbstlob.

Mit sozialer Bedeutung meine ich das, was Emigranten in der Fremde und Menschen vom Lande in der großen Stadt an der Kirche erleben, dass sie dort, wo nur Unbekannte ihren Weg kreuzen, einen Platz finden, wo sie dazugehören, Bekannte haben und Bekanntschaften schließen können. Die christliche Kirche ist nicht die einzige Instanz, die für diese Nähe sorgt, aber sie ist zugegen, sie ist dafür sogar gut gerüstet. Mir geht es um die sozialen Kontakte, die die Kirche vermittelt.

Dies mag nur eine Nebenfunktion der Kirche sein, in der Praxis ist sie je länger, desto mehr, eine praktische Hauptfunktion, der am meisten anziehende, ansprechende Faktor ihres Daseins als Kirche. Wer nicht in einem Meer von Fremden untergehen möchte, in einer Welt, die er nicht überblicken kann, sucht die Geborgenheit der zumeist kleinen Gruppe, denn sie ist überschaubar, und man zählt selbst in ihr mit. Daher rührt die Blüte dessen, was so lieblos Sekten genannt wird. Sie stellen für Heimatlose ein Zuhause dar. Sie werden von den Mächten der Unterwelt nicht überwältigt werden, sie nicht.

Entsprechend ist es die pastorale Sorge, der die etablierten Kirchen, wenn sie weise und liebevoll sind, die Priorität einräumen. Der Einzelne soll nicht als Einzelner sterben, sondern darüber hinaus noch glauben, dass Gott unter unzähligen Millionen auch noch diesen einen im Blick behält. Es ist dasselbe Problem, dieselbe Lösung; ein Mensch möchte beim Namen genannt werden, Kirche oder Kneipe, er kommt dahin, wo sie ihn kennen.

5. Der symbolische Wert. Der Mensch als religiöses Tier

Warum will man die Kirche noch, obgleich man ihr so kritisch gegenübersteht? Nach dem sozialen Wert greife ich in der Antwort jetzt den symbolischen Wert der Kirche auf.

1. Es gibt keine Stadt und kein Dorf in Europa, wo Menschen nicht auf ein Kirchengebäude stoßen. Die christliche Kirche hat eine sichtbare Seite. Jeder kann sie sehen, sie existiert. Ihre reine Existenz ist ›eine Erinnerung‹ daran, dass es mehr gibt als das, was man zählen, messen und wägen kann. Technik und Technologie haben die Neigung, alle Probleme als technisch anzusehen. Sie suggerieren, dass wir uns für die Lösung unserer Lebensprobleme an sie wenden müssten. Dies setzt die Zeit fort, in der wir alle Probleme als politischer oder gesellschaftlicher Art ansahen, in der leidenschaftliche Politiker als Heilsbringer begrüßt wurden. Jedoch trifft weder das Eine noch das Andere zu. Es gibt Probleme, denen die Technik nicht abhelfen kann; man kann nicht sein ganzes Leben lang Pillen schlucken, um seine Ängste zu überdecken, man erhält seine Lebensfreude nicht durch eine Prothese zurück, und auf dem digitalen Wissenspfad findet man vieles, aber nicht alles, was ein Mensch wissen muss. Das Sterben mag zwar ein allgemeines menschliches Phänomen sein, doch lässt es sich als Problem durch gesellschaftliche oder politische Maßnahmen nicht aus der Welt schaffen. Vieles ist möglich, wenn man es nur richtig anpackt, aber nicht alles. Menschen sind Menschen und keine Maschinen. Man muss zumindest das Einmaleins beherrschen, will man als Kultur überleben, aber es reicht nicht aus. Der erstbeste Kirchenbau erinnert daran, dass es mehr gibt.

2. Je technischer sich unsere Kultur darstellt, desto stärker scheinen die Menschen das Bedürfnis nach diesem ›Mehr‹ zu haben, nach etwas, das das digitale Denken übersteigt. Dieses Bedürfnis deute ich als Bedürfnis nach Religion, als religiösen Hunger. Menschen sind von Grund auf religiöse Tiere, sie können es nicht lassen, sich auf ein ›Mehr‹ auszurichten. Worin aber besteht es, wo findet man das Erhabene, das über die Ebene hinausragt und einen erhebt?

Das ist, kulturell gesprochen, eine äußerst wichtige Frage. Das, was Menschen erhebt, ihnen Würde verleiht, sie aus dem Dreck zieht, wird die Instanz, der sie sich unbedingt zuwenden. Das ist nach meiner Definition das Kennzeichen von Religion. Es ist in dem Wort ›unbedingt‹ enthalten. Uns zuwenden, das tun wir alle, ›der guten Sache‹, der Geliebten, dem Club, dessen Mitglied man ist, und so weiter. Aber die unbedingte Zuwendung, das unbedingte Vertrauen, sie bedeuten, dass nichts darüber hinaus reicht. Man macht einen Gott daraus, und das kann auch eine Katastrophe bedeuten. Man denke an das frühere Jugoslawien, in dem Menschen sich unbedingt dem Nationalismus zuwandten, was ethnischen Minderheiten den Tod brachte. Wo Menschen in christlicher Weise glauben, kann die Partei kein Gott werden, der *Führer* nicht, der Sex nicht, das Kapital oder die Wirtschaft nicht, die Kirche nicht, auch die Lehre nicht, selbst nicht die Umwelt oder das gequälte Tier … Gott als der, ›den nichts übersteigt‹, bewahrt eine Gesellschaft davor, sich etwas unbedingt zuzuwenden, das eben nicht Gott ist, sondern Menschen verschlingende Götter.

Es ist alles andere als unsinnig, sich mit Religion zu beschäftigen Es handelt sich nie um einen Streit über alberne Abstraktionen, im Gegenteil; es ist unsinnig zu denken, dass es nichts ausmacht, welchem Gott Menschen anhängen.

3. Beim Wort ›Gott‹ denke ich an das, was Kirchen zu bieten haben, ein erprobtes, durch die Geschichte gereiftes Konzept von Gott, seinem Heil und seinem Gebot, von Gott als demjenigen, dem jeder Mensch Verantwortung für sein Tun und Lassen schuldet. Den Eifer, mit dem die Kirchen sich auf gesellschaftliche Probleme stürzen, begreife ich, er rührt von Verlegenheit über die religiösen Klischees her, in denen Gott daherkommen muss. Aber lässt man sich denn sein Konzept durch die mehr oder weniger dröhnenden Losungen von links oder rechts nehmen?

6. Die Kirche und die Glaubenstradition

Europa ist den bestehenden Kirchen stark verpflichtet (im nächsten Kapitel komme ich ausführlich darauf zurück), es ist bis in die kleinsten Verästelungen seiner Blutgefäße hinein vom Christentum durchzogen. Europa darf sich dafür ruhig erkenntlich zeigen, indem es dafür sorgt, dass die Kirchen erhalten bleiben. Dafür müssen an erster Stelle die Kirchen jedoch selber sorgen, indem sie das tun, wofür sie da sind, nämlich folgenden Generationen die christliche Glaubenstradition zu überliefern.

a. Verkündigen heißt, die *Bedeutung* Jesu für den Glauben an Gott zu vermitteln. Das etwas zu feierliche Wort entstammt der Zeit, in der die Kirchen meinten, dass Gott selbst in der Bibel und daher auch in den Worten des Pfarrers spräche, wenn er sich an die Bibel hielt. Die Verkündigung des Wortes Gottes *ist* Gottes Wort, so formulierte es das Zweite Helvetische Bekenntnis (1566). Manch ein Pfarrer hat munter damit begonnen, es ist ja eine schöne Ehre, sich Diener des Wortes nennen zu dürfen. Manch einer hat sich daran aber verhoben. Ist Predigen dasselbe wie Gott als einen Sprechenden einzuführen? Nein, sagte Karl Barth, man muss dazu sagen, dass Pfarrer das Wort Gottes nur dann aussprechen, ›wo und wenn es Gott behagt‹. Schön und gut, aber selbst das ist zu viel, es ist noch von der Vorstellung geprägt, dass das Predigen der Bekanntgabe gleichkommt. Dieses überzogene Verständnis von Verkündigen sollten wir besser aufgeben und zugleich der Rechtgläubigkeit und der Lehrautorität (nicht der Lehre) den Laufpass geben. Besser ist die Kirche als Regenbogenkirche zu verstehen, die dadurch gekennzeichnet ist, dass sie der Ort ist, allmählich der einzige Ort, an dem Gott vielfältig zur Sprache kommt. Wenn wir am Tisch alle durcheinander redeten, sagte meine Mutter: ›Das gleicht hier ja einer Judenkirche!‹ Von mir aus darf die Kirche etwas mehr einer solchen Judenkirche gleichen.

b. In den Ritualen *spielen* wir die Bedeutung Jesu für unseren Glauben an Gott. Es gibt viele Rituale, mir geht es um die kirchlichen. Alles, was wir wiederholen, vom Morgengebet bis hin zu ›einer heiligen Messe aus Dankbarkeit‹, ist ein Ritual. Rituale sind äußerst funktionell, sie haben der Predigt etwas voraus – man braucht sich nicht eigens darauf zu konzentrieren, man kann an ihnen teilnehmen, ohne allzu große persönliche Beteiligung. Rituale versetzen uns in ein Rollenspiel; wir begeben uns hinein, ohne uns völlig aufzugehen, denn wir fallen mit unserer Rolle nie hundertprozentig zusammen.

Die Protestanten sind im Predigen besser, die Katholiken in Ritualen. Am schönsten wäre es, wenn wir uns bei der einen Seite das Eine und bei der anderen das Zweite nach Bedarf abholen könnten, ohne dass Synoden oder Bischöfe Einsprüche erheben.

c. Beide können entgleisen, Predigt und Ritual. Eine Predigt kann zu einem Ritual werden und ein Ritual wiederum zu einer Phrase. Dann entfaltet die Predigt nicht mehr ihre Bedeutung, ergreift die Überlieferung oder deren Brauchbarkeit nicht mehr, beruhigt nur; Menschen hören die bekannten Töne und geben sich damit zufrieden. Und Rituale? Ihre Kraft – die Wiederholung – ist gleichzeitig ihre Schwäche. Das Spiel kann ewig weitergehen, wie ein Karussell, das sich weiter dreht, selbst wenn die innere Beteiligung auf Null gesunken ist. Man braucht sich auch nicht darüber wundern, dass die Teilnahme daran jemanden unvermutet wieder zu dem dahinter stehenden Glauben zurückführt; denn hinter dem Ritus steht der Mythos, hinter den kirchlichen Ritualen der Glaube.

d. Es bringt nichts, abgenutzte Rituale durch neue zu ersetzen. Irgendwo las ich von einem Pfarrer, der von den Kirchenbesuchern eine Mandarine aufteilen ließ, eine Handlung, die die Zusammengehörigkeit der Gläubigen veranschaulichen sollte; von jedem wurde erwartet, dass er sich als Teil des Ganzen erfahren sollte. Es bildete sich aber kein Ritual, die Menschen bekamen klebrige Finger, lobten etwas verlegen und amüsiert die gute Absicht, wollten aber lieber keine Wiederholung vorsehen. Sie hatten Recht! Man geht nicht in die Kirche, um in Tölpelhaftigkeiten einer früheren Generation, in modischen Unfug von heute oder in Spezialitäten des zufällig anwesenden Predigers oder Priesters einbezogen zu werden, sondern wegen der Entfaltung der Bedeutung Jesu für den Glauben an Gott, also wegen der Predigt und der rituellen Teilhabe.

7. Kirche und Obrigkeit. Das Kirchenasyl als Testfall

Kirche und Staat sind in Europa voneinander geschieden, jedenfalls in dem, was ich zu Europa rechne; Europa ist (auch) ein normativer Begriff. Die moderne Kultur hat die Theokratie – Gott regiert über seinen Stellvertreter auf Erden – abgelöst. Der Islam stöhnt noch unter dem theokratischen Joch, das aber, wenn sich die Säkularisierung auch dort durchsetzt, gewiss in Ländern mit westlichem Einfluss, seine längste Zeit hinter sich haben wird.

Bis zum heutigen Tage wird die Trennung von Staat und Kirche angefochten. Die Kirche von Rom kann die Zeit der zwei Schwerter und die dazu passende Theologie nicht vergessen; der Papst trägt das geistliche Schwert, der Kaiser das weltliche, aber angesichts dessen, dass das Geistliche im Rang höher steht als das Weltliche, hat der Papst das letzte Wort. Das bedeutet, dass die Kirche über dem Staat steht.

Nicht nur die katholische Kirche kann sich von dieser Idee schwer trennen, für die Kirchen der Reformation stellt sie auch noch immer eine Versuchung dar. Luther vertrat eine rigorose Lehre von zwei Reichen, die nebeneinander stehen, jedes mit eigener Verantwortlichkeit: Die Kirche war das geistliche Reich und die Obrigkeit das weltliche. Calvin stand ihm in dem, was das betraf, in nichts nach, wie wir in der *Institution* nachlesen können. Sie stellen damit dem weltlichen Leben keinen Freibrief für gesetzloses Handeln aus, wie gelegentlich behauptet wird. Beiden steht eine Obrigkeit vor Augen, die, jedenfalls dem Namen nach, christlich ist, selbstständig die Bibel lesen und daraus lernen kann, was Regierungen tun sollen oder auch nicht. Die Gesellschaft galt noch ungeteilt als *corpus christianum*.

Seit der Trennung von Kirche und Staat hat sich der Staat, wie Luther und Calvin ihn kannten, in einen Rechtsstaat verwandelt. Das ist kein neutraler Staat; das Recht gründet sich auf ethische Prinzipien, sonst ist es kein Recht. Alle, die am Staat teilhaben, unterwerfen sich den Rechtsnormen, die in ihm gelten. In einer Demokratie waren sie selbst an ihrem Zustandekommen beteiligt, auch wenn die Rechtsnormen sich anders auswirken mögen, als die Wähler es gehofft oder gewollt haben.

Wer nicht zu der Zeit der Theokratie zurückkehren will, akzeptiert daher heute mehr oder weniger eine säkulare Zwei-Reiche-Lehre. Seit Karl Barth gilt eine Zwei-Reiche-Lehre vielen Christen als unanständig. Es gibt nur ein Wort Gottes, Jesus Christus, in dem alles gesagt ist, was gesagt werden muss. Das bedeutet eine starke Aufwertung der Kirche, denn letztlich muss man sich an die Kirche wenden, wenn man wissen möchte, wie es im Staate zugehen soll. Nicht ohne Grund fand Barths Auffassung daher bei Kirchenleuten eine begeisterte Aufnahme. Christen, die Karl Barth nicht zu Rate ziehen, können sich diesen Gedanken jedoch ebenfalls nicht aus dem Kopf schlagen. Das so genannte Kirchenasyl ist dafür ein guter Testfall.

Sofern es dabei um ein Eintreten für Humanität geht, stellt es kein Problem dar. Gegen ungerechte Gesetze, Gesetze von Weißen, die Schwarze betreffen, um nur ein Beispiel zu nennen, oder von Männern im Hinblick auf Frauen, darf jeder protestieren, er muss es sogar. Wenn die Befolgung dieser Gesetze Menschen grob benachteiligten, können wir uns auf die Menschenrechte berufen, sofern sie, obwohl international anerkannt, nicht beachtet werden. Wenn auch das nicht hilft, liegt es in der eigenen Verantwortung eines jeden Menschen, ob er die Maßnahmen sabotieren will, seien sie nun demokratisch zu Stande gekommen oder nicht, und bereit ist, die Sanktionen hinzunehmen, die mit der Gesetzesübertretung verbunden sind. Ihr Recht ist nicht das unsrige, dafür kann sich ein Mensch entscheiden und sich damit außerhalb des Gesetzes stellen und außerhalb des Schutzes, den das Gesetz bietet. Alles ist möglich, beispielsweise der Schutz abgewiesener Asylbewerber wie das Verbergen von zur Todesstrafe Verurteilter, für alles kann ein Mensch Gründe finden, die manchmal Beifall verdienen und manchmal nicht.

Was für Einzelne gilt, gilt gleichermaßen für Gruppen, Gemeinschaften oder Kirchen. Nach bestem Wissen und Gewissen schließen sie sich den Forderungen an, die der Rechtsstaat an sie stellt, oder sie tun es nicht, ebenso sehr nach bestem Wissen und Gewissen. Das hat die Folgen, die ich gerade beschrieb: Die Sanktionen, die der Rechtsstaat für die Nichtbeachtung des Gesetzes vorsieht, sind zu akzeptieren.

Darum aber geht es beim Problem des Kirchenasyls nur indirekt. Denn warum übertreten die Kirchen die Gesetze nicht und stehen dafür ein, wenn es ihnen so wichtig erscheint? Weil sie sich nicht einfach als eine Gruppe oder eine Gemeinschaft fühlen, sondern als *Kirchen*, womit sie das Privileg einer Ausnahmestellung in der Gesellschaft verbinden. Dieses Ansinnen ist ein Relikt aus der Zeit der theokratischen Idee des Staates, der am Gängelband der Kirche geht, und trübt die Diskussion in der Sache.

Die christliche Kirche darf der Obrigkeit so viele gesellschaftliche und politische Ratschläge geben, wie sie will. Die Synagoge darf das auch, die Vereinigung der Anhänger der humanistischen Weltanschauung ebenfalls, und genauso die Moschee. Jede Regierung kennt den Unterschied zwischen den Instanzen, die ihr einen Rat geben, und sie wird eine ehrwürdige Institution mit Respekt behandeln. Die Obrigkeit bevorzugt nicht die eine religiöse Gruppe gegenüber der anderen. Für sie sind sie alle gleich, sieht man ab von dem, was ich über die Ehrwürdigkeit sagte. Kirchen ihrerseits nehmen nicht den Platz der Obrigkeit ein, selbst dann nicht, wenn sie einig sind und man nicht mehr zu fragen braucht: Welche Kirche? Sie sollten diesen Platz auch nicht einnehmen, eine solche privilegierte Stellung nicht suchen oder festhalten wollen.

Was folgt daraus? Wenn die Unterbringung von Asylbewerbern eine Forderung der Humanität ist, muss sich jeder Mensch, jeder Verein, jede Genossenschaft um diese Forderung kümmern. Das ist nicht den Kirchen vorbehalten. Werden dabei Gesetze übertreten, ist niemand vor Sanktionen geschützt, auch die Kirchen nicht. Sie sollen nicht um Schonung bitten, auch nicht mit ihr rechnen, *weil* sie Kirche sind.

Bedeutet die Kirche (lies: die Kirchen, Mehrzahl) dann noch etwas in der Gesellschaft? Wenn es um den Nutzen oder die Brauchbarkeit für den Staat oder die Gesellschaft geht, ist ihre Bedeutung nahezu auf Null reduziert. Das muss so bleiben, wenn die christliche Religion nicht erneut vor den Karren linker oder rechter Politik gespannt werden soll. Mit Religion *kann* man zwar punkten, aber Kirchenleiter sollten das nicht wollen. ›Das fromm gestimmte Gemüt ist die ureigenste ›Provinz‹ der Religion‹ (Schleiermacher). Die Religion ist keine Moral, keine Philosophie, kein Mittel zur gesellschaftlichen oder politischen Macht, und daher fällt sie aus dem Rahmen einer jeden auf Nutzen bezogenen Berechnung.

Eine ganz andere Frage ist, ob Glaube und Politik einander berühren. Natürlich tun sie das, es wäre nicht nur faktisch unsinnig, wenn wir das leugnen würden, sondern auch nicht in Übereinstimmung mit dem, womit der Glaube ringt. Ein Glaube in christlicher Weise, dabei belasse ich es, bringt eine Haltung gegenüber Mensch, Welt und Kultur, bringt Regeln der Humanität und das Bewusstsein mit sich, dass Gott manche Dinge will und andere nicht.

8. Die christliche Kirche im 21. Jahrhundert

Es ist wie bei einem Umzug; man sieht plötzlich, was man alles im Laufe der Jahre gesammelt, irgendwo aufbewahrt und anschließend vergessen hat: Und nun ist er auf einmal da, ein Berg von unbenutzten und unbrauchbaren Sachen, den man nicht in die neue Wohnung mitnehmen möchte. Bei allem Ärger, den ein Umzug mit sich bringt, hat er doch eine offenbarende Kraft: Man sieht wieder, was Ballast ist und was nicht.

So ungefähr stelle ich mir die Situation der Kirchen vor, nicht speziell deshalb, weil sie von einem Jahrhundert in ein anderes gewechselt hat (das Jahr 2000 haben wir selbst zu etwas Besonderem gemacht), sondern weil die Kultur sich wandelt und die Kirchen damit befasst sind, dieser Veränderung zu folgen, wenn auch im Abstand und so langsam, wie sie können. Es ist vieles über Bord gegangen, und noch mehr wird folgen. Das ist keine Schande, auch wenn man solches sowohl von konservativen Christen wie von intellektuellen Außenstehenden hört, welche die Kirche gern auf ihre unhaltbaren Theorien festnageln wollen. Vernünftige Menschen wissen, dass auch Kirchen ›umziehen‹, hinter sich lassen, was unbenutzt ist, und bewahren, was sie nicht verlieren möchten.

Die Kirchen werden dadurch unverhüllter dastehen, weniger Kirche des Klerus sein (der Amtsträger, heißt das bei den Protestanten), sondern stärker eine Kirche, die aus den Menschen selbst besteht. Je weniger sie hinter sich lassen kann, desto mehr werden sie Betriebe zur Selbsterhaltung werden. Darin hat es die katholische Kirche schon sehr weit gebracht, aber es ist eine dauernde Versuchung für jede kirchliche Gemeinschaft, der von ihrer Vergangenheit her Ansehen und Autorität zuwächst. Das Dilemma ist herzzerreißend; sich selbst zu verlieren, bringt mit sich, die Welt der Kirche zu berauben, und sich selbst zu behaupten heißt, sich als Kirche zu verlieren. Ohne Institutionalisierung überlebt der christliche Glaube nicht, das stimmt. Wenn es eine Institution gibt, die in sich alle Möglichkeit hat, nicht im Zwang zu enden, dann ist es die Kirche. Warum nur will das nicht deutlich werden?

Werden Kirchen bestehen bleiben? Auch wenn es mir an jeglicher prophetischen Gabe mangelt, zweifle ich nicht daran, dass es sie noch sehr viele Jahre lang geben wird. Das ist jedoch nicht die wichtigste Frage. Glaube, Hoffnung und Liebe werden ebenfalls bleiben, daran zweifle ich ebenso wenig. Werden wir ihnen aber in Kirchen begegnen, wie wir sie heute kennen, oder müssen wir uns dazu neu orientieren? Das, scheint mir, ist es, worum es geht. Je mehr die kirchlichen Amtsträger sich dafür interessieren, desto weniger sind sie auf Selbsterhaltung bedacht, desto leichter können sie sich in das fügen, was Menschen aus der Tradition in ihre Mauern mitnehmen oder zurücklassen. Ich behaupte nicht, dass Menschen sich immer für das Gute entscheiden, die *vox populi* (Stimme des Volkes) ist nicht dieselbe wie die *vox dei* (Stimme Gottes), wohl aber, dass das ›Sitzen auf der Lehre‹ (eine treffende protestantische Umschreibung der Aufgabe, die Presbytern zukam) die Kirchen noch leerer machen wird. Das ist ein neues Dilemma; ohne Lehre (Glaubenstradition) gibt es keine Kirche, aber mit einer Lehre im Sinne der Lehrautorität auch nicht.

Die Kirche, ›in die man sonntags geht‹, zu bewahren, ist also sowohl für ›Funktionäre‹ als auch für Freiwillige eine schwierige Aufgabe, die man sich zutrauen und bewältigen können muss. Kinkerlitzchen und Kleinkram darf es geben, in Predigt und Ritual, der Pfarrer ist auch Entertainer (das Erste, was man in der Kirche nicht darf, ist, sich zu langweilen), und der Priesterdienst ist gleichfalls die Aufführung eines Aktes. Aber das sind Hilfsmittel, um den Glauben zu bewahren; ein Pfarrer muss etwas zu sagen haben und ein Priester muss etwas austeilen können. Das gilt, *wenn* es die Gottesdienste noch gibt! Auch dessen bin ich mir nicht sicher; ich denke, dass sie bleiben, dass die Gebäude an sich unverzichtbar sind für Feiern, in denen Menschen sich selbst verlieren können, dass sie aber von anderen Formen der Glaubensvermittlung flankiert sein werden. Der Soziologe Schelsky prägte in den sechziger Jahren des 20. Jahrhunderts den Ausdruck ›Dauerreflexion‹ und meinte damit das Nachdenken über die Dinge, ohne zu direkten Entscheidungen zu gelangen. Diesem Entscheidungs-Element haben wir in der Kirche, in unserem Modell des Glaubens, viel zu großen Raum verschafft. Es setzt eine Sicherheit voraus, die wir nicht besitzen. Für die ›Dauerreflexion‹, das Sprechen miteinander, werden Formen entstehen, es gibt sie im Übrigen schon. Das schließt an das an, was Ricoeur über das Dogma sagte: Es gibt zu denken. Das ist etwas Anderes, als dass es uns sagt, was wir denken müssen.

Der Glaube bleibt, dann aber eher als ein immer wieder unternommener Akt, Zuflucht zu nehmen. Nicht, dass Gott nur existiert, sondern dass er Mensch und Welt trägt, regiert, vergibt, mit sich versöhnt, den Schuldigen nicht für unschuldig hält, aber ihm nach jedem Schiffbruch wieder eine neue Chance gibt, sich um die Kleinen kümmert, den Müden Kraft verleiht, die Ängstlichen in Sicherheit bringt, die Sterbenden an fernen Gestaden auffängt, kurzum, dass er eine Zuflucht ist für den, der sich an ihn wendet, jetzt und in der Stunde seines Todes.

19. Jesus als Vermächtnis der Kirche. Kulturelles Christentum

1. Kirche außerhalb der Mauern

Es gibt mehr Christentum als das, welchem wir in den Kirchen begegnen. Abraham Kuyper, der bereits häufiger zitierte Vater der gegenwärtigen niederländischen reformierten Kirchen, hielt es bereits für nötig, darauf aufmerksam zu machen. Er sah neben der Kirche als Institution mit ihren Ritualen der Verkündigung und der Feier, ihrer Disziplin und ihren Grenzen, auch eine Kirche, die er als Organismus (sein Ausdruck) beschrieb; nämlich die Menschen der Kirche, die inmitten der Kultur stehen und sich als Christen an dieser Kultur beteiligen, ohne Ärger oder Rücksprache mit ihrer Kirche. Das rückte Kuyper bei manchen Christen in den Verdacht, er würde die Hand zu sehr über ›der Welt‹ halten. Eine Folge dessen ist die Entstehung der Altreformierten Kirchen. Er hielt die Hand über die Kultur, für ihn war auch sie eine Gabe Gottes, ein Zeichen dessen, was bei ihm Gottes allgemeine Gnade heißt. Von Kuyper stammt die Aussage: ›Die Welt ist halb so schlimm‹. Obwohl von ihm gut gemeint, klingt sie ungeheuer hochmütig.

Die Terminologie, ihre Hintergründe und der Kontext, in dem dies alles bei Kuyper zu finden ist, insbesondere die Tatsache, dass die organische Kirche für ihn aus Gläubigen bestand, lasse ich hier auf sich beruhen. Mich interessiert seine Wertschätzung der Kultur und die Vorstellung, dass diese etwas mit der christlichen Kirche zu tun habe, wie auch die christliche Kirche etwas mit der Kultur. Das Christentum geht in seiner kirchlichen Form nicht auf, darum geht es ihm, und darin stimme ich ihm, was auch immer ferner noch in seiner Vision enthalten sein mag, in diesem Kapitel zu.

Ich möchte sogar noch einen Schritt weiter gehen als Kuyper und unsere westliche Kultur als eine eigenständige Form von Christentum betrachten. So, wie die Kirche (unter anderem) von der europäischen Kultur geformt ist (siehe das vorhergehende Kapitel), hat sich die Kultur ihrerseits über die christliche Kirche entfaltet. Sie trägt den Stempel des Christentums, wie – um einen Vergleich zu ziehen – die arabischen Länder den Stempel des Islam. Den Abstand zwischen Kirche und Kultur, zwischen Kirche und ›Welt‹, wie die Kirchen selbst es ausdrücken, sehe ich daher auch als viel kleiner an, als man sich das meistens vorstellt. Daraus eine Kluft zu machen stellt einen Mangel an Perspektive dar. Außer über das kirchliche Christentum werde ich in diesem Kapitel also auch vom Christentum als Kultur sprechen oder vom kulturellen Christentum. Das ist eine ziemlich vage Kennzeichnung, dessen bin ich mir bewusst, aber ich wähle sie mit Absicht.

2. Richard Rothe

Abraham Kuypers Absicht war nur, seine eigenen Kirchenmitglieder für die Teilnahme am gesellschaftlichen und kulturellen Leben weniger kopfscheu zu machen. Richard Rothe, ein äußerst interessanter Theologe aus dem neunzehnten Jahrhundert (gest. 1867), ging viel weiter. Ihm zufolge muss man die christliche Kirche als eine Durchgangsphase im Prozess der Menschwerdung des Menschen ansehen. Als Naturwesen erscheint er auf der Erde, muss aber zum Kulturwesen werden, und das erfordert einen Sieg des Geistes über die Natur. Dazu seien Menschen zwar vorherbestimmt, könnten diese Aufgabe auch bewältigen, aber unterwegs würden sie doch unter der Last ihrer natürlichen Neigungen zusammenbrechen, wenn keine Hilfe von oben gekommen wäre, in der Gestalt Jesu Christi als Erlöser. Die Kirche als Gemeinschaft der Gläubigen, die sich durch ihren Glauben an Jesus Christus erheben lassen, ist also notwendig, aber diese Notwendigkeit gilt nur für eine bestimmte Zeit. Das, worauf die Geschichte sich zu bewegt, ist eine Zeit, in der es ›Kirche‹ nicht mehr zu geben braucht; die Menschwerdung des Menschen erreicht ihre Vollendung, die Kirche ist zu Kultur transformiert.

Ich gebe das mit eigenen Worten wieder, einigermaßen popularisiert, um den Jargon des neunzehnten Jahrhunderts von Rothe zu vermeiden. Das Merkwürdige ist, dass er seine Ausführungen in einer Zeit abfasste, in der die Klagegesänge über die kirchliche Situation in Deutschland kein Ende nahmen. Man geht darauf, absichtlich oder nicht, angemessen ein, wenn man sagt, dass die Kirche auch nur eine Phase und nicht der Endpunkt der Wege Gottes ist, kein Ziel an sich. Rothe war der Meinung, dass die Reformation das gut gesehen hatte, indem sie ein ganzes Stück des öffentlichen Lebens der kirchlichen Macht entzog (also ›säkularisierte‹). Das eigentliche Leben ist nicht das so genannte kirchliche Leben, sondern das weltliche, die Kultur, der Beruf, die Arbeit, die Liebesbeziehungen und die Mitmenschen. Entkirchlichung ist nicht dasselbe wie Entchristlichung, im Gegenteil, erst in der Entkirchlichung vollzieht sich die Emanzipation des Menschen von der Natur.

Spannend, ein vergessener und vernachlässigter Theologe, aber es sind zwei Punkte, die die Sache beeinträchtigen. Erstens ist das seine Idee, dass man die Menschwerdung des Menschen als eine Geschichte auffassen müsse, in der Menschen ihre eigene Natur überwinden. Das glaube ich nicht, wohl aber, dass es einen nachweisbaren Zwiespalt gibt zwischen dem, was wir wollen, und dem, was davon wir realisieren. *Der Gott der kleinen Dinge* handelt davon, und die Verfasserin, Arundati Roy, fasst diesen Zwiespalt zusammen, wenn sie den Niedergang der kommunistischen Partei in Indien beschreibt:

Wieder ein Bauwerk, errichtet vom menschlichen Geist, und niedergerissen von der menschlichen Art.

Das ist etwas anderes als der Streit zwischen natürlich / geistlich. Sie spricht von der Art des Menschen.

Rothes Auffassung vom Königreich Gottes leitet uns ebenfalls in die Irre. Er macht daraus einen Fortschrittsglauben; die Menschen werden, je länger sie glauben, desto besser werden, als Person, als Mensch. Im neunzehnten Jahrhundert war das eine populäre Idee, so wie im zwanzigsten Jahrhundert unter Christen die Auffassung populär war, dass das Zusammenleben, politisch und gesellschaftlich betrachtet, mit der Zeit besser würde. Keine der beiden Ideen hatte Bestand, wie wir inzwischen wissen. Das Königreich Gottes ist die christliche Utopie, habe ich oben gesagt habe. ›Einen Tempel sah ich nicht in der Stadt‹; die Vision von Johannes auf Patmos (Offenbarung 21,22) muss man nicht als etwas nehmen, das sich in der Geschichte realisiert. Man kann ›Reich Gottes‹ besser als Kritik am gegebenen Zustand lesen. Was ich von Rothe übernehme, ist der Gedanke, dass Entkirchlichung nicht dasselbe zu sein braucht wie Entchristlichung. Es gibt das Christentum auch als Kultur oder, wie ich es in diesem Kapitel nenne, als kulturelles Christentum. Auf das Thema dieses Buches, die Christologie, übertragen, heißt das, dass Jesus nicht nur zur Kirche gehört, sondern auch zur Welt, dann aber anders, transformiert zu einer Praxis, zu einem *way of life*, der grundlegend ist für das, was wir als Europa bezeichnen. Ob das auf eine völlige Transformation hinauslaufen wird, auf so etwas wie einen Umschlag, bei dem Kirche in Kultur übergeht, kann niemand sagen. Das habe ich hier nicht im Blick. Ich sehe neben kirchlichem Christentum, Jesus in der Kirche, auch kulturelles Christentum, Jesus außerhalb, den kirchlichen Christus außerhalb, auf dem Boden der Kultur abgesetzt, hinterlassen. Und tut er da etwas?

3. Am Ende der Schulzeit

Bildet es eine Bedrohung für die Menschheit im Allgemeinen und die westliche Kultur im Besonderen, wenn sich die Kirchen leeren? Für den Fortbestand der Kirchen selbst gilt das schon. Mag sein, dass Kardinal Simonis aus Utrecht zufolge die Besten bleiben, aber mir scheint eher, dass so aus der Not eine Tugend gemacht wird. Gläubige selbst werden auf diese Weise nur verunsichert. Bleiben ›die Besten‹ noch übrig, und sind die, die übrig bleiben, tatsächlich die Besten?

Niemand weiß das, auch ich wage mich nicht an eine Voraussage. Es wäre natürlich zutiefst betrüblich, wenn das kirchliche Christentum, das eine Glaubenstradition hütet, die ihre Existenz auf das Auftreten Jesu zurückführt, untergehen würde, es wäre das tragische Ende einer Geschichte, die hoffnungsvoll begann. Aber wäre das eine Katastrophe für die Welt, eine Art Untergang der *Titanic*, bei dem nur eine Minderheit gerettet wird? Nein, nicht wenn es auch außerhalb der Kirche Christentum gibt, denn dann ist Jesus, um den es geht, nicht nur innerhalb, sondern auch außerhalb, gehört nicht nur zur Kirche, sondern – als Vermächtnis der Kirche – ebenso sehr zur Kultur.

Wenn das Verlassen der Kirche nicht gleichbedeutend dem Verlassen des Christentums ist, können wir zunächst einmal die Leerung der Kirchen nicht einfach für eine Katastrophe halten. Für wen müsste das gelten? Für die, die die Kirche verlassen? Es ist jedenfalls nicht etwas, worüber man sich aufregen sollte, so wie viele Eltern es tun, wenn sie sehen, dass ihre Kinder abspringen. Was geben sie denn auf, was machen sie nicht mehr? Der Bezugspunkt, von dem aus dieser Auszug gemessen wird, ist die Kirche als eigentlicher Lebensbereich der Menschen. Die Vorstellung, dass es zwei Sphären gäbe, die weltliche Sphäre und die der Kirche, und dass die eigentliche die kirchliche sei, ist mittelalterlich. Augustinus dachte so, Karl Barth konnte es nicht lassen, diesem Modell zu folgen; die Kirche war für ihn die Haupt- und die Kultur die Nebensache. Bei ihm resultiert das aus dem Gedanken, dass es nur ein ›Wort Gottes‹ gibt, Jesus Christus, von dem nur die Kirche (im Glauben) wissen kann. Daher bleibt der Kultur nichts anderes, als sich an der Kirche auszurichten oder Kirche zu *werden*, eine Auffassung, der jemand wie Van Ruler sich – zu Recht – stark widersetzte.

Die Kirche als Institution muss sich von jeder Suggestion lösen, dass sie das Ziel ist. Vor Jahren habe ich einmal einen Artikel über die Kirche geschrieben, in dem ich sie als eine Art Blasebalg vorstellte; an der Rückseite wird hinein geblasen, was vorn wieder herauskommt. Es scheint mir mehr denn je zuzutreffen, dass Menschen, die die Kälte unserer leeren Welt empfinden, denen der Schreck in die Knochen fährt, wenn sie keinen Boden mehr unter den Füßen spüren, sich der Kirche nähern, während ebenso viele Menschen sie schleunigst wieder verlassen, weil ihnen unter dem kirchlichen Regime der Atem genommen wird.

Setzt sich das so endlos fort? In der Tat, so lebt die Kirche weiter. Sie kann von Glück reden, denn sie fungiert für einen Teil der Gesellschaft als Schule, in der das Leben mit Gott gelehrt wird. Aber man bleibt nicht lebenslänglich in den Schulbänken sitzen. Nach einer gewissen Zeit reicht es einem, man hat auch genug gelernt, und man zieht in die Welt, um auszuprobieren, was man gelernt hat, und neue Dinge zu erfahren. Die Schule ersetzt nie das Leben, die Kirche nie die Kultur.

Man kann dann das, was die Krise der Kirche genannt wird, von einer heitereren Seite betrachten. Menschen, die die Kirche verlassen, sind Schulabgänger. Was die christliche Kirche gewesen ist und weiter hätte sein wollen, nämlich Vormund für das Leben, braucht sie nicht mehr zu sein. Es bleibt ihr genug, die Substanz der Religion, aber der Kirche als Vormund sind die Menschen entwachsen. Die christliche Kirche müsste damit ihren Frieden schließen, sie müsste stolz darauf sein, dass es ihr gelungen ist, Menschen in ein selbstständiges Leben zu führen. Das Lesen und Schreiben haben wir von ihr gelernt, vor langer Zeit. Als wir das beherrschten, brauchte es der Pastor nicht mehr für uns zu tun. Es ist auch geglückt, ohne Kirche Wissenschaft zu betreiben; die Wissenschaft ist sogar ein selbstständiges System, eine notwendige (das ist nicht dasselbe wie eine hinreichende) Bedingung für unsere Lebensorientierung geworden. Es hat sich erwiesen, dass wir moralisch auf eigenen Füßen stehen können, nachdem wir die Kirche für die Politik bereits viel früher nicht mehr nötig hatten. Selbst für den religiösen Glauben ist die christliche Kirche nicht mehr unverzichtbar, denn wir können auch außerhalb ihrer Mauern glauben. Durch die Kirche ohne die Kirche – das macht den europäischen Geist von heute aus.

4. Kulturelles Christentum

Jesus hinterließ die Kirche, so will es die Überlieferung. Die Kirchen ihrerseits hinterlassen Europa Jesus als den kirchlichen Christus, in mehr als einem Sinne. Als Christusgestalt ist Jesus in unserer westlichen Kultur kein Fremder, in Bild und Wort begleitet er seit Jahrhunderten die Kinder in der Schule, in den Museen prangt er auf den Gemälden der großen Maler, und in katholischen Ländern begegnet er als der Gekreuzigte an den Kreuzungen von Straßen und Feldwegen. Wer vom kirchlichen Christus nichts weiß, kennt seine eigene Geschichte nicht, und wer seine eigene Geschichte nicht kennt, kann sein Dasein nicht interpretieren.

Ein Vermächtnis ist vogelfrei, der, dem es in die Hände fällt, darf frei darüber verfügen. Dem kirchlichen Christus ergeht es ebenso. So habe ich in früheren Kapiteln die wilden Christologien gedeutet: Jesus (als der kirchliche Christus) wird von Außenstehenden in Beschlag genommen, die mit ihm machen, was sie für richtig halten. Er spielt neue Rollen, muss neue religiöse Bedürfnisse außerhalb der offiziellen Religion befriedigen, auf neuen Wegen als Führer und Guru vorangehen. Wir sprechen dann über den kirchlichen Christus als *religiöses* Erbe.

Solches könnte man als kulturelles Christentum bezeichnen. Es entspricht der christlichen Zeitrechnung, welche die Kirche selbst der ganzen Welt auferlegt hat: Die niederländische Ausgabe meines Buches erschien im Jahre des Herrn 1998. Das alles fasse ich als Wirkung der christlichen Kirchen auf, als Folge der Christusverkündigung. Auf einem Esel reitend (siehe Matthäus 21,1–11) gelangt Jesus nach Europa, aus dem Esel wird ein Pferd, ein Streitross, das die Völker dem kirchlichen Christus, dem Kreuz als dem neuen Gesetz unterwirft, wie es in den Urkunden des frühen Mittelalters heißt. Und dann? Dann hinterlässt diese neue Religion, bei der der kirchliche Christus an die Stelle von Wotan und Freya tritt, auch noch eine Kultur, die wir ihrerseits wieder als Erbe des kirchlichen Christus bezeichnen können. In dem Ausdruck

›kulturelles Christentum‹ geht es also nicht mehr um den kirchlichen Christus persönlich, um das Vermächtnis der Kirchen *für Europa*, sondern um ein Phänomen, das einen Schritt weiter liegt: Es ist Europa selbst *als* Vermächtnis, es ist der kirchliche Christus, der zu Kultur umgeformt ist. Das meine ich mit kulturellem Christentum; die Pointe liegt im Wort ›umgeformt‹.

Was meint man dann mit Kultur? Dazu befindet sich eine Fülle von Umschreibungen in Umlauf, zu viele (und oft zu fachwissenschaftliche), um sie auf ihre Brauchbarkeit hin zu sichten. Ich benutze das Wort als Kennzeichnung einer Lebensweise, die Menschen miteinander teilen, und denke dabei an sowohl spirituelle als auch materielle Bestrebungen. Sofern Menschen eine solche Art zu leben teilen, kann man von einer bestimmten Kultur sprechen. Wie diese zu Stande gekommen ist, die Rolle, welche die Tradition dabei spielt (es gibt keine Kultur ohne Überlieferung), lasse ich hier außer Betracht; es braucht nicht mehr darüber gesagt zu werden, als ich es in diesem Kapitel getan habe.

Zurück zum kulturellen Christentum, dem kirchlichen Christus, umgeformt, transformiert zu Kultur, zu einer erkennbaren Einheit des Lebens. Wie verwirklicht man das? Ich werde nachfolgend zwei kulturelle Tatsachen herausgreifen, die Moral, an die wir uns halten, und die Sprache, die wir sprechen (Moral ist auch eine Art von Sprache), und an ihnen erläutern, ob und inwieweit von einem kulturellen Christentum gesprochen werden kann, und natürlich auch, was wir daran haben.

5. *Moral als kulturelles Christentum (1). Was ist Moral?*

Die Moral Europas ist christlich, es wird viel darüber gestichelt, aber dagegen lässt sich meines Erachtens wenig vorbringen. Die Christenheit ist jedoch nicht die Erfinderin dieser Moral, sondern ihre Hüterin. Sofern sie aber Erfinderin ist, dann von so viel verschiedener Gruppenmoral, wie es Kirchen gibt. Das ist mit dem Phänomen Moral gegeben.

Moral gibt es, so lange Menschen leben, sie ist in Wirklichkeit der wichtigste Faktor in dem, was Sozialisierungsprozess der Menschheit heißt. Menschen haben per Definition sowohl gleiche als auch entgegengesetzte Interessen. Man betrachte die Sexualität; nahezu alle

Menschen haben den Wunsch nach einem Partner, in dieser Hinsicht sind sie gleich, aber sie werden in kürzester Zeit zu Konkurrenten, wenn sie denselben Partner wollen. Moral dient dazu, das Zusammenleben so reibungslos wie möglich verlaufen zu lassen, wenn man es positiv ausdrücken möchte, oder, negativ formuliert, Konflikte so weit wie möglich zu vermeiden oder zu mindern. Sie entwickelt sich mit der Menschheit, eine Art wachsender Brillant, eine Zusammenstellung der Gewohnheitsbildung auf der Grundlage des praktischen Nutzens, unterbaut und verändert durch die Lebenssituation der Gemeinschaft (etwa das Klima) einerseits und herrschende Ideale vom Menschsein andererseits.

Moral in diesem weiten Kontext gab es schon lange, bevor das Christentum auftrat. Von der Stoa, einer ethischen Philosophie vom Anfang unserer Zeitrechnung, konnte der Apostel Paulus so die ›Haustafeln‹ übernehmen (sie sind im Epheserbrief, Kapitel 5 und 6 zu finden, angenommen, dass Paulus der Verfasser ist), um ganz zu schweigen von den Zehn Geboten und dem so genannten Doppelgebot, welches das Christentum von den Juden übernommen hat; und die Juden waren auch nicht die Ersten, bei denen wir dieser Art von Regeln begegnen. Moralische Handlungsanweisungen fallen nicht vom Himmel, Moral wurde nicht offenbart, wie manche christliche Gemeinschaften hartnäckig behaupten. Moral ist menschlicher Herkunft, Religionen wägen sie, nehmen sie in ihre Obhut. Die christliche Kirche ist ebenso verfahren.

Hat sie auch einen eigenen Beitrag zur Moral geliefert? Das kann man nicht leugnen. Sie förderte den Prozess der Sozialisierung durch ein eigenes Ideal des Menschseins. Der Mensch mag zwar von Natur aus für den Mitmenschen ein Wolf sein, doch wer Jesus nachfolgt, liebt auch seinen Nächsten. Die Christen waren ein freundliches Völkchen, nicht aggressiv, sie fügten niemandem Leid zu, sagt Gerd Theissen in seiner soziologischen Untersuchung der ersten Christengenerationen. Ihre gegenseitige Sorge, das Eintreten füreinander, machten sie auch bei Außenstehenden beliebt; das erklärt (zum Teil) sogar ihre missionarische Kraft. Liebevolle Sorge ist in allen Epochen ein wichtiges Ingrediens der christlichen Kirche geblieben. Das galt aber unter anderen Umständen. Es macht einen erheblichen Unterschied aus, ob man sich in einer Gruppe von *Underdogs* gegenseitig beisteht oder aber in einer Standesgesellschaft, wie etwa der des Mittelalters. *Einander* zu lieben mag selbstverständlich gewesen sein, jedenfalls als Gebot, aber die Liebe für Ungläubige fällt aus dem Rahmen, wie die Kreuzzüge, im Namen Jesu unternommen, und die Inquisition, zur höheren Ehre Gottes ausgeübt, zeigen. Es hat also unzweifelhaft einen Beitrag der christlichen Kirche zur Moral Europas gegeben, aber wir dürfen uns diesen (1) nicht allzu exklusiv vorstellen, denn der Idee, dass wir unsere Feinde lieben müssen, begegnen wir auch in der Stoa. Wir sollten ihn (2) auch nicht übertreiben. Der Beitrag wurde in allen Jahrhunderten eingebracht, eingepasst in eine gesellschaftliche Infrastruktur mit ihren Ständen und Rollen, die wiederum ihre eigenen moralischen Handlungsanweisungen mitbrachten. Vieles von dem, was uns heute als moralisch unaufgebbar erscheint, ist ebenso sehr gegen den als auch mit dem Willen der christlichen Kirche zur Herrschaft gelangt. Die so genannten Menschenrechte mögen noch so erkennbar auf christliche Ansätze zurückgehen (alle Menschen sind vor Gott gleich), sie sind jedoch nicht das Ergebnis kirchlicher Anstrengung, sondern eher trotz der christlichen Kirche zu Stande gekommen. Gleichermaßen musste die Religionsfreiheit der Kirche abgetrotzt werden. Was schließlich die Ehrfurcht vor der Umwelt betrifft, folgt die Kirche fein der herrschenden Moral (wenn wir Umwelt nicht bereits als Religion betrachten müssen!). Dagegen ist natürlich nichts einzuwenden. Ich erwähne es als Illustration für das, was ich als wägen bezeichne, als ›christlich‹ erklären. Das geschieht immer nachträglich.

6. Moral als kulturelles Christentum (2). Ist christlich nur christlich, wenn christlich darauf steht?

Warum gibt es Schwierigkeiten mit der überlieferten Moral? Wie Marx schon wusste, der es seinerseits von Hegel übernahm, sind die herrschenden Ideale die Ideale der Herrschenden. Moral ist, so alt wie Europa ist, ein Netzwerk, das über das menschliche Zusammenleben gespannt wird, ihre Handhabung ist daher immer eine Sorge des Staates – wie behalte ich die Gesellschaft im Griff – als auch der Kirche gewesen – wie bleiben die Schäfchen christlich. Die Aufklärung wollte davon loskommen, sie wollte den Staat, aber auch die Kirche, nicht als Gebieter haben. Ihr haben wir ›Ni Dieu, ni maitre‹ zu danken. An Stelle von Kirche und Staat gab es der Aufklärung zufolge nur eine Instanz, die Menschen sagen kann, was gut ist und was nicht, das ist der Mensch selbst. Die Aufklärer waren allerdings nicht der Meinung, dass man einfach nach Lust und Laune handeln sollte. Im Gegenteil, die menschliche Vernunft als Gebieterin bewahrt uns, falls sie gut benutzt wird, vor unmoralischem Verhalten und Willkür. Immanuel Kant denkt so, auch die Vernunft ist also eine Gebieterin, sogar eine recht strenge. Hegel konnte einen Schritt weiter gehen, anerkennen, dass Moral uns vorausgeht, es ist die Gemeinschaft, die darin zu Wort kommt, aber die Gemeinschaft besteht aus Menschen, und Menschen sind vernunftbegabte Wesen, also wird ein vernunftbegabter Mensch niemals Schwierigkeiten mit Moral haben.

Das war reichlich optimistisch gedacht, aber die gesellschaftlichen Rollen lagen bei Hegel noch fest: Eine Hausfrau ist eine Hausfrau, ein Bäcker ein Bäcker, ein Vater ein Vater und ein Soldat ein Soldat. Jedem war deutlich, was er zu tun hatte. Man denke bei ›Rolle‹ nur an Eva Gerlachs Zeile über ihren Vater im Pflegeheim:

Der Gang erzählt ihm, wie er gehen muss.

Dieser Gang ist weg, und folglich kommt das Gehen aus dem Tritt. Das entspricht der gegenwärtigen Situation; wir wissen zwar, was früher zu befolgen war, aber die Infrastruktur, in der wir uns befinden, hat sich derart verändert, dass alte Sitten für die Entfaltung des Menschseins nicht mehr praktisch und nützlich sind. Menschen fühlen sich durch sie eingeschränkt, wenn nicht geknebelt (man denke an die Sexualmoral der katholischen Kirche, die sehr viele Leben belastet hat), lassen sie links liegen und suchen selbst nach einem Weg. Das ist kein Aufstand gegen Gott und Gebot, es ist notwendig, um zu überleben. Der Mensch ist nicht für die Moral, sondern die Moral um des Menschen willen da. Das Netzwerk muss sinnvoll sein, sonst taugt es nicht, und seinen Sinn müssen wir selbst einsehen können.

Die Glaubensgemeinschaften sprechen von einem Bankrott der Moral und zügelloser Autonomie. Sie meinen, dass Menschen nicht selbst entscheiden können und dürfen, was erlaubt ist und was nicht. ›Ethics is a bad idea‹, sagt nicht nur Karl Barth, auch konservative Christen protestantischer oder katholischer Provenienz denken so. Die Bischöfe verweisen hinsichtlich der Vorschriften auf die Kirche und die orthodoxen Protestanten auf die Bibel.

Wenn die Deutung der Situation auf einem Irrtum, einer Art optischer Täuschung seitens der Kirchen beruht, dann ist der Appell, zu christlichen Normen und Werten zurückzukehren, ein Schlag ins Leere. Es ist mehr ein Versuch der Kirchen, aus dem Hab und Gut zu retten, was zu retten ist, und ihre Identität zu begründen, indem sie ihre Spezialitäten als christlich ausgeben oder, wie es die katholische Kirche vorsieht, als ›natürlich‹; dabei muss man anmerken, dass Rom hinsichtlich dessen, was als ›natürlich‹ zu gelten hat und was nicht, das letzte Wort hat. Was Kirchen als ›christlich‹ bezeichnen, muss man als ›kirchlich-christlich‹ lesen. Sobald man eine Bestandsaufnahme beginnt, wird es deutlich; es zeigt sich, dass verschiedene Glaubensgemeinschaften darunter unterschiedliche Dinge verstehen.

Es stimmt also nicht, dass christlich nur christlich ist, wenn auch christlich darauf steht. So begann es zwar, die Kirche ordnete das Leben, legte Rollen, Stände und den Status fest, und jeder wusste, was er / sie zu tun hatte. Aber christlich ist kulturell geworden, sowohl die gängige Moral als auch der (unausweichliche) Widerstand dagegen bilden gemeinsam ein kulturelles Christentum. Hebt es sich von anderen Kulturen ab? Sicher, man nehme nur das Gewissen, das nie schweigende Verantwortungsgefühl der Europäer. Das gibt es nur in einer Schuld-Kultur wie der westlichen; eine *shame*-Kultur hat damit keine Probleme. Daneben ist der Inhalt des Gewissens anzusprechen, das, worum das Gewissen weiß, nämlich der unendliche Wert des einzelnen Menschen (Harnack), was man ebenfalls nicht in allen Kulturen findet. Eine andere Frage ist, ob Menschen auf ihr Gewissen hören, ob sie das in ausreichendem Maße tun. Das Gewissen wird nicht dadurch aufgehoben, dass man es nicht genau befolgt, ebenso wenig wie die Möglichkeit, an es zu appellieren.

Moral als kulturelles Christentum wird gut bezeugt, wenn ich etwa eine Aussage Jesu bei Matthäus (7,12) lese: ›Alles, was ihr also von anderen erwartet, das tut auch ihnen!‹ Negativ formuliert, lautet das: ›Was du nicht willst, das man dir tu, das füg auch keinem andern zu.‹ ›Darin besteht das Gesetz und die Propheten‹, sagte Jesus hinterher, ihm zufolge war darin alles enthalten. Schön ist, dass diese Regel (sie wird die Goldene Regel genannt) auch in vielen anderen Kulturen begegnet. Die Moral Jesu ist nicht exklusiv christlich. Er wendet die Regel der Gegenseitigkeit an, und Gegenseitigkeit ist die Logik der Moral. Das ist nicht zu fromm, als ob der andere alles wäre, auch nicht zu egoistisch, als ob ich selbst alles wäre, sondern es ist ein Gleichgewicht, welches das gute

Handeln durch das bestimmen lässt, was ich selbst als gut erfahre, und das böse Handeln durch das, von dem ich hoffe, dass es mir erspart bleibt. Es werden keine Prinzipien, keine Werte als Richtschnur gegeben, und dennoch wird ein Mensch kaum ein besseres Kriterium verwenden können, um festzustellen, wo wir von gut und wo von schlecht sprechen müssen.

7. Kulturelles Christentum als Sprache

Ein europäisches Gewissen ist eine Manifestation kulturellen Christentums. Eine andere ist die Sprache; ich benutze ›Sprache‹ als umfassenden Begriff für alle Äußerungsformen, deren Menschen sich bedienen, also für alles, was eine Auslegung erfährt. Man betrachte die Radierung Rembrandts, auf der er Jesus vor dem Hohen Rat dargestellt hat. Das Bild spricht, es ist eine Äußerung, die etwas sagt, etwas bewirkt, Menschen neugierig macht, vielleicht ergreift. Die Madonnen sind Sprache, die Fresken von Giotto sind es, der Christus von Thorwaldsen und alle bildenden Künste sind als Sprache zu sehen.

Europa hat Jahrhunderte lang mit und von christlicher Sprache gelebt, ob sie nun Worte oder Bilder gebraucht. In ihr hat Europa kommuniziert, vermittelt, was es weitererzählen wollte, diskutiert, gekämpft, gesungen …; ohne diese Sprache hätten Menschen sich nicht zu helfen gewusst, sie drang in alle Beziehungen vor, stattete auch die säkulare Kommunikation mit Bildern aus, die Kirche und Bibel entlehnt waren. Jeder weiß, wer als der Benjamin einer Gesellschaft bezeichnet wird und was mit einem Judaskuss gemeint ist, die sprachlichen Äußerungen der christlichen Kirche waren zugleich kulturelle Äußerungen. Die Sprache ist das Erbe, und die christliche Kirche ist die Erblasserin.

Das gilt bis heute. Bruchstücke dieser Sprache sprechen Menschen, die schon lange nicht mehr Mitglied der Kirche sind, die im Unfrieden oder sang- und klanglos von ihr geschieden sind, immer noch an. Ein keiner Kirche angehörender Arzt erzählte mir, dass ihm eine Gänsehaut über den Rücken läuft, wenn er das Programm *Songs of Praise* der BBC einschaltet. Katholische Freunde, die schon lange nicht mehr am kirchlichen Leben teilnehmen, fühlen einen Brocken im Hals, wenn sie über einer Traueranzeige den Text entdecken: ›In paradisum angeli te deducant‹ (Mögen Engel dich zum Paradies geleiten). Das bezeichnen wir, um unsere Emotionen zu tarnen, als Nostalgie. Das ist eine fahle Wiedergabe dessen, was geschieht, denn Worte haben die Macht, die Vergangenheit wachzurufen.

Um es nicht rosiger darzustellen, als es ist, sei gesagt, dass Wörter dem Verschleiß ausgesetzt sind. Man denke an ein Wort wie ›Sünde‹; es erstirbt uns im Munde. Man denke ferner an Hölle, Himmel, Versöhnung, Verdammnis…, allesamt Schlüsselworte der christlichen Glaubenstradition. Sie sind aus dem Sprachgebrauch (noch) nicht verschwunden, Menschen nehmen sie täglich in den Mund, aber was sagen sie damit? Besitzen sie noch die Kraft, Menschen zu bewegen, oder sind sie zu leeren Worthülsen geworden?

8. Das semantische Potenzial

Leere Worte bewirken nichts. Dichter sind dazu da, uns vor einer Sprache aus leeren Worten zu bewahren, vor dem Rauschen, das wir zwar nicht entbehren können, von dem wir aber nicht leben können. Dichter konfrontieren uns mit der Kraft von Worten, durch ihr Werk entdecken wir neu, dass Worte etwas bewirken. Darum können Gedichte uns selbst dann ansprechen, wenn wir sie nicht verstehen. Man könnte ein Gedicht daher auch als einen Kampf gegen leere Worte bezeichnen.

Es gibt zwar wie gesagt noch die Worte der christlichen Glaubenstradition, aber sie lassen viele Menschen kalt, sprechen sie nicht an, gehen in unserer westlichen Kultur, wie es scheint, den Weg der leeren Worte. Ist das das Ende dessen, was ich als das kulturelle Christentum bezeichnet habe?

Man kann darauf nicht einfach mit ja oder nein antworten, das wird sich erweisen müssen. Das ist nicht skeptisch gemeint, sondern eher ermutigend. Sprache ist zu etwas fähig, sie hat eine besondere Macht! Ricoeur nennt das (siehe Kapitel 7) das ›semantische Potenzial‹, das der christlichen Tradition anhaftet; ihre Worte haben die Macht, wieder ›von Bedeutung‹ zu werden. Das ist ein Wunder der Sprache, man braucht kein Dichter zu sein, um es erfahren zu können. Wir können über irgendetwas sprechen, etwa über den Himmel, und der Himmel kann plötzlich über einen hereinbrechen. Aus den Worten treten wir in die Sache ein, so wie die Sache früher in die Worte eingetreten ist. Diese Anregung fand ich bei Han Adriaanse. Sie eröffnet eine Perspektive. Über irgendetwas zu sprechen, wie abgenutzt es auch klingen mag und wie abgenutzt die Dinge sein mögen, über die wir sprechen, ist offensichtlich mehr, als es ist. Dinge können wachgerufen werden, wenn sie in Worte gefasst werden, Dinge, Menschen, Ereignisse. Es ist, wie wenn sie in unserer Sprache schlummerten! Aber dann muss es diese Worte noch geben! Ich komme zu zwei Bedingungen für das Freisetzen dessen, was wir das ›semantische Potenzial‹ der christlichen Worte nennen könnten.

Die erste ist (ich sagte es bereits), dass die Sprache, welche die christliche Kirche Europa als Erbe hinterlassen hat, noch lebendig sein muss. Kulturelles Christentum hat wenig Zukunft, wenn die Worte dieser Sprache von niemandem mehr in den Mund genommen werden. Das ist ein schöner Existenzgrund für die christliche Kirche und schließt eine Umschreibung ihrer Aufgabe ein, nämlich die Kultur am Leben zu erhalten, indem Gott nicht totgeschwiegen wird, die Worte und Erzählungen weiter bereitgehalten werden.

Die zweite Bedingung ist, dass Worte nicht einfach nur so zur Sprache kommen, es muss etwas geschehen, etwas Eingreifendes. Wer mit eigenen Augen sieht, wie ein Kind von einem Lastwagen überfahren wird, ruft ›Oh Gott!‹, ob er nun gläubig ist oder nicht. Es geschieht immer ›aus Anlass von‹, wenn von Gott, dem Himmel, Jesus gesprochen wird. Als es uns zum ersten Mal klar wurde, dass die Umweltpolitik in einer Katastrophe enden könnte, las ich im Jahr 1997 auf einem großen Plakat im Vondelpark in Amsterdam: ›Jesus, die Welt geht kaputt!‹ Die Sprache liegt bereit, um es so auszudrücken, sie wird durch das, was einen Menschen überkommt oder was er mitmacht, wieder zu Sprache, er nimmt die Worte wieder in den Mund. Sie können so wieder ›von Bedeutung‹ werden. Ich sage nicht ohne Grund ›können‹. Die Frage ist, ob sie es auch werden.

9. Der Geist Europas

Die Kraft der Worte, das ›semantische Potenzial‹ der Sprache, ist meiner Auffassung nach dasselbe wie das, was die reformierten Väter den Geist nannten. Diesen verbanden sie mit dem Wort, sie konnten das Wort im Schriftbild sogar hervorheben, wenn sie die Kraft des Wortes im Blick hatten: ›*Wort* und *Geist*‹ hieß es. In der klassischen reformierten Theologie gehören sie zueinander.

Wo Worte sind, da ist Geist; in der Macht der Worte erweist sich der Geist. Diese Perspektive finde ich beim Apostel Paulus wieder, wenn er die Korinther daran erinnert, dass der Herr der Geist ist (2 Korinther 3,17). Wenn wir bei diesem ungreifbaren Wort ›Geist‹ an das denken, was wir ›Schwung‹ nennen, entspricht die Aussage dem Modell. Wir sagen von jemandem, von dem etwas ausgeht, dass er ›Schwung‹ hat. Wenn Paulus sagt, um ihn wörtlich zu zitieren, ›der Herr ist der Geist‹, will er entsprechendes ausdrücken. Mit Jesus meint er immer (ich erinnere an Kapitel 12) den Jesus, den er predigt, den verkündigten Jesus, den in Worten und Erzählungen zur Sprache gebrachten Jesus. Diese Worte und Erzählungen bewirken etwas. Wie ist das möglich? Sie *haben* nicht nur Schwung, sie *sind* es ihm zufolge, sie sind der Herr, transformiert zum Geist. Als der Geist, als ihre Potenz, ist Jesus in den Worten und Erzählungen anwesend. ›Und wo der Geist des Herrn ist, da ist Freiheit.‹ Das sei noch eben mitgenommen: An der Freiheit erkennt man den Geist.

Ist das umständlich? Keineswegs. Auch der Apostel Paulus musste eine Antwort auf die Frage geben können, wie Jesus bis heute Kraft haben kann. Das ist somit über diese Metamorphose möglich; der Aggregatzustand Jesu ändert sich, er geht über in Geist, in das ›semantische Potenzial‹ der Glaubenssprache.

Der ›state of the union‹ unserer Kultur braucht somit nicht so düster auszufallen, wie er in unseren Klageliedern oft dargestellt wird. Die Sprache der christlichen Tradition ist eine Macht, es steckt in ihr eine Möglichkeit für den Geist. Wo Sprache ist, da ist Geist! Wie gesagt: Die christliche Sprache ist ein Erbe, ein Vermächtnis der Kirche, das in die Verfügungsgewalt der Erben übergegangen ist: Der Geist weht, wo er will!

Ob und inwieweit die Sprache der Tradition es schafft, dass die Worte künftig wieder bewohnte Worte werden (wie es bei Tjebbe Hettinga, dem friesischen Dichter, heißt), wer die neuen Bewohner sein und welche Bedeutungen sie den Worten beimessen werden, das kann niemand vorhersagen. Man kann nur sagen, dass wir für Gottes Möglichkeiten noch aufschließbar sind, so lange die Sprache der christlichen Religion in Europa noch zu Hause ist.

Ich möchte jedes Missverständnis ausschließen: Ich behaupte keineswegs, dass Europa christlich sei, dass es, um es krasser auszudrücken, eine Schöpfung Jesu Christi sei, wie Bonhoeffer es noch in aller Arglosigkeit schreiben konnte. Geht man zudem davon aus, dass Jesus die einzige, wirkliche, wahre Offenbarung Gottes ist, ist die einzig mögliche Schlussfolgerung die, dass das Abendland, verglichen mit dem Rest der Welt, Gottes besondere Schöpfung und seine Säkularisierung Abfall von Gott ist. So dachte Bonhoeffer in seiner *Ethik* darüber (in seinen *Briefen* weiß er es besser). Ein christliches Europa ist eine überzogene Vorstellung. Es gibt in Europa Christentum, und diesem Christentum begegnen wir als Kirche und als kulturellem Christentum. Wenn die Kirche ihren Geist aushauchen sollte, gäbe es immer noch das Erbe der Kirche, nämlich den Geist des Christentums.

10. Die Verteidigung des Erbes

Im Jahre 1529 standen die Türken vor den Toren Wiens, der Hauptstadt des Heiligen Römischen Reiches, man könnte sagen des damaligen Europa. Das war ein schockierendes, äußerst beängstigendes Ereignis! Würde das christliche Europa vom Islam überrannt werden? Die Türken hatten nicht nur einen schlechten Ruf, da sie bei ihren Eroberungszügen die Taktik der verbrannten Erde anwandten, sondern sie repräsentierten auch einen Glauben, von dem die christliche Religion wenig Gutes zu erwarten hatte. Musste sich das Christentum nicht gegen den Islam verteidigen und einen Glaubenskrieg beginnen?

Luther, der deutsche Reformator, hat sich mit dieser Frage ernsthaft beschäftigt. Das Problem war für ihn offensichtlich von so großer Bedeutung, dass er ihm mindestens drei stattliche Druckschriften gewidmet hat. Ich werde den genauen Einzelheiten seines Gedankenganges hier nicht folgen, sondern nur seine Lösung erläutern, aus Gründen, die sich nachher darlegen werden. Das Christentum *als Glaube* ist für Luther eine geistliche Angelegenheit, die nur geistlich und nicht mit Gewalt verteidigt werden darf, mit dem Schwert, wie ›Gewalt‹ damals noch typisiert werden konnte. Kirche und Staat bilden seiner Meinung nach jeweils einen eigenen Bereich, ein eigenes Reich, wie er das nennt, und diese zwei solle man nicht durcheinanderbringen. Anderenfalls erhält man *Konfusion* (sein Ausdruck), und eine Konfusion der beiden Reiche ist das Schlimmste, was der Kirche widerfahren kann. Weltliche Herren dürfen nicht geistlich regieren und geistliche Herren nicht weltlich. Solches führt zu einer Denaturierung der Kirche, sie beginnt, sich weltlich zu verhalten, und der Staat fängt an, seine weltliche Macht mit einer Macht über Seelen zu überhöhen. Es darf keine Konfusion geben, und darum muss es bei zwei Reichen bleiben. Diese Auffassung wurde Luther immer wieder übel genommen; er galt als ein Quietist, ein Lakai der Fürsten, ein Erzkonservativer und was nicht alles.

Das stimmt aber nicht. Derselbe Luther, der sagt, dass der Glaube geistlich ist und nur geistlich verteidigt werden darf, konnte gerade auf Grund seiner Lehre von den zwei Reichen die weltlichen Herren, die Fürsten dazu aufrufen, gegen die Türken das Schwert in die Hand zu nehmen, wenn sie das nur nicht täten, um die Kirche zu verteidigen! Der Kaiser muss gegen die Türken kämpfen, aber nicht als Haupt der Christenheit, als Schutzherr der christlichen Kirche, sondern als Haupt der weltlichen Obrigkeit, der von Gott die Pflicht auferlegt wurde, ihre Untertanen gegen jeden Überfall von Dritten zu schützen, auch gegen die Türken. Das darf die Obrigkeit nicht nur, das muss sie, das ist ihre Pflicht um Gottes willen.

Die Türken, über die Luther spricht, sind nicht die Türken von heute; in seiner Zeit ist das der gängige Name für den Islam. Was bleibt, ist die Frage, ob es etwas zu verteidigen gibt, wenn wir Europa und das kulturelle Christentum im Blick haben. Die Zeit, in der man die Kirche verteidigte, ist vorbei. Nicht nur mit dem Schwert ist das nicht mehr möglich, sondern auch geistlich ist das ungleich komplizierter als wir früher dachten. Welche religiösen Rechte hat die Kirche, die der Islam beispielsweise nicht hätte?

Darf man aber für das Christentum als Kultur – Mozart, die Matthäus-Passion, der Wert des Einzelnen (insbesondere der der Frau), die Meinungsfreiheit, die Toleranz, alles Überbleibsel oder Ausdrücke kulturellen Christentums – eintreten?

Ja, aber dann in der Weise, die wir selbst propagieren. Das heißt, die Toleranz zu verteidigen, indem man tolerant ist, die Meinungsfreiheit, indem man diese Freiheit gewährt, die Bürgerrechte zu respektieren, indem man aus dem Muslim keinen Bürger zweiter Klasse macht. Dies sind nur einige Beispiele. Es geht um diese Verteidigung. Ich denke, dass man von Luther lernen kann und darf, dass es etwas zu verteidigen gibt, dass das nicht der christliche Glaube sein kann, wohl aber das Erbe, das er nachgelassen hat, das Depositum der westlichen Kultur.

11. Das Christentum und die Religionen

›Multikulturell‹ beinhaltet auch die Tatsache einer Vielzahl von Religionen. Wer beispielsweise Amsterdam-Südost besucht, merkt schon bald, dass sich diese Vielzahl schon lange nicht mehr auf den Islam und den Hinduismus beschränkt, sondern Äußerungsformen von Kultur sichtbar werden, für die wir nicht einmal einen Namen haben. Inmitten dessen herrscht noch stets das Christentum als dominante Religion, seit jeher in der Institution Kirche organisiert. Wie soll sich das Christentum zu den anderen Religionen verhalten, den Konkurrenten?

Es muss sich zuerst von der Idee verabschieden, dass der christliche Glaube dominieren muss und darf, weil er der wahre Glaube sei. Diese Idee ist, kurz gesagt, Fundamentalismus ersten Ranges. Er braucht sich nicht in der Weise zu äußern, der wir bei anderen Religionen begegnen (mit der Unterdrückung anderer, Begünstigung der eigenen Position und so weiter), um dennoch aus derselben Wurzel zu leben. Diese Wurzel ist der Anspruch, selbst Recht zu haben, indem man, über welche Offenbarungstheorien auch immer, die Wahrheit der eigenen Religion als geoffenbarte Wahrheit hinstellt. Dagegen kann niemand ankommen. Wer von seinen Wahrheiten als von Gott geoffenbarten Wahrheiten ausgeht, hat immer Recht, und wie weit der Fundamentalismus in der Praxis durchschlägt, hängt nur davon ab, ob diese Wahrheiten einschließen, dass andere bekehrt werden müssen.

Man nehme zum Beispiel Mission und Sendung. Ich sage nicht, dass das Christentum nicht exportiert werden darf. Alles Wertvolle darf man nach außen tragen, auch Religion. Hinzu kommt, das die christliche Religion etwas Universelles in sich trägt, insofern das christliche Konzept von Gott ihn nicht als einen privaten Retter aus aller Not betrachtet, sondern als Schöpfer und Bewahrer von Mensch und Welt, ein Wesenszug, den es mit dem Judentum und dem Islam teilt. Hier ist aber gleich innezuhalten. Wer die Kirchengeschichte liest, insbesondere die Geschichte der Christianisierung Europas (zum Beispiel das leicht zugängliche Buch von Peter Brown), wird mit Bestürzung die Schikanen, Manipulationen, die regelrechten Erpressungen und Raubzüge zur Kenntnis nehmen, mit denen christliche Machthaber ihren Machtbereich erweiterten und *nebenbei* die eroberten Gebiete christianisierten, und manchmal – umgekehrt – christianisierten, um zu erobern. Das Christentum hat sich durch Mittel, die mit seiner eigenen Verkündigung im Widerspruch standen, durchgesetzt, wie viel Segen es Europa auch gebracht hat. Die einzige Rechtfertigung, die dafür vorgebracht wurde, war der offenbarte Charakter der christlichen Wahrheit. Sollten Mission und Sendung ihn auch heute noch zu ihrem Fundament erklären, und das Wort sagt es bereits, können wir schwerlich etwas anderes darin sehen als eine Fortsetzung des Fundamentalismus.

Mir scheint, die Theologie muss in diesem Punkt eine deutlichere Sprache sprechen. Ich verstehe das Ringen mit der Tradition, mit der Frage, wie und wo Wahrheit ist, aber dieses Problem muss doch ohne den Nebengedanken gelöst werden, dass die Exklusivität der christlichen Wahrheit nicht aufgegeben werden könne. Wenn man weiterhin davon ausgeht, gesteht man anderen Religionen nur scheinbar Raum zu. In einer deutschen Zeitschrift las ich, dass man das Problem lösen könnte, indem man von ›inklusiver Exklusivität‹ (Pöhlmann) spricht. Das wäre eine Formulierung, in der beide Seiten zu ihrem Recht kämen, das Existenzrecht der anderen Religionen und die Wahrheit des Christentums. Ich betrachte es als einen letzten Versuch, über das Jonglieren mit Begriffen an der Exklusivität der christlichen Wahrheit festzuhalten; die anderen dürfen mitmachen, wenn sie sich nur in das Christentum einpassen lassen.

Dann ist die Frage von Peter D. Bishop viel besser: Kann das Christentum auf eine Weise wahr sein, die nicht mit sich bringt, dass andere Religionen unwahr sind? Das scheint mir fast die einzige adäquate Frage zu sein. Gibt es darauf eine Antwort?

Gewiss. Im Prinzip läuft sie darauf hinaus, dass Menschen von unten über das Oben sprechen und dass alles, was wir an religiösem Wissen besitzen, Wissen innerhalb eines Konzeptes ist, das auf eine Bestätigung von oben wartet, auf die einzig mögliche Bestätigung. Konzepte sind, mit anderen Worten, Suchkonzepte. Der Glaube als ein Leben mit Konzepten von Gott und seinem Heil bringt erstens mit sich, dass wir von der Existenz anderer wissen, von denen jeder ein eigenes Konzept von Gott hat (ob sie es selbst so sehen, steht auf einem anderen Blatt; Muslime können in diesem Punkt etwas von Christen lernen), und ihre Aufrichtigkeit ebenso ernst nehmen wie unsre eigene. Zweitens trägt es dieser Glaube in sich, dass wir uns zu unserem eigenen Konzept bekennen, weil es uns nährt, uns die Erfahrung des Findens geschenkt hat. Die Relativität von Glaubensvorstellungen kann mit dem Glauben einhergehen, wie das Suchen mit dem Finden.

Das schließt natürlich nicht ein, dass alle Religionen gleich sind. Ebenso wenig haben wir alles, von welcher Religion es auch kommt, unbesehen zu akzeptieren. Wir verzichten aber auf den Anspruch der Exklusivität, ohne davon abzugehen, dass wir selbst mit Haut und Haar (oder so weit, wie sich die Betroffenheit erstreckt) im Konzept unserer eigenen Religion mit auf dem Spiele stehen: Es ist *unser* Konzept.

20. Zusammenfassung

1. Was für diese Christologie spricht

Die Veränderungen in der Christologie, für die ich in diesem Buch eintrete, sind drastisch. Es bleibt die Frage, was für diesen christologischen Entwurf spricht. Ich formuliere meine Antwort in Form von Thesen, als Zusammenfassung. Zuerst nenne ich die Bedingungen für eine christliche Christologie.

1. Eine Christologie hat Jesus von Nazaret zum Thema, und zwar in dem Sinne, dass sie seine Bedeutung in Worte fassen will. Eine erste Bedingung dafür ist, dass er als historische Person selbst darin vorkommt. Es geht um *seine* Bedeutung. Das unterscheidet die Christologie von einem Mythos, einer Göttergeschichte. Aus ihr können Menschen ebenfalls Nutzen ziehen, das ist aber nicht der ›Nutzen‹, um den es dem christlichen Glauben geht. Vom historischen Jesus wissen wir eines mit Sicherheit, nämlich seinen Glauben. Er war ein Anhänger der jüdischen Religion. Eine Christologie, in die der Glaube Jesu nicht eingebracht wird, ist eine Christologie ohne Jesus selbst.

2. Der Gott der jüdischen Religion war der Gott Jesu. Jesus betrachtete sich als Knecht Gottes, als Instrument, als Vollstrecker seines Willens. Nur sofern Menschen Gott, und zwar den des jüdischen Konzeptes, wichtig finden, kann Jesus für sie von Bedeutung sein. Wer ist Gott? Das bleibt in der Christologie, die ich vertrete, die einzige, wirkliche, zentrale Frage.

3. Aus der Tatsache, dass Jesus dem jüdischen Konzept von Gott anhing, folgt, dass er sich selbst nie als Gott-auf-Erden betrachtet hat. Es heißt, Jesus Gewalt anzutun, wenn man ihn anders sieht denn als Apposition zu Gott. Er ist kein zweiter Gott, auch nicht die zweite Person der Heiligen Dreifaltigkeit, die Fleisch angenommen hat aus der Jungfrau Maria. Die Absicht hinter diesen dogmatischen Lehrsätzen ist deutlich: die Verehrung Jesu als Gottmensch rief ein Problem hervor. Die Lösung ist jedoch unnötig kompliziert, eine theologische Theorie, gut für Theologen, die mit Theologen reden, deshalb alles andere als wertlos, denn warum sollte über Gott nicht auch spekulativ gesprochen werden dürfen? Für gewöhnliche Menschen (Nichttheologen) aber handelt es sich um eine unbegreifliche, heilige Formel (in ihrer Unbe-

greiflichkeit liegt ihre Heiligkeit), mit der man, so wird erwartet, seine Identität als Christ inmitten der anderen Religionen anzeigt.

4. Die Zweinaturenlehre, die besagt, dass die göttliche und die menschliche Natur in Jesus ungeteilt, ungetrennt, unvermischt, unverändert in einer Person vereinigt sind, ist eine Phase aus der Verarbeitung des Problems, dass mit Jesus als Gott-auf-Erden geschaffen war, und sie ist völlig von dieser Vorstellung abhängig. Ihr steht ebenso wenig Ewigkeitswert zu wie dem gnostischen Jesus oder dem der Aufklärung. Wenn Christen sich an keine andere Religion als Jesus halten wollen, müssen sie von den zwei Naturen als hellenistischer Form der Verehrung Abstand nehmen und in ihr nicht mehr sehen als den Heiligenschein, dem wir in der Kinderbibel begegnen.

5. Die Vorstellung von Jesus als zweitem Gott, als Gott-auf-Erden, ist für eine Form der Frömmigkeit verantwortlich, in der Jesus ins Zentrum des Glaubenslebens rückt; statt mit Gott lebt der Gläubige mit Jesus. Bei Kindern ist das ergreifend (›Mama ist bei Jesus‹), aber Erwachsene machen so aus Jesus einen Stellvertreter Gottes, wie sie auch mit Maria verfahren, die ihrerseits wieder an die Stelle Jesu trat. Gott selbst wandert an den Rand.

6. In der Christologie, die ich vorschlage, geschieht etwas, sogar etwas Unentbehrliches, eine ›Heilstatsache‹, um es klassisch auszudrücken. Es ist nicht gemeint, dass Gott als Kind geboren wird (Jesus ist nicht Gott), auch nicht, dass Gott durch das Kreuz Jesu auf andere Gedanken gebracht wird (›Umstimmung‹). Gott ist nicht erst barmherzig und gnädig, gerecht und groß an Güte, als Jesus auf der Bühne erscheint. Er war es schon zuvor, Jesus selbst hat ihn so verkündigt. Das große Ereignis der Christenheit zufolge ist, dass Gottes Barmherzigkeit künftig auch Nichtjuden verkündigt werden kann, denn in Jesus haben sie ihren Sündenbock und im Karfreitag ihren Großen Versöhnungstag bekommen.

7. Das Unheil ist in dieser Christologie für alle Menschen, Juden oder Heiden, dasselbe; es ist das Versagen des Menschen gegenüber dem Schöpfer und der Schöpfung, gegenüber Gott und dem Mitmenschen. Voraussetzung bei diesem Scheitern ist die menschliche Verantwortlichkeit. Entsprechend ist die Versöhnung mit Gott im Sinne des Wegnehmens der Schuld, die Menschen auf sich laden, eine Bedingung für den Umgang mit dem Schöpfer.

8. Seit Jesus dürfen Nichtjuden unter denselben Bedingungen mit

Gott umgehen wie die Juden. Sie spielen über das Ritual der Versöhnung, dass sie vor Gott gerecht sind, zum Gott Abrahams und Jesu gehören und ein neues Leben beginnen können.

9. Die Kontroverse zwischen Juden und Christen liegt nicht in Jesus als Gottmensch begründet (›Christen glauben das, Juden glauben das nicht‹), sondern in der Verkündigung Jesu als Eröffnung des Weges zu Israels Gott für Nichtjuden. Was den Inhalt betrifft, unterscheiden sich das jüdische und das christliche Konzept von Gott nicht voneinander, jedenfalls brauchen sie es nicht zu tun. Der Unterschied liegt in der Reichweite des Konzeptes, dass nämlich alle Völker Gottes Volk sind.

10. Diese Christologie vereinfacht den christlichen Glauben, befreit ihn aus der Kruste eines historisch gewachsenen Dogmatismus, lässt einen Menschen vor Gottes Angesicht leben, zwingt ihn nicht, sonderbare Vorstellungen zu akzeptieren, um sein Christsein nicht aufgeben zu müssen, lässt darüber hinaus auch Beziehungen zu anderen Religionen zu.

2. Jesus kann Gott nicht ersetzen

Wozu braucht man eine Revision? Sie soll Gott seinen Platz im Glaubensleben der Christenheit zurückgeben. Diesen Platz hat Gott zum großen Teil an Jesus als zweiten Gott abgetreten. Mit diesem Buch möchte ich diese Entwicklung bremsen. Jesus ist für Christen von lebenswichtiger Bedeutung, es gäbe sie nicht als Glaubensgemeinschaft, wenn Jesus nicht gewesen wäre. Die Verehrung Jesu hat jedoch die Grenzen des Glaubens überschritten, und die christliche Kirche hat die Macht (und das Recht) verloren, daran noch etwas zu ändern. ›Es beliebt der Gottheit nicht, sich in einem einzigen Exemplar auszugießen‹, sagte David Friedrich Strauss. Die christliche Kirche beharrte darauf, dass es der Gottheit (Gott) wohl so beliebte, und so lange ihre Autorität ungebrochen war, blieb es also bei diesem einen ›Exemplar‹, bei Jesus Christus als der einzigen Erscheinungsform von Gott-auf-Erden. Aber die christliche Kirche hat ihre Macht verloren, es gibt kein Halten mehr, und überall begegnen wir Erscheinungsformen Gottes, in das Gewand von Christusgestalten gehüllt oder nicht. Ich halte die wilden Christologien für eine nicht beabsichtigte, wohl aber reale Folge der kirchlichen Christologie; sie hat eine unterminierende Wirkung im Blick auf ›Gott ist im

Himmel und du bist auf Erden‹. Mein Plädoyer richtet sich folglich auf eine Rückkehr zum Glauben als Beziehung zu Gott.

Die Kehrseite ist, dass die Christologie von ihrer Überlastung befreit wird. Es ist nicht möglich, die Leerstelle Gottes mit Jesus auszufüllen, es käme einer Umkehrung der Beziehung zwischen Jesus und Gott gleich. Als Instrument Gottes, als Vollstrecker der Absichten Gottes bezieht Jesus seine Bedeutung von Gott, und nicht umgekehrt Gott seine Bedeutung von Jesus. Wer kein Interesse an Gott und seinen Wegen hat, interessiert sich auch nicht für Jesus, jedenfalls nicht für diesen Jesus, der am Anfang unserer Zeitrechnung lebte. Jesus steht oder fällt mit dem Konzept von Gott. Wenn das Konzept sich als falsch erwiesen hat, bleibt kein Jesus mehr übrig, jedenfalls nicht für die Christen.

Die christliche Religion wird nicht sicherer durch die Erscheinung Jesu. Das war wohl die Absicht: Gott-auf-Erden, was will man mehr! Aber diese Idee selbst ist eine Glaubensauffassung und keine Gewähr für den christlichen Glauben. Ebenso, wie das Konzept von Gott, an das Christen sich halten, ›von unten‹ stammt, stammt ihre Christologie ›von unten‹. Theologen, die von ›Offenbarung‹ reden, wenn sie den christlichen Glauben meinen, und dem ›Zentrum der Offenbarung‹, wenn sie Jesus anschaulich darstellen, vergessen das. Sie argumentieren auf der Grundlage der Vorstellung, dass der christliche Glaube eine allgemein akzeptierte, wenn nicht gar bewiesene Wahrheit ist, und nicht ein Glaube inmitten anderer Religionen.

Aber für alle Religionen, auch den christlichen Glauben, gilt, dass sie ihre Bestätigung noch erlangen müssen. Der christliche Glaube ist nicht besser oder sicherer, wenn er sich jüdisch legitimieren kann, denn auch die jüdische Religion hat den Status eines Konzeptes. Mit der Behauptung ›Gott hat sich in Jesus Christus offenbart‹ sind daher die Rätsel der Welt nicht gelöst, im Gegenteil, wir haben ein Welträtsel mehr. Wie kann das christliche Konzept von Gott ›das Ende sein‹, da sich nun zeigt, dass es auch andere gibt?

3. Christologie ist nicht alles

Jesus kann Gott nicht ersetzen. Das besagt auch, dass Jesus nicht die Lösung aller Lebensfragen ist. Dazu verweist die christliche Religion auf Gott. Jesus wird als Brücke zu Gott ›von Bedeutung‹, als der Jesus der

Versöhnung, deren Ritual Nichtjuden ihren Zugang zu Gott zu verdanken haben. So weit sie diesem Gott (barmherzig und gnädig ist der Herr) zum ersten Mal in der Jesusverkündigung begegneten, ist Jesus für Nichtjuden zum Gesicht Gottes geworden. Er ist aber nicht selbst Gott, nicht die Instanz, an die Christen sich wenden. Jesus heißt ›der Weg‹, und der Weg ist nicht das, wohin man will, er bringt einen dorthin.

Auch wenn es um Lebensfragen geht, ist die Leistungsfähigkeit der Christologie beschränkt. Christologie wählt aus. Was sie übergeht, ist nicht weniger wichtig, es sagt nur, dass Jesus nicht in jedem Zusammenhang ›von Bedeutung‹ werden kann. Manche Lebensfragen werden in der Christologie offen gelegt, eigentlich aber nur eine. Wenn man das übersieht, stürmt das ganze Heer der geschraubten Konstruktionen, die alle menschlichen Bedürfnisse und Bestrebungen Jesus zu Füßen legen, auf einen ein. Möge doch bitte er sie erfüllen oder jedenfalls unter seinen Schutz nehmen! Das macht er nicht, er ist – als Jesus Christus – dafür nicht gerüstet. Ihm zufolge müsste man sich dazu an Gott wenden.

Auswählen, das heißt, welcher Nerv des menschlichen Daseins wird in der Christologie freigelegt? Selbst wenn wir dafür gefühllos geworden sein sollten, macht uns die Christologie darauf aufmerksam, dass es ihn gibt. Wenn man zur Christologie die Jesusverkündigung liest, ist man dort, womit sich die Kirche befassen müsste, wenn Jesus das Thema wird. In meiner Betrachtungsweise ist und bleibt dieser Nerv der menschlichen Existenz das Problem von ›Schuld und Sühne‹, dessen Wurzel in der menschlichen Verantwortlichkeit und der Tatsache liegt, dass wir darum wissen. Das ist das Gewissen. Es ist ein Irrtum zu denken, dass nur die Juden darum wussten. Die klassischen Tragödien der Griechen bringen das Thema in einer Weise zur Sprache, die uns den Hals zuschnürt, wenn sie ausmalen, wie Schuld Menschen verfolgt, durch Generationen hindurch, und wie schwer das Bündel von Lasten ist, das Menschen mit sich schleppen müssen, wenn sie einmal schuldig geworden sind. Schuld bleibt Schuld, selbst wenn es ohne den Willen der Menschen geschieht. König Ödipus ist mit seiner Mutter verheiratet, ohne es zu wissen, ohne seine Schuld ist er schuldig geworden. Dennoch nimmt er hin, was er angerichtet hat, verzichtet auf den Thron und geht in die Verbannung. Eine solche Tragödie überdauert die Zeiten, sie zeugt von tiefem Einblick in die Lage des Menschen, einem tieferen Einblick als dem manch eines heutigen Christen, der ›Schuld und Sühne‹ am liebsten aus der christlichen Christologie verschwinden sähe.

Der Tod ist ebenso ein ewig wiederkehrendes Lebensproblem; die Enttäuschung des Sterbens, die Trauer über die große Trennung und die Ungewissheit hinsichtlich dessen, was danach kommt. Der Apostel Paulus stellt ohne Probleme eine Verbindung her zwischen Sünde (Schuld) und Tod. Dem brauchen wir uns nicht anzuschließen, etwa dadurch, dass wir daraus eine Erklärung für den Ursprung des Todes gewinnen. Das ist überholte Weisheit. Dennoch können wir die Verbindung nachempfinden: Der Tod zerstört, was uns lieb ist. Er gehört zum Wesen der menschlichen Existenz, aber der Sünder kann es dem Apostel zufolge nicht ertragen. Als Vorankündigung des Sterbens, als Vorprobe, gehört das Leiden mit in diesen Zusammenhang.

Es soll kein Missverständnis entstehen. Zu den ›ewigen Problemen‹ der Menschheit zählt auch das Überleben, die Fortpflanzung, die Ordnung des Zusammenlebens im politischen Rahmen und die gesellschaftliche Ordnung der Besitzgier. Dafür brauchen wir ebenfalls Antworten, müssen uns dazu aber nicht an die Christologie wenden. Jesus kann nicht für alle Lebensprobleme ›von Bedeutung‹ werden, selbst nicht für alle Probleme des Handelns – man denke an Politik im Sinne der politischen Machtentfaltung, an Gewalt und Krieg –, ohne dass aus Jesus ein Monstrum und aus der Christologie ein Allheilmittel gemacht wird.

4. Zurück zu Gott

Warum war Jesus so notwendig? Er ist oder war es überhaupt nicht, von wem aus sollte er notwendig sein? Die Christen selbst sind es, die in der Nachfolge des Apostels Paulus Christus als ihren Sündenbock deuten, als das Lamm Gottes, das die Sünden der Welt hinweg nimmt (oder welchem Ritual auch immer man den Vorzug verleiht), weil davon ihre Legitimation gegenüber den Juden, von denen sie sich gelöst haben, abhängt. Sie bewegen sich auf dem dünnen Eis der Auslegung des Paulus, aber glauben ihm nur zu gerne; diese Auslegung ist der Ast, auf dem sie sitzen. Der Ablauf der Geschichte steht im Übrigen auf ihrer Seite: Jesus *ist* für Nichtjuden die Pforte zu Gott geworden, auch wenn er mit einem anderen Ziel auftrat.

Man muss sich an den Gott Jesu wenden. Dazu rief Jesus selbst auf. Seitdem er als Sündenbock gepredigt wird, werden auch Nichtjuden dazu aufgefordert. Das ist die Christusverkündigung, nämlich Jesusverkündigung als Zurück-zu-Gott-Verkündigung. Das Interesse gilt Gott. Christliche Christologie betrachte ich daher als eine Zurück-zu-Gott-Bewegung, und christliche Verkündigung als eine Verkündigung Gottes. ›Er verkündete Jesus‹ bedeutet dann: Er verkündete den Zugang zu Gott für Nichtjuden. ›Richte dein Vertrauen auf den Herrn Jesus‹ heißt zu glauben, dass Gott ein Ohr hat, das auch Nichtjuden hört, und ein Auge, das auch Nichtjuden sieht. Das ist der Gott, für den Jesus sich einsetzte.

Zurück zu Gott – ich plädiere damit nicht für die Abschaffung der Jesus-Frömmigkeit, sondern für einen Wechsel ihres Kurses. Jesus muss als Metapher für Gott gesehen werden; wir sagen Jesus, aber meinen damit Gott. Das macht Jesus nicht zum Gott, im Gegenteil, es bringt Jesus dahin zurück, wo er hingehört, zu Gott, macht ihn zu einer Apposition Gottes, einer näheren Bestimmung Gottes, einem Merkmal Gottes, das beinhaltet, dass er auch für Nichtjuden da ist. Das bringt mich zu dem, was ich bereits als die einzige Frage bezeichnet habe: Wer oder was ist Gott? Ich habe mich in diesem Buch der gängigen Selbstverständlichkeit angeschlossen, mit der Christen mit diesem Wort umgehen. Es wäre Sache einer neuen Untersuchung, ob es dabei bleiben kann.

Nachwort

Dieses Buch ist die Frucht eines Dutzende von Jahren währenden Umgangs als geschulter Theologe mit der christlichen Glaubenstradition und dem, was darüber geschrieben wurde. Es ist mir allein schon aus diesem Grunde unmöglich, dem Leser einen ausführlichen Apparat an Fußnoten zur Angabe meiner Quellen zu bieten. Im Text werden hin und wieder Verfasser erwähnt, deren Äußerungen sich in mein Gedächtnis eingegraben haben. Nicht nur ihnen, sondern auch allen Vorgängern und Zeitgenossen schulde ich allerdings Dank für das, was mir von ihnen in den Blick geriet. Einige Autoren habe ich erneut gelesen, insbesondere Albert Schweitzer, David Friedrich Strauss und Gotthold Ephraim Lessing. Ferner vertiefte ich mich von neuem und zum ersten Mal in Arbeiten von Tj. Baarda, Peter Bishop, Peter Brown, Maarten van Buren, Theo L. Hettema, Franz Mussner, Edward Schillebeeckx, Reinhard Slenczka, Ellen van Wolde, die hier stellvertretend für viele neue Theologen stehen, von denen ich viel gelernt habe.

Manche Verfasser von Jesusbüchern, die ich gelesen habe, sind im Text aufgeführt. Es gibt mehr, die ich gelesen habe, und noch mehr, die ich nicht gelesen habe, und noch mehr sind es, von deren Existenz ich nicht einmal weiß.